Anthologie de la
poésie française

*** Aux pages d'anthologie de la poésie française se rencontrent les cinquante-deux meilleurs poètes de l'histoire de la literature française.

Les poètes:

Eustache Deschamps (1346-1406)

Charles d' Orleans (1394-1465)

François Villon (1431 - 1463)

Clément Marot (1496-1544)

Maurice Scève (1510-1564)

Joachim Du Bellay (1522-1560)

Pierre de Ronsard (1524-1585)

Louise Labè (1526-1566)

Philippe Desportes (1546 -1606)

Théodore Agrippa d'Aubigné (1552 –1630)

François de Malherbe (1555 - 1628)

Jean de Sponde (1557 – 1595)

Mathurin Régnier (1573 – 1613)

François Maynard (1582 - 1646)

Honorat de Bueil, seigneur (dit marquis) de Racan (1589- 1670)

Théophile de Viau (1590 –1626)

Marc-Antoine Girard, sieur de Saint-Amant, (1594- 1661)

Vincent Voiture (1597 – 1648)

Tristan L'Hermite (1601-1655).

Pierre Corneille (1606 -1684)

Paul Scarron (1610- 1660)

Jean de La Fontaine (1621 - 1695)

Nicolás Boileau-Despréaux (1636 - 1711)

Jean Racine (1639 - 1699)

Jean-Baptiste Rousseau (1671-1741)

François Marie Arouet, Voltaire (1694 – 1778)

Jacques Delille (1738-1813)

Nicolás Gilbert (1751-1780)

André Marie Chénier (1762 - 1794)

Marceline Desbordes-Valmore (1786 – 1859)

Alphonse de Lamartine (1790 – 1869)

Alfred Victor de Vigny (1797 – 1863)

Victor Hugo (1802 - 1885)

Auguste Barbier (1805-1882)

Gérard de Nerval (1808 1855)

Alfred de Musset (1810-1857)

Théophile Gautier (1811-1872)

Leconte de Lisle (1818 –1894)

Charles Baudelaire (1821 1867)

Théodore de Banville (1823 - 1891)

Sully Prudhomme (1839 -1907)

José María de Hérédia Girard (1842 –1905)

Stéphane Mallarmé (1842 – 1898)

Paul Verlaine (1844 – 1896)

Tristan Corbière (1845 – 1875)

Arthur Rimbaud (1854 – 1891)

Émile Verhaeren (1855 - 1916)

Jean Moréas (1856 - 1910)

Jules Laforgue (1860 – 1887)

Paul-Jean Toulet (1867 - 1920)

Charles Péguy (1873 1914)

Guillaume Apollinaire (1880 – 1918)

Index:

3

5

8

11

HAMPS. (1346-1406)

Ballade sur la Mort
de DU GUESCLIN.

Estoc d'honneur et arbre de
vaillance,
Coeur de lion, épris de hardiment,
La fleur des preux et la gloire de
France,
Victorieux et hardi combattant,
Sage en vos faits et bien
entreprenant,
Souverain homme de guerre,
Vainqueur de gens et conquéreur
de terre
Le plus vaillant qui oncques fut en
vie,
Chacun pour vous doit noir vêtir et
querre:
Pleurez, pleurez, fleur de
Chevalerie!

O Bretagne, pleure ton espérance,
Normandie, fais son enterrement,
Guyenne aussi, et Auvergne or
t'avance,
Et Languedoc, quiers lui son
monument:
Picardie, Champagne et Occident
Doivent pour pleurer acquerre
Tragédiens, Aréthuse requerre
Qui en eau fut par ses pleurs
convertie,
Afin qu'à tous de sa mort le coeur
serre:
Pleurez, pleurez, fleur de
Chevalerie!

Hé! Gens d'armes, ayez en
remembrance
Votre père, - vous étiez ses enfants!
-

Le bon Bertrand, qui tant eu de
puissance,
Qui vous aimait si amoureusement;
"Guesclin" criait; priez dévotement
Qu'il puisse Paradis conquerre!
Qui deuil n'en fait, et qui ne prie, il
erre;
Car du monde est la lumière faillie;
De tout honneur était la droite
serre:
Pleurez, pleurez, fleur de
Chevalerie!

Ballade de Paris.

Quand j'ai la terre et mer
avironnée;
Et visité en chacune partie
Jérusalem, Egypte et Galilée,
Alexandrie, Damas et la Syrie,
Babylone, Le Caire et Tartarie,
Et tous les ports qui y sont,
Les épices et sucres qui s'y font,
Les fins draps d'or et soie du pays,
Valent bien mieux ce que les
Français ont:
Rien ne se peut comparer à Paris.

C'est la cité sur toutes couronnée,
Fontaine et puits de sens et de
clergie,
Sur le fleuve de Seine situé:
Vigne, bois a, et terre et prairie.
De toutes les biens de la mortelle
vie
A plus qu'autres cités n'ont;
Tous étrangers l'aiment et
l'aimeront,
Car, pour déduit et pour être jolis,
Jamais cité telle ne trouveront:
Rien ne se peut comparer à Paris.

Mais elle est bien que ville fermée,
Et de châteaux de grande anceserie,
De gens d'honneur et de marchands
peuplée,

De tous ouvriers d'armes,
d'orfèvrerie;
De tous les arts c'est la fleurs, de
quoi qu'on die:
Tous ouvrages adroits font;
Subtil engin, entendement profond
Verrez avoir aux habitants toudis,
Et loyauté aux oeuvres qu'ils
feront:
Rien ne se peut comparer à Paris.

Virelai sur la tristesse

du temps présent

Je ne vois ami n'amie
Ni personne qui bien die;
Toute liesse défaut,
Tous cœurs ont pris par assaut
Tristesse et mélancolie.

Aujourd'hui n'est âme lie,
On ne chante n'esbanie,
Chacun cuide avoir défaut;
Li uns a sur l'autre envie
Et médit par jonglerie,
Toute loyauté défaut;

Honneur, amour, courtoisie,
Pitié, largesse est périe,
Mais convoitise est en haut
Qui fait de chacun versaut u,
Dont joie est anéantie:
Je ne vois ami n'amie.

Rondeaux

Bon an , bon jour et bonne étrenne ,
Ma dame , vous soit hui donnée
Au commencement de l'année;
Comme à m'amour très souveraine
Et la plus belle qui soit née .
Bon an , bon jour et bonne étrenne ,
Ma dame , vous soit hui donnée .

De mon coeur et corps vous
étrenne ,
Tout vos doing à cette journée
Et pour être mieux étrennée

Bon an , bon jour et bonne étrenne ,
Ma dame , vous soit hui donnée
Au commencement de l'année .

Charles d' Orleans (1394-1465)
Chanson

Que me conseillez-vous, mon
coeur?
Que me conseillez-vous, mon
coeur?
Irai-je par devers la belle
Lui dire la peine mortelle
Que souffrez pour elle en douleur?

Pour votre bien et son honneur,
C'est droit que votre conseil céle.
Que me conseillez-vous, mon
coeur,
Irai-je par devers la belle?

Si pleine la sais de douceur
Que trouverai merci en elle,
Tôt en aurez bonne nouvelle.
J'y vais, n'est-ce pour le meilleur?
Que me conseillez-vous, mon
coeur?

Ballades

Las! Mort, qui t'a fait si hardie
De prendre la noble Princesse
Qui était mon confort, ma vie,
Mon bien, mon plaisir, ma
richesse!
Puisque tu as pris ma maîtresse,
Prends-moi aussi son serviteur,
Car j'aime mieux prochainement
Mourir que languir en tourment,
En peine, souci et douleur!

Las! de tous biens était garnie
Et en droite fleur de jeunesse!
Je prie à Dieu qu'il te maudie,
Fausse Mort, pleine de rudesse!
Si prise l'eusses en vieillesse,
Ce ne fût pas si grand rigueur;
Mais prise l'as hâtivement,
Et m'as laissé piteusement
En peine, souci et douleur!

Las! je suis seul, sans compagnie!
Adieu ma Dame, ma liesse!
Or est notre amour departie,
Non pourtant, je vous fais
promesse
Que de prières, à largesse,
Morte vous servirai de coeur,
Sans oublier aucunement;
Et vous regretterai souvent
En peine, souci et douleur.

Dieu, sur tout souverain Seigneur,
Ordonnez, par grâce et douceur,
De l'âme d'elle, tellement
Qu'elle ne soit pas longuement
En peine, souci et douleur!

δ δ δ δ δ δ δ δ δ δ δ
En la forest d'Ennuyeuse Tristesse,
Un jour m'avint qu'a par moy
cheminoye,
Si rencontray l'Amoureuse Deesse
Qui m'appella, demandant ou
j'aloye.
Je respondy que, par Fortune,
estoye
Mis en exil en ce bois, long temps
a,
Et qu'a bon droit appeller me
povoye
L'omme esgaré qui ne scet ou il va.

En sousriant, par sa tresgrant
humblesse,
Me respondy: " Amy, se je savoye
Pourquoy tu es mis en ceste
destresse,
A mon povair voulentiers
t'ayderoye;
Car, ja pieça, je mis ton cueur en
voye
De tout plaisir, ne sçay qui l'en
osta;
Or me desplaist qu'a present je te
voye
L'omme esgaré qui ne scet ou il va.

14

- Helas! dis je, souverainne
Princesse,
Mon fait savés, pourquoy le vous
diroye?
Cest par la Mort qui fait a tous
rudesse,
Qui m'a tollu celle que tant amoye,
En qui estoit tout l'espoir que
j'avoye,
Qui me guidoit, si bien
m'acompaigna
En son vivant, que point ne me
trouvoye
L'omme esgaré qui ne scet ou il va.
"
Aveugle suy, ne sçay ou aler doye;
De mon baston, affin que ne
fervoye,
Je vois tastant mon chemin ça et la;
C'est grant pitié qu'il couvient que
je soye
L'omme esgaré qui ne scet ou il va.

δ δ δ δ δ δ δ δ δ δ δ δ
En regardant vers le païs de France,
Un jour m'avint, a Dovre sur la
mer,
Qu'il me souvint de la doulce
plaisance
Que souloye oudit pays trouver;
Si commençay de cueur a
souspirer,
Combien certes que grant bien me
faisoit
De voir France que mon cueur
amer doit.

Je m'avisay que c'estoit non
savance
De telz souspirs dedens mon cueur
garder,
Veu que je voy que la voye
commence
De bonne paix, qui tous biens peut
donner;
Pour ce, tournay en confort mon
penser.

ais non pourtant mon cueur ne se
lassoit
De voir France que mon cueur
amer doit.

Alors chargay en la nef
d'Esperance
Tous mes souhaitz, en leur priant
d'aler
Oultre la mer, sans faire
demourance,
Et a France de me recommander.
Or nous doint Dieu bonne paix
sans tarder!
Adonc auray loisir, mais qu'ainsi
soit,
De voir France que mon cueur
amer doit.

Paix est tresor qu'on ne peut trop
loer.
Je hé guerre, point ne la doy
prisier;
Destourbé m'a longtemps, soit tort
ou droit,
De voir France que mon cueur
amer doit.

δ δ δ δ δ δ δ δ δ δ δ δ
En la forêt de Longue Attente
Chevauchant par divers sentiers
M'en vais, cette année présente,
Au voyage de Desiriers.
Devant sont allés mes fourriers
Pour appareiller mon logis
En la cité de Destinée;
Et pour mon coeur et moi ont pris
L'hôtellerie de Pensée.

Je mène des chevaux quarante
Et autant pour mes officiers,
Voire, par Dieu, plus de soixante,
Sans les bagages et sommiers.
Loger nous faudra par quartiers,
Si les hôtels sont trop petits;
Toutefois, pour une vêprée,

En gré prendrai, soit mieux ou pis,
L'hôtellerie de Pensée.

Je despens chaque jour ma rente
En maints travaux aventuriers,
Dont est Fortune mal contente
Qui soutient contre moi Dangiers;
Mais Espoirs, s'ils sont droicturiers,
Et tiennent ce qu'ils m'ont promis,
Je pense faire telle armée
Qu'aurai, malgré mes ennemis,
L'hôtellerie de Pensée.

Prince, vrai Dieu de paradis,
Votre grâce me soit donnée,
Telle que trouve, à mon devis,
L'hôtellerie de Pensée.

Complainte

France, jadis on te soulait*
nommer,
En tous pays, le trésor de noblesse,
Car un chacun pouvait en toi
trouver
Bonté, honneur, loyauté,
gentillesse,
Clergie, sens, courtoisie, prouesse.
Tous étrangers aimaient te suivre.
Et maintenant vois, dont j'ai
déplaisance,
Qu'il te convient maint grief mal
soustenir,
Très chrétien, franc royaume de
France.

Sais-tu d'où vient ton mal, à vrai
parler?
Connais-tu point pourquoi es en
tristesse?
Conter le veux, pour vers toi
m'acquitter,
Ecoute-moi et tu feras sagesse.
Ton grand orgueil, glotonnie,
paresse,
Convoitise, sans justice tenir,
Et luxure, dont as eu abondance,

Ont pourchacié vers Dieu de te
punir,
Très chrétien, franc royaume de
France.

Ne te veuilles pourtant désespérer,
Car Dieu est plein de merci, à
largesse.
Va-t'en vers lui sa grâce demander,
Car il t'a fait, déjà piéça, promesse
(Mais que fasses ton avocat
Humblesse)
Que très joyeux sera de te guérir;
Entièrement mets en lui ta fiance,
Pour toi et tous, voulut en croix
mourir,
Très chrétien, franc royaume de
France...

Et je, Charles, duc d'Orléans, rimer
Voulus ces vers au temps de ma
jeunesse;
Devant chacun les veux bien
avouer,
Car prisonnier les fis, je le
confesse;
Priant à Dieu, qu'avant qu'aie
vieillesse,
Le temps de paix partout puisse
avenir,
Comme de coeur j'en ai la
désirance,
Et que voie tous tes maux brief
finir,
Très chrétien, franc royaume de
France!

(*) avait l'habitude

Rondeaux

Le temps a laissié son manteau
De vent, de froidure et de pluye,
Et s'est vestu de brouderie,
De soleil luyant, cler et beau.

Il n'y a beste, ne oyseau,

Qu'en son jargon ne chante ou crie   (*) querelle
Le temps a laissié son manteau
De vent, de froidure et de pluye.

Riviere, fontaine et ruisseau
Portent, en livree jolie,
Gouttes d'argent, d'orfaverie;
Chascun s'abille de nouveau
Le temps a laissié son manteau.

δ δ δ δ δ δ δ δ δ δ δ

En faictes vous doubte
Que vostre ne soye?
Se Dieu me doint joye
Au cueur, si suis toute.

Rien ne m'en deboute,
Pour chose que j'oye.
En faictes vous doubte
Que vostre ne soye?

Dangier et sa route
S'en voisent leur voye*,
Sans que plus les voye!
Tousjours il m'escoute.
En faictes vous doubte?

(*) passent leur chemin

δ δ δ δ δ δ δ δ δ δ δ

En verrai ge jamais la fin,
De voz oeuvres, Merancolie?
Quand au soir de vous me deslie
Vous me ratachez au matin.

J'aimasse mieulx autre voisin
Que vous qui sy fort me guerrie;
En verrai ge jamais la fin,
De voz oeuvres, Merancolie?

Vers moy venez en larrecin
Et me robez Plaisance lie;
Suis je destiné en ma vie
D'estre tousjours en tel hutin*?
En verrai ge jamais la fin?

17

François Villon (1431 - 1463)

Le Testament

En l'an trentieme de mon âge
Que toutes mes hontes j'eus bues,
Ne du tout fol, ne du tout sage,
Non obstant maintes peines eues,
Lesquelles j'ai toutes reçues
Sous la main Thibaut d'Aussigny...
S'evêque il est, seignant les rues,
Qu'il soit le mien je le regny!

Mon seigneur n'est ne mon evêque;
Sous lui ne tiens, s'il n'est en friche;
Foi ne lui dois n'hommage avecque;
Je ne suis son serf ne sa biche.
Pû m'a d'une petite miche
Et de froide eau tout un été.
Large ou étroit, mout me fut chiche:
Tel lui soit Dieu qu'il m'a été.

Et s'aucun me vouloit reprendre
Et dire que je le maudis,
Non fais, se bien le sait comprendre,
En rien de lui je ne médis.
Veci tout le mal que j'en dis:
S'il m'a été misericors,
Jesus, le roi de paradis,
Tel lui soit a l'ame et au corps!

Et s'été m'a dur et cruel
Trop plus que ci ne le raconte,
Je veuil que le Dieu eternel
Lui soit donc semblable a ce compte.
Et l'Eglise nous dit et conte
Que prions pour nos ennemis.
Je vous dirai: "J'ai tort et honte,
Quoi qu'il m'ait fait, a Dieu remis!"

Si prierai pour lui de bon cœur
Par l'ame du bon feu Cotart!
Mais quoi! ce sera donc par cœur,
Car de lire je suis faitard:
Priere en ferai de Picard;
S'il ne le sait, voise l'apprendre,
S'il m'en croit, ains qu'il soit plus tard,
A Douai ou a Lille en Flandre.

Combien se ouir veut qu'on prie
Pour lui, foi que dois mon baptême,
Obstant qu'a chacun ne le crie,
Il ne faudra pas a son ême.
Ou Psautier prends, quand suis a même,
Qui n'est de bœuf ne cordouan,
Le verse let écrit septieme
Du psaume de Deus laudem.

Si prie au benoit fils de Dieu,
Qu'a tous mes besoins je reclame,
Que ma pauvre priere ait lieu
Vers lui, de qui tiens corps et âme,
Qui m'a preservé de maint blâme
Et franchi de vile puissance,
Loué soit il, et Notre Dame,
Et Loïs, le bon roi de France,

Auquel doint Dieu l'heur de Jacob.
Et de Salmon l'honneur et gloire,
(Quant de proesse, il en a trop,
De force aussi, par m'ame, voire!)
En ce monde ci transitoire,
Tant qu'il a de long et de lé,
Afin que de lui soit memoire,
Vive autant que Mathusalé!

Et douze beaux enfants, tous mâles,
Voire de son cher sang royal,
Aussi preux que fut le grand Charles
Conçus en ventre nuptial,
Bons comme fut saint Martial.
Ainsi en preigne au feu Dauphin!
Je ne lui souhaite autre mal,
Et puis paradis à la fin.

Pour ce que faible je me sens
Trop plus de biens que de santé,
Tant que je suis en mon plein sens,
Si peu que Dieu m'en a prêté,
Car d'autre ne l'ai emprunté,
J'ai ce Testament tres estable
Fait, de derniere voulenté,
Seul pour tout et irrevocable.

Ecrit l'ai l'an soixante et un

Que le bon roi me delivra
De la dure prison de Meun,
Et que vie me recouvra,
Dont suis, tant que mon cueur
vivra,
Tenu vers lui m'humilier,
Ce que ferai tant qu'il mourra:
Bienfait ne se doit oublier.
Or est vrai qu'après plaints et pleurs
Et angoisseux gemissements,
Après tristesses et douleurs,
Labeurs et griefs cheminements,
Travail mes lubres sentements,
Aiguisés comme une pelote,
M'ouvrit plus que tous les
comments
D'Averroÿs sur Aristote.

Combien qu'au plus fort de mes
maux,
En cheminant sans croix ne pile,
Dieu, qui les pelerins d'Emmaus
Conforta, ce dit l'Evangile,
Me montra une bonne ville
Et pourvut du don d'esperance;
Combien que le pecheur soit vile,
Rien ne hait que perseverance.
Je suis pecheur, je le sai bien;
Pourtant ne veut pas Dieu ma mort,
Mais convertisse et vive en bien,
Et tout autre que peché mord.
Combien qu'en peché soie mort,
Dieu vit, et sa misericorde,
Se conscience me remord,
Par sa grace pardon m'accorde.
Et, comme le noble Romant
De la Rose dit et confesse
En son premier commencement
Qu'on doit jeune cœur en jeunesse,
Quand on le voit vieil en vieillesse,
Excuser, helas! il dit voir.
Ceux donc qui me font telle presse
En murté ne me voudroient voir.
Se, pour ma mort, le bien publique
D'aucune chose vausit mieux,
A mourir comme un homme inique
Je me jugeasse, ainsi m'ait Dieus!

Griefs ne fais a jeunes ne vieux,
Soie sur pieds ou soie en biere:
Les monts ne bougent de leurs
lieux
Pour un pauvre, n'avant n'arriere.

Ou temps qu'Alissandre regna,
Un hom nommé Diomedès
Devant lui on lui amena,
Engrillonné pouces et dès
Comme un larron, car il fut des
Ecumeurs que voyons courir;
Si fut mis devant ce cadès
Pour être jugé a mourir.
L'empereur si l'araisonna:
"Pour quoi es tu larron de mer?"
L'autre réponse lui donna:
"Pour quoi larron me fais nommer?
Pour ce qu'on me voit écumer
En une petiote fuste?
Se comme toi me pusse armer,
Comme toi empereur je fusse.
"Mais que veuxl-tu? De ma fortune
Contre qui ne puis bonnement,
Qui si faussement me fortune
Me vient tout ce gouvernement.
Excuse moi aucunement,
Et sache qu'en grand pauvreté,
Ce mot se dit communement,
Ne gît pas grande loyauté."
Quand l'empereur ot remiré
De Diomedès tout le dit:
"Ta fortune je te muerai
Mauvaise en bonne", si lui dit.
Si fit il. Onc puis ne médit
A personne, mais fut vrai homme,
Valere pour vrai le baudit,
Qui fut nommé le grand a Rome.

Se Dieu m'eût donné rencontrer
Un autre piteux Alissandre
Qui m'eût fait en bon heur entrer,
Et lors qui m'eût vu condescendre
A mal, être ars et mis en cendre
Jugé me fusse de ma voix.
Necessité fait gens méprendre
Et faim saillir le loup du bois.

Je plains le temps de ma jeunesse
(Ouquel j'ai plus qu'autre galé
Jusqu'a l'entree de vieillesse)
Qui son partement m'a celé.
Il ne s'en est a pied allé
N'a cheval: helas! comment don?
Soudainement s'en est volé
Et ne m'a laissé quelque don.
Allé s'en est, et je demeure,
Pauvre de sens et de savoir,
Triste, failli, plus noir que meure,
Qui n'ai cens ne rente n'avoir;
Des miens le mendre, je dis voir,
De me désavouer s'avance,
Oubliant naturel devoir
Par faute d'un peu de chevance.
Si ne crains avoir dépendu
Par friander ne par lécher;
Par trop amer n'ai rien vendu
Qu'amis me puissent reproucher,
Au moins qui leur coûte mout cher.
Je le dis et ne crois médire;
De ce je me puis revencher:
Qui n'a méfait ne le doit dire.

Bien est verté que j'ai amé
Et ameroie voulentiers;
Mais triste cœur, ventre affamé
Qui n'est rassasié au tiers
M'ôte des amoureux sentiers.
Au fort, quelqu'un s'en recompense,
Qui est rempli sur les chantiers!
Car la danse vient de la panse.
Bien sais, se j'eusse étudié
Ou temps de ma jeunesse folle,
Et a bonnes mœurs dedié,
J'eusse maison et couche molle.
Mais quoi? je fuyoie l'école,
Comme fait le mauvais enfant.
En écrivant cette parole
A peu que le cœur ne me fend.
Le dit du Sage trop le fis
Favorable, (bien en puis mais!)
Qui dit: "Ejouis toi, mon fils,
En ton adolescence." Mais
Ailleurs sert bien d'un autre mets,

Car "jeunesse et adolescence",
C'est son parler, ne moins ne mais,
"Ne sont qu'abus et ignorance."
"Mes jours s'en sont allés errant
Comme, dit Job, d'une touaille
Font les filets, quand tisserand
En son poing tient ardente paille."
Lors, s'il y a nul bout qui saille,
Soudainement il le ravit.
Si ne crains plus que rien m'assaille.
Car a la mort tout s'assouvit.

Ou sont les gracieux galants
Que je suivoie ou temps jadis,
Si bien chantants, si bien parlants,
Si plaisants en faits et en dits?
Les aucuns sont morts et roidis,
D'eux n'est il plus rien maintenant:
Repos aient en paradis,
Et Dieu sauve le remenant!
Et les autres sont devenus,
Dieu merci! grands seigneurs et maîtres;
Les autres mendient tous nus
Et pain ne voient qu'aux fenêtres;
Les autres sont entrés en cloîtres
De Celestins ou de Chartreux,
Bottés, housés com pêcheurs d'oïtres:
Voyez l'état divers d'entre eux.
Aux grands maîtres doint Dieu bien faire,
Vivants en paix et en requoi;
En eux il n'y a que refaire,
Si s'en fait bon taire tout coi.
Mais aux pauvres qui n'ont de quoi,
Comme moi, doint Dieu patience!
Aux autres ne faut qui ne quoi,
Car assez ont, vin et pitance.
Bons vins ont, souvent embrochés,
Sauces, brouets et gros poissons;
Tartes, flans, œufs frits et pochés,
Perdus et en toutes façons.
Pas ne ressemblent les maçons
Que servir faut a si grand peine:
Ils ne veulent nuls échansons,

De soi verser chacun se peine.

En cet incident me suis mis
Qui de rien ne sert a mon fait;
Je ne suis juge, ne commis
Pour punir n'absoudre méfait:
De tous suis le plus imparfait,
Loué soit le doux Jesus Christ!
Que par moi leur soit satisfait;
Ce que j'ai écrit est écrit.
Laissons le moutier ou il est;
Parlons de chose plus plaisante:
Cette matiere a tous ne plaît,
Ennuyeuse est et déplaisante.
Pauvreté, chagrine et dolente,
Toujours dépiteuse et rebelle,
Dit quelque parole cuisante;
S'elle n'ose, si le pense elle.
Pauvre je suis de ma jeunesse,
De pauvre et de petite extrace.
Mon pere n'ot onc grand richesse,
Ne son aïeul nommé Orace.
Pauvreté tous nous suit et trace;
Sur les tombeaux de mes ancêtres,
Les ames desquels Dieu embrasse!
On n'y voit couronnes ne sceptres.
De pauvreté me guermentant,
Souventes fois me dit le cœur:
"Homme, ne te doulouse tant
Et ne demene tel douleur,
Se tu n'as tant qu'eut Jacques Cœur:
Mieux vaut vivre sous gros bureau
Pauvre, qu'avoir été seigneur
Et pourrir sous riche tombeau!"

Qu'avoir été seigneur! . . . Que dis?
Seigneur, las! et ne l'est il mais?
Selon les davitiques dits,
Son lieu ne connaîtras jamais.
Quant du surplus, je m'en démets:
Il n'appartient a moi, pecheur;
Aux theologiens le remets,
Car c'est office de prêcheur.
Si ne suis, bien le considere,
Fils d'ange portant diademe
D'étoile ne d'autre sidere.

Mon pere est mort, Dieu en ait
l'ame!
Quant est du corps, il git sous lame.
. .
J'entends que ma mere mourra,
Et le sait bien la pauvre femme,
Et le fils pas ne demourra.
Je congnois que pauvres et riches,
Sages et fous, prêtres et lais,
Nobles, vilains, larges et chiches,
Petits et grands, et beaux et laids,
Dames a rebrassés collets,
De quelconque condition,
Portant atours et bourrelets,
Mort saisit sans exception.
Et meure Paris ou Helene,
Quiconque meurt, meurt a douleur
Telle qu'il perd vent et haleine;
Son fiel se creve sur son cœur,
Puis sue, Dieu sait quel sueur!
Et n'est qui de ses maux l'allege:
Car enfant n'a, frere ne sœur
Qui lors vousit être son pleige.

La mort le fait fremir, palir,
Le nez courber, les veines tendre,
Le col enfler, la chair mollir,
Jointes et nerfs croître et étendre.
Corps femenin, qui tant es tendre,
Poly, souef, si précieux,
Te faudra il ces maux attendre?
Oui, ou tout vif aller es cieux.

Ballade des Dames
du temps jadis

Dites-moi où, n'en quel pays,
Est Flora la belle Romaine,
Archipiades, ne Thaïs,
Qui fut sa cousine germaine,
Echo, parlant quant bruit on mène
Dessus rivière ou sur étang,
Qui beauté eut trop plus
qu'humaine?
Mais où sont les neiges d'antan?

Où est la très sage Héloïs,
Pour qui fut châtré et puis moine
Pierre Esbaillart à Saint-Denis?
Pour son amour eut cette essoine.
Semblablement, où est la roine
Qui commanda que Buridan
Fût jeté en un sac en Seine?
Mais où sont les neiges d'antan?

La roine Blanche comme un lis
Qui chantait à voix de sirène,
Berthe au grand pied, Bietrix, Aliz,
Haramburgis qui tint le Maine,
Et Jeanne, la bonne Lorraine
Qu'Anglais brûlèrent à Rouen;
Où sont-ils, où, Vierge souvraine?
Mais où sont les neiges d'antan?

Prince, n'enquerrez de semaine
Où elles sont, ni de cet an,
Que ce refrain ne vous remaine:
Mais où sont les neiges d'antan?

Les regrets de la
Belle Heaulmiere

Advis m'est que j'oy regretter
La belle qui fut heaulmiere,
Soy jeune fille souhaitter
Et parler en ceste maniere:
"Ha! vieillesse felonne et fiere,
Pourquoy m'as si tost abatue?
Qui me tient que je ne me fiere,
Et qu'a ce coup je ne me tue?

"Tollu m'as ma haulte franchise
Que beaute m'avoit ordonne
Sur clercz, marchans et gens
d'Eglise:
Car alors n'estoit homme ne
Qui tout le sien ne m'eust donne,
Quoy qu'il en fust des repentailles,
Mais que luy eusse abandonne
Ce que reffusent truandailles.

"A maint homme l'ay reffuse,

Qui n'estoit a moy grand saigesse,
Pour l'amour d'ung garson ruse,
Auquel j'en feiz grande largesse.
A qui que je feisse finesse,
Par m'ame, je l'amoye bien!
Or ne me faisoit que rudesse,
Et ne m'amoyt que pour le mien.

"Ja ne me sceut tant detrayner,
Fouller au piedz, que ne l'aymasse,
Et m'eust-il faict les rains trayner,
S'il m'eust dit que je le baisasse
Et que tous mes maux oubliasse;
Le glouton, de mal entache,
M'embrassoit... J'en suis bien plus
grasse!
Que m'en reste-il? Honte et peche.

"Or il est mort, passe trente ans,
Et je remains vieille et chenue.
Quand je pense, lasse! au bon
temps,
Quelle fus, quelle devenue;
Quand me regarde toute nue,
Et je me voy si tres-changee,
Pauvre, seiche, maigre, menue,
Je suis presque toute enragee.

"Qu'est devenu ce front poly,
Ces cheveulx blonds, sourcilz
voultyz,
Grand entr'oeil, le regard joly,
Dont prenoye les plus subtilz;
Ce beau nez droit, grand ne petiz;
Ces petites joinctes oreilles,
Menton fourchu, cler vis traictis,
Et ces belles levres vermeilles?

"Ces gentes espaules menues,
Ces bras longs et ces mains
tretisses;
Petitz tetins, hanches charnues,
Eslevees, propres, faictisses
A tenir amoureuses lysses;
Ces larges reins, ce sadinet,
Assis sur grosses fermes cuysses,
Dedans son joly jardinet?

"Le front ride, les cheveulx gris,
Les sourcilz cheuz, les yeulx estainctz,
Qui faisoient regars et ris,
Dont maintz marchans furent attaincts;
Nez courbe, de beaulte loingtains;
Oreilles pendans et moussues;
Le vis pally, mort et destaincts;
Menton fonce, levres peaussues:

"C'est d'humaine beaute l'yssues!
Les bras courts et les mains contraictes,
Les espaulles toutes bossues;
Mammelles, quoy! toutes retraictes;
Telles les hanches que les tettes.
Du sadinet, fy! Quant des cuysses,
Cuysses ne sont plus, mais cuyssettes
Grivelees comme saulcisses.

"Ainsi le bon temps regretons
Entre nous, pauvres vieilles sottes,
Assises bas, a croppetons,
Tout en ung tas comme pelottes,
A petit feu de chenevottes,
Tost allumees, tost estainctes;
Et jadis fusmes si mignottes!...
Ainsi en prend a maintz et maintes."

Ballade que Villon fit à la requête de sa mère pour prier Notre Dame

Dame du ciel, régente terrienne,
Emperière des infernaux palus,[4]
Recevez moi, votre humble chrétienne,
Que comprise soie entre vos élus,
Ce non obstant qu'oncques rien ne valus.
Les biens de vous, ma Dame et ma Maîtresse,
Sont trop plus grands que ne suis pécheresse,
Sans lesquels biens âme ne peut mérir
N'avoir les cieux. Je n'en suis menteresse.
En cette foi je veux vivre et mourir.

A votre Fils dites que je suis sienne;
De lui soient mes péchés abolus;
Pardonnez moi comme à l'Égyptienne,[5]
Ou comme il fit au clerc Théophilus,[6]
Lequel par vous fut quitte et absolus,
Combien qu'il eût au diable fait promesse
Préservez-moi que je n'accomplisse ce!
Vierge portant, sans rompure encourir,[7]
Le sacrement qu'on célèbre à la messe:[8]
En cette foi je veux vivre et mourir.

Femme je suis pauvrette et ancienne,
Qui rien ne sais; oncques lettre ne lus.
Au moutier vois dont suis paroissienne[9]
Paradis peint, où sont harpes et luz,
Et un enfer où damnés sont boullus:
L'un me fait peur, l'autre joie et liesse.
La joie avoir fais moi, haute Déesse,
A qui pécheurs doivent tous recourir,
Comblés de foi, sans feinte ne paresse:
En cette foi je veux vivre et mourir.

Vous portâtres, digne Vierge, princesse,
Jèsus regnant qui n'a ni fin ni cesse.
Le Tout-Puissant, prenant notre faiblesse,
Laissa les cieux et nous vint secourir,

Offrit à mort sa très chère
jeunesse;
Notre Seigneur tel est, tel le
confesse:
En cette foi je veux vivre et mourir.

Rondeau

Mort, j'appelle de ta rigueur,
Qui m'as ma maîtresse ravie,
Et n'es pas encore assouvie
Si tu ne me tiens en langueur:

Onc puis n'eus force ni vigueur;
Mais que te nuisoit-elle en vie,
Mort?

Deux étions et n'avions qu'un
coeur;
S'il est mort, force est que dévie,
Voire, ou que je vive sans vie
Comme les images, par coeur,
Mort!

 δ δ δ δ δ δ δ δ δ δ δ

Quand je considère ces têtes
Entassées en ces charniers,
Tous furent maîtres des requêtes,
Au moins de la
Chambre aux
Deniers,
Ou tous furent portepaniers:
Autant puis l'un que l'autre dire;
Car d'évêques ou lanterniers,
Je n'y connais rien à redire.

Et icelles qui s'inclinaient
Unes contre autres en leurs vies,
Desquelles les unes régnaient,
Des autres craintes et servies,
Là les vois toutes assouvies,
Ensemble en un tas pêle-mêle.
Seigneuries leur sont ravies;
Clerc ni maître ne s'y appelle.

Or sont ils morts,
Dieu ait leurs âmes!

Quant est des corps, ils sont
pourris.
Aient été seigneurs ou dames,
Souef et tendrement nourris
De crème, fromentée ou riz,
Leurs os sont déclinés en poudre,
Auxquels ne chaut d'ébats ni ris.
Plaise au doux
Jésus les absoudre!...

L'Épitaphe de Villon
ou "Ballade des pendus"

Frères humains, qui après nous
vivez,
N'ayez les coeurs contre nous
endurcis,
Car, si pitié de nous pauvres avez,
Dieu en aura plus tôt de vous
mercis.
Vous nous voyez ci attachés, cinq,
six:
Quant à la chair, que trop avons
nourrie,
Elle est piéça dévorée et pourrie,
Et nous, les os, devenons cendre et
poudre.
De notre mal personne ne s'en rie;
Mais priez Dieu que tous nous
veuille absoudre!

Se frères vous clamons, pas n'en
devez
Avoir dédain, quoique fûmes occis
Par justice. Toutefois, vous savez
Que tous hommes n'ont pas bon
sens rassis.
Excusez-nous, puisque sommes
transis,
Envers le fils de la Vierge Marie,
Que sa grâce ne soit pour nous
tarie,
Nous préservant de l'infernale
foudre.
Nous sommes morts, âme ne nous
harie,

Mais priez Dieu que tous nous
veuille absoudre!

La pluie nous a débués et lavés,
Et le soleil desséchés et noircis.
Pies, corbeaux nous ont les yeux
cavés,
Et arraché la barbe et les sourcils.
Jamais nul temps nous ne sommes
assis
Puis çà, puis là, comme le vent
varie,
A son plaisir sans cesser nous
charrie,
Plus becquetés d'oiseaux que dés à
coudre.
Ne soyez donc de notre confrérie;
Mais priez Dieu que tous nous
veuille absoudre!

Prince Jésus, qui sur tous a
maistrie,
Garde qu'Enfer n'ait de nous
seigneurie:
A lui n'ayons que faire ne que
soudre.
Hommes, ici n'a point de moquerie;
Mais priez Dieu que tous nous
veuille absoudre!

Clément Marot (1496-1544)

Chason

J'ai grand désir
D'avoir plaisir
D'amour mondaine:
Mais c'est grand peine,
Car chaque loyal amoureux
Au temps présent est malheureux:
Et le plus fin
Gagne à la fin
La grâce pleine.

Chant de mai et
de vertu - Chanson

Volontiers en ce mois ici
La terre mue, et renouvelle.
Maints amoureux en font ainsi,
Sujets à faire amour nouvelle
Par légèreté de cervelle,
Ou pour être ailleurs plus contents.
Ma façon d'aimer n'est pas telle,
Mes amours durent en tout temps.

N'y a si belle dame aussi.
De qui la beauté ne chancelle;
Par temps, maladie ou souci,
Laideur les tire en sa nacelle.
Mais rien ne peut enlaidir celle,
Que servir sans fin je prétends.
Et pour ce qu'elle est toujours belle
Mes amours durent en tout temps.

Celle dont je dis tout ceci,
C'est
Vertu, la nymphe éternelle,
Qui au mont d'honneur éclairci1
Tous les vrais amoureux appelle: «
Venez, amants, venez, dit-elle,
Venez à moi, je vous attends.
Venez, ce dit la jouvencelle.

Mes amours durent en tout temps.
»

ENVOI
Prince, fais amie immortelle,
Et à la bien aimer entends;
Lors pourras dire, sans cautelle: «
Mes amours durent en tout temps.
»

De sa grande amie
Dedans Paris, Ville jolie
Un jour, passant mélancolie,
Je pris alliance nouvelle
A la plus gaie demoiselle
Qui soit d'ici en Italie.

D'honnêteté elle est saisie,
Et crois, selon ma fantaisie,
Qu'il n'en est guère de plus belle

Dedans Paris.
Je ne la vous nommerai mie,
Si non que c'est ma grand'amie,
Car l'alliance se fit telle.
Par un doux baiser, que j'eus d'elle,
Sans penser aucune infamie,
Dedans Paris.

Le dizain de neige

Anne, par jeu, me jeta de la neige,
Que je cuidais froide certainement;
Mais c'était feu; l'expérience en ai-
je,
Car embrasé je fus soudainement.
Puisque le feu loge secrètement
Dedans la neige, où trouverai-je
place
Pour n'ardre point? Anne, ta seule
grâce
Éteindre peut le feu que je sens
bien,
Non point par eau, par neige, ni par
glace,

Mais par sentir un feu pareil au
mien.

Du partement d'Anne

Où allez-vous, Anne? que je le
sache,
Et m'enseignez avant que de partir
Comme ferai, afin que mon oeil
cache
Le dur regret du coeur triste et
martyr.
Je sais comment; point ne faut
m'avertir
Vous le prendrez, ce coeur, je le
vous livre;
L'emporterez pour le rendre délivre
Du deuil qu'aurait loin de vous en
ce lieu;
Et pour autant qu'on ne peut sans
coeur vivre
Me laisserez le vôtre, et puis adieu.

De soi-même

Plus ne suis ce que j'ai été,
Et ne le saurais jamais être;
Mon beau printemps et mon été
Ont fait le saut par la fenêtre.
Amour, tu as été mon maître:
Je t'ai servi sur tous les dieux.
Ô si je pouvais deux fois naître,
Comme je te servirais mieux!

A une Damoyselle malade

Ma mignonne,
Je vous donne
Le bon jour;
Le séjour
C'est prison.
Guérison
Recouvrez,
Puis ouvrez
Votre porte
Et qu 'on sorte

Vitement,
Car Clément
Le vous mande.
Va, friande
De ta bouche,
Qui se couche
En danger
Pour manger
Confitures;
Si tu dures
Trop malade,
Couleur fade
Tu prendras,
Et perdras
L'embonpoint.
Dieu te doint
Santé bonne,
Ma mignonne.

Maurice Scève (1510-1564)

Dèlie

« L'aube éteignait étoiles à foison,
Tirant le jour des régions infimes,
Quand Apollon montant sur
l'horizon
Des monts cornus dorait les hautes
cimes.
Lors du plus profond des ténébreux
abîmes
Où ma pensée par ses fâcheux
ennuis
Me fait souvent percer mes longues
nuits,
Je révoquai à moi l'âme ravie
Qui, desséchant mes larmoyants
conduits,
Me fit clair voir le Soleil de ma vie.
»

L'ardent désir du haut bien désiré,
Qui aspirait à celle fin heureuse,
A de l'ardeur si grand feu attiré,
Que le corps vif est jà poussière
Ombreuse:
Et de ma vie, en ce point
malheureuse
Pour vouloir toute à son bien
condescendre,
Et de mon être, ainsi réduit en
cendre
Ne m'est resté, que ces deux
signes-ci:
L'œil larmoyant pour piteuse te
rendre,
La bouche ouverte à demander
merci.

Comme des rais du soleil gracieux
Se paissent fleurs durant la
Primevère,
Je me récrée aux rayons de ses
yeux,
Et loin, et près autour d'eux
persévère.

Si que le cœur, qui en moi la
révère,
La me fait voir en cette même
essence
Que ferait l'œil, par sa belle
présence,
Que tant j'honore, et que tant je
poursuis:
Par quoi de rien ne me nuit son
absence,
Vu qu'en tous lieux, malgré moi, je
la suis.

Tu te verras ton ivoire crêper
Par l'outrageuse et tardive
vieillesse.
Lors sans pouvoir en rien participer
D'aucune joie et humaine liesse,
Je n'aurai eu de ta verte jeunesse,
Que la pitié n'a su à soi ployer
Ni du travail qu'on m'a vu
employer
A soutenir mes peines éphémères
Comme Apollon, pour mériter
loyer,
Sinon rameaux et feuilles très
amères.
De toi la douce, et fraîche
souvenance
Du premier jour, qu'elle m'entra au
cœur
Avec ta haute, et humble
contenance,
Et ton regard d'Amour même
vainqueur,
Y dépeignit par si vive liqueur
Ton effigie au vif tant
ressemblante,
Que depuis l'Âme étonnée, et
tremblante
De jour l'admire, et la prie sans
cesse:
Et sur la nuit tacite, et
sommeillante,
Quand tout repose, encor moins
elle cesse…

Joachim Du Bellay (1522-1560)
L'Olive

Déjà la nuit en son parc amassait
Un grand troupeau d'étoiles
vagabondes,
Et, pour entrer aux cavernes
profondes,
Fuyant le jour, ses noirs chevaux
chassait;

Déjà le ciel aux Indes rougissait,
Et l'aube encor de ses tresses tant
blondes
Faisant grêler mille perlettes
rondes,
De ses trésors les prés enrichissait:

Quand d'occident, comme une
étoile vive,
Je vis sortir dessus ta verte rive,
O fleuve mien! une nymphe en
riant.

Alors, voyant cette nouvelle
Aurore,
Le jour honteux d'un double teint
colore
Et l'Angevin et l'indique orient.

δ δ δ δ δ δ δ δ δ δ δ δ

Si nostre vie est moins qu'une
journée
En l'eternel, si l'an qui faict le tour
Chasse nos jours sans espoir de
retour,
Si périssable est toute chose née,

Que songes-tu, mon ame
emprisonnée?
Pourquoy te plaist l'obscur de
nostre jour,
Si pour voler en un plus cler sejour,
Tu as au dos l'aele bien empanée?

La, est le bien que tout esprit
desire,
La, le repos où tout le monde
aspire,
La, est l'amour, la, le plaisir encore.

La, ô mon ame au plus hault ciel
guidée!
Tu y pouras recongnoistre l'Idée
De la beauté, qu'en ce monde
j'adore.

Les Louanges d' Anjou

O de qui la vive course
Prend sa bienheureuse source,
D'une argentine fontaine,
Qui d'une fuite lointaine,
Te rends au sein fluctueux
De l'Océan monstrueux,
Loire, hausse ton chef ores
Bien haut, et bien haut encores,
Et jette ton œil divin
Sur ce pays
Angevin,
Le plus heureux et fertile,
Qu'autre où ton onde distille.

Bien d'autres
Dieux que toi,
Père,
Daignent aimer ce repaire,
A qui le
Ciel fut donneur
De toute grâce et bonheur.
Cérès, lorsque vagabonde
Allait quérant par le monde
Sa fille, dont possesseur
Fut l'infernal ravisseur,
De ses pas sacrés toucha
Cette terre, et se coucha
Lasse sur ton vert rivage,
Qui lui donna doux breuvage.
Et celui-là, qui pour mère
Eut la cuisse de son père,
Le
Dieu des
Indes vainqueur

Arrosa de sa liqueur
Les monts, les vaux et campaignes
De ce terroir que tu baignes.
Regarde, mon
Fleuve, aussi
Dedans ces forêts ici,
Qui leurs chevelures vives
Haussent autour de tes rives,
Les faunes aux pieds soudains,
Qui après biches et daims,
Et cerfs aux têtes ramées
Ont leurs forces animées.
Regarde tes
Nymphes belles
A ces
Demi-dieux rebelles,
Qui à grand'course les suivent,
Et si près d'elles arrivent,
Qu'elles sentent bien souvent
De leurs haleines le vent.
Je vois déjà hors d'haleine
Les pauvrettes, qui à peine
Pourront atteindre ton cours,
Si tu ne leur fais secours.

Combien (pour les secourir)
De fois t'a-t-on vu courir
Tout furieux en la plaine?
Trompant l'espoir et la peine
De l'avare laboureur,
Hélas! qui n'eut point d'horreur
Blesser du soc sacrilège
De tes
Nymphes le collège,
Collège qui se récrée
Dessus ta rive sacrée.
Qui voudra donc loue et chante
Tout ce dont l'Inde se vante,
Sicile la fabuleuse,
Ou bien l'Arabie
Heureuse.
Quant à moi, tant que ma
Lyre
Voudra les chansons élire
Que je lui commanderai,
Mon

Anjou je chanterai.
O mon
Fleuve paternel,
Quand le dormir éternel
Fera tomber à l'envers
Celui qui chante ces vers,
Et que par les bras amis
Mon corps bien près sera mis
De quelque fontaine vive,
Non guère loin de ta rive,
Au moins sur ma froide cendre
Fais quelques larmes descendre,
Et sonne mon bruit fameux
A ton rivage écumeux.
N'oublie le nom de celle
Qui toutes beautés excelle,
Et ce qu'ai pour elle aussi
Chanté sur ce bord ici.

La Complainte du Désespéré

Qui prêtera la parole
A la douleur qui m'affole?
Qui donnera les accents
A la plainte qui me guide:
Et qui lâchera la bride
A la fureur que je sens?

Qui baillera double force
A mon âme, qui s'efforce
De soupirer mes douleurs?
Et qui fera sur ma face
D'une larmoyante trace
Couler deux ruisseaux de pleurs?...

Et vous mes vers, dont la course
A de sa première source
Les sentiers abandonnés,
Fuyez à bride avalée.
Et la prochaine vallée
De votre bruit étonnez.
Votre eau, qui fut claire et lente,
Ores trouble et violente,
Semblable à ma douleur soit,
Et plus ne mêlez votre onde
A l'or de l'arène blonde,
Dont votre fond jaunissoit...

Chacune chose décline
Au lieu de son origine
Et l'an, qui est coutumier
De faire mourir et naître,
Ce qui fut rien, avant qu'être,
Réduit à son rien premier.

Mais la tristesse profonde,
Qui d'un pied ferme se fonde
Au plus secret de mon coeur,
Seule immuable demeure,
Et contre moi d'heure en heure
Acquiert nouvelle vigueur...

Quelque part que je me tourne,
Le long silence y séjourne
Comme en ces temples dévots,
Et comme si toutes choses
Pêle-mêle étaient r'encloses
Dedans leur premier Chaos...
Maudite donc la lumière
Qui m'éclaira la première,
Puisque le ciel rigoureux
Assujettit ma naissance
A l'indomptable puissance
D'un astre si malheureux...

Heureuse la créature
Qui a fait sa sépulture
Dans le ventre maternel!
Heureux celui dont la vie
En sortant s'est vue ravie
Par un sommeil éternel!...

Sus, mon âme, tourne arrière,
Et borne ici la carrière
De tes ingrates douleurs.
Il est temps de faire épreuve,
Si après la mort on treuve
La fin de tant de malheurs.

Les Antiquités de Rome
Telle que dans son char la
Bérécynthienne

Couronnée de tours, et joyeuse
d'avoir
Enfanté tant de dieux, telle se
faisait voir
En ses jours plus heureux cette
ville ancienne:

Cette ville, qui fut plus que la
Phrygienne
Foisonnante en enfants, et de qui le
pouvoir
Fut le pouvoir du monde, et ne se
peut revoir
Pareille à sa grandeur, grandeur
sinon la sienne.

Rome seule pouvait à Rome
ressembler,
Rome seule pouvait Rome faire
trembler:
Aussi n'avait permis l'ordonnance
fatale

Qu'autre pouvoir humain, tant fût
audacieux,
Se vantât d'égaler celle qui fit égale
Sa puissance à la terre et son
courage aux cieux.

δ δ δ δ δ δ δ δ δ δ δ
Comme on passe en été le torrent
sans danger,
Qui soulait en hiver être roi de la
plaine,
Et ravir par les champs d'une fuite
hautaine
L'espoir du laboureur et l'espoir du
berger:

Comme on voit les couards
animaux outrager
Le courageux lion gisant dessus
l'arène,
Ensanglanter leurs dents, et d'une
audace vaine
Provoquer l'ennemi qui ne se peut
venger:

Et comme devant Troie on vit des Grecs encor
Braver les moins vaillants autour du corps d'Hector:
Ainsi ceux qui jadis soulaient, à tête basse,

Du triomphe romain la gloire accompagner,
Sur ces poudreux tombeaux exercent leur audace,
Et osent les vaincus les vainqueurs dédaigner.

δ δ δ δ δ δ δ δ δ δ δ
Qui a vu quelquefois un grand chêne asséché,
Qui pour son ornement quelque trophée porte,
Lever encore au ciel sa vieille tête morte,
Dont le pied fermement n'est en terre fiché,

Mais qui dessus le champ plus qu'à demi penché
Montre ses bras tout nus et sa racine torte,
Et sans feuille ombrageux, de son poids se supporte
Sur un tronc nouailleux en cent lieux ébranché:

Et bien qu'au premier vent il doive sa ruine,
Et maint jeune à l'entour ait ferme la racine,
Du dévot populaire être seul révéré:

Qui tel chêne a pu voir, qu'il imagine encore
Comme entre les cités, qui plus florissent ore,
Ce vieil honneur poudreux est le plus honoré.

δ δ δ δ δ δ δ δ δ δ δ
Comme le champ semé en verdure foisonne,
De verdure se hausse en tuyau verdissant,
Du tuyau se hérisse en épi florissant,
D'épi jaunit en grain, que le chaud assaisonne:

Et comme en la saison le rustique moissonne
Les ondoyants cheveux du sillon blondissant,
Les met d'ordre en javelle, et du blé jaunissant
Sur le champ dépouillé mille gerbes façonne:

Ainsi de peu à peu crût l'empire Romain,
Tant qu'il fut dépouillé par la barbare main,
Qui ne laissa de lui que ces marques antiques

Que chacun va pillant: comme on voit le glaneur
Cheminant pas à pas recueillir les reliques
De ce qui va tombant après le moissonneur.
δ δ δ δ δ δ δ δ δ δ δ
Las, où est maintenant ce mépris de Fortune?
Où est ce cœur vainqueur de toute adversité,
Cet honnête désir de l'immortalité,
Et cette honnête flamme au peuple non commune?

Où sont ces doux plaisirs qu'au soir sous la nuit brune
Les Muses me donnaient, alors qu'en liberté

Dessus le vert tapis d'un rivage écarté
Je les menais danser aux rayons de la Lune?

Maintenant la Fortune est maîtresse de moi,
Et mon cœur, qui soulait être maître de soi,
Est serf de mille maux et regrets qui m'ennuient.

De la postérité je n'ai plus de souci,
Cette divine ardeur, je ne l'ai plus aussi,
Et les Muses de moi, comme étranges, s'enfuient.

δ δ δ δ δ δ δ δ δ δ δ
France, mère des arts, des armes et des lois,
Tu m'as nourri longtemps du lait de ta mamelle:
Ores, comme un agneau qui sa nourrice appelle,
Je remplis de ton nom les antres et les bois.

Si tu m'as pour enfant avoué quelquefois,
Que ne me réponds-tu maintenant, ô cruelle?
France, France, réponds à ma triste querelle.
Mais nul, sinon Écho, ne répond à ma voix.

Entre les loups cruels j'erre parmi la plaine,
Je sens venir l'hiver, de qui la froide haleine
D'une tremblante horreur fait hérisser ma peau.

Las, tes autres agneaux n'ont faute de pâture,

Ils ne craignent le loup, le vent ni la froidure:
Si ne suis-je pourtant le pire du troupeau.

δ δ δ δ δ δ δ δ δ δ δ
Maintenant je pardonne à la douce fureur
Qui m'a fait consumer le meilleur de mon âge,
Sans tirer autre fruit de mon ingrat ouvrage
Que le vain passe-temps d'une si longue erreur.

Maintenant je pardonne à ce plaisant labeur,
Puisque seul il endort le souci qui m'outrage,
Et puisque seul il fait qu'au milieu de l'orage,
Ainsi qu'auparavant, je ne tremble de peur.

Si les vers ont été l'abus de ma jeunesse,
Les vers seront aussi l'appui de ma vieillesse,
S'ils furent ma folie, ils seront ma raison,

S'ils furent ma blessure, ils seront mon Achille,
S'ils furent mon venin, le scorpion utile
Qui sera de mon mal la seule guérison.

δ δ δ δ δ δ δ δ δ δ δ
Heureux, de qui la mort de sa gloire est suivie,
Et plus heureux celui dont l'immortalité
Ne prend commencement de la postérité,

Mais devant que la mort ait son
   âme ravie.

Tu jouis (mon Ronsard), même
   durant ta vie,
De l'immortel honneur que tu as
   mérité:
Et devant que mourir (rare félicité)
Ton heureuse vertu triomphe de
   l'envie.

Courage donc, Ronsard, la victoire
   est à toi,
Puisque de ton côté est la faveur du
   Roi:
Jà du laurier vainqueur tes tempes
   se couronnent,

Et jà la tourbe épaisse à l'entour de
   ton flanc
Ressemble ces esprits, qui là-bas
   environnent
Le grand prêtre de Thrace au long
   sourpely blanc.
Heureux qui, comme Ulysse, a fait
   un beau voyage,
Ou comme cestuy-là qui conquit la
   toison,
Et puis est retourné, plein d'usage
   et raison,
Vivre entre ses parents le reste de
   son âge!

Quand reverrai-je, hélas, de mon
   petit village
Fumer la cheminée, et en quelle
   saison
Reverrai-je le clos de ma pauvre
   maison,
Qui m'est une province, et
   beaucoup davantage?

Plus me plaît le séjour qu'ont bâti
   mes aïeux,
Que des palais Romains le front
   audacieux,

Plus que le marbre dur me plaît
   l'ardoise fine:

Plus mon Loir gaulois, que le Tibre
   Latin,
Plus mon petit Liré, que le mont
   Palatin,
Et plus que l'air marin la doulceur
   Angevine.

D'un vanneur de blé aux vents

A vous, troupe légère,
   Qui d'aile passagère
   Par le monde volez,
Et d'un sifflant murmure
   L'ombrageuse verdure
   Doucement ébranlez,

J'offre ces violettes,
   Ces lis et ces fleurettes,
   Et ces roses ici,
Ces vermeillettes roses,
   Tout fraîchement écloses,
   Et ces oeillets aussi.

De votre douce haleine
   Éventez cette plaine,
   Éventez ce séjour,
Cependant que j'ahanne
   A mon blé que je vanne
   A la chaleur du jour.

Pierre de Ronsard (1524-1585)

Odes

Ô Fontaine Bellerie,
Belle fontaine chérie
De nos Nymphes, quand ton eau
Les cache au creux de ta source,
Fuyantes le Satyreau,
Qui les pourchasse à la course
Jusqu'au bord de ton ruisseau,

Tu es la Nymphe éternelle
De ma terre paternelle:
Pource en ce pré verdelet
Vois ton Poète qui t'orne
D'un petit chevreau de lait,
A qui l'une et l'autre corne
Sortent du front nouvelet.

L'Été je dors ou repose
Sur ton herbe, où je compose,
Caché sous tes saules verts,
Je ne sais quoi, qui ta gloire
Enverra par l'univers,
Commandant à la Mémoire
Que tu vives par mes vers.

L'ardeur de la Canicule
Ton vert rivage ne brûle,
Tellement qu'en toutes parts
Ton ombre est épaisse et drue
Aux pasteurs venant des parcs,
Aux boeufs las de la charrue,
Et au bestial épars.

Iô! tu seras sans cesse
Des fontaines la princesse,
Moi célébrant le conduit
Du rocher percé, qui darde
Avec un enroué bruit
L'eau de ta source jasarde
Qui trépillante se suit.

δ δ δ δ δ δ δ δ δ δ δ δ

Quand je suis vingt ou trente mois

Sans retourner en Vendômois,
Plein de pensées vagabondes,
Plein d'un remords et d'un souci,
Aux rochers je me plains ainsi,
Aux bois, aux antres et aux ondes.

Rochers, bien que soyez âgés
De trois mil ans, vous ne changez
Jamais ni d'état ni de forme;
Mais toujours ma jeunesse fuit,
Et la vieillesse qui me suit,
De jeune en vieillard me
transforme.

Bois, bien que perdiez tous les ans
En l'hiver vos cheveux plaisants,
L'an d'après qui se renouvelle,
Renouvelle aussi votre chef;
Mais le mien ne peut derechef
R'avoir sa perruque nouvelle.

Antres, je me suis vu chez vous
Avoir jadis verts les genoux,
Le corps habile, et la main bonne;
Mais ores j'ai le corps plus dur,
Et les genoux, que n'est le mur
Qui froidement vous environne.

Ondes, sans fin vous promenez
Et vous menez et ramenez
Vos flots d'un cours qui ne
séjourne;
Et moi sans faire long séjour
Je m'en vais, de nuit et de jour,
Au lieu d'où plus on ne retourne.

Les Amours de Cassandre

Ciel, air et vents, plains et monts
découverts,
Tertres vineux et forêts
verdoyantes,
Rivages torts et sources
ondoyantes,
Taillis rasés et vous bocages verts,

Antres moussus à demi-front
ouverts,
Prés, boutons, fleurs et herbes
roussoyantes,
Vallons bossus et plages
blondoyantes,
Et vous rochers, les hôtes de mes
vers,

Puis qu'au partir, rongé de soin et
d'ire,
A ce bel œil
Adieu je n'ai su dire,
Qui près et loin me détient en émoi,

Je vous supplie,
Ciel, air, vents, monts et plaines,
Taillis, forêts, rivages et fontaines,
Antres, prés, fleurs, dites-le-lui
pour moi.

δ δ δ δ δ δ δ δ δ δ δ
Mignonne, allons voir si la rose
Qui ce matin avait déclose
Sa robe de pourpre au
Soleil,
A point perdu cette vêprée
Les plis de sa robe pourprée,
Et son teint au vôtre pareil.

Las!
Voyez comme en peu d'espace,
Mignonne, elle a dessus la place,
Las! las! ses beautés laissé choir!
O vraiment marâtre
Nature,
Puisqu'une telle fleur ne dure
Que du matin jusques au soir!

Donc, si vous me croyez,
mignonne, l'andis que votre âge
fleuronne
En sa plus verte nouveauté,
Cueillez, cueillez votre jeunesse:
Comme à cette fleur la vieillesse
Fera ternir votre beauté.

δ δ δ δ δ δ δ δ δ δ δ
Quand au temple nous serons
Agenouillés, nous ferons
Les dévots selon la guise
De ceux qui pour louer
Dieu
Humbles se courbent au lieu
Le plus secret de l'Eglise.

Mais quand au lit nous serons
Entrelacés, nous ferons
Les lascifs selon les guises
Des
Amants qui librement
Pratiquent folâtrement
Dans les draps cent mignardises.

δ δ δ δ δ δ δ δ δ δ δ
Pourquoi donque, quand je veux
Ou mordre tes beaux cheveux,
Ou baiser ta bouche aimée,
Ou toucher à ton beau sein
Contrefais-tu la nonnain
Dedans son temple enfermée?

Pour qui gardes-tu tes yeux
Et ton sein délicieux,
Ton front ta lèvre jumelle?
En veux-tu baiser Pluton,
Là-bas après que Caron
T'aura mis en sa nacelle?
Après ton dernier trépas
Grêle tu n'auras là-bas
Qu'une bouchette blêmie,
Et quand mort je te verrai,
Aux ombres je n'avouerai
Que jadis tu fus ma mie.

Ton test n'aura plus de peau,
Ni ton visage si beau
N'aura veine ni artères.
Tu n'auras plus que tes dents
Telles qu'on les voit dedans
Les têtes des cimetières.

Donque tandis que tu vis,
Change Maîtresse d'avis,

Et ne m'épargne ta bouche.
Incontinent tu mourras,
Lors tu te repentiras
De m'avoir été farouche.

Ah! je meurs, ah baise-moi,
Ah! Maîtresse, approche-toi.
Tu fuis comme faon qui tremble.
Au moins, souffre que ma main
S'ébatte un peu dans ton sein,
Ou plus bas, si bon te semble.

Les amours de Marie

Marie, levez-vous, ma jeune
paresseuse:
Jà la gaie alouette au ciel a
fredonné,
Et jà le rossignol doucement
jargonné,
Dessus l'épine assis, sa complainte
amoureuse.

Sus! debout! allons voir l'herbelette
perleuse,
Et votre beau rosier de boutons
couronné,
Et vos oeillets mignons auxquels
aviez donné,
Hier au soir de l'eau, d'une main si
soigneuse.

Harsoir en vous couchant vous
jurâtes vos yeux
D'être plus tôt que moi ce matin
éveillée:
Mais le dormir de l'Aube, aux filles
gracieux,

Vous tient d'un doux sommeil
encor les yeux sillée.
Çà! çà! que je les baise et votre
beau tétin,
Cent fois, pour vous apprendre à
vous lever matin.

ẟ ẟ ẟ ẟ ẟ ẟ ẟ ẟ ẟ ẟ ẟ

Je vous envoie un bouquet que ma
main
Vient de trier de ces fleurs épanies,
Qui ne les eust à ce vespre cuillies,
Cheutes à terre elles fussent
demain.

Cela vous soit un exemple certain
Que vos beautés, bien qu'elles
soient fleuries,
En peu de tems cherront toutes
flétries,
Et comme fleurs, periront tout
soudain.

Le tems s'en va, le tems s'en va, ma
Dame,
Las! le tems non, mais nous nous
en allons,
Et tost serons estendus sous la
lame:

Et des amours desquelles nous
parlons,
Quand serons morts, n'en sera plus
nouvelle:
Pour-ce aimés moy, cependant qu'
êtes belle.

Sur la mort de Marie

Comme on voit sur la branche au
mois de Mai la rose
En sa belle jeunesse, en sa
première fleur
Rendre le ciel jaloux de sa vive
couleur,
Quand l'Aube de ses pleurs au
point du jour l'arrose:

La grâce dans sa feuille, et l'amour
se repose,
Embaumant les jardins et les arbres
d'odeur:
Mais battue ou de pluie, ou
d'excessive ardeur,

Languissante elle meurt feuille à
feuille déclose:

Ainsi en ta première et jeune
nouveauté,
Quand la terre et le ciel honoraient
ta beauté,
La Parque t'a tuée, et cendre tu
reposes.

Pour obsèques reçois mes larmes et
mes pleurs,
Ce vase plein de lait, ce panier
plein de fleurs,
Afin que vif, et mort, ton corps ne
soit que roses.

Sonnet à Sinope

L'an se rajeunissait en sa verte
jouvence
Quand je m'épris de vous, ma
Sinope cruelle.
Seize ans étaient la fleur de votre
âge nouvelle,
Et votre teint sentait encore son
enfance.

Vous aviez d'une infante encor la
contenance
La parole et les pas; votre bouche
était belle,
Votre front et vos mains dignes
d'une Immortelle
Et votre œil, qui me fait trépasser
quand j'y pense.

Amour qui ce jour-là si grandes
beautés vit,
Dans un marbre, en mon cœur d'un
trait les écrivit,
Et si pou le jourd'hui vos beautés si
parfaites
Ne sont comme autrefois , j'en suis
moins ravi
Car je n'ai pas égard à cela que
vous êtes,

Mais au doux souvenir des beautés
que je vis.

Hymne de la mort

Que ta puissance, ô
Mort, est grande et admirable!

Rien au monde par toi ne se dit
perdurable,

Mais, tout ainsi que l'onde à val des
ruisseaux fuit

Le pressant coulement de l'autre
qui la suit,

Ainsi le temps se coule, et le
présent fait place

Au futur importun qui les talons lui
trace.

Ce qui fut, se refait; tout coule,
comme une eau,

Et rien dessous le
Ciel ne se voit de nouveau,

Mais la forme se change en une
autre nouvelle,

Et ce changement-là,
Vivre, au monde s'appelle,

Et mourir, quand la forme en une
autre s'en va.

Ainsi, avec
Vénus, la
Nature trouva

Moyen de ranimer, par longs et
divers changes,

La matière restant, tout cela que tu
manges;

Mais notre âme immortelle est
toujours en un lieu,

Au change non sujette, assise
auprès de
Dieu,

Citoyenne à jamais de la ville
éthérée,

Qu'elle avait si longtemps en ce
corps désirée.

Je te salue, heureuse et profitable
Mort,
Des extrêmes douleurs médecin et
confort.
Quand mon heure viendra,
Déesse, je te prie,
Ne me laisse longtemps languir en
maladie,
Tourmenté dans un lit; mais
puisqu'il faut mourir,
Donne-moi que soudain je te puisse
encourir, [Prince,
Ou pour l'honneur de
Dieu, ou pour servir mon
Navré d'une grand plaie au bord de
ma province.

Institution pour l'adolescence du Roi très-chrètien Charles IX (e) de ce nom

Sire, ce n'est pas tout que d'estre
Roy de France,
Il faut que la vertu honore vostre
enfance:
Car un Roy sans vertu porte le
sceptre en vain,
Et luy sert de fardeau, qui luy
charge la main:
Pource on dit que Thetis la femme
de Pelée,
Apres avoir la peau de son enfant
brûlée

Pour le rendre immortel, le prist en
son giron
Et de nuit l'emporta dans l'Antre de
Chiron,
Chiron noble Centaure, à fin de luy
aprendre
Les plus rares vertus dés sa
jeunesse tendre,
Et de science et d'art son Achille
honorer:
Car l'esprit d'un grand Roy ne doit
rien ignorer.

Il ne doit seulement sçavoir l'art de
la guerre,
De garder les cités, ou les ruer par
terre,
De piquer les chevaux, ou contre
son harnois
Recevoir mille coups de lances aux
tournois:
De sçavoir comme il faut dresser
une Embuscade,
Ou donner une Cargue, ou une
Camisade,
Se renger en bataille, et soubs les
estandars
Mettre par artifice en ordre ses
soldars.

Les Roys les plus brutaulx telles
choses n'ignorent,
Et par le sang versé leurs
couronnes honorent:
Tout ainsi que Lyons, qui
s'estiment alors
De tous les animaux estre veuz les
plus fors,
Quand ils se sont repeuz d'un Cerf
au grand corsage,
Et ont remply les champs de
meurtre et de carnage.

Mais les princes Chrestiens
n'estiment leur vertu
Procéder ny de sang ni de glaive
pointu:

Ains par les beaux mestiers qui des
Muses procedent,
Et qui de gravité tous les autres
excédent:
Quand les Muses qui sont filles de
Jupiter
(Dont les Roys sont issus) les Roys
daignent hanter,
Elles les font marcher en toute
reverence:
Loing de leur magesté banissent
l'ignorance,
Et tous remplis de grace et de
divinité,
Les font parmy le peuple ordonner
equité.
Ils deviennent apris en la
mathematique,
En l'art de bien parler, en histoire et
musique,
En physiognomie, à fin de mieux
sçavoir
Juger de leurs subjects seulement à
les voir.

Telle science sceut le jeune prince
Achille,
Puis scavant et vaillant il fit mourir
Troille
Sur le champ Phrygien, et fit
mourir encor
Le magnanime orgueil du furieux
Hector,
Il tua Sarpedon, tua Pentasilée
Et par luy la cité de Troye fut
brulée.
Tel fut jadis Thesée, Hercules, et
Jason,
Et tous les vaillans preux de
l'antique saison.
Tel vous serez aussi, si la Parque
cruelle
Ne tranche avant le temps vostre
trame nouvelle:

Car Charles, vostre nom tant
commun à nos Roys,

Nom du Ciel revenu en France par
neuf fois,
Neuf fois nombre parfait, comme
cil qui assemble
Pour sa perfection trois Triades
ensemble,
Monstre que vous aurez l'Empire,
et le renom
Des huict Charles passez dont vous
portés le nom.
Mais pour vous faire tel, il faut de
l'artifice
Et dés jeunesse aprendre à
combattre le vice.

Il faut premierement aprendre à
craindre Dieu
Dont vous estes l'ymage: et porter
au milieu
De vostre cueur son nom, et sa
saincte parolle,
Comme le seul secours dont
l'homme se consolle.

Apres si vous voulés en terre
prosperer,
Il vous faut vostre mere
humblement honorer,
La craindre et la servir, qui
seulement de mere
Ne vous sert pas icy, mais de
garde, et de père.
Apres, il fault tenir la loy de vos
ayeulx,
Qui furent Roys en terre, et sont là
hault aux cieux:
Et garder que le peuple imprime en
sa cervelle
Les curieux discours d'une secte
nouvelle.

Apres il fault apprendre à bien
imaginer,
Autrement la raison ne pourroit
gouverner:
Car tout le mal qui vient à l'homme
prend naissance

Quand par sus la Raison le Cuider
a puissance:

Tout ainsi que le corps s'exerce en
travaillant,
Il faut que la Raison s'exerce en
bataillant
Contre la monstrueuse et faulse
fantasie,
De peur que vainement l'ame n'en
soit saisie.
Car ce n'est pas le tout de sçavoir la
vertu,
Il faut cognoistre aussi le vice
revestu
D'un habit vertueux, qui d'autant
plus offence
Qu'il se monstre honorable, et a
belle aparance.

De là vous aprendrés à vous
cognoistre bien,
Et en vous cognoissant vous ferés
toujours bien:
Le vray commencement pour en
vertus acroistre,
C'est (disoit Apollon) soymesme se
cognoistre.
Celuy qui se cognoist, est seul
maistre de soy,
Et sans avoir Royaume il est
vrayement un Roy.

Commencés donq ainsi: puis si tost
que par l'age
Vous serés homme fait de corps, et
de courage,
Il fauldra de vous-mesme aprendre
à commander,
A oyr vos subjects, les voir, et
demander,
Les cognoistre par nom, et leur
faire justice,
Honorer la vertu et corriger le vice.

Malheureux sont les Roys qui
fondent leur apuy

Sur l'ayde d'un commis: qui par les
yeux d'autruy
Voyent l'estat du peuple, et oyent
par l'oreille
D'un flateur mensonger qui leur
conte merveille.
Tel Roy ne regne pas, ou bien il
regne en peur
(D'autant qu'il ne sçait rien)
d'offencer un flateur.

Mais (Sire) ou je me trompe en
voyant vostre grace
Ou vous tiendrez d'un Roy la
legitime place:
Vous ferés vostre charge, et
comme un prince doux
Audience et faveur vous donnerez
à tous.

Vostre palais Royal cognoistrez en
presence:
Et ne commetrez point une petite
offence:
Si un pilote faut, tant soit peu, sur
la mer,
Il fera desoubs l'eau la navire
abismer.
Aussi faillant un Roy tant soit peu,
la province
Se perd, car volontiers le peuple
suit son prince.

Aussi pour estre Roy vous ne devés
penser
Vouloir comme un Tyran vos
subjects offencer,
Car comme nostre corps, vostre
corps est de boue:
Des petits et des grands la fortune
se joüe:
Tous les regnes mondains se font et
se defont,
Et au gré de fortune ils viennent et
s'en vont,
Et ne durent non plus qu'une
flamme allumée

Qui soudain est esprise et soudain
consumée.

Or, Sire, imités Dieu, lequel vous a
donné
Le sceptre, et vous a fait un grand
Roy couronné,
Faites misericorde à celuy qui
supplie,
Punissés l'orgueilleux qui s'arme en
sa follie,
Ne poussés par faveur un homme
en dignité,
Mais choisissés celuy qui l'a bien
merité.
Ne baillés pour argent ny estats, ny
offices,
Ne donnés aux premiers les
vaccans benefices,
Ne souffrés pres de vous ne
flateurs, ne vanteurs,
Fuyés ces plaisans fols qui ne sont
que menteurs,
Et n'endurés jamais que les langues
legeres
Mesdisent des Seigneurs des terres
estrangeres.

Ne soyés point moqueur ny trop
hault à la main,
Vous souvenant toujours que vous
estes humain.
Ne pillez vos subjects par rançons
ny par tailles,
Ne prenés sans raison ny guerres
ny batailles,
Gardés le vostre propre, et vos
biens amassés,
Car pour vivre content vous en
avés assés.

S'il vous plaist vous garder sans
archers de la garde,
Il faut que d'un bon œil le peuple
vous regarde,
Qu'il vous ayme sans creinte, ainsi
les puissans Roys

Ont gardé leur Empire, et non par
le harnois.

Comme le corps Royal ayés l'ame
Royalle,
Tirés le peuple à vous d'une main
liberalle,
Et pensés que le mal le plus
pernicieux
C'est un prince sordide et
avaritieux.

Ayés autour de vous des personnes
notables,
Et les oyés parler volontiers à vos
tables,
Soyés leur auditeur comme fut
vostre ayeul,
Ce grand François qui vit encores
au cercueil.

Soyés comme un bon prince
amoureux de la gloire,
Et faites que de vous se remplisse
une histoire
Du temps victorieux, vous faisant
immortel,
Comme Charles le Grand, ou bien
Charles Martel.

Ne souffrés que les grands blessent
le populaire,
Ne souffrés que le peuple au grand
puisse desplaire,
Gouvernés vostre argent par
sagesse et raison:
Le prince qui ne peut gouverner sa
maison,
Sa femme, ses enfans, et son bien
domestique,
Ne sçauroit gouverner une grand
republique.

Pensés long temps devant que faire
aucuns Edicts,
Mais si tost qu'ils seront devant le
peuple mis,

Qu'ils soient pour tout jamais d'invincible puissance,
Car autrement vos loix sentiroient leur enfance.

Ne vous monstrés jamais pompeusement vestu,
L'habillement des Roys est la seule vertu:
Que votre corps reluise en vertus glorieuses,
Et non pas vos habits de perles precieuses.

D'amis plus que d'argent monstrés vous desireux,
Les Princes sans amis sont toujours malheureux.
Aymés les gens de bien, ayant toujours envie
De ressembler à ceux qui sont de bonne vie.
Punissés les malins et les seditieux:
Ne soyés point chagrin, despit, ne furieux,
Mais honeste et gaillard, portant sur le visage,
De vostre gentil'ame un gentil tesmoignage.

Or, Sire, pour autant que nul n'a le pouvoir
De chastier les Roys qui font mal leur devoir,
Punissés vous vous mesme, à fin que la Justice
De Dieu, qui est plus grand, vos fautes ne punisse.

Je dy ce puissant Dieu dont l'Empire est sans bout
Qui de son trosne assis en la terre voit tout,
Et fait à un chascun ses justices égalles.
Autant aux laboureurs qu'aux personnes Royalles:

Lequel je suppliray vous tenir en sa loy,
Et vous aymer autant qu'il fit David son Roy,
Et rendre comme à luy vostre sceptre tranquile:
Car sans l'ayde de Dieu la force est inutile.

Rèponse de P. de Ronsard aux injures et calomnies de je ne sais quels prèdicanteraux et ministreaux de Genève

…M'eveillant au matin, devant que faire rien,
J'invoque l'Eternel, le père de tout bien,
Le priant humblement de me donner sa grâce,
Et que le jour naissant sans l'offenser se passe;
Qu'il chasse toute secte et toute erreur de moi,
Qu'il me vueille garder en ma première foi,
Sans entrependre rien qui blesse ma province,
Très humble observateur des lois et de mon Prince.
Après je sors du lit, et, quand je suis vêtu,
Je me range à lètude et apprends la vertu,
Composant et lisant suivant ma destine;
Quatre ou cinq heures seul je m'arête enfermè;
Puis, sentant mon esprit de trop lire assommè,
J'abandonne le livre et m'en vais à l'èglise;
Au retour, pour plaisir, une heure je devise;
De là je viens diner, faisant sobre repas,

Je rends grâces à Dieu; au reste je
m' èbats.
Car, si l'après-dinèe est plaisante et
seriene,
Je mèn vais promener tantôt parmi
la plaine,
Tantòt en un villaje, et tantôt en un
bois,
Et tantòt par les lieux silitaires et
cois:
J' aime fort les jardins qui sentent
le sauvage,
J' aime le flot de l'eau qui
gazoullie au ravage.
Là, devisant sur l'herbe avec un
mien ami,
Je me suis par les fleurs bien
souvent endormi
A l'ombrage d'un saule, ou, lisant
dans un livre,
J'ai cherchè le moyen de me faire
revivre,
Tout pur d'ambition et des soucis
cuisants,
Misèrables bourreaux d'un tas de
mèdisants
Qui Font, comme ravis, les
prophètes en France,
Pipant les grands seigneurs d'une
belle apparence.
Mais quand le ciel est triste et tout
noir d' èpaisseur,
Et qu' il ne fait aux champs ni
plaisant ni bien seur,
Je cherchè compagnie, ou je joue à
la prime,
Je voltage ou je sauté, ou je lute ou
j' escrime,
Je dis le mot pour rire, et à la vèritè.
Je ne loge chez moi trop de
sèvèritè.
Puis, quand la nuit brunette a range
les ètoiles,
Encourtinant le ciel et la terre de
violes,
Sans souci je me couche, et là,
levant les yeux,

Et la bouche et le coeur vers la
voûte des cieux,
Je fais mon orasion, priant la Bontè
haute
De vouloir pardoner doucement à
ma faute…

Sonnets pour Hèlène

Te regardant assise auprès de ta
cousine,
Belle comme une Aurore, et toi
comme un Soleil,
Je pensai voir deux fleurs d'un
même teint pareil,
Croissantes en beauté, l'une à
l'autre voisine.

La chaste, sainte, belle et unique
Angevine,
Vite comme un éclair sur moi jeta
son oeil.
Toi, comme paresseuse et pleine de
sommeil,
D'un seul petit regard tu ne
m'estimas digne.

Tu t'entretenais seule au visage
abaissé,
Pensive toute à toi, n'aimant rien
que toi-même,
Dédaignant un chacun d'un sourcil
ramassé.

Comme une qui ne veut qu'on la
cherche ou qu'on l'aime.
J'eus peur de ton silence et m'en
allai tout blême,
Craignant que mon salut n'eût ton
oeil offensé.

δ δ δ δ δ δ δ δ δ δ δ
Je plante en ta faveur cet arbre de
Cybèle,
Ce pin, où tes honneurs se liront
tous les jours:

J'ai gravé sur le tronc nos noms et
nos amours,
Qui croîtront à l'envi de l'écorce
nouvelle.

Faunes qui habitez ma terre
paternelle,
Qui menez sur le Loir vos danses et
vos tours,
Favorisez la plante et lui donnez
secours,
Que l'Été ne la brûle, et l'Hiver ne
la gèle.

Pasteur, qui conduiras en ce lieu
ton troupeau,
Flageolant une Eglogue en ton
tuyau d'aveine,
Attache tous les ans à cet arbre un
tableau,

Qui témoigne aux passants mes
amours et ma peine;
Puis l'arrosant de lait et du sang
d'un agneau,
Dis: " Ce pin est sacré, c'est la
plante d'Hélène. "

δ δ δ δ δ δ δ δ δ δ δ

Quand vous serez bien vieille, au
soir, à la chandelle,
Assise auprès du feu, dévidant et
filant,
Direz, chantant mes vers, en vous
émerveillant:
Ronsard me célébrait du temps que
j'étais belle.

Lors, vous n'aurez servante oyant
telle nouvelle,
Déjà sous le labeur à demi
sommeillant,
Qui au bruit de mon nom ne s'aille
réveillant,
Bénissant votre nom de louange
immortelle.

Je serai sous la terre et fantôme
sans os:
Par les ombres myrteux je prendrai
mon repos:
Vous serez au foyer une vieille
accroupie,

Regrettant mon amour et votre fier
dédain.
Vivez, si m'en croyez, n'attendez à
demain:
Cueillez dès aujourd'hui les roses
de la vie.

Élégie contre les bûcherons de la forêt de Gâtine

Forêt, haute maison des oiseaux
bocagers,
Plus le cerf solitaire et les
chevreuils légers
Ne paîtront sous ton ombre, et ta
verte crinière
Plus du soleil d'été ne rompra la
lumière.
Plus l'amoureux pasteur sur un
tronc adossé,
Enflant son flageolet à quatre trous
percé,
Son mâtin à ses pieds, à son flanc
la houlette,
Ne dira plus l'ardeur de sa belle
Janette;
Tout deviendra muet, Écho sera
sans voix,
Tu deviendras campagne et, en lieu
de tes bois,
Dont l'ombrage incertain lentement
se remue,
Tu sentiras le soc, le coutre et la
charrue.
Tu perdras ton silence, et, haletants
d'effroi,
Ni Satyres, ni Pans ne viendront
plus chez toi.
Adieu, vieille forêt, le jouet de
Zéphire,

Où premier j'accordai les langues
de ma lyre,
Où premier j'entendis les flèches
résonner
D'Apollon, qui me vint tout le cœur
étonner;
Où premier admirant la belle
Calliope,
Je devins amoureux de sa neuvaine
trope,
Quand sa main sur le front cent
roses me jeta,
Et de son propre lait Euterpe
m'allaita.
Adieu, vieille forêt, adieu, têtes
sacrées,
De tableaux et de fleurs autrefois
honorées,
Maintenant le dédain des passants
altérés,
Qui brûlés en l'été des rayons
éthérés,
Sans plus trouver le frais de tes
douces verdures,
Accusent vos meurtriers, et leur
disent injures.
Adieu, chênes, couronne aux
vaillants citoyens,
Arbres de Jupiter, germes
Dodonéens,
Qui premiers aux humains
donnâtes à repaître,
Peuples vraiment ingrats, qui n'ont
su reconnaître
Les biens reçus de vous, peuples
vraiment grossiers,
De massacrer ainsi nos pères
nourriciers.

Que l'homme est malheureux qui
au monde se fie!
O dieux, que véritable est la
philosophie,
Qui dit que toute chose à la fin
périra,
Et qu'en changeant de forme une
autre vêtira!

De Tempe la vallée un jour sera
montagne,
Et la cime d'Athos une large
campagne:
Neptune quelquefois de blé sera
couvert.
La matière demeure et la forme se
perd.

Sonnets posthumes

Je n'ai plus que les os, un squelette
je semble,
Décharné, dénervé, démusclé,
dépoulpé,
Que le trait de la mort sans pardon
a frappé;
Je n'ose voir mes bras que de peur
je ne tremble.
Apollon et son fils, deux grands
maîtres ensemble,
Ne me sauraient guérir, leur métier
m'a trompé;
Adieu, plaisant soleil! Mon oeil est
étoupé,
Mon corps s'en va descendre où
tout se désassemble.
Quel ami, me voyant en ce point
dépouillé,
Ne remporte au logis un oeil triste
et mouillé,
Me consolant au lit et me baisant la
face,
En essuyant mes yeux par la mort
endormis?
Adieu, chers compagnons! Adieu,
mes chers amis!
Je m'en vais le premier vous
préparer la place.

δ δ δ δ δ δ δ δ δ δ δ
Il faut laisser maisons et vergers et
jardins
Vaisselles et vaisseaux que
l'artisan burine,
Et chanter son obsèque en la façon
du Cygne,

Qui chante son trépas sur les bords
Méandrins.

C'est fait, j'ai dévidé le cours de
mes destins,
J'ai vécu, j'ai rendu mon nom
assez insigne,
Ma plume vole au ciel pour être
quelque signe,
Loin des appas mondains qui
trompent les plus fins.

Heureux qui ne fut onc, plus
heureux qui retourne
En rien, comme il était, plus
heureux qui séjourne,
D'homme, fait nouvel ange, auprès
de Jésus Christ,

Laissant pourrir çà-bas sa dépouille
de boue,
Dont le sort, la Fortune, et le Destin
se joue,
Franc des liens du corps pour n'être
qu'un esprit.

Louise Labè (1526-1566)

Sonnets

On voit mourir toute chose animee,
Lors que du corps l'ame sutile part:
Je suis le corps, toy la meilleure
part:
Ou es tu donq, ô ame bien aymee?

Ne me laissez par si long tems
pamee,
Pour me sauver apres viendrois
trop tard.
Las, ne mets point ton corps en ce
hazart:
Rens lui sa part et moitié estimee.

Mais fais, Ami, que ne soit
dangereuse
Cette rencontre et revuë
amoureuse,
L'acompagnant, non de severité,

Non de rigueur: mais de grace
amiable,
Qui doucement me rende ta beauté,
Jadis cruelle, à present favorable.

δ δ δ δ δ δ δ δ δ δ δ δ
Oh! si j'étais en ce beau sein ravie
De celui-là pour lequel vais
mourant;
Si avec lui vive le demeurant
De mes courts jours ne
m'empêchait envie;

Si m'accolant, me disait: Chère
Amie,
Contentons-nous l'un l'autre,
s'assurant
Que jà tempête, Euripe, ni courant
Ne nous pourra déjoindre en notre
vie;

Si, de mes bras le tenant accolé,
Comme du lierre est l'arbre
encercelé,

La mort venait, de mon aise
envieuse,

Lors que souef* plus il me
baiserait,
Et mon esprit sur ses lèvres fuirait,
Bien je mourrais, plus que vivante,
heureuse.

δ δ δ δ δ δ δ δ δ δ δ δ
Tant que mes yeux pourront larmes
épandre
A l'heur passé avec toi regretter,
Et qu'aux sanglots et soupirs
résister
Pourra ma voix, et un peu faire
entendre;

Tant que ma main pourra les
cordes tendre
Du mignard luth, pour tes grâces
chanter;
Tant que l'esprit se voudra
contenter
De ne vouloir rien fors que toi
comprendre,

Je ne souhaite encore point mourir.
Mais, quand mes yeux je sentirai
tarir,
Ma voix cassée, et ma main
impuissante,

Et mon esprit en ce mortel séjour
Ne pouvant plus montrer signe
d'amante,
Prierai la mort noircir mon plus
clair jour.

Les Fuives, chœur
Pauvres filles de Sion,
Vos liesses sont passèes;
La commune affliction
Les a toutes effaces.
Ne luiront plus vos habits
De soie avec l' or tissue;
La perle avec le rubis

N' y sera plus aperçue.
La chaîne qui dèvalait
Sur vos gorges ivoirines
Jamais comme elle soulait
N' embellira vos poitrines.
Vos seins des cèdres pleurants
En mainte goutte tombèe
Ne seront plus odorants
Ni des parfums de Sabée,
Et vos visages, déteints
De leur natural albâtre,
N'auront souci que leurs teints
Soient peinturés de cinabre.
L'or crêpre de vos cheveux,
Qui sur vos tempes se joue,
De mille folâtres nœuds
N'ombragera votre joue.
Nous n'entendrons plus les sons
De la soupireuse lyre,
Que s' accordait aux chansons,
Que l'amour vous faisait dire,
Quand les cuisantes ardeurs
Du jour ètant retirées,
On dansait sous les tièdeurs
Des brunissanttes soirées,
Et que ceux-là dont l'amour
Tenait les âmes malades,
Faisaient aux dames la cour
De mille douces aubades,
Contant les affections
De leurs amitiés fidèles
Et les dures passions
Qu'ils souffraient pour l'amour d'
elles.
Las! Que tout est bien changé!
Nous n'avonds plus que tristesse.
Tout plaisir s' est étrangé
De nous, et toute liesse.
Notre orgueilleuse Cité,
Qui les cités de la terre
Passait en félicité,
N'st plus qu' un monceau de
pierres.
De ssous ses murs démolis.
Comme en communs cometiéres,
Demeurent ensevelis
La plus grand' part de nos frères.

Et nous, malheureux butin,
Allons soupirer, captives,
Bien loin dessous le matin,
Sur l'Euphrate aux creuses rives,
Où confites en tourment,
Toute liberté ravie,
En pleurs et gémissement
Nous finirons notre vie.

Philippe Desportes (1546 -1606)

Chanson

Que vous m'allez tourmentant
De m'estimer infidèle!
Non, vous n'êtes point plus belle
Que je suis ferme et constant.

Pour bien voir quelle est ma foi,
Regardez-moi dans votre âme:
C'est comme j'en fais, Madame;
Dans la mienne je vous vois.

Si vous pensez me changer,
Ce miroir me le rapporte;
Voyez donc, de même sorte,
En vous, si je suis léger.

Pour vous, sans plus, je fus né,
Mon cœur n'en peut aimer d'autre:
Las! si je ne suis plus vôtre,
À qui m'avez-vous donné?
Icare est chu ici, le jeune
audacieux,
Qui pour voler au Ciel eut assez de
courage:
Ici tomba son corps dégarni de
plumage,
Laissant tous braves cœurs de sa
chute envieux.

Ô bienheureux travail d'un esprit
glorieux,
Qui tire un si grand gain d'un si
petit dommage!
Ô bienheureux malheur, plein de
tant d'avantage
Qu'il rende le vaincu des ans
victorieux!

Un chemin si nouveau n'étonna sa
jeunesse,
Le pouvoir lui faillit, mais non la
hardiesse;
Il eut, pour le brûler, des astres le
plus beau.

Il mourut poursuivant une haute
aventure,
Le ciel fut son désir, la mer sa
sépulture:
Est-il plus beau dessein, ou plus
riche tombeau?

δ δ δ δ δ δ δ δ δ δ δ δ
Sommeil, paisible fils de la Nuit
solitaire,
Père alme, nourricier de tous les
animaux,
Enchanteur gracieux, doux oubli de
nos maux,
Et des esprits blessés l'appareil
salutaire:

Dieu favorable à tous, pourquoi
m'es-tu contraire?
Pourquoi suis-je tout seul rechargé
de travaux,
Or que l'humide nuit guide ses
noirs chevaux,
Et que chacun jouit de ta grâce
ordinaire?

Ton silence où est-il? ton repos et
ta paix,
Et ces songes volant comme un
nuage épais,
Qui des ondes d'Oubli vont lavant
nos pensées?

O frère de la Mort, que tu m'es
ennemi!
Je t'invoque au secours, mais tu es
endormi,
Et j'ards, toujours veillant, en tes
horreurs glacées.

δ δ δ δ δ δ δ δ δ δ δ δ
Cette fontaine est froide, et son eau
doux-coulante,
la couleur d'argent, semble parler
d'Amour;

Un herbage mollet reverdit tout
autour,
Et les aunes font ombre à la chaleur
brûlante.

Le feuillage obéit à Zéphyr qui
l'évente,
Soupirant, amoureux, en ce plaisant
séjour;
Le soleil clair de flamme est au
milieu du jour,
Et la terre se fend de l'ardeur
violente.

Passant, par le travail du long
chemin lassé
Brûlé de la chaleur et de la soif
pressé,
Arrête en cette place où ton
bonheur te mène;
L'agréable repos ton corps
délassera,

L'ombrage et le vent frais ton
ardeur chassera,
Et ta soif se perdra dans l'eau de la
fontaine.

Villanelle
Rosette, pour un peu d'absence
Votre coeur vous avez changé,
Et moi, sachant cette inconstance,
Le mien autre part j'ai rangé;
Jamais plus beauté si légère
Sur moi tant de pouvoir n'aura:
Nous verrons, volage bergère,
Qui premier s'en repentira.

Tandis qu'en pleurs je me consume,
Maudissant cet éloignement,
Vous, qui n'aimez que par
coutume,
Caressiez un nouvel amant.
Jamais légère girouette
Au vent sitôt ne se vira;
Nous verrons, bergère Rosette,
Qui premier s'en repentira.

Où sont tant de promesses saintes,
Tant de pleurs versés en partant?
Est-il vrai que ces tristes plaintes
Sortissent d'un coeur inconstant?
Ah! Dieux! que vous êtes
mensongère!
Maudit soit qui plus vous croira!
Nous verrons, volage bergère,
Qui premier s'en repentira.
Celui qui a gagné ma place
Ne vous peut aimer tant que moi;
Et celle que j'aime vous passe
De beauté, d'amour et de foi.
Gardez bien votre amitié neuve,
La mienne plus ne variera,
Et puis, nous verrons à l'épreuve
Qui premier s'en repentira.

Plainte
Depuis six mois entiers que ta main
courroucée
Se retira, Seigneur, de mon âme
oppressée,
Et me laissa débile au pouvoir des
malheurs,
J'ai tant souffert d'ennuis, qu'hélas!
je ne puis dire
Comment mes tristes yeux aux
pleurs ont pu suffire,
Aux complaintes ma bouche et
mon cœur aux douleurs.
Je n'y vois point de cesse, et ma
peine cruelle,
Que le temps dût vieillir, sans fin
se renouvelle,
Poussant maint rejeton épineux et
tranchant;
Une nuit de fureurs rend horrible
ma vie,
Le déconfort me suit, encor que je
le fuie,
Et la raison me fuit, plus je la vais
cherchant.

O Dieu! mon seul refuge et ma
guide assurée,

Peux-tu voir sans pitié la brebis
égarée,
Etonnée, abattue, à la merci des
sens,
Qui, comme loups cruels, tâchent
de s'en repaître?
Presque le désespoir s'en est rendu
le maître,
L'effrayant de regards et de cris
menaçants.

N'abandonne ton œuvre, ô Dieu
plein de clémence!
Si je t'ai courroucé par trop
d'impatience,
Plaignant de mes plus chers
l'infortuné trépas;
Si je me suis maté d'excessive
tristesse,
Excuse des mortels l'ordinaire
faiblesse:
Seigneur, tu es parfait et l'homme
ne l'est pas.

Toi-même, ô souverain, notre
unique exemplaire,
Quand tu vis ton ami dans le drap
mortuaire,
L'œil clos, les membres froids, pâle
et défiguré,
Ne te pus garantir de ces piteux
alarmes;
Les soleils de tes yeux furent
baignés de larmes,
Et du Dieu de la vie un corps mort
fut pleuré.

Moi donc qui ne suis rien qu'un
songe et qu'un om-
Se faut-il étonner en ce terrible
orage,   [brage,
Si ce qui t'a touché m'a du tout
emporté?
Si pour un de tes pleurs, j'ai versé
des rivières?
Toi, soleil flamboyant, seul père
des lumières,

Moi, nuage épaissi, moite
d'obscurité?
Quand de marbre ou d'acier mon
âme eût été faite,
Las! eussé-je pu voir tant d'amitié
défaite,
Sans me dissoudre en pleurs, sans
me déconforter
Voir de mon seul espoir les racines
séchées
Et les plus vives parts de moi-
même arrachées,
Mon cœur sans se douloir l'eût-il
pu supporter?

Je n'y pense jamais (et j'y pense à
toute heure)
Sans maudire la mort, dont la
longue demeure
Après vous, chers esprits, me
retient tant ici.
J'étais premier entré dans ce val
misérable:
Il me semble, ô Seigneur! qu'il était
raisonnable
Que, le premier de tous, j'en
délogeasse aussi.

Mais en tous ces discours
vainement je me fonde;
Tu les avais prêtés et non donnés
au monde,
Et as pu comme tiens à toi les
retirer.
Hélas! je le sais bien, mais ma
faible nature
Trouve pourtant, Seigneur, cette
ordonnance dure,
Et ne peut sur son mal d'appareil
endurer.
Plaise-toi l'augmenter de force et
de courage;
Sers de guide à mes pas, fends
l'ombre et le nuage,
Qui m'a fait égarer si longtemps de
mon bien,

Et surtout, ô bon Dieu, donne à
mon impuissance
Ou moins de passion, ou plus de
patience,
Afin que mon vouloir ne s'éloigne
du tien.
Donne que les esprits de ceux que
je soupire
N'éprouvent point, Seigneur, ta
justice et ton ire;
Rends-les purifiés par ton sang
précieux,
Cancelle leurs péchés et leurs folles
jeunesses,
Fais-leur part de ta grâce, et,
suivant tes promesses,
Ressuscite leurs corps et les mets
dans les cieux.

Théodore Agrippa d'Aubigné
(1552 –1630)

L'Hiver

Mes volages humeurs, plus stériles
que belles,
S'en vont, et je leur dis: " Vous
sentez, hirondelles,
S'éloigner la chaleur et le froid
arriver.
Allez nicher ailleurs pour ne
fâcher, impures,
Ma couche de babil et ma table
d'ordures;
Laissez dormir en paix la nuit de
mon hiver. "

D'un seul point le soleil n'éloigne
l'hémisphère;
Il jette moins d'ardeur, mais autant
de lumière.
Je change sans regrets lorsque je
me repens
Des frivoles amours et de leur
artifice.
J'aime l'hiver, qui vient purger mon
coeur du vice,
Comme de peste l'air, la terre de
serpents.

Mon chef blanchit dessous les
neiges entassées
Le soleil qui me luit les échauffe,
glacées,
Mais ne les peut dissoudre au plus
court de ces mois.
Fondez, neiges, venez dessus mon
coeur descendre,
Qu'encores il ne puisse allumer de
ma cendre
Du brasier, comme il fit des
flammes autrefois.

Mais quoi, serai-je éteint devant ma
vie éteinte?

Ne luira plus en moi la flamme
vive et sainte,
Le zèle flamboyant de ta sainte
maison?
Je fais aux saints autels holocaustes
des restes
De glace aux feux impurs, et de
naphte aux célestes,
Clair et sacré flambeau, non
funèbre tison.

Voici moins de plaisirs, mais voici
moins de peines!
Le rossignol se tait, se taisent les
sirènes;
Nous ne voyons cueillir ni les fruits
ni les fleurs
L'espérance n'est plus bien souvent
tromperesse,
L'hiver jouit de tout: bienheureuse
vieillesse,
La saison de l'usage et non plus des
labeurs.

Mais la mort n'est pas loin; cette
mort est suivie
D'un vivre sans mourir, fin d'une
fausse vie
Vie de notre vie et mort de notre
mort.
Qui hait la sûreté pour aimer le
naufrage?
Qui a jamais été si friand du
voyage
Que la longueur en soit plus douce
que le port?

Le Jugement
Mais quoi! c'est trop chanté, il faut
tourner les yeux,
Eblouis de rayons, dans le chemin
des cieux.
C'est fait, Dieu vient régner; de
toute prophétie
Se voit la période à ce point
accomplie.

La terre ouvre son sein; du ventre des tombeaux
Naissent des enterrés les visages nouveaux:
Du pré, du bois, du champ, presque de toutes places
Sortent les corps nouveaux et les nouvelles faces.
Ici, les fondements des châteaux rehaussés
Par les ressuscitants promptement sont percés;
Ici, un arbre sent des bras de sa racine
Grouiller un chef vivant, sortir une poitrine;
Là, l'eau trouble bouillonne, et puis s'éparpillant,
Sent en soi des cheveux et un chef s'éveillant.
Comme un nageur venant du profond de son plonge.
Tous sortent de la mort comme l'on sort d'un songe..
Le curieux s'enquiert si le vieux et l'enfant
Tels qu'ils sont jouiront de l'état triomphant,
Leurs corps n'étant parfaits, ou défaits en vieillesse?
Sur quoi la plus hardie ou plus haute sagesse
Ose présupposer que la perfection
Veut en l'âge parfait son élévation,
Et la marquent au point des trente-trois années
Qui étaient en Jésus closes et terminées
Quand il quitta la terre et changea, glorieux,
La croix et le sépulcre au tribunal des cieux.
Venons de cette douce et pieuse pensée
A celle qui nous est aux saints écrits laissée.

Voici le Fils de l'Homme et du grand Dieu le Fils,
Le voici arrivé à son terme préfix.
Déjà l'air retentit et la trompette sonne,
Le bon prend assurance et le méchant s'étonne.
Les vivants sont saisis d'un feu de mouvement,
Ils sentent mort et vie en un prompt changement,
En une période ils sentent leurs extrêmes;
Ils ne se trouvent plus eux-mêmes comme eux-mêmes,
Une autre volonté et un autre savoir
Leur arrache des yeux le plaisir de se voir,
Le ciel ravit leurs yeux: des yeux premiers l'usage
N'eût pu du nouveau ciel porter le beau visage.
L'autre ciel, l'autre terre ont cependant fui,
Tout ce qui fut mortel se perd évanoui.
Les fleuves sont séchés, la grand mer se dérobe,
Il fallait que la terre allât changer de robe.
Montagnes, vous sentez douleurs d'enfantements;
Vous fuyez comme agneaux, ô simples éléments!
Cachez-vous, changez-vous; rien mortel ne supporte
Le front de l'Éternel ni sa voix rude et forte.
Dieu paraît: le nuage entre lui et nos yeux
S'est tiré à l'écart, il s'est armé de feux;
Le ciel neuf retentit du son de ses louanges;
L'air n'est plus que rayons tant il est semé d'Anges.

Tout l'air n'est qu'un soleil; le soleil
radieux
N'est qu'une noire nuit au regard de
ses yeux;
Car il brûle le feu, au soleil il
éclaire,
Le centre n'a plus d'ombre et ne fuit
sa lumière.
Un grand Ange s'écrie à toutes
nations:
«Venez répondre ici dé toutes
actions,
L'Éternel veut juger. »
Toutes âmes venues
Font leurs sièges en rond en la
voûte des nues,
Et là les Chérubins ont au milieu
planté
Un trône rayonnant de sainte
majesté.
Il n'en sort que merveille et
qu'ardente lumière,
Le soleil n'est pas fait d'une étoffe
si claire;
L'amas de tous vivants en attend
justement
La désolation ou le contentement.
Les bons du Saint-Esprit sentent le
témoignage,
L'aise leur saute au cœur et s'épand
au visage:
Car s'ils doivent beaucoup, Dieu
leur en a fait don;
Ils sont vêtus de blanc et lavés de
pardon.
O tribus de Juda! vous êtes à la
dextre;
Edom, Moab, Agar tremblent à la
senestre.
Les tyrans abattus, pâles et
criminels,
Changent leurs vains honneurs aux
tourments éternels;
Ils n'ont plus dans le front la
furieuse audace,
Ils souffrent en tremblant
l'impérieuse face,

Face qu'ils ont frappée, et
remarquent assez
Le chef, les membres saints qu'ils
avaient transpercés:
Ils le virent lié, le voici les mains
hautes,
Ses sévères sourcils viennent
compter leurs fautes;
L innocence a changé sa crainte en
majestés,
Son roseau en acier tranchant des
deux côtés,
Sa croix au tribunal de présence
divine;
Le ciel l'a couronné, mais ce n'est
plus d'épine.
Ores viennent trembler à cet acte
dernier
Les condamneurs aux pieds du
Juste prisonnier.
Voici le grand héraut d'une étrange
nouvelle,
Le messager de mort, mais de mort
éternelle.
Qui se cache, qui fuit devant les
yeux de Dieu?
Vous, Caïns fugitifs, où trouverez-
vous lieu?
Quand vous auriez les vents collés
sous vos aisselles
Ou quand l'aube du jour vous
prêterait ses ailes,
Les monts vous ouvriraient le plus
profond rocher,
Quand la nuit tâcherait en sa nuit
vous cacher,
Vous enceindre la mer, vous
enlever la nue,
Vous ne fuirez de Dieu ni le doigt
ni la vue...
La gueule de l'enfer s'ouvre en
impatience,
Et n'attend que de Dieu la dernière
sentence,
Qui, à ce point, tournant son œil
bénin et doux,

56

Son œil tel que le montre à l'épouse l'époux,
Se tourne à la main droite, où les heureuses vues
Sont au trône de Dieu sans mouvement tendues,
Extatiques de joie et franches de souci.
Leur Roi donc les appelle et les fait rois ainsi:
«Vous qui m'avez vêtu au temps de la froidure,
Vous qui avez pour moi souffert peine et injure,
Qui à ma sèche soif et à mon âpre faim
Donnâtes de bon cœur votre eau et votre pain,
Venez, race du ciel, venez, élus du Père;
Vos péchés sont éteints, le Juge est votre frère,
Venez donc, bien-heureux, triompher pour jamais
Au royaume éternel de victoire et de paix. »
A ce mot tout se change en beautés éternelles.
Ce changement de tout est si doux aux fidèles!
Que de parfaits plaisirs! O Dieu, qu'ils trouvent beau
Cette terre nouvelle et ce grand ciel nouveau!
Mais d'autre part, si tôt que l'Éternel fait bruire
A sa gauche ces mots, les foudres de son ire,
Quand ce Juge, et non Père, au front de tant de Rois
Irrévocable pousse et tonne cette voix:
«Vous qui avez laissé mes membres aux froidures,
Qui leur avez versé injures sur injures,

Qui à ma sèche soif et à mon âpre faim
Donnâtes fiel pour eau et pierre au lieu de pain,
Allez, maudits, allez grincer -vos dents rebelles
Au gouffre ténébreux des peines éternelles! »
Lors, ce front qui ailleurs portait'contentement
Porte à ceux-ci la mort et l'épouvantement.
Il sort un glaive aigu de la bouche divine,
L'enfer glouton, bruyant, devant ses pieds chemine...
O enfants de ce siècle, ô abusés moqueurs,
Imployables esprits, incorrigibles cœurs,
Vos esprits trouveront en la fosse profonde
Vrai ce qu'ils ont pensé une fable en ce monde.
Ils languiront en vain de regret sans merci.
Votre âme à sa mesure enflera de souci.
Qui vous consolera? L'ami qui se désole
Vous grincera les dents au lieu de la parole.
Les Saints vous aimaient-ils? un abîme est entre eux;
Leur chair ne s'émeut plus, vous êtes odieux.
Mais n'espérez-vous point fin à votre souffrance?
Point n'éclaire aux enfers l'aube de l'espérance.
Dieu aurait-il sans fin éloigné sa merci?
Qui a péché sans fin souffre sans fin aussi;
La clémence de Dieu fait au ciel son office,

Il déploie aux enfers son ire et sa
justice.
Mais le feu ensoufré, si grand, si
violent,
Ne détruira-t-il pas les corps en les
brûlant?
Non: Dieu les gardera entiers à sa
vengeance,
Conservant à cela et l'étoffe et
l'essence;.
Et le feu qui sera si puissant
d'opérer
N'aura de faculté d'éteindre et
d'altérer,
Et servira par loi à l'éternelle peine.
L'air corrupteur n'a plus sa
corrompante haleine,
Et ne fait aux enfers office
d'élément;
Celui qui le mouvait, qui est le
firmament,
Ayant quitté son branle et motives
cadences,
Sera sans mouvement, et de là sans
muances.
Transis, désespérés, il n'y a plus de
mort
Qui soit pour votre mer des orages
le port.
Que si vos yeux de feu jettent
l'ardente vue
A l'espoir du poignard, le poignard
plus ne tue.
Que la mort, direz-vous, était un
doux plaisir!
La mort morte ne peut vous tuer,
vous saisir.
Voulez-vous du poison? en vain cet
artifice.
Vous vous précipitez? en vain le
précipice.
Courez au feu brûler: le feu vous
gèlera;
Noyez-vous: l'eau est feu, l'eau
vous embrasera.
La peste n'aura plus de vous
miséricorde.

Étranglez-vous: en vain vous
tordez une corde.
Criez après l'enfer: de l'enfer il ne
sort
Que l'éternelle soif de l'impossible
mort...

58

François de Malherbe (1555 - 1628)

Prière pour le Roi Henri le Grand, allant en Limousin

La terreur de son nom rendra nos
villes fortes,
On n'en gardera plus ni les murs ni
les portes,
Les veilles cesseront aux sommets
de nos tours;
Le fer mieux employé cultivera la
terre,
Et le peuple qui tremble aux
frayeurs de la guerre,
Si ce n'est pour danser, n'orra plus
de tambours.
Loin des mœurs de son siècle il
bannira les vices,
L'oisive nonchalance et les molles
délices
Qui nous avaient portés jusqu'aux
derniers hasards;
Les vertus reviendront de palmes
couronnées,
Et ses justes faveurs aux mérites
données
Feront ressusciter l'excellence des
arts...
Tu nous rendras alors nos douces
destinées:
Nous ne reverrons plus ces
fâcheuses années
Qui pour les plus heureux n'ont
produit que des pleurs.
Toute sorte de biens comblera nos
familles,
La moisson de nos champs lassera
les faucilles,
Et les fruits passeront la promesse
des fleurs...

Paraphrase du psaume CXLV

N'espérons plus, mon âme, aux
promesses du monde;

Sa lumière est un verre, et sa faveur
une onde
Que toujours quelque vent
empêche de calmer.
Quittons ces vanités, lassons-nous
de les suivre;
C'est Dieu qui nous fait vivre,
C'est Dieu qu'il faut aimer.

En vain, pour satisfaire à nos lâches
envies,
Nous passons près des rois tout le
temps de nos vies
A souffrir des mépris et ployer les
genoux.
Ce qu'ils peuvent n'est rien; ils sont
comme nous sommes,
Véritablement hommes,
Et meurent comme nous.

Ont-ils rendu l'esprit, ce n'est plus
que poussière
Que cette majesté si pompeuse et si
fière
Dont l'éclat orgueilleux étonne
l'univers;
Et dans ces grands tombeaux, où
leurs âmes hautaines
Font encore les vaines,
Ils sont mangés des vers.

Là se perdent ces noms de maîtres
de la terre,
D'arbitres de la paix, de foudres de
la guerre;
Comme ils n'ont plus de sceptre, ils
n'ont plus de flatteurs;
Et tombent avec eux d'une chute
commune
Tous ceux que leur fortune
Faisait leurs serviteurs.

Les larmes de Saint Pierre.

Que je porte d'envie à la troupe
innocente

De ceux qui, massacrés d'une main
violente,
Virent dès le matin leur beau jour
accourci!
Le fer qui les tua leur donna cette
grâce,
Que si de faire bien ils n'eurent pas
l'espace,
Ils n'eurent pas le temps de faire
mal aussi.

De ces jeunes guerriers la flotte
vagabonde
Allait courre fortune aux orages du
monde,
Et déjà pour voguer abandonnait le
bord,
Quand l'aguets d'un pirate arrêta
leur voyage;
Mais leur sort fut si bon que d'un
même naufrage
Ils se virent sous l'onde et se virent
au port.

Ce furent de beaux lis qui, mieux
que la nature,
Mêlant à leur blancheur l'incarnate
peinture
Que tira de leur sein le couteau
criminel,
Devant que d'un hiver la tempête et
l'orage
À leur teint délicat pussent faire
dommage,
S'en allèrent fleurir au printemps
éternel.

Ces enfants bienheureux (créatures
parfaites,
Sans l'imperfection de leurs
bouches muettes)
Ayant Dieu dans le cœur ne le
purent louer,
Mais leur sang leur en fut un
témoin véritable;
Et moi, pouvant parler, j'ai parlé,
misérable,

Pour lui faire vergogne et le
désavouer.

Le peu qu'ils ont vécu leur fut
grand avantage,
Et le trop que je vis ne me fait que
dommage;
Cruelle occasion du souci qui me
nuit!
Quand j'avais de ma foi l'innocence
première,
Si la nuit de la mort m'eût privé de
lumière,
Je n'aurais pas la peur d'une
éternelle nuit.

Ce fut en ce troupeau que, venant à
la guerre
Pour combattre l'enfer et défendre
la terre,
Le Sauveur inconnu sa grandeur
abaissa;
Par eux il commença la première
mêlée;
Et furent eux aussi que la rage
aveuglée
Du contraire parti les premiers
offensa.

Qui voudra se vanter avec eux se
compare,
D'avoir reçu la mort par un glaive
barbare,
Et d'être allé soi-même au martyre
s'offrir;
L'honneur leur appartient d'avoir
ouvert la porte
À quiconque osera, d'une âme belle
et forte,
Pour vivre dans le ciel en la terre
mourir.

Ô désirable fin de leurs peines
passées!
Leurs pieds, qui n'ont jamais les
ordures pressées,

Un superbe plancher des étoiles se
font;
Leur salaire payé les services
précède;
Premier que d'avoir mal ils
trouvent le remède,
Et devant le combat ont les palmes
au front.

Que d'applaudissements, de rumeur
et de presse,
Que de feux, que de jeux, que de
traits de caresse,
Quand là-haut en ce point on les vit
arriver!
Et quel plaisir encore à leur
courage tendre,
Voyant Dieu devant eux en ses
bras les attendre,
Et pour leur faire honneur les
Anges se lever!

Et vous femmes, trois fois, quatre
fois bienheureuses,
De ces jeunes Amours les mères
amoureuses,
Que faites-vous pour eux, si vous
les regrettez?
Vous fâchez leur repos, et vous
rendez coupables,
Ou de n'estimer pas leurs trépas
honorables,
Ou de porter envie à leurs félicités.

Le soir fut avancé de leurs belles
journées;
Mais qu'eussent-ils gagné par un
siècle d'années?
Ou que leur advint-il en ce vite
départ,
Que laisser promptement une basse
demeure,
Qui n'a rien que du mal, pour avoir
de bonne heure
Aux plaisirs éternels une éternelle
part?

Si vos yeux pénétrant jusqu'aux
choses futures
Vous pouvaient enseigner leurs
belles aventures,
Vous auriez tant de bien en si peu
de malheurs,
Que vous ne voudriez pas pour
l'empire du monde
N'avoir eu dans le sein la racine
féconde
D'où naquit entre nous ce miracle
de fleurs.
En ces propos mourants ses
complaintes se meurent:
Mais vivantes sans fin ses
angoisses demeurent,
Pour le faire en langueur à jamais
consumer.
Tandis la nuit s'en va, ses lumières
s'éteignent,
Et déjà devant lui les campagnes se
peignent
Du safran que le jour apporte de la
mer.
L'aurore d'une main, en sortant de
ses portes,
Tient un vase de fleurs
languissantes et mortes,
Elle verse de l'autre une cruche de
pleurs;
Et d'un voile tissu de vapeur et
d'orage
Couvrant ses cheveux d'or,
découvre en son visage
Tout ce qu'une âme sent de cruelles
douleurs.

**Dessein de quitter une dame qui ne
le contentait que de promesse**

Beauté, mon beau souci, de qui
l'âme incertaine
A, comme l'océan, son flux et son
reflux,
Pensez de vous résoudre à soulager
ma peine,

Ou je me vais résoudre à ne la
souffrir plus.

Vos yeux ont des appas que j'aime
et que je prise.
Et qui peuvent beaucoup dessus ma
liberté:
Mais pour me retenir, s'ils font cas
de ma prise,
Il leur faut de l'amour autant que de
beauté.

Quand je pense être au point que
cela s'accomplisse
Quelque excuse toujours en
empêche l'effet;
C'est la toile sans fin de la femme
d'Ulysse,
Dont l'ouvrage du soir au matin se
défait.

Madame, avisez-y, vous perdez
votre gloire
De me l'avoir promis et vous rire
de moi.
S'il ne vous en souvient, vous
manquez de mémoire
Et s'îl vous en souvient, vous
n'avez point de foi.

J'avais toujours fait compte, aimant
chose si haute,
De ne m'en séparer qu'avecque le
trépas
S'il arrive autrement ce sera votre
faute,
De faire des serments et ne les tenir
pas.

Consolation à M. Du Périer
sur la mort de sa fille

Ta douleur, du Périer, sera donc
éternelle,
Et les tristes discours

Que te met en l'esprit l'amitié
paternelle
L'augmenteront toujours

Le malheur de ta fille au tombeau
descendue
Par un commun trépas,
Est-ce quelque dédale, où ta raison
perdue
Ne se retrouve pas?

Je sais de quels appas son enfance
était pleine,
Et n'ai pas entrepris,
Injurieux ami, de soulager ta peine
Avecque son mépris.

Mais elle était du monde, où les
plus belles choses
Ont le pire destin;
Et rose elle a vécu ce que vivent les
roses,
L'espace d'un matin.

Puis quand ainsi serait, que selon ta
prière,
Elle aurait obtenu
D'avoir en cheveux blancs terminé
sa carrière,
Qu'en fût-il advenu?

Penses-tu que, plus vieille, en la
maison céleste
Elle eût eu plus d'accueil?
Ou qu'elle eût moins senti la
poussière funeste
Et les vers du cercueil?

Non, non, mon du Périer, aussitôt
que la Parque
Ote l'âme du corps,
L'âge s'évanouit au deçà de la
barque,
Et ne suit point les morts...

La Mort a des rigueurs à nulle autre
pareilles;

On a beau la prier,
La cruelle qu'elle est se bouche les
oreilles,
Et nous laisse crier.

Le pauvre en sa cabane, où le
chaume le couvre,
Est sujet à ses lois;
Et la garde qui veille aux barrières
du Louvre
N'en défend point nos rois.

De murmurer contre elle, et perdre
patience,
Il est mal à propos;
Vouloir ce que Dieu veut, est la
seule science
Qui nous met en repos.

Jean de Sponde (1557 – 1595)

Sonnet

Qui sont, qui sont ceux-là, dont le
coeur idolâtre
Se jette aux pieds du Monde, et
flatte ses honneurs,
Et qui sont ces valets, et qui sont
ces Seigneurs,
Et ces âmes d'Ebène, et ces faces
d'Albâtre?

Ces masques déguisés, dont la
troupe folâtre
S'amuse à caresser je ne sais quels
donneurs
De fumées de Cour, et ces
entrepreneurs
De vaincre encor le Ciel qu'ils ne
peuvent combattre?

Qui sont ces louvoyeurs qui
s'éloignent du Port?
Hommagers à la Vie, et félons à la
Mort,
Dont l'étoile est leur Bien, le Vent
leur fantaisie?

Je vogue en même mer, et
craindrais de périr
Si ce n'est que je sais que cette
même vie
N'est rien que le fanal qui me guide
au mourir.

Mathurin Régnier (1573 – 1613)

Satire à M. Rapin

…Cependant leur savoir ne s'étend
seulement
.Qu'à regratter un mot douteux au
jugement,
Prendre garde qu'un qui ne heurte
une diphtongue,
Epier si des vers la rime est brève
ou longue,
Ou bien si la voyelle à l'autre
s'unissant
Ne rend point à l'oreille un son trop
languissant,
Et laissent sur le vert le noble de
l'ouvrage.
Nul aiguillon divin n'élève leur
courage;
Ils rampent bassement, faibles
d'inventions,
Et n'osent, peu hardis, tenter les
fictions,
Froids à l'imaginer: car s'ils font
quelque chose,
C'est proser de la rime et rimer de
la prose,
Que l'art lime et relime, et polit de
façon
Qu'elle rend à l'oreille un agréable
son;
Et voyant qu'un beau feu leur
cervelle n'embrase,
Ils attifent leurs mots, enjolivent
leur phrase,
Affectent leur discours tout si
relevé d'art,
Et peignent leurs défauts de
couleur et de fard.
Aussi je les compare à ces femmes
jolies
Qui par les affiquets se rendent
embellies…
Et toute leur beauté ne gît qu'en
l'ornement…

OùJ ces divins esprits, hautains et
relevés,
Qui des eaux d'Hélicon ont les sens
abreuvés,
De verve et de fureur leur ouvrage
étincelle,
De leurs vers tout divins la grâce
est naturelle,
Et sont, comme l'on voit, la parfaite
beauté,
Qui, contente de soi, laisse la
nouveauté
Que l'art trouve au Palais ou dans
le blanc d'Espagne.
Rien que le naturel sa grâce
n'accompagne;
Son front, lavé d'eau claire, éclate
d'un beau teint;
De roses et de lys la nature la peint;
Et, laissant là Mercure et toutes ses
malices,
Les nonchalances sont ses plus
grands artifices…

Sonnet
O Dieu, si mes péchés irritent ta
fureur,
Contrit, morne et dolent, j'espère en
ta clémence.
Si mon deuil ne suffit à purger mon
offense,
Que ta grâce y supplée et serve à
mon erreur.
Mes esprits éperdus frissonnent de
terreur,
Et, ne voyant salut que par la
pénitence,
Mon cœur, comme mes yeux,
s'ouvre à la repentance,
Et me hais tellement que je m'en
fais horreur.
Je pleure le présent, le passé je
regrette;
Je crains à l'avenir la faute que j'ai
faite;

Dans mes rébellions je lis ton
jugement.
Seigneur, dont la bonté nos injures
surpasse,
Comme de père à fils uses-en
doucement,
Si j'avais moins failli, moindre
serait ta grâce.

Epitaphe

J'ai vécu sans nul pensement,
Me laissant aller doucement
A la bonne loi naturelle,
Et si m'étonne fort pourquoi
La mort daigna songer à moi,
Qui n'ai daigné penser à elle.

François Maynard (1582 - 1646)

La belle vieille

Cloris, que dans mon cœur j'ai si
longtemps servie
Et que ma passion montre à tout
l'Univers,
Ne veux-tu pas changer le destin de
ma vie,
Et donner de beaux jours à mes
derniers hivers!

N'oppose plus ton deuil au bonheur
où j'aspire.
Ton Visage est-il fait pour
demeurer voilé?
Sors de ta nuit funèbre, et permets
que j'admire
Les divines clartés des Yeux qui
m'ont brûlé…
Ce n'est pas d'aujourd'hui que je
suis ta conquête:
Huit Lustres ont suivi le jour que
tu me pris;
Et j'ai fidèlement aimé ta belle Tête
Sous des cheveux châtains et sous
des cheveux gris.
C'est de tes jeunes yeux que mon
ardeur est née;
C'est de leurs premiers traits que je
fus abattu:
Mais tant que tu brûlas du
flambeau d'Hyménée,
Mon Amour se cacha pour plaire à
ta Vertu.
Je sais de quel respedt il faut que je
t'honore,
Et mes ressentiments ne l'ont pas
violé.
Si quelquefois j'ai dit le soin qui me
dévore,
C'est à des confidents qui n'ont
jamais parlé.
Pour adoucir l'aigreur des peines
que j'endure,
Je me plains aux Rochers et
demande conseil

A ces vieilles Forêts dont l'épaisse
verdure
Fait de si belles nuits en dépit du
Soleil.

L' Ame pleine d'Amour et de
Mélancolie,
Et couché sur des Fleurs et sous
des Orangers,
J'ai montré ma blessure aux deux
Mers d'Italie,
Et fait dire ton nom aux Échos
étrangers.
Ce Fleuve impérieux à qui tout fit
hommage,
Et dont Neptune même endura le
mépris,
A su qu'en mon esprit j'adorais ton
Image,
Au lieu de chercherRome en ces
vastes débris…
Pour moi, je cède aux ans; et ma
tête chenue
M'apprend qu'il faut quitter les
hommes et le jour.
Mon sang se refroidit. Ma force
diminue;
Et je serais sans feu, si j'étais sans
Amour.

Sonnet

Mon âme, il faut partir. Ma vigueur
est passée,
Mon dernier jour est dessus
l'horizon.
Tu crains ta liberté. Quoi! n'es-tu
pas lassée
D'avoir souffert soixante ans de
prison?

Tes désordres sont grands; tes
vertus sont petites;
Parmi tes maux on trouve peu de
bien;
Mais si le bon Jésus te donne ses
mérites,

Espère tout et n'appréhende rien.

Mon âme, repens-toi d'avoir aimé
le monde,
Et de mes yeux fais la source d'une
onde
Qui touche de pitié le monarque
des rois.

Que tu serais courageuse et ravie
Si j'avais soupiré, durant toute ma
vie,
Dans le désert, sous l'ombre de la
Croix!

Honorat de Bueil, seigneur (dit marquis) de Racan (1589- 1670)

Stances

Tircis, il faut penser à faire la
retraite;
La course de nos jours est plus qu'à
demi faite;
L'âge insensiblement nous conduit
à la mort:
Nous avons assez vu sur la mer de
ce monde
Errer au gré des flots notre nef
vagabonde;
Il est temps de jouir des délices du
port.

Le bien de la fortune est un bien
périssable;
Quand on bâtit sur elle, on bâtit sur
le sable;
Plus on est élevé, plus on court de
dangers;
Les grands pins sont en butte aux
coups de la tempête,
Et la rage des vents brise plutôt le
faîte
Des maisons de nos rois que les
toits des bergers.

O bienheureux celui qui peut de sa
mémoire
Effacer pour jamais ce vain espoir
de gloire,
Dont l'inutile soin traverse nos
plaisirs;
Et qui, loin retiré de la foule
importune,
Vivant dans sa maison, content de
sa fortune,
A, selon son pouvoir, mesuré ses
désirs!

Il laboure le champ que labourait
son père;

Il ne s'informe point de ce qu'on
délibère
Dans ces graves conseils d'affaires
accablés;
Il voit sans intérêt la mer grosse
d'orages,
Et n'observe des vents les sinistres
présages,
Que pour le soin qu'il a du salut de
ses blés.

Roi de ses passions, il a ce qu'il
désire.
Son fertile domaine est son petit
empire,
Sa cabane est son Louvre et son
Fontainebleau;
Ses champs et ses jardins sont
autant de provinces,
Et sans porter envie à la pompe des
princes
Se contente chez lui de les voir en
tableau.

Il voit de toutes parts combler
d'heur sa famille,
La javelle à plein poing tomber
sous sa faucille,
Le vendangeur ployer sous le faix
des paniers;
Et semble qu'à l'envi les fertiles
montagnes,
Les humides vallons, et les grasses
campagnes
S'efforcent à remplir sa cave et ses
greniers.

Il suit aucune fois un cerf par les
foulées,
Dans ces vieilles forêts du peuple
reculées,
Et qui même du jour ignorent le
flambeau;
Aucune fois des chiens il suit les
voix confuses,
Et voit enfin le lièvre, après toutes
ses ruses,

Du lieu de sa naissance en faire son
tombeau.

Tantôt il se promène au long de ses
fontaines,
De qui les petits flots font luire
dans les plaines
L'argent de leurs ruisseaux parmi
l'or des moissons;
Tantôt il se repose, avecque les
bergères,
Sur des lits naturels de mousse et
de fougères,
Qui n'ont d'autres rideaux que
l'ombre des buissons.

Il soupire en repos l'ennui de sa
vieillesse,
Dans ce même foyer où sa tendre
jeunesse
A vu dans le berceau ses bras
emmaillotés;
Il tient par les moissons registre des
années,
Et voit de temps en temps leurs
courses enchaînées
Vieillir avecque lui les bois qu'il a
plantés.

Il ne va point fouiller aux terres
inconnues,
A la merci des vents et des ondes
chenues,
Ce que nature avare a caché de
trésors;
Et ne recherche point, pour honorer
sa vie
De plus illustre mort, ni plus digne
d'envie,
Que de mourir au lit où ses pères
sont morts.

Il contemple, du port, les insolentes
rages
Des vents de la faveur, auteurs de
nos orages,

Allumer des mutins les desseins
factieux;
Et voit en un clin d'oeil, par un
contraire échange,
L'un déchiré du peuple au milieu
de la fange
Et l'autre à même temps élevé dans
les cieux.

S'il ne possède point ces maisons
magnifiques,
Ces tours, ces chapiteaux, ces
superbes portiques
Où la magnificence étale ses
attraits,
Il jouit des beautés qu'ont les
saisons nouvelles;
Il voit de la verdure et des fleurs
naturelles,
Qu'en ces riches lambris l'on ne
voit qu'en portraits.

Crois-moi, retirons-nous hors de la
multitude,
Et vivons désormais loin de la
servitude
De ces palais dorés où tout le
monde accourt:
Sous un chêne élevé les arbrisseaux
s'ennuient,
Et devant le soleil tous les astres
s'enfuient,
De peur d'être obligés de lui faire la
cour.

Après qu'on a suivi sans aucune
assurance
Cette vaine faveur qui nous paît
d'espérance,
L'envie en un moment tous nos
desseins détruit;
Ce n'est qu'une fumée; il n'est rien
de si frêle;
Sa plus belle moisson est sujette à
la grêle,
Et souvent elle n'a que des fleurs
pour du fruit.

Agréables déserts, séjour de
l'innocence,
Où loin des vanités, de la
magnificence,
Commence mon repos et finit mon
tourment,
Vallons, fleuves, rochers, plaisante
solitude,
Si vous fûtes témoins de mon
inquiétude,
Soyez-le désormais de mon
contentement!

Théophile de Viau (1590 –1626)
Le matin

L'Aurore sur le front du jour
Seme l'azur, l'or et l'yvoire,
Et le Soleil, lassé de boire,
Commence son oblique tour.

Ses chevaux, au sortir de l'onde,
De flame et de clarté couverts,
La bouche et les nasaux ouverts,
Ronflent la lumiere du monde.

Ardans ils vont à nos ruisseaux
Et dessous le sel et l'escume
Boivent l'humidité qui fume
Si tost qu'ils ont quitté les eaux.

La lune fuit devant nos yeux;
La nuict a retiré ses voiles;
Peu à peu le front des estoilles
S'unit à la couleur des Cieux.

Les ombres tombent des
montagnes,
Elles croissent à veüe d'oeil,
Et d'un long vestement de deuil
Couvrent la face des campagnes.

Le Soleil change de sejour,
Il penetre le sein de l'onde,
Et par l'autre moitié du monde
Pousse le chariot du jour.

Desjà la diligente avette
Boit la marjolaine et le thyn,
Et revient riche du butin
Qu'elle a prins sur le mont
Hymette.

Je voy le genereux lion
Qui sort de sa demeure creuse,
Hérissant sa perruque affreuse
Qui faict fuir Endimion.

Sa dame, entrant dans les boccages
Compte les sangliers qu'elle a pris,

Ou devale, chez les esprits
Errans aux sombres marescages.

Je vois les agneaux bondissans
Sur les bleds qui ne font que
naistre;
Cloris, chantant, les meine paistre
Parmi ces costaux verdissans.

Les oyseaux, d'un joyeux ramage,
En chantant semblent adorer
La lumiere qui vient dorer
Leur cabinet et leur plumage.

Le pré paroist en ses couleurs,
La bergere aux champs revenue
Mouillant sa jambe toute nue
Foule les herbes et les fleurs.

La charrue escorche la plaine;
Le bouvier, qui suit les seillons,
Presse de voix et d'aiguillons
Le couple de boeufs qui l'entraine.

Alix appreste sou fuseau;
Sa mere qui luy faict la tasche,
Presse le chanvre qu'elle attache
A sa quenouille de roseau.

Une confuse violence
Trouble le calme de la nuict,
Et la lumiere, avec le bruit,
Dissipe l'ombre et le silence.

Alidor cherche à son resveil
L'ombre d'Iris qu'il a baisee
Et pleure en son ame abusee
La fuitte d'un si doux sommeil.

Les bestes sont dans leur taniere,
Qui tremblent de voir le Soleil,
L'homme, remis par le sommeil,
Reprend son oeuvre coustumiere.

Le forgeron est au fourneau;
Voy comme le charbon s'alume!
Le fer rouge dessus l'enclume

Estincelle sous le marteau.

Ceste chandelle semble morte,
Le jour la faict esvanouyr;
Le Soleil vient nous esblouyr:
Voy qu'il passe au travers la porte!

Il est jour: levons-nous Philis;
Allons à nostre jardinage,
Voir s'il est comme ton visage,
Semé de roses et de lys.

La solitude
Dans ce val solitaire et sombre
Le cerf qui brame au bruit de l'eau,
Penchant ses yeux dans un
ruisseau,
S'amuse à regarder son ombre.

De cette source une Naïade
Tous les soirs ouvre le portail
De sa demeure de cristal
Et nous chante une sérénade.

Les Nymphes que la chasse attire
À l'ombrage de ces forêts
Cherchent des cabinets secrets
Loin de l'embûche du Satyre.

Jadis au pied de ce grand chêne,
Presque aussi vieux que le Soleil,
Bacchus, l'Amour et le Sommeil
Firent la fosse de Silène.

Un froid et ténébreux silence
Dort à l'ombre de ces ormeaux,
Et les vents battent les rameaux
D'une amoureuse violence.

L'esprit plus retenu s'engage
Au plaisir de ce doux séjour,
Où Philomèle nuit et jour
Renouvelle un piteux langage.

L'orfraie et le hibou s'y perchent,
Ici vivent les loups-garous;
Jamais la justice en courroux

Ici de criminels ne cherche.

Ici l'amour fait ses études,
Vénus dresse des autels,
Et les visites des mortels
Ne troublent point ces solitudes.

Cette forêt n'est point profane,
Ce ne fut point sans la fâcher
Qu'Amour y vint jadis cacher
Le berger qu'enseignait Diane.

Amour pouvait par innocence,
Comme enfant, tendre ici des rets;
Et comme reine des forêts,
Diane avait cette licence.

Cupidon, d'une douce flamme
Ouvrant la nuit de ce vallon,
Mit devant les yeux d'Apollon
Le garçon qu'il avait dans l'âme.

À l'ombrage de ce bois sombre
Hyacinthe se retira,
Et depuis le Soleil jura
Qu'il serait ennemi de l'ombre.

Tout auprès le jaloux Borée
Pressé d'un amoureux tourment,
Fut la mort de ce jeune amant
Encore par lui soupirée.

Sainte forêt, ma confidente,
Je jure par le Dieu du jour
Que je n'aurai jamais amour
Qui ne te soit toute évidente.

Mon Ange ira par cet ombrage;
Le Soleil, le voyant venir,
Ressentira du souvenir
L'accès de sa première rage.

Corine, je te prie, approche;
Couchons-nous sur ce tapis vert
Et pour être mieux à couvert
Entrons au creux de cette roche.

Ouvre tes yeux, je te supplie:
Mille amours logent là-dedans,
Et de leurs petits traits ardents
Ta prunelle est toute remplie.

Amour de tes regards soupire,
Et, ton esclave devenu,
Se voit lui-même retenu,
Dans les liens de son empire.

Ô beauté sans doute immortelle
Où les Dieux trouvent des appas!
Par vos yeux je ne croyais pas
Que vous fussiez du tout si belle.

Qui voudrait faire une peinture
Qui peut ses traits représenter,
Il faudrait bien mieux inventer
Que ne fera jamais nature.

Tout un siècle les destinées
Travaillèrent après ses yeux,
Et je crois que pour faire mieux
Le temps n'a point assez d'années.

D'une fierté pleine d'amorce,
Ce beau visage a des regards
Qui jettent des feux et des dards
Dont les Dieux aimeraient la force.

Que ton teint est de bonne grâce!
Qu'il est blanc, et qu'il est vermeil!
Il est plus net que le Soleil,
Et plus uni que de la glace,

Mon Dieu! que tes cheveux me
plaisent!
Ils s'ébattent dessus ton front
Et les voyant beaux comme ils sont
Je suis jaloux quand ils te baisent.

Belle bouche d'ambre et de rose
Ton entretien est déplaisant
Si tu ne dis, en me baisant,
Qu'aimer est une belle chose.

D'un air plein d'amoureuse flamme,

Aux accents de ta douce voix
Je vois les fleuves et les bois
S'embraser comme a fait mon âme.

Si tu mouilles tes doigts d'ivoire
Dans le cristal de ce ruisseau,
Le Dieu qui loge dans cette eau
Aimera, S'il en ose boire.

Présente-lui ta face nue,
Tes yeux avecques l'eau riront,
Et dans ce miroir écriront
Que Vénus est ici venue.

Si bien elle y sera dépeinte
Que les Faunes s'enflammeront,
Et de tes yeux, qu'ils aimeront,
Ne sauront découvrir la feinte.

Entends ce Dieu qui te convie
A passer dans son élément;
Ouïs qu'il soupire bellement
Sa liberté déjà ravie.

Trouble-lui cette fantasie
Détourne-toi de ce miroir,
Tu le mettras au désespoir
Et m'ôteras la jalousie.

Vois-tu ce tronc et cette pierre!
Je crois qu'ils prennent garde à
nous,
Et mon amour devient jaloux
De ce myrthe et de ce lierre.

Sus, ma Corine! que je cueille
Tes baisers du matin au soir
Vois, comment, pour nous faire
asseoir,
Ce myrthe a laissé choir sa feuille!

Ouïs le pinson et la linotte,
Sur la branche de ce rosier;
Vois branler leur petit gosier
Ouïs comme ils ont changé de
note!

Approche, approche, ma Driade!
Ici murmureront les eaux;
Ici les amoureux oiseaux
Chanteront une sérénade.

Prête moi ton sein pour y boire
Des odeurs qui m'embaumeront;
Ainsi mes sens se pâmeront
Dans les lacs de tes bras d'ivoire.

Je baignerai mes mains folâtres
Dans les ondes de tes cheveux
Et ta beauté prendra les voeux
De mes oeillades idolâtres.

Ne crains rien, Cupidon nous
garde.
Mon petit Ange, es-tu pas mien!
Ha! je vois que tu m'aimes bien
Tu rougis quand je te regarde.

Dieux! que cette façon timide
Est puissante sur mes esprits!
Regnauld ne fut pas mieux épris
Par les charmes de son Armide.

Ma Corine, que je t'embrasse!
Personne ne nous voit qu'Amour;
Vois que même les yeux du jour
Ne trouvent point ici de place.

Les vents, qui ne se peuvent taire,
Ne peuvent écouter aussi,
Et ce que nous ferons ici
Leur est un inconnu mystère.

Lettre à son frère
Mon frère, mon dernier appui,
Toi seul dont le secours me dure
Et toi qui seul trouves aujourd'hui
Mon adversité longue et dure,
Ami ferme, ardent, généreux,
Que mon sort le plus malheureux
Pique d'aventure à le suivre,
Achève de me secourir:
Il faudra qu'on me laisse vivre

Après m'avoir fait tant mourir.

Quand les dangers où Dieu m'a
mis
Verront mon espérance morte,
Quand mes juges et mes amis
T'auront tous refusé la porte,
Quand tu seras las de prier,
Quand tu seras las de crier,
Ayant bien balancé ma tête
Entre mon salut et ma mort,
Il faut enfin que la tempête
M'ouvre le sépulcre ou le port.

Mais l'heure, qui la peut savoir!
Nos malheurs ont certaines courses
Et des flots dont on ne peut voir
Ni les limites ni les sources.
Dieu seul connaît ce changement;
Car l'esprit ni le jugement
Dont nous a pourvus la nature,
Quoique l'on veuille présumer
N'entend non plus notre aventure
Que le secret flux de la mer.

Je sais bien que tous les vivants,
Eussent-ils juré ma ruine,
N'aideront point mes poursuivants
Malgré la volonté divine.
Tous leurs efforts sans son aveu
Ne sauraient m'ôter un cheveu.
Si le Ciel ne les autorise
Ils nous menacent seulement;
Eux ni nous de leur entreprise
Ne savons pas l'événement.

Cependant je suis abattu,
Mon courage se laisse mordre,
Et d'heure en heure ma vertu
Laisse tous mes sens en désordre.
La raison avec ses discours
Au lieu de me donner secours
Est importune à ma faiblesse,
Et les pointes de la douleur,
Même alors que rien ne me blesse,
Me changent et voix et couleur.

Mon sens noirci d'un long effroi
Ne se plaît qu'en ce qui l'attriste,
Et le seul désespoir chez moi
Ne trouve rien qui lui résiste.
La nuit mon somme interrompu,
Tiré d'un sang tout corrompu,
Me met tant de frayeurs dans l'âme
Que je n'ose bouger mes bras
De peur de trouver de la flamme
Et des serpents parmi mes draps.

Au matin mon premier objet
C'est la colère insatiable
Et le long et cruel projet
Dont m'attaquent les fils du
        Diable;
Et peut-être ces noirs Lutins
Que la haine de mes destins
A trouvé si prompts à me nuire,
Vaincus par des démons meilleurs,
Perdent le soin de me détruire
Et soufflent leur tempête ailleurs.

Peut-être, comme les voleurs
Sont quelquefois lassés de crimes,
Les ministres de mes malheurs
Sont las de déchiffrer mes rimes;
Quelque reste d'humanité,
Voyant l'injuste impunité
Dont on flatte la calomnie,
Peut-être leur bat dans le sein
Et s'oppose à leur félonie
Dans un si barbare dessein.

Mais quand il faudrait que le Ciel
Mêlât sa foudre à leur bruine,
Et qu'ils auraient autant de fiel
Qu'il leur en faut pour ma ruine,
Attendant ce fatal succès
Pourquoi tant de fiévreux accès
Me feront-ils pâlir la face,
Et si souvent hors de propos,
Avecque des sueurs de glace,
Me troubleront-ils le repos?

Quoique l'implacable courroux
D'une si puissante partie

Fasse gronder trente verrous
Contre l'espoir de ma sortie,
Et que ton ardente amitié
Par tous les soins de la pitié
Que te peut fournir la nature
Te rende en vain si diligent
Et ne donne qu'à l'aventure
Tes pas, tes écrits et ton argent,

J'espère toutefois au Ciel:
Il fit que ce troupeau farouche
Tout prêt à dévorer Daniel
Ne trouva ni griffe ni bouche.
C'est le même qui fit jadis
Descendre un air de Paradis
Dans l'air brûlant de la fournaise
Où les saints parmi les chaleurs
Ne sentirent non plus la braise
Que s'ils eussent foulé des fleurs.
Mon Dieu, mon souverain recours
Peut s'opposer à mes misères,
Car ses bras ne sont pas plus courts
Qu'ils étaient au temps de nos
        pères.
Pour être si prêt à mourir
Dieu ne me peut pas moins guérir:
C'est des afflictions extrêmes
Qu'il tire la prospérité,
Comme les fortunes suprêmes
Souvent le trouvent irrité.

Tel de qui l'orgueilleux destin
Brave la misère et l'envie,
N'a peut-être plus qu'un matin
Ni de volupté ni de vie.
La Fortune qui n'a point d'yeux,
Devant tous les flambeaux des
        cieux
Nous peut porter dans une fosse;
Elle va haut, mais que sait-on
S'il fait plus sûr dans son carrosse
Que dans celui de Phaéton?

Le plus brave de tous les rois
Dressant un appareil de guerre
Qui devait imposer des lois
A tous les peuples de la terre,

Entre les bras de ses sujets,
Assuré de tous les objets
Comme de ses meilleurs gardes,
Se vit frapper mortellement
D'un coup à qui cent hallebardes
Prenaient garde inutilement.

En quelle plage des mortels
Ne peut le vent crever la terre?
En quel palais et quels autels
Ne se peut glisser le tonnerre?
Quels vaisseaux et quels matelots
Sont toujours assurés des flots?
Quelquefois des villes entières
Par un horrible changement
Ont rencontré leurs cimetières
En la place du fondement.

Le sort qui va toujours de nuit,
Enivré d'orgueil et de joie,
Quoiqu'il soit sagement conduit
Garde malaisément sa voie.
Ah! que les souverains décrets
Ont toujours demeuré secrets
A la subtilité de l'homme!
Dieu seul connaît l'état humain:
Il sait ce qu'aujourd'hui nous
sommes,
Et ce que nous serons demain.

Or selon l'ordinaire cours
Qu'il fait observer à nature,
L'astre qui préside à mes jours
S'en va changer mon aventure.
Mes yeux sont épuisés de pleurs,
Mes esprits, usés des malheurs,
Vivent d'un sang gelé de craintes.
La nuit trouve enfin la clarté,
Et l'excès de tant de contraintes
Me présage ma liberté.

Quelque lac qui me soit tendu
Par de si subtils adversaires,
Encore n'ai-je point perdu
L'espérance de voir Boussères;
Encore un coup le dieu du jour
Tout devant moi fera sa cour

Aux rives de notre héritage,
Et je verrai ses cheveux blonds
Du même or qui luit sur le Tage
Dorer l'argent de nos sablons.

Je verrai ces bois verdissants
Où nos îles et l'herbe fraîche
Servent aux troupeaux mugissants
Et de promenoir et de crèche;
L'Aurore y trouve à son retour
L'herbe qu'ils ont mangé le jour;
Je verrai l'eau qui les abreuve
Et j'orrai plaindre les graviers
Et répartir l'écho du fleuve
Aux injures des mariniers.

Le pêcheur en se morfondant
Passe la nuit dans ce rivage
Qu'il croît être plus abondant
Que les bords de la mer sauvage;
Il vend si peu ce qu'il a pris
Qu'un teston est souvent le prix
Dont il laisse vider sa nasse,
Et la quantité du poisson
Déchire parfois la tirasse
Et n'en paye pas la façon.

S'il plaît à la bonté des cieux
Encore une fois à ma vie
Je paîtrai ma dent et mes yeux
Du rouge éclat de la pavie;
Encore ce brugnon muscat
Dont le pourpre est plus délicat
Que le teint uni de Caliste,
Me fera d'un oeil ménager
Etudier dessus la piste
Qui me l'est venu ravager.

Je cueillerai ces abricots,
Les fraises à couleur de flammes
Où nos bergers font des écots
Qui seraient ici bons aux dames,
Et ces figues et ces melons
Dont la bouche des aquilons
N'a jamais su baiser l'écorce,
Et ces jaunes muscats si chers
Que jamais la grêle ne force

Dans l'asile de nos rochers.

Je verrai sur nos grenadiers
Leurs rouges pommes entrouvertes,
Où le ciel comme à ses lauriers
Garde toujours des feuilles vertes;
Je verrai ce touffu jasmin
Qui fait ombre à tout le chemin
D'une assez spacieuse allée,
Et la parfume d'une fleur
Qui conserve dans la gelée
Son odorat et sa couleur.

Je reverrai fleurir nos prés,
Je leur verrai couper les herbes;
Je verrai quelque temps après
Le paysan couché sur les gerbes;
Et comme ce climat divin
Nous est très libéral de vin,
Après avoir rempli la grange
Je verrai du matin au soir
Comme les flots de la vendange
Ecumeront dans le pressoir.

Là d'un esprit laborieux
L'infatigable Bellegarde,
De la voix, des mains et des yeux
A tout le revenu prend garde.
Il connaît d'un exact soin
Ce que les prés rendent de foin,
Ce que nos troupeaux ont de laines,
Et sait mieux que les vieux paysans
Ce que la montagne et la plaine
Nous peuvent donner tous les ans.

Nous cueillerons tout à moitié
Comme nous avons fait encore,
Ignorants de l'inimitié
Dont une race se dévore;
Et frères et sœurs et neveux,
De mêmes soins, de mêmes vœux
Flattant une si douce terre,
Nous y trouverons trop de quoi,
Y dût l'orage de la guerre
Ramener le canon du Roi.

Si je passais dans ce loisir

Encore autant que j'ai de vie,
Le comble d'un si cher plaisir
Bornerait tout mon envie.
Il faut qu'un jour ma liberté
Se lâche en cette volupté;
Je n'ai plus de regret au Louvre.
Ayant vécu dans ces douceurs,
Que la même terre me couvre
Qui couvre mes prédécesseurs.

Ce sont les droits que mon pays
A mérités de ma naissance,
Et mon sort les aurait trahis
Si la mort m'arrivait en France.
Non, non, quelque cruel complot
Qui de la Garonne et du Lot
Veuille éloigner ma sépulture,
Je ne dois point en autre lieu
Rendre mon corps à la nature,
Ni résigner mon âme à Dieu.

L'espérance ne confond point;
Mes maux ont trop de véhémence,
Mes travaux sont au dernier point,
Il faut que mon repos commence.
Quelle vengeance n'a point pris
Le plus fier de tous ces esprits
Qui s'irritent de ma constance!
Ils m'ont vu lâchement soumis
Contrefaire une repentance
De ce que je n'ai point commis.

Ah! que les cris d'un innocent,
Quelques longs maux qui les
exercent,
Trouvent malaisément l'accent
Dont ces âmes de fer se percent!
Leur rage dure un an sur moi
Sans trouver ni raison ni loi
Qui l'apaise ou qui lui résiste;
Le plus juste et le plus chrétien
Croit que sa charité m'assiste
Si sa haine ne me fait rien.

L'énorme suite de malheurs!
Dois-je donc aux races meurtrières
Tant de fièvres et tant de pleurs,

Tant de respects, tant de prières,
Pour passer mes nuits sans
sommeil,
Sans feu, sans air et sans Soleil,
Et pour mordre ici les murailles?
N'ai-je encore souffert qu'en vain?
Me dois-je arracher les entrailles
Pour soûler leur dernière faim?

Parjures infracteurs des lois,
Corrupteurs des plus belles âmes,
Effroyables meurtriers des rois,
Ouvriers de couteaux et de
flammes,
Pâles prophètes de tombeaux,
Fantômes, loup-garoux, corbeaux,
Horrible et venimeuse engeance:
Malgré vous, race des enfers,
A la fin j'aurai la vengeance
De l'injuste affront de mes fers.

Derechef, mon dernier appui,
Toi seul dont le secours me dure
Et qui seul trouves aujourd'hui
Mon adversité longue et dure,
Rare frère, ami généreux,
Que mon sort le plus malheureux
Pique davantage à le suivre,
Achève de me secourir:
Il faudra qu'on me laisse vivre
Après m'avoir fait tant mourir.

**Marc-Antoine Girard, sieur de
Saint-Amant, (1594- 1661)**

La solitude

O! que j'aime la solitude!
Que ces lieux sacrés à la nuit,
Eloignés du monde et du bruit,
Plaisent à mon inquiétude!
Mon Dieu! Que mes yeux sont
contents
De voir ces bois qui se trouvèrent
A la nativité du temps,
Et que tous les Siècles révèrent,
Etre encore aussi beaux et verts,
Qu'aux premiers jours de l'Univers!
Un gay zéphire les caresse
D'un mouvement doux et flatteur.
Rien que leur extresme hauteur
Ne fait remarquer leur vieillesse.
Jadis Pan et ses demi-dieux
Y vinrent chercher du refuge,
Quand Jupiter ouvrit les cieux
Pour nous envoyer le deluge,
Et, se sauvans sur leurs rameaux,
A peine virent-ils les eaux.
Que sur cette espine fleurie
Dont le printemps est amoureux,
Philomele, au chant langoureux,
Entretient bien ma resverie!
Que je prens de plaisir à voir
Ces monts pendans en precipices,
Qui, pour les coups du desespoir,
Sont aux malheureux si propices,
Quand la cruauté de leur sort,
Les force a rechercher la mort!

Que je trouve doux le ravage
De ces fiers torrens vagabonds,
Qui se precipitent par bonds
Dans ce valon vert et sauvage!
Puis, glissant sour les arbrisseaux,
Ainsi que des serpens sur l'herbe,
Se changent en plaisans ruisseaux,
Où quelque Naïade superbe
Regne comme en son lict natal,

Dessus un throsne de christal!…
…Que j'aime à voir la décadence
De ces vieux chasteaux ruinés,
Contre qui les ans mutinés
Ont deployé leur insolence!
Les sorciers y font leur sabbat;
Les démons follets s' y retirent,
Qui d'un malicieux ébat
Trompent nos sens et nous
martyrent;
Là se nichent en mille troux
Les couleuvres et les hiboux.
L'orfraie, avec ses cris funèbres,
Mortels augures des destins,
Fait rire et dancer les lutins
Dans ces lieux remplis de ténèbres.
Sous un chevron de bois maudit
Y branle le squelette horrible
D'un pauvre amant qui se pendit
Pour une bergère insensible,
Qui d'un seul regard de pitié
Ne daigna voir son amitié.
Aussi le Ciel, juge équitable,
Qui maintient les loix en vigueur,
Prononça contre sa rigueur
Une sentence épouvantable:
Autour de ces vieux ossemens
Son ombre, aux peines condamnée,
Lamente en longs gémissemens
Sa malheureuse destinée,
Ayant, pour croistre son effroi,
Toujours son crime devant soi…

Le soleil levant

Jeune déesse au teint vermeil,
Que l'Orient révère,
Aurore, fille du Soleil,
Qui nais devant ton père,
Viens soudain me rendre le jour,
Pour voir l'objet de mon amour.

Certes, la nuit a trop duré;
Déjà les coqs t'appellent:
Remonte sur ton char doré,
Que les Heures attellent,
Et viens montrer à tous les yeux

De quel émail tu peins les cieux.

Mouille promptement les guérets
D'une fraîche rosée,
Afin que la soif de Cérès
En puisse être apaisée,
Et fais qu'on voie en cent façons
Pendre tes perles aux buissons.

Ha! je te vois, douce clarté,
Tu sois la bien venue:
Je te vois, céleste beauté,
Paraître sur la nue,
Et ton étoile en arrivant
Blanchit les coteaux du levant.

Le silence et le morne roi
Des visions funèbres
Prennent la fuite devant toi
Avecque les ténèbres,
Et les hiboux qu'on oit gémir
S'en vont chercher place à dormir.

Mais, au contraire, les oiseaux
Qui charment les oreilles
Accordent au doux bruit des eaux
Leurs gorges non pareilles
Célébrant les divins appas
Du grand astre qui suit tes pas.

La Lune, qui le voit venir,
En est toute confuse;
Sa lueur, prête à se ternir,
A nos yeux se refuse,
Et son visage, à cet abord,
Sent comme une espèce de mort.

Le chevreuil solitaire et doux,
Voyant sa clarté pure
Briller sur les feuilles des houx
Et dorer leur verdure,
Sans nulle crainte de veneur,
Tâche à lui faire quelque honneur

Le cygne, joyeux de revoir
Sa renaissante flamme,
De qui tout semble recevoir

Chaque jour nouvelle âme,
Voudrait, pour chanter ce plaisir,
Que la Parque le vînt saisir....

L'abeille, pour boire des pleurs,
Sort de sa ruche aimée,
Et va sucer l'âme des fleurs
Dont la plaine est semée;
Puis de cet aliment du ciel
Elle fait la cire et le miel.

Le gentil papillon la suit
D'une aile trémoussante,
Et, voyant le soleil qui luit,
Vole de plante en plante,
Pour les avertir que le jour
En ce climat est de retour.

Là, dans nos jardins embellis
De mainte rare chose,
Il porte de la part du lys
Un baiser à la rose,
Et semble, en messager discret,
Lui dire un amoureux secret.

Au même temps, il semble à voir
Qu'en éveillant ses charmes,
Cette belle lui fait savoir,
Le teint baigné de larmes,
Quel ennui la va consumant
D'être si loin de son amant.

Le paresseux

Accablé de paresse et de
mélancolie,
Je rêve dans un lit où je suis fagoté,
Comme un lièvre sans os qui dort
dans un pâté,
Ou comme un Don Quichotte en sa
morne folie.

Là, sans me soucier des guerres
d'Italie,
Du comte Palatin, ni de sa royauté,

Je consacre un bel hymne à cette
oisiveté
Où mon âme en langueur est
comme ensevelie.

Je trouve ce plaisir si doux et si
charmant,
Que je crois que les biens me
viendront en dormant,
Puisque je vois déjà s'en enfler ma
bedaine,

Et hais tant le travail, que, les yeux
entrouverts,
Une main hors des draps, cher
Baudoin, à peine
Ai-je pu me résoudre à t'écrire ces
vers.

Vincent Voiture (1597 – 1648)

La belle matineuse

Des portes du matin l'Amante de
Céphale
Ses roses épandait dans le milieu
des airs
Et jetait sur les Cieux nouvellement
ouverts
Ses traits d'or et d'azur qu'en
naissant elle étale
Quand la nymphe divine à mon
repos fatale
Apparut, et brilla de tant d'attraits
divers
Qu'il semblait qu'elle seule éclairait
l'univers
Et remplissait de feux la rive
orientale.
Le Soleil se hâtant pour la gloire
des Cieux,
Vint opposer sa flammze à l'éclat
de ses yeux
Et prit tous les rayons dont
l'Olympe se dore.
L'onde, la terre, et l'air s'allumaient
à l'entour.
Mais auprès de Philis on le prit
pour l'Aurore
Et l'on crut que Philis était l'astre
du jour.

Tristan L'Hermite (1601-1655).

Le promenoir des deux amants

Auprès de cette grotte sombre
Où l'on respire un air si doux,
L'onde lutte avec les cailloux,
Et la lumière avecque l'ombre.

Ces flots lassés de l'exercice
Qu'ils ont fait dessus ce gravier,
Se reposent dans ce vivier
Où mourut autrefois Narcisse….

L'ombre de cette fleur vermeille
Et celle de ces joncs pendants
Paraissent être là dedans
Les songes de l'eau qui sommeille.
Les plus aimables influences
Qui rajeunissent l'univers,
Ont relevé ces tapis verts
De fleurs de toutes les nuances.

Dans ce Bois ni dans ces montagnes
Jamais chasseur ne vint encor:
Si quelqu'un y sonne du cor,
C'est Diane avec ses compagnes.
Ce vieux chêne a des marques
saintes
Sans doute qui le couperait,
Le sang chaud en découlerait,
Et l'arbre pousserait des plaintes.
Ce Rossignol, mélancolique
Du souvenir de son malheur,
Tâche de charmer sa douleur,
Mettant son Histoire en musique.
Il reprend sa note première
Pour chanter, d'un art sans pareil,
Sous ce rameau que le soleil
A doré d'un trait de lumière.

Sur ce frêne deux tourterelles
S'entretiennent de leurs tourments,
Et font les doux appointements
De leurs amoureuses querelles…
Dans toutes ces routes divines,

Les nymphes dansent aux
chansons,
Et donnent la grâce aux buissons
De porter des fleurs sans épines.
Jamais les vents ni le Tonnerre
N'ont troublé la paix de ces lieux,
Et la complaisance des dieux
Y sourit toujours à la Terre.
Crois mon conseil, chère Climène;
Pour laisser arriver le soir,
Je te prie, allons nous asseoir
Sur le bord de cette fontaine.
N'ois tu pas soupirer Zéphire,
De merveille et d'amour atteint,
Voyant des roses sur ton teint,
Qui ne sont pas de son Empire?

Sa bouche, d'odeur toute pleine,
A soufflé sur notre chemin,
Mêlant un esprit de Jasmin
À l'Ambre de ta douce haleine.
Penche la tête sur cette Onde
Dont le cristal paraît si noir;
Je t'y veux faire apercevoir
L'objet le plus charmant du monde.

Tu ne dois pas être étonnée
Si, vivant sous tes douces lois,
J'appelle ces beaux yeux mes Rois,
Mes Astres et ma Destinée…
Vois mille Amours qui se vont
prendre
Dans les filets de tes cheveux;
Et d'autres qui cachent leurs feux
Dessous une si belle cendre…
Je tremble en voyant ton visage
Flotter avecque mes désirs,
Tant j'ai de peur que mes soupirs
Ne lui fassent faire naufrage…

Veux-tu par un doux privilège,
Me mettre au-dessus des humains?
Fais-moi boire au creux de tes
mains,
Si l'eau n'en dissout point la
neige…
Climène, ce baiser m'enivre,

Cet autre me rend tout transi.
Si je ne meurs de celui-ci,
Je ne suis pas digne de vivre.

Consolation à Idalie
sur la mort d'un Parent

Si la Mort connaissait le prix de la
valeur
Ou se laissait surprendre aux plus
aimables charmes,
Sans doute que Daphnis garanti du
malheur,
En conservant sa vie, eût épargné
vos larmes.

Mais la Parque sujette à la Fatalité,
Ayant les yeux bandés et l'oreille
fermée,
Ne sait pas discerner les traits de la
Beauté,
Et n'entend point le bruit que fait la
Renommée.

Alexandre n'est plus, lui dont Mars
fut jaloux,
César est dans la tombe aussi bien
qu'un infâme:
Et la noble Camille aimable
comme vous,
Est au fond du cercueil ainsi qu'une
autre femme.

Bien que vous méritiez des devoirs
si constants,
Et que vous paraissiez si charmante
et si sage,
On ne vous verra plus avant qu'il
soit cent ans,
Si ce n'est dans mes vers qui
vivront davantage.

Par un ordre éternel qu'on voit en
l'univers
Les plus dignes objets sont frêles
comme verre,

Et le Ciel embelli de tant d'Astres
divers
Dérobe tous les jours des Astres à
la Terre.

Sitôt que notre esprit raisonne tant
soit peu
En l'Avril de nos ans, en l'âge le
plus tendre,
Nous rencontrons l'Amour qui met
nos coeurs en feu,
Puis nous trouvons la Mort qui met
nos corps en cendre.

Le Temps qui, sans repos, va d'un
pas si léger,
Emporte avecque lui toutes les
belles choses:
C'est pour nous avertir de le bien
ménager
Et faire des bouquets en la saison
des roses.

Pierre Corneille (1606 -1684)
Le Cid

ACTEURS

DON FERNAND, Premier roi de Castille.
DONA URRAQUE, Infante de Castille.
DON DIEGUE, Père de don Rodrigue.
DON GOMES, Comte de Gormas, Père de Chimène.
DON RODRIGUE, Amant de Chimène.
DON SANCHE, Amoureux de Chimène.
DON ARIAS, DON ALONSE Gentilshommes castillans.
CHIMENE, Fille de don Gomès.
LEONOR, Gouvernante de l'Infante.
ELVIRE, Gouvernante de Chimène.
Un PAGE de l'Infante.
La scène est à Séville

TRAGI-COMEDIE

Acte Premier
Scene Premiere

CHIMENE, ELVIRE
CHIMENE
Elvire, m'as-tu fait un rapport bien sincère?
Ne déguises-tu rien de ce qu'a dit mon père?
ELVIRE
Tous mes sens à moi-même en sont encor charmés:
Il estime Rodrigue autant que vous l'aimez,
Et si je ne m'abuse à lire dans son âme,
Il vous commandera de répondre à sa flamme.
CHIMENE

Dis-moi donc, je te prie, une seconde fois
Ce qui te fait juger qu'il approuve mon choix:
Apprends-moi de nouveau quel espoir j'en dois prendre;
Un si charmant discours ne se peut trop entendre;
Tu ne peux trop promettre aux feux de notre amour
La douce liberté de se montrer au jour.
Que t'a-t-il répondu sur la secrète brigue
Que font auprès de toi don Sanche et don Rodrigue?
N'as-tu point trop fait voir quelle inégalité
Entre ces deux amants me penche d'un côté?
ELVIRE
Non; j'ai peint votre coeur dans une indifférence
Qui n'enfle d'aucun d'eux ni détruit l'espérance,
Et sans les voir d'un oeil trop sévère ou trop doux,
Attend l'ordre d'un père à choisir un époux.
Ce respect l'a ravi, sa bouche et son visage
M'en ont donné sur l'heure un digne témoignage,
Et puisqu'il vous en faut encor faire un récit,
Voici d'eux et de vous ce qu'en hâte il m'a dit:
"Elle est dans le devoir; tous deux sont dignes d'elle,
Tous deux formés d'un sang noble, vaillant, fidèle,
Jeunes, mais qui font lire aisément dans leurs yeux
L'éclatante vertu de leurs braves aïeux.
Don Rodrigue surtout n'a trait en son visage

Qui d'un homme de coeur ne soit la haute image,
Et sort d'une maison si féconde en guerriers,
Qu'ils y prennent naissance au milieu des lauriers.
La valeur de son père, en son temps sans pareille,
Tant qu'a duré sa force, a passé pour merveille;
Ses rides sur son front ont gravé ses exploits,
Et nous disent encor ce qu'il fut autrefois.
Je me promets du fils ce que j'ai vu du père;
Et ma fille, en un mot, peut l'aimer et me plaire."
Il allait au conseil, dont l'heure qui pressait
A tranché ce discours qu'à peine il commençait;
Mais à ce peu de mots je crois que sa pensée
Entre vos deux amants n'est pas fort balancée.
Le Roi doit à son fils élire un gouverneur,
Et c'est lui que regarde un tel degré d'honneur:
Ce choix n'est pas douteux, et sa rare vaillance
Ne peut souffrir qu'on craigne aucune concurrence.
Comme ses hauts exploits le rendent sans égal,
Dans un espoir si juste il sera sans rival;
Et puisque don Rodrigue a résolu son père
Au sortir du conseil à proposer l'affaire,
Je vous laisse à juger s'il prendra bien son temps,
Et si tous vos désirs seront bientôt contents.

CHIMENE

Il semble toutefois que mon âme troublée
Refuse cette joie, et s'en trouve accablée:
Un moment donne au sort des visages divers,
Et dans ce grand bonheur je crains un grand revers.

ELVIRE
Vous verrez cette crainte heureusement déçue.

CHIMENE
Allons, quoi qu'il en soit, en attendre l'issue.

Acte I, Scene II

L'INFANTE, LEONOR, LE PAGE

L'INFANTE
Page, allez avertir Chimène de ma part
Qu'aujourd'hui pour me voir elle attend un peu tard,
Et que mon amitié se plaint de sa paresse.
Le page rentre.

LEONOR
Madame, chaque jour même désir vous presse:
Et dans son entretien je vous vois chaque jour
Demander en quel point se trouve son amour.

L'INFANTE
Ce n'est pas sans sujet: je l'ai presque forcée
A recevoir les traits dont son âme est blessée.
Elle aime don Rodrigue, et le tient de ma main,
Et par moi don Rodrigue a vaincu son dédain:
Ainsi de ces amants ayant formé les chaînes,
Je dois prendre intérêt à voir finir leurs peines.

LEONOR

Madame, toutefois parmi leurs bons succès
Vous montrez un chagrin qui va jusqu'à l'excès.
Cet amour, qui tous deux les comble d'allégresse,
Fait-il de ce grand coeur la profonde tristesse,
Et ce grand intérêt que vous prenez pour eux
Vous rend-il malheureuse alors qu'ils sont heureux?
Mais je vais trop avant, et deviens indiscrète.

L'INFANTE

Ma tristesse redouble à la tenir secrète.
Ecoute, écoute enfin comme j'ai combattu,
Ecoute quels assauts brave encor ma vertu.
L'amour est un tyran qui n'épargne personne:
Ce jeune cavalier, cet amant que je donne,
Je l'aime.

LEONOR

Vous l'aimez!

L'INFANTE

Mets la main sur mon coeur,
Et vois comme il se trouble au nom de son vainqueur,
Comme il le reconnaît.

LEONOR

Pardonnez-moi, Madame,
Si je sors du respect pour blâmer cette flamme.
Une grande princesse à ce point s'oublier
Que d'admettre en son coeur un simple cavalier!
Et que dirait le Roi, que dirait la Castille?
Vous souvient-il encor de qui vous êtes fille?

L'INFANTE

Il m'en souvient si bien que j'épandrai mon sang
Avant que je m'abaisse à démentir mon rang.
Je te répondrais bien que dans les belles âmes
Le seul mérite a droit de produire des flammes;
Et si ma passion cherchait à s'excuser,
Mille exemples fameux pourraient l'autoriser;
Mais je n'en veux point suivre où ma gloire s'engage;
La surprise des sens n'abat point mon courage;
Et je me dis toujours qu'étant fille de roi,
Tout autre qu'un monarque est indigne de moi.
Quand je vis que mon coeur ne se pouvait défendre,
Moi-même je donnai ce que je n'osais prendre.
Je mis, au lieu de moi, Chimène en ses liens,
Et j'allumai leurs feux pour éteindre les miens.
Ne t'étonne donc plus si mon âme gênée
Avec impatience attend leur hyménée:
Tu vois que mon repos en dépend aujourd'hui.
Si l'amour vit d'espoir, il périt avec lui:
C'est un feu qui s'éteint, faute de nourriture;
Et malgré la rigueur de ma triste aventure,
Si Chimène a jamais Rodrigue pour mari,
Mon espérance est morte, et mon esprit guéri.
Je souffre cependant un tourment incroyable:
Jusques à cet hymen Rodrigue m'est

aimable:
Je travaille à le perdre, et le perds à regret;
Et de là prend son cours mon déplaisir secret.
Je vois avec chagrin que l'amour me contraigne
A pousser des soupirs pour ce que je dédaigne;
Je sens en deux partis mon esprit divisé:
Si mon courage est haut, mon coeur est embrasé;
Cet hymen m'est fatal, je le crains et souhaite:
Je n'ose en espérer qu'une joie imparfaite.
Ma gloire et mon amour ont pour moi tant d'appas,
Que je meurs s'il s'achève ou ne s'achève pas.

LEONOR
Madame, après cela je n'ai rien à vous dire,
Sinon que de vos maux avec vous je soupire:
Je vous blâmais tantôt, je vous plains à présent;
Mais puisque dans un mal si doux et si cuisant
Votre vertu combat et son charme et sa force,
En repousse l'assaut, en rejette l'amorce,
Elle rendra le calme à vos esprits flottants.
Espérez donc tout d'elle, et du secours du temps;
Espérez tout du ciel: il a trop de justice
Pour laisser la vertu dans un si long supplice.

L'INFANTE
Ma plus douce espérance est de perdre l'espoir.

LE PAGE
Par vos commandements Chimène vous vient voir.

L'INFANTE, *à Léonor*.
Allez l'entretenir en cette galerie.

LEONOR
Voulez-vous demeurer dedans la rêverie?

L'INFANTE
Non, je veux seulement, malgré mon déplaisir,
Remettre mon visage un peu plus à loisir.
Je vous suis.
Juste ciel, d'où j'attends mon remède,
Mets enfin quelque borne au mal qui me possède:
Assure mon repos, assure mon honneur.
Dans le bonheur d'autrui je cherche mon bonheur:
Cet hyménée à trois également importe;
Rends son effet plus prompt, ou mon âme plus forte.
D'un lien conjugal joindre ces deux amants,
C'est briser tous mes fers, et finir mes tourments.
Mais je tarde un peu trop: allons trouver Chimène,
Et par son entretien soulager notre peine.

Acte I, Scene III

LE COMTE, DON DIEGUE
LE COMTE
Enfin vous l'emportez, et la faveur du Roi
Vous élève en un rang qui n'était dû qu'à moi:
Il vous fait gouverneur du prince de Castille.
DON DIEGUE
Cette marque d'honneur qu'il met dans ma famille

Montre à tous qu'il est juste, et fait connaître assez
Qu'il sait récompenser les services passés.
LE COMTE
Pour grands que soient les rois, ils sont ce que nous sommes:
Ils peuvent se tromper comme les autres hommes;
Et ce choix sert de preuve à tous les courtisans
Qu'ils savent mal payer les services présents.
DON DIEGUE
Ne parlons plus d'un choix dont votre esprit s'irrite:
La faveur l'a pu faire autant que le mérite;
Mais on doit ce respect au pouvoir absolu,
De n'examiner rien quand un roi l'a voulu.
A l'honneur qu'il m'a fait ajoutez-en un autre;
Joignons d'un sacré noeud ma maison à la vôtre:
Vous n'avez qu'une fille, et moi je n'ai qu'un fils;
Leur hymen nous peut rendre à jamais plus qu'amis:
Faites-nous cette grâce, et l'acceptez pour gendre.
LE COMTE
A des partis plus hauts ce beau fils doit prétendre;
Et le nouvel éclat de votre dignité
Lui doit enfler le coeur d'une autre vanité.
Exercez-la, Monsieur, et gouvernez le Prince:
Montrez-lui comme il faut régir une province,
Faire trembler partout les peuples sous sa loi,
Remplir les bons d'amour, et les méchants d'effroi.
Joignez à ces vertus celles d'un capitaine:
Montrez-lui comme il faut s'endurcir à la peine,
Dans le métier de Mars se rendre sans égal,
Passer les jours entiers et les nuits à cheval,
Reposer tout armé, forcer une muraille,
Et ne devoir qu'à soi le gain d'une bataille.
Instruisez-le d'exemple, et rendez-le parfait,
Expliquant à ses yeux vos leçons par l'effet.
DON DIEGUE
Pour s'instruire d'exemple, en dépit de l'envie,
Il lira seulement l'histoire de ma vie.
Là, dans un long tissu de belles actions,
Il verra comme il faut dompter des nations,
Attaquer une place, ordonner une armée,
Et sur de grands exploits bâtir sa renommée.
LE COMTE
Les exemples vivants sont d'un autre pouvoir;
Un prince dans un livre apprend mal son devoir.
Et qu'a fait après tout ce grand nombre d'années,
Que ne puisse égaler une de mes journées?
Si vous fûtes vaillant, je le suis aujourd'hui,
Et ce bras du royaume est le plus ferme appui.
Grenade et l'Aragon tremblent quand ce fer brille;
Mon nom sert de rempart à toute la Castille:
Sans moi, vous passeriez bientôt sous d'autres lois,
Et vous auriez bientôt vos ennemis

pour rois.
Chaque jour, chaque instant, pour
rehausser ma gloire,
Met lauriers sur lauriers, victoire sur
victoire:
Le prince à mes côtés ferait dans les
combats
L'essai de son courage à l'ombre de
mon bras;
Il apprendrait à vaincre en me
regardant faire;
Et pour répondre en hâte à son grand
caractère,
Il verrait...
DON DIEGUE
Je le sais, vous servez bien le Roi.
Je vous ai vu combattre et
commander sous moi.
Quand l'âge dans mes nerfs a fait
couler sa glace,
Votre rare valeur a bien rempli ma
place;
Enfin, pour épargner les discours
superflus,
Vous êtes aujourd'hui ce qu'autrefois
je fus.
Vous voyez toutefois qu'en cette
concurrence
Un monarque entre nous met
quelque différence.
LE COMTE
Ce que je méritais, vous l'avez
emporté.
DON DIEGUE
Qui l'a gagné sur vous l'avait mieux
mérité.
LE COMTE
Qui peut mieux l'exercer en est
bien le plus digne.
DON DIEGUE
En être refusé n'en est pas un bon
signe.
LE COMTE
Vous l'avez eu par brigue, étant
vieux courtisan.
DON DIEGUE

L'éclat de mes hauts faits fut mon
seul partisan.
LE COMTE
Parlons-en mieux, le Roi fait
honneur à votre âge.
DON DIEGUE
Le Roi, quand il en fait, le mesure
au courage.
LE COMTE
Et par là cet honneur n'était dû qu'à
mon bras.
DON DIEGUE
Qui n'a pu l'obtenir ne le méritait
pas.
LE COMTE
Ne le méritait pas! moi?
DON DIEGUE
Vous.
LE COMTE
Ton impudence,
Téméraire vieillard, aura sa
récompense.
Il lui donne un soufflet.
DON DIEGUE, *mettant l'épée à la
main.*
Achève, et prends ma vie après un
tel affront,
Le premier dont ma race ait vu rougir
son front.
LE COMTE
Et que penses-tu faire avec tant de
faiblesse?
DON DIEGUE
O Dieu! ma force usée en ce besoin
me laisse!
LE COMTE
Ton épée est à moi; mais tu serais
trop vain,
Si ce honteux trophée avait chargé
ma main.
Adieu: fais lire au Prince, en dépit
de l'envie,
Pour son instruction, l'histoire de ta
vie:
D'un insolent discours ce juste
châtiment

Ne lui servira pas d'un petit
ornement.

Acte I, Scene IV

DON DIEGUE
DON DIEGUE
O rage! ô désespoir! ô vieillesse
ennemie!
N'ai-je donc tant vécu que pour cette
infamie?
Et ne suis-je blanchi dans les travaux
guerriers
Que pour voir en un jour flétrir tant
de lauriers?
Mon bras, qu'avec respect toute
l'Espagne admire,
Mon bras, qui tant de fois a sauvé cet
empire,
Tant de fois affermi le trône de son
roi,
Trahit donc ma querelle, et ne fait
rien pour moi?
O cruel souvenir de ma gloire
passée!
Oeuvre de tant de jours en un jour
effacée!
Nouvelle dignité, fatale à mon
bonheur!
Précipice élevé d'où tombe mon
honneur!
Faut-il de votre éclat voir triompher
le Comte,
Et mourir sans vengeance, ou vivre
dans la honte?
Comte, sois de mon prince à présent
gouverneur:
Ce haut rang n'admet point un
homme sans honneur;
Et ton jaloux orgueil, par cet affront
insigne,
Malgré le choix du Roi, m'en a su
rendre indigne.
Et toi, de mes exploits glorieux
instrument,
Mais d'un corps tout de glace inutile
ornement,

Fer, jadis tant à craindre, et qui, dans
cette offense,
M'a servi de parade, et non pas de
défense,
Va, quitte désormais le dernier des
humains,
Passe, pour me venger, en de
meilleures mains.

Acte I, Scene V

DON DIEGUE, DON
RODRIGUE
DON DIEGUE
Rodrigue, as-tu du coeur?
DON RODRIGUE
Tout autre que mon père
L'éprouverait sur l'heure.
DON DIEGUE
Agréable colère!
Digne ressentiment à ma douleur
bien doux!
Je reconnais mon sang à ce noble
courroux;
Ma jeunesse revit en cette ardeur si
prompte.
Viens, mon fils, viens, mon sang,
viens réparer ma honte;
Viens me venger.
DON RODRIGUE
De quoi?
DON DIEGUE
D'un affront si cruel,
Qu'à l'honneur de tous deux il porte
un coup mortel:
D'un soufflet. L'insolent en eût perdu
la vie;
Mais mon âge a trompé ma
généreuse envie:
Et ce fer que mon bras ne peut plus
soutenir,
Je le remets au tien pour venger et
punir.
Va contre un arrogant éprouver ton
courage:
Ce n'est que dans le sang qu'on lave
un tel outrage;

Meurs ou tue. Au surplus, pour ne te point flatter,
Je te donne à combattre un homme à redouter:
Je l'ai vu, tout couvert de sang et de poussière,
Porter partout l'effroi dans une armée entière.
J'ai vu par sa valeur cent escadrons rompus;
Et pour t'en dire encor quelque chose de plus,
Plus que brave soldat, plus que grand capitaine,
C'est...

DON RODRIGUE
De grâce, achevez.

DON DIEGUE
Le père de Chimène.

DON RODRIGUE
Le...

DON DIEGUE
Ne réplique point, je connais ton amour;
Mais qui peut vivre infâme est indigne du jour.
Plus l'offenseur est cher, et plus grande est l'offense.
Enfin tu sais l'affront, et tu tiens la vengeance:
Je ne te dis plus rien. Venge-moi, venge-toi;
Montre-toi digne fils d'un père tel que moi.
Accablé des malheurs où le destin me range,
Je vais les déplorer: va, cours, vole, et nous venge.

Acte I, Scene VI

DON RODRIGUE
Percé jusques au fond du coeur
D'une atteinte imprévue aussi bien que mortelle,
Misérable vengeur d'une juste querelle,
Et malheureux objet d'une injuste rigueur,
Je demeure immobile, et mon âme abattue
Cède au coup qui me tue.
Si près de voir mon feu récompensé,
O Dieu, l'étrange peine!
En cet affront mon père est l'offensé,
Et l'offenseur le père de Chimène!
Que je sens de rudes combats!
Contre mon propre honneur mon amour s'intéresse:
Il faut venger un père, et perdre une maîtresse:
L'un m'anime le coeur, l'autre retient mon bras.
Réduit au triste choix ou de trahir ma flamme,
Ou de vivre en infâme,
Des deux côtés mon mal est infini.
O Dieu, l'étrange peine!
Faut-il laisser un affront impuni?
Faut-il punir le père de Chimène?
Père, maîtresse, honneur, amour,
Noble et dure contrainte, aimable tyrannie,
Tous mes plaisirs sont morts, ou ma gloire ternie.
L'un me rend malheureux, l'autre indigne du jour.
Cher et cruel espoir d'une âme généreuse,
Mais ensemble amoureuse,
Digne ennemi de mon plus grand bonheur,
Fer qui causes ma peine,
M'es-tu donné pour venger mon honneur?
M'es-tu donné pour perdre ma Chimène?
Il vaut mieux courir au trépas.
Je dois à ma maîtresse aussi bien qu'à mon père:
J'attire en me vengeant sa haine et sa colère;
J'attire ses mépris en ne me vengeant pas.

A mon plus doux espoir l'un me rend
infidèle,
Et l'autre indigne d'elle.
Mon mal augmente à le voir guérir;
Tout redouble ma peine.
Allons, mon âme; et puisqu'il faut
mourir,
Mourons du moins sans offenser
Chimène.
Mourir sans tirer ma raison!
Rechercher un trépas si mortel à ma
gloire!
Endurer que l'Espagne impute à ma
mémoire
D'avoir mal soutenu l'honneur de ma
maison!
Respecter un amour dont mon âme
égarée
Voit la perte assurée!
N'écoutons plus ce penser suborneur,
Qui ne sert qu'à ma peine.
Allons, mon bras, sauvons du mois
l'honneur,
Puisqu'après tout il faut perdre
Chimène.
Oui, mon esprit s'était déçu.
Je dois tout à mon père avant qu'à ma
maîtresse:
Que je meure au combat, ou meure
de tristesse,
Je rendrai mon sang pur comme je
l'ai reçu.
Je m'accuse déjà de trop de
négligence:
Courons à la vengeance;
Et tout honteux d'avoir tant balancé,
Ne soyons plus en peine,
Puisqu'aujourd'hui mon père est
l'offensé,
Si l'offenseur est père de Chimène.

Acte II
Scene premiere

DON ARIAS, LE COMTE
LE COMTE

Je l'avoue entre nous, mon sang un
peu trop chaud
S'est trop ému d'un mot, et l'a porté
trop haut;
Mais puisque c'en est fait, le coup est
sans remède.
DON ARIAS
Qu'aux volontés du Roi ce grand
courage cède:
Il y prend grande part, et son coeur
irrité
Agira contre vous de pleine autorité.
Aussi vous n'avez point de valable
défense:
Le rang de l'offensé, la grandeur de
l'offense,
Demandent des devoirs et des
submissions.
Qui passent le commun des
satisfactions.
LE COMTE
Le Roi peut à son gré disposer de
ma vie.
DON ARIAS
De trop d'emportement votre faute
est suivie.
Le Roi vous aime encore; apaisez
son courroux.
Il a dit: "Je le veux"; désobéirez-
vous?
LE COMTE
Monsieur, pour conserver tout ce
que j'ai d'estime,
Désobéir un peu n'est pas un si grand
crime;
Et quelque grand qu'il soit, mes
services présents
Pour le faire abolir sont plus que
suffisants.
DON ARIAS
Quoi qu'on fasse d'illustre et de
considérable,
Jamais à son sujet un roi n'est
redevable.
Vous vous flattez beaucoup, et vous
devez savoir
Que qui sert bien son roi ne fait que

son devoir.
Vous vous perdrez, Monsieur, sur
cette confiance.
LE COMTE
Je ne vous en croirai qu'après
l'expérience.
DON ARIAS
Vous devez redouter la puissance
d'un roi.
LE COMTE
Un jour seul ne perd pas un homme
tel que moi.
Que toute sa grandeur s'arme pour
mon supplice,
Tout l'Etat périra, s'il faut que je
périsse.
DON ARIAS
Quoi! vous craignez si peu le
pouvoir souverain...
LE COMTE
D'un sceptre qui sans moi
tomberait de sa main?
Il a trop d'intérêt lui-même en ma
personne,
Et ma tête en tombant ferait choir sa
couronne.
DON ARIAS
Souffrez que la raison remette vos
esprits.
Prenez un bon conseil.
LE COMTE
Le conseil en est pris.
DON ARIAS
Que lui dirai-je enfin? je lui dois
rendre conte.
LE COMTE
Que je ne puis du tout consentir à
ma honte.
DON ARIAS
Mais songez que les rois veulent
être absolus.
LE COMTE
Le sort en est jeté, Monsieur, n'en
parlons plus.
DON ARIAS
Adieu donc, puisqu'en vain je tâche
à vous résoudre:

Avec tous vos lauriers, craignez
encor le foudre.
LE COMTE
Je l'attendrai sans peur.
DON ARIAS
Mais non pas sans effet.
LE COMTE
Nous verrons donc par là don
Diègue satisfait.
(Il est seul)
Qui ne craint point la mort ne craint
point les menaces.
J'ai le coeur au-dessus des plus fières
disgrâces;
Et l'on peut me réduire à vivre sans
bonheur,
Mais non pas me résoudre à vivre
sans honneur.

Acte II, Scene II

LE COMTE, DON RODRIGUE
DON RODRIGUE
A moi, Comte, deux mots.
LE COMTE
Parle
DON RODRIGUE
Ote-moi d'un doute.
Connais-tu bien don Diègue?
LE COMTE
Oui.
DON RODRIGUE
Parlons bas; écoute.
Sais-tu que ce vieillard fut la même
vertu,
La vaillance et l'honneur de son
temps? le sais-tu?
LE COMTE
Peut-être.
DON RODRIGUE
Cette ardeur que dans les yeux je
porte,
Sais-tu que c'est son sang? le sais-tu?
LE COMTE
Que m'importe?
DON RODRIGUE

A quatre pas d'ici je te le fais savoir.

LE COMTE

Jeune présomptueux!

DON RODRIGUE

Parle sans t'émouvoir.
Je suis jeune, il est vrai; mais aux âmes bien nées
La valeur n'attend point le nombre des années.

LE COMTE

Te mesurer à moi! qui t'a rendu si vain,
Toi qu'on n'a jamais vu les armes à la main?

DON RODRIGUE

Mes pareils à deux fois ne se font point connaître,
Et pour leurs coups d'essai veulent des coups de maître.

LE COMTE

Sais-tu bien qui je suis?

DON RODRIGUE

Oui; tout autre que moi
Au seul bruit de ton nom pourrait trembler d'effroi.
Les palmes dont je vois ta tête si couverte
Semblent porter écrit le destin de ma perte.
J'attaque en téméraire un bras toujours vainqueur;
Mais j'aurai trop de force, ayant assez de coeur.
A qui venge son père il n'est rien impossible.
Ton bras est invaincu, mais pas invincible.

LE COMTE

Ce grand coeur qui paraît aux discours que tu tiens,
Par tes yeux, chaque jour, se découvrait aux miens;
Et croyant voir en toi l'honneur de la Castille,
Mon âme avec plaisir te destinait ma fille.

Je sais ta passion, et suis ravi de voir
Que tous ses mouvements cèdent à ton devoir;
Qu'ils n'ont point affaibli cette ardeur magnanime;
Que ta haute vertu répond à mon estime;
Et que voulant pour gendre un cavalier parfait,
Je ne me trompais point au choix que j'avais fait;
Mais je sens que pour toi ma pitié s'intéresse;
J'admire ton courage, et je plains ta jeunesse.
Ne cherche point à faire un coup d'essai fatal;
Dispense ma valeur d'un combat inégal;
Trop peu d'honneur pour moi suivrait cette victoire:
A vaincre sans péril, on triomphe sans gloire.
On te croirait toujours abattu sans effort;
Et j'aurais seulement le regret de ta mort.

DON RODRIGUE

D'une indigne pitié ton audace est suivie:
Qui m'ose ôter l'honneur craint de m'ôter la vie?

LE COMTE

Retire-toi d'ici.

DON RODRIGUE

Marchons sans discourir.

LE COMTE

Es-tu si las de vivre?

DON RODRIGUE

As-tu peur de mourir?

LE COMTE

Viens, tu fais ton devoir, et le fils dégénère
Qui survit un moment à l'honneur de son père.

Acte II, Scene III

L'INFANTE, CHIMENE,
LEONOR
L'INFANTE
Apaise, ma Chimène, apaise ta
douleur:
Fais agir ta constance en ce coup de
malheur.
Tu reverras le calme après ce faible
orage;
Ton bonheur n'est couvert que d'un
peu de nuage,
Et tu n'as rien perdu pour le voir
différer.
CHIMENE
Mon coeur outré d'ennuis n'ose rien
espérer.
Un orage si prompt qui trouble une
bonace
D'un naufrage certain nous porte la
menace:
Je n'en saurais douter, je péris dans le
port.
J'aimais, j'étais aimée, et nos pères
d'accord;
Et je vous en contais la charmante
nouvelle,
Au malheureux moment que naissait
leur querelle,
Dont le récit fatal, sitôt qu'on vous l'a
fait,
D'une si douce attente a ruiné l'effet.
Maudite ambition, détestable
manie,
Dont les plus généreux souffrent la
tyrannie!
Honneur impitoyable à mes plus
chers désirs,
Que tu vas me coûter de pleurs et de
soupirs!
L'INFANTE
Tu n'as dans leur querelle aucun
sujet de craindre:
Un moment l'a fait naître, un
moment va l'éteindre.
Elle a fait trop de bruit pour ne pas
s'accorder,
Puisque déjà le Roi les veut
accommoder;
Et tu sais que mon âme, à tes ennuis
sensible,
Pour en tarir la source y fera
l'impossible.
CHIMENE
Les accommodements ne font rien
en ce point:
De si mortels affronts ne se réparent
point.
En vain on fait agir la force ou la
prudence:
Si l'on guérit le mal, ce n'est qu'en
apparence.
La haine que les coeurs conservent
au dedans
Nourrit des feux cachés, mais
d'autant plus ardents.
L'INFANTE
Le saint noeud qui joindra don
Rodrigue et Chimène
Des pères ennemis dissipera la haine;
Et nous verrons bientôt votre amour
le plus fort
Par un heureux hymen étouffer ce
discord.
CHIMENE
Je le souhaite ainsi plus que je ne
l'espère:
Don Diègue est trop altier, et je
connais mon père.
Je sens couler des pleurs que je veux
retenir;
Le passé me tourmente, et je crains
l'avenir.
L'INFANTE
Que crains-tu? d'un vieillard
l'impuissante faiblesse?
CHIMENE
Rodrigue a du courage.
L'INFANTE
Il a trop de jeunesse.
CHIMENE
Les hommes valeureux le sont du
premier coup.

L'INFANTE
Tu ne dois pas pourtant le redouter
beaucoup:
Il est trop amoureux pour te vouloir
déplaire,
Et deux mots de ta bouche arrêtent sa
colère.
CHIMENE
S'il ne m'obéit point, quel comble à
mon ennui!
Et s'il peut m'obéir, que dira-t-on de
lui?
Etant né ce qu'il est, souffrir un tel
outrage!
Soit qu'il cède ou résiste au feu qui
me l'engage,
Mon esprit ne peut qu'être ou
honteux ou confus,
De son trop de respect, ou d'un juste
refus.
L'INFANTE
Chimène a l'âme haute, et
quoiqu'intéressée,
Elle ne peut souffrir une basse
pensée;
Mais si jusques au jour de
l'accommodement
Je fais mon prisonnier de ce parfait
amant,
Et que j'empêche ainsi l'effet de son
courage,
Ton esprit amoureux n'aura-t-il point
d'ombrage?
CHIMENE
Ah! Madame, en ce cas je n'ai plus
de souci.

Acte II, Scene IV

L'INFANTE, CHIMENE,
LEONOR, LE PAGE
L'INFANTE
Page cherchez Rodrigue, et
l'amenez ici.
LE PAGE
Le comte de Gormas et lui...
CHIMENE

Bon Dieu! je tremble.
L'INFANTE
Parlez.
LE PAGE
De ce palais ils sont sortis
ensemble.
CHIMENE
Seuls?
LE PAGE
Seuls, et qui semblaient tout bas se
quereller.
CHIMENE
Sans doute, ils sont aux mains, il
n'en faut plus parler.
Madame, pardonnez à cette
promptitude.

Acte II, Scene V

L'INFANTE, LEONOR
L'INFANTE
Hélas! que dans l'esprit le sens
d'inquiétude!
Je pleure ses malheurs, son amant me
ravit;
Mon repos m'abandonne, et ma
flamme revit.
Ce qui va séparer Rodrigue de
Chimène
Fait renaître à la fois mon espoir et
ma peine;
Et leur division, que je vois à regret,
Dans mon esprit charmé jette un
plaisir secret.
LEONOR
Cette haute vertu qui règne dans
votre âme
Se rend-elle si tôt à cette lâche
flamme?
L'INFANTE
Ne la nomme point lâche, à présent
que chez moi
Pompeuse et triomphante, elle me
fait la loi:
Porte-lui du respect, puisqu'elle m'est
si chère.
Ma vertu la combat, mais, malgré

moi j'espère;
Et d'un si fol espoir mon coeur mal
défendu
Vole après un amant que Chimène a
perdu.
LEONOR
Vous laissez choir ainsi ce glorieux
courage
Et la raison chez vous perd ainsi son
usage?
L'INFANTE
Ah! qu'avec peu d'effet on entend
le raison,
Quand le coeur est atteint d'un si
charmant poison!
Et lorsque le malade aime sa
maladie,
Qu'il a peine à souffrir que l'on y
remédie!
LEONOR
Votre espoir vous séduit, votre mal
est doux;
Mais enfin ce Rodrigue est indigne
de vous.
L'INFANTE
Je ne le sais que trop; mais si ma
vertu cède,
Apprends comme l'amour flatte un
coeur qu'il possède.
Si Rodrigue une fois sort vainqueur
du combat,
Si dessous sa valeur ce grand
guerrier s'abat,
Je puis en faire cas, je puis l'aimer
sans honte.
Que ne fera-t-il point, s'il peut
vaincre le Comte?
J'ose m'imaginer qu'à ses moindres
exploits
Les royaumes entiers tomberont sous
ses lois;
Et mon amour flatteur déjà me
persuade
Que je le vois assis au trône de
Grenade,
Les Mores subjugués trembler en
l'adorant,

L'Aragon recevoir ce nouveau
conquérant,
Le Portugal se rendre, et ses nobles
journées
Porter delà les mers ses hautes
destinées,
Du sang des Africains arroser ses
lauriers:
Enfin tout ce qu'on dit des plus
fameux guerriers,
Je l'attends de Rodrigue après cette
victoire,
Et fais de son amour un sujet de ma
gloire.
LEONOR
Mais, Madame, voyez où vous
portez son bras,
Ensuite d'un combat qui peut-être
n'est pas.
L'INFANTE
Rodrigue est offensé; le Comte a
fait l'outrage;
Ils sont sortis ensemble: en faut-il
davantage?
LEONOR
Eh bien! Ils se battront, puisque
vous le voulez;
Mais Rodrigue ira-t-il si loin que
vous allez?
L'INFANTE
Que veux-tu? Je suis folle, et mon
esprit s'égare:
Tu vois par là quels maux cet amour
me prépare.
Viens dans mon cabinet consoler
mes ennuis,
Et ne me quitte point dans le trouble
où je suis.

Acte II, Scene VI

DON FERNAND, DON ARIAS,
DON SANCHE
DON FERNAND
Le Comte est donc si vain et si peu
raisonnable!

Ose-t-il croire encor son crime pardonnable?

DON ARIAS

Je l'ai de votre part longtemps entretenu;
J'ai fait mon pouvoir, Sire, et n'ai rien obtenu.

DON FERNAND

Justes cieux! ainsi donc un sujet téméraire
A si peu de respect et de soin de me plaire!
Il offense don Diègue, et méprise son roi!
Au milieu de ma cour il me donne la loi!
Qu'il soit brave guerrier, qu'il soit grand capitaine,
Je saurai bien rabattre une humeur si hautaine.
Fût-il la valeur même, et le dieu des combats,
Il verra ce que c'est que de n'obéir pas.
Quoi qu'ait pu mériter une telle insolence,
je l'ai voulu d'abord traiter sans violence;
Mais puisqu'il en abuse, allez dès aujourd'hui,
Soit qu'il résiste ou non, vous assurer de lui.

DON SANCHE

Peut-être un peu de temps le rendrait moins rebelle:
On l'a pris tout bouillant encor de sa querelle;
Sire, dans la chaleur d'un premier mouvement,
Un coeur si généreux se rend malaisément.
Il voit bien qu'il a tort, mais une âme si haute
N'est pas si tôt réduite à confesser sa faute.

DON FERNAND

Don Sanche, taisez-vous, et soyez averti
Qu'on se rend criminel à prendre son parti.

DON SANCHE

J'obéis, et me tais; mais de grâce encor, Sire,
Deux mots en sa défense.

DON FERNAND

Et que pouvez-vous dire?

DON SANCHE

Qu'une âme accoutumée aux grandes actions
Ne se peut abaisser à des submissions:
Elle n'en conçoit point qui s'expliquent sans honte;
Et c'est à ce mot seul qu'a résisté le Comte.
Il trouve en son devoir un peu trop de rigueur,
Et vous obéirait, s'il avait moins de coeur.
Commandez que son bras, nourri dans les alarmes,
Répare cette injure à la pointe des armes;
Il satisfera, Sire; et vienne qui voudra,
Attendant qu'il l'ait su, voici qui répondra.

DON FERNAND

Vous perdez le respect; mais je pardonne à l'âge,
Et j'excuse l'ardeur en un jeune courage.
Un roi dont la prudence a de meilleurs objets
Est meilleur ménager du sang de ses sujets:
Je veille pour les miens, mes soucis les conservent,
Comme le chef a soin des membres qui le servent.
Ainsi votre raison n'est pas raison pour moi:
Vous parlez en soldat; je dois agir en

roi;
Et quoi qu'on veuille dire, et quoi qu'il ose croire,
Le Comte à m'obéir ne peut perdre sa gloire.
D'ailleurs l'affront me touche: il a perdu d'honneur
Celui que de mon fils j'ai fait le gouverneur;
S'attaquer à mon choix, c'est se prendre à moi-même,
Et faire un attentat sur le pouvoir suprême.
N'en parlons plus. Au reste, on a vu dix vaisseaux
De nos vieux ennemis arborer les drapeaux;
Vers la bouche du fleuve ils ont osé paraître.
DON ARIAS
Les Mores ont appris par la force à vous connaître,
Et tant de fois vaincus, ils ont perdu le coeur
De se plus hasarder contre un si grand vainqueur.
DON FERNAND
Ils ne verront jamais quelque jalousie
Mon sceptre, en dépit d'eux, régir l'Andalousie;
Et ce pays si beau, qu'ils ont trop possédé,
Avec un oeil d'envie est toujours regardé.
C'est l'unique raison qui m'a fait dans Séville
Placer depuis dix ans le trône de Castille,
Pour les voir de plus près, et d'un ordre plus prompt
Renverser aussitôt ce qu'ils entreprendront.
DON ARIAS
Ils savent aux dépens de leurs plus dignes têtes,
Combien votre présence assure vos conquêtes:
Vous n'avez rien à craindre.
DON FERNAND
Et rien à négliger:
Le trop de confiance attire le danger;
Et vous n'ignorez pas qu'avec fort peu de peine
Un flux de pleine mer jusqu'ici les amène.
Toutefois j'aurais tort de jeter dans les coeurs,
L'avis étant mal sûr, de paniques terreurs.
L'effroi que produirait cette alarme inutile,
Dans la nuit qui survient troublerait trop la ville:
Faites doubler la garde aux murs et sur le port.
C'est assez pour ce soir

Acte II, Scene VII

DON FERNAND, DON SANCHE, DON ALONSE
DON ALONSE
Sire, le comte est mort:
Don Diègue, par son fils, a vengé son offense.
DON FERNAND
Dès que j'ai su l'affront, j'ai prévu la vengeance;
Et j'ai voulu dès lors prévenir ce malheur.
DON ALONSE
Chimène à vos genoux apporte sa douleur;
Elle vient tout en pleurs vous demander justice.
DON FERNAND
Bien qu'à ses déplaisirs mon âme compatisse,
Ce que le Comte a fait semble avoir mérité
Ce digne châtiment de sa témérité.
Quelque juste pourtant que puisse être sa peine,

101

Je ne puis sans regret perdre un tel
capitaine.
Après un long service à l'Etat rendu,
Après son sang pour moi mille fois
répandu,
A quelques sentiments que son
orgueil m'oblige,
Sa perte m'affaiblit, et son trépas
m'afflige.

Acte II, Scene VIII

DON FERNAND, DON DIEGUE,
CHIMENE,
DON SANCHE, DON ARIAS,
DON ALONSE
CHIMENE
Sire, Sire, justice!
DON DIEGUE
Ah, Sire, écoutez-nous.
CHIMENE
Je me jette à vos pieds.
DON DIEGUE
J'embrasse vos genoux.
CHIMENE
Je demande justice.
DON DIEGUE
Entendez ma défense.
CHIMENE
D'un jeune audacieux punissez
l'insolence:
Il a de votre sceptre abattu le soutien,
Il a tué mon père.
DON DIEGUE
Il a vengé le sien.
CHIMENE
Au sang de ses sujets un roi doit la
justice.
DON DIEGUE
Pour la juste vengeance il n'est
point de supplice.
DON FERNAND
Levez-vous l'un et l'autre, et parlez
à loisir.
Chimène, je prends part à votre
déplaisir;
D'une égale douleur je sens mon âme

atteinte.
Vous parlerez après; ne troublez pas
sa plainte.
CHIMENE
Sire, mon père est mort; mes yeux
ont vu son sang
Couler à gros bouillons de son
généreux flanc;
Ce sang qui tant de fois garantit vos
murailles,
Ce sang qui tant de fois vous gagna
des batailles,
Ce sang qui tout sorti fume encor de
courroux
De se voir répandu pour d'autres que
pour vous,
Qu'au milieu des hasards n'osait
verser la guerre,
Rodrigue en votre cour vient d'en
couvrir la terre.
J'ai couru sur le lieu, sans force et
sans couleur:
Je l'ai trouvé sans vie. Excusez ma
douleur,
Sire, la voix me manque à ce récit
funeste;
Mes pleurs et mes soupirs vous
diront mieux le reste.
DON FERNAND
Prends courage, ma fille, et sache
qu'aujourd'hui
Ton roi te veut servir de père au lieu
de lui.
CHIMENE
Sire, de trop d'honneur ma misère
est suivie.
Je vous l'ai déjà dit, je l'ai trouvé sans
vie;
Son flanc était ouvert; et, pour mieux
m'émouvoir,
Son sang sur la poussière écrivait
mon devoir;
Ou plutôt sa valeur en cet état réduite
Me parlait par sa plaie, et hâtait ma
poursuite;
Et pour se faire entendre au plus juste
des rois,

Par cette triste bouche elle empruntait me voix.
Sire, ne souffrez pas que sous votre puissance
Règne devant vos yeux une telle licence;
Que les plus valeureux, avec impunité,
Soient exposés aux coups de la témérité;
Qu'un jeune audacieux triomphe de leur gloire,
Se baigne dans leur sang, et brave leur mémoire.
Un si vaillant guerrier qu'on vient de vous ravir
Eteint, s'il n'est vengé, l'ardeur de vous servir.
Enfin mon père est mort, j'en demande vengeance,
Plus pour votre intérêt que pour mon allégeance.
Vous perdez en la mort d'un homme de son rang:
Vengez-la par une autre, et le sang par le sang.
Immolez, non à moi, mais à votre couronne,
Mais à votre grandeur, mais à votre personne,
Immolez, dis-je, Sire, au bien de tout l'Etat
Tout ce qu'enorgueillit un si haut attentat.

DON FERNAND
Don Diègue, répondez.

DON DIEGUE
Qu'on est digne d'envie
Lorsqu'en perdant la force on perd aussi la vie,
Et qu'un long âge apprête aux hommes généreux,
Au bout de leur carrière, un destin malheureux!
Moi, dont les longs travaux ont acquis tant de gloire,
Moi que jadis partout a suivi la victoire,
Je me vois aujourd'hui, pour avoir trop vécu,
Recevoir un affront et demeurer vaincu.
Ce que n'a pu jamais combat, siège, embuscade,
Ce que n'a pu jamais Aragon ni Grenade,
Ni tous vos ennemis, ni tous mes envieux,
Le Comte en votre cour l'a fait presque à vos yeux,
Jaloux de votre choix, et fier de l'avantage
Que lui donnait sur moi l'impuissance de l'âge.
Sire, ainsi ces cheveux blanchis sous le harnois,
Ce sang pour vous servir prodigué tant de fois,
Ce bras, jadis l'effroi d'une armée ennemie,
Descendaient au tombeau tout chargés d'infamie,
Si je n'eusse produit un fils digne de moi,
Digne de son pays et digne de son roi.
Il m'a prêté sa main, il a tué le Comte;
Il m'a rendu l'honneur, il a lavé ma honte.
Si montrer du courage et du ressentiment,
Si venger un soufflet mérite un châtiment,
Sur moi seul doit tomber l'éclat de la tempête:
Quand le bras a failli, l'on en punit la tête.
Qu'on nomme crime, ou non, ce qui fait nos débats,
Sire, j'en suis la tête, il n'en est que le bras.
Si Chimène se plaint qu'il a tué son père,

Il ne l'eût jamais fait si je l'eusse pu
faire.
Immolez donc ce chef que les ans
vont ravir,
Et conservez pour vous le bras qui
peut servir.
Aux dépens de mon sang satisfaites
Chimène:
Je n'y résiste point, je consens à ma
peine;
Et loin de murmurer d'un rigoureux
décret,
Mourant sans déshonneur, je mourrai
sans regret.

DON FERNAND
L'affaire est d'importance, et, bien
considérée,
Mérite en plein conseil d'être
délibérée.
Don Sanche, remettez Chimène en
sa maison.
Don Diègue aura ma cour et sa foi
pour prison.
Qu'on me cherche son fils. Je vous
ferai justice.

CHIMENE
Il est juste, grand Roi, qu'un
meurtrier périsse.

DON FERNAND
Prends du repos, ma fille, et calme
tes douleurs.

CHIMENE
M'ordonner du repos, c'est croître
mes malheurs.

Acte III
Scene Premiere

DON RODRIGUE, ELVIRE
ELVIRE
Rodrigue, qu'as-tu fait? où viens-tu,
misérable?
DON RODRIGUE
Suivre le triste cours de mon sort
déplorable.
ELVIRE

Où prends-tu cette audace et ce
nouvel orgueil,
De paraître en des lieux que tu
remplis de deuil?
Quoi? viens-tu jusqu'ici braver
l'ombre du Comte?
Ne l'as-tu pas tué?
DON RODRIGUE
Sa vie était ma honte:
Mon honneur de ma main a voulu cet
effort.
ELVIRE
Mais chercher ton asile en la
maison du mort!
Jamais un meurtrier en fit-il son
refuge?
DON RODRIGUE
Et je n'y viens aussi que m'offrir à
mon juge.
Ne me regarde plus d'un visage
étonné;
Je cherche le trépas après l'avoir
donné.
Mon juge est mon amour, mon juge
est ma Chimène:
Je mérite la mort de mériter sa haine,
Et j'en viens recevoir, comme un
bien souverain,
Et l'arrêt de sa bouche, et le coup de
sa main.
ELVIRE
Fuis plutôt de ses yeux, fuis de sa
violence;
A ses premiers transports dérobe ta
présence:
Va, ne t'expose point aux premiers
mouvements
Que poussera l'ardeur de ses
ressentiments.
DON RODRIGUE
Non, non, ce cher objet à qui j'ai pu
déplaire
Ne peut pour mon supplice avoir trop
de colère;
Et j'évite cent morts qui me vont
accabler,

Si pour mourir plus tôt je puis la redoubler.

ELVIRE

Chimène est au palais, de pleurs toute baignée,
Et n'en reviendra point que bien accompagnée.
Rodrigue, fuis, de grâce: ôte-moi de souci.
Que ne dira-t-on point si l'on te voit ici?
Veux-tu qu'un médisant, pour comble à sa misère,
L'accuse d'y souffrir l'assassin de son père?
Elle va revenir; elle vient, je la voi:
Du moins, pour son honneur, Rodrigue, cache-toi.

Acte III, Scene II

DON SANCHE, CHIMENE, ELVIRE

DON SANCHE

Oui, Madame, il vous faut de sanglantes victimes:
Votre colère est juste, et vos pleurs légitimes;
Et je n'entreprends pas, à force de parler,
Ni de vous adoucir, ni de vous consoler.
Mais si de vous servir je puis être capable,
Employez mon épée à punir le coupable;
Employez mon amour à venger cette mort:
Sous vos commandements mon bras sera trop fort.

CHIMENE

Malheureuse!

DON SANCHE

De grâce, acceptez mon service.

CHIMENE

J'offenserais le Roi, qui m'a promis justice.

DON SANCHE

Vous savez qu'elle marche avec tant de langueur,
Qu'assez souvent le crime échappe à sa longueur;
Son cours lent et douteux fait trop perdre de larmes.
Souffrez qu'un cavalier vous venge par les armes:
La voie en est plus sûre, et plus prompte à punir.

CHIMENE

C'est le dernier remède; et s'il faut y venir,
Et que de mes malheurs cette pitié vous dure,
Vous serez libre alors de venger mon injure.

DON SANCHE

C'est l'unique bonheur où mon âme prétend;
Et pouvant l'espérer, je m'en vais trop content.

Acte III, Scene III

CHIMENE, ELVIRE

CHIMENE

Enfin je me vois libre, et je puis sans contrainte
De mes vives douleurs te faire voir l'atteinte;
Je puis donner passage à mes tristes soupirs;
Je puis t'ouvrir mon âme et tous mes déplaisirs.
Mon père est mort, Elvire; et la première épée
Dont s'est armé Rodrigue, a sa trame coupée.
Pleurez, pleurez, mes yeux, et fondez-vous en eau!
La moitié de ma vie a mis l'autre au tombeau,
Et m'oblige à venger, après ce coup funeste,

Celle que je n'ai plus sur celle qui me reste.

ELVIRE

Reposez-vous, Madame.

CHIMENE

Ah! que mal à propos
Dans un malheur si grand tu parles de repos!
Par où sera jamais ma douleur apaisée,
Si je ne puis haïr la main qui l'a causée?
Et que dois-je espérer qu'un tourment éternel,
Si je poursuis un crime, aimant le criminel?

ELVIRE

Il vous prive d'un père, et vous l'aimez encore!

CHIMENE

C'est peu de dire aimer, Elvire: je l'adore;
Ma passion s'oppose à mon ressentiment;
Dedans mon ennemi je trouve mon amant;
Et je sens qu'en dépit de toute ma colère,
Rodrigue dans mon coeur combat encor mon père:
Il l'attaque, il le presse, il cède, il se défend,
Tantôt fort, tantôt faible, et tantôt triomphant;
Mais, en ce dur combat de colère et de flamme,
Il déchire mon coeur sans partager mon âme;
Et quoi que mon amour ait sur moi de pouvoir,
Je ne consulte point pour suivre mon devoir:
Je cours sans balancer où mon honneur m'oblige.
Rodrigue m'est bien cher, son intérêt m'afflige;
Mon coeur prend son parti; mais,
malgré son effort,
Je sais ce que je suis, et que mon père est mort.

ELVIRE

Pensez-vous le poursuivre?

CHIMENE

Ah! cruelle pensée!
Et cruelle poursuite où je me vois forcée!
Je demande sa tête, et crains de l'obtenir:
Ma mort suivra la sienne, et je le veux punir!

ELVIRE

Quittez, quittez, Madame, un dessein si tragique;
Ne vous imposez point de loi si tyrannique.

CHIMENE

Quoi! mon père étant mort et presque entre mes bras,
Son sang criera vengeance, et je ne l'orrai pas!
Mon coeur, honteusement surpris par d'autres charmes,
Croira ne lui devoir que d'impuissantes larmes!
Et je ne pourrai souffrir qu'un amour suborneur
Sous un lâche silence étouffe mon honneur!

ELVIRE

Madame, croyez-moi, vous serez excusable
D'avoir moins de chaleur contre un objet aimable,
Contre un amant si cher: vous avez assez fait,
Vous avez vu le Roi; n'en pressez point l'effet,
Ne vous obstinez point en cette humeur étrange.

CHIMENE

Il y va de ma gloire, il faut que je me venge;
Et de quoi que nous flatte un désir amoureux,

106

Toute excuse est honteuse aux esprits
génréux.

ELVIRE
Mais vous aimez Rodrigue, il ne
vous peut déplaire.

CHIMENE
Je l'avoue.

ELVIRE
Après tout, que pensez-vous donc
faire?

CHIMENE
Pour conserver ma gloire et finir
mon ennui,
Le poursuivre, le perdre, et mourir
après lui.

Acte III, Scene IV

DON RODRIGUE, CHIMENE,
ELVIRE

DON RODRIGUE
Eh bien! sans vous donner la peine
de poursuivre,
Assurez-vous l'honneur de
m'empêche de vivre.

CHIMENE
Elvire, où sommes-nous, et qu'est-
ce que je voi?
Rodrigue en ma maison! Rodrigue
devant moi!

DON RODRIGUE
N'épargnez point mon sang: goûtez
sans résistance
La douceur de ma perte et de votre
vengeance.

CHIMENE
Hélas!

DON RODRIGUE
Ecoute-moi.

CHIMENE
Je me meurs.

DON RODRIGUE
Un moment.

CHIMENE
Va, laisse-moi mourir.

DON RODRIGUE
Quatre mots seulement:
Après, ne me réponds qu'avecque
cette épée.

CHIMENE
Quoi! du sang de mon père encor
toute trempée!

DON RODRIGUE
Ma Chimène...

CHIMENE
Ote-moi cet objet odieux,
Qui reproche ton crime et ta vie à
mes yeux.

DON RODRIGUE
Regarde-le plutôt pour exciter ta
haine,
Pour croître ta colère, et pour hâter
ma peine.

CHIMENE
Il est teint de mon sang.

DON RODRIGUE
Plonge-le dans le mien,
Et fais-lui perdre ainsi la teinture du
tien.

CHIMENE
Ah! quelle cruauté, qui tout en un
jour tue
Le père par le fer, la fille par la vue!
Ote-moi cet objet, je ne le puis
souffrir:
Tu veux que je t'écoute, et tu me fais
mourir!

DON RODRIGUE
Je fais ce que tu veux, mais sans
quitter l'envie
De finir par tes mains ma déplorable
vie;
Car enfin n'attends pas de mon
affection
Un lâche repentir d'une bonne action.
L'irréparable effet d'une chaleur trop
prompte
Déshonorait mon père, et me
couvrait de honte.
Tu sais comme un soufflet touche un
homme de coeur;
J'avais part à l'affront, j'en ai cherché
l'auteur:

Je l'ai vu, j'ai vengé mon honneur et
mon père;
Je le ferais encor, si j'avais à le faire.
Ce n'est pas qu'en effet contre mon
père et moi
Ma flamme assez longtemps n'ait
combattu pour toi;
Juge de son pouvoir: dans une telle
offense
J'ai pu délibérer si j'en prendrais
vengeance.
Réduit à te déplaire, ou souffrir un
affront,
J'ai pensé qu'à son tour mon bras
était trop prompt;
Je me suis accusé de trop de
violence;
Et ta beauté sans doute emportait la
balance,
A moins que d'opposer à tes plus
forts appas
Qu'un homme sans honneur ne te
méritait pas;
Que malgré cette part que j'avais en
ton âme,
Qui m'aima généreux me haïrait
infâme;
Qu'écouter ton amour, obéir à sa
voix,
C'était m'en rendre indigne et
diffamer ton choix.
Je te le dis encore; et quoique j'en
soupire,
Jusqu'au dernier soupir je veux bien
le redire:
Je t'ai fait une offense, et j'ai dû m'y
porter
Pour effacer ma honte, et pour te
mériter;
Mais je quitte envers l'honneur, et
quitte envers mon père,
C'est maintenant à toi que je viens
satisfaire:
C'est pour t'offrir mon sang qu'en ce
lieu tu me vois.
J'ai fait ce que j'ai dû, je fais ce que je
dois.

Je sais qu'un père mort t'arme contre
mon crime;
Je ne t'ai pas voulu dérober ta
victime:
Immole avec courage au sang qu'il a
perdu
Celui qui met sa gloire à l'avoir
répandu.
CHIMENE
Ah! Rodrigue, il est vrai, quoique
ton ennemie,
Je ne puis te blâmer d'avoir fui
l'infamie;
Et de quelque façon qu'éclatent mes
douleurs,
Je ne t'accuse point, je pleure mes
malheurs.
Je sais ce que l'honneur, après un tel
outrage,
Demandait à l'ardeur d'un généreux
courage:
Tu n'as fait le devoir que d'un
homme de bien;
Mais aussi, le faisant, tu m'as appris
le mien.
Ta funeste valeur m'instruit par ta
victoire;
Elle a vengé ton père et soutenu ta
gloire:
Même soin me regarde, et j'ai, pour
m'affliger,
Ma gloire à soutenir, et mon père à
venger.
Hélas! ton intérêt ici me désespère:
Si quelque autre malheur m'avait ravi
mon père,
Mon âme aurait trouvé dans le bien
de te voir
L'unique allégement qu'elle eût pu
recevoir;
Et contre ma douleur j'aurais senti
des charmes,
Quand une main si chère eût essuyé
mes larmes.
Mais il me faut te perdre après l'avoir
perdu;
Cet effort sur ma flamme à mon

honneur est dû;
Et cet affreux devoir, dont l'ordre m'assassine,
Me force à travailler moi-même à ta ruine.
Car enfin n'attends pas de mon affection
De lâches sentiments pour ta punition.
De quoi qu'en ta faveur notre amour m'entretienne,
Ma générosité doit répondre à la tienne:
Tu t'es, en m'offensant, montré digne de moi;
Je me dois, par ta mort, montrer digne de toi.

DON RODRIGUE
Ne diffère donc plus ce que l'honneur t'ordonne:
Il demande ma tête, et je te l'abandonne;
Fais-en un sacrifice à ce noble intérêt:
Le coup m'en sera doux, aussi bien que l'arrêt.
Attendre après mon crime une lente justice,
C'est reculer ta gloire autant que mon supplice.
Je mourrai trop heureux, mourant d'un coup si beau.

CHIMENE
Va, je suis ta partie, et non pas ton bourreau.
Si tu m'offres ta tête, est-ce à moi de la prendre?
Je la dois attaquer, mais tu dois la défendre;
C'est d'un autre que toi qu'il me faut l'obtenir,
Et je dois te poursuivre, et non pas te punir.

DON RODRIGUE
De quoi qu'en ma faveur notre amour t'entretienne,
Ta générosité doit répondre à la mienne;
Et pour venger un père emprunter d'autres bras,
Ma Chimène, crois-moi, c'est n'y répondre pas:
Ma main seule du mien a su venger l'offense,
Ta main seule du tien doit prendre la vengeance.

CHIMENE
Cruel! à quel propos sur ce point t'obstiner?
Tu t'es vengé sans aide, et tu m'en veux donner!
Je suivrai ton exemple, et j'ai trop de courage
Pour souffrir qu'avec toi ma gloire se partage.
Mon père et mon honneur ne veulent rien devoir
Aux traits de ton amour ni de ton désespoir.

DON RODRIGUE
Rigoureux point d'honneur! Hélas! quoi que je fasse,
Ne pourrai-je à la fin obtenir cette grâce?
Au nom d'un père mort, ou de notre amitié,
Punis-moi par vengeance, ou du moins par pitié.
Ton malheureux amant aura bien moins de peine
A mourir par ta main qu'à vivre avec ta haine.

CHIMENE
Va, je ne te hais point.

DON RODRIGUE
Tu le dois.

CHIMENE
Je ne puis.

DON RODRIGUE
Crains-tu si peu le blâme, et si peu les faux bruits?
Quand on saura mon crime, et que ta flamme dure,
Que ne publieront point l'envie et

l'imposture!
Force-les au silence, et sans plus
discourir,
Sauve ta renommée en me faisant
mourir.
CHIMENE
Elle éclate bien mieux en te laissant
la vie;
Et je veux que la voix de la plus
noire envie
Elève au ciel ma gloire et plaigne
mes ennuis,
Sachant que je t'adore et que je te
poursuis.
Va-t'en, ne montre plus à ma douleur
extrême
Ce qu'il faut que je perde, encore que
je l'aime.
Dans l'ombre de la nuit cache bien
ton départ:
Si l'on te voit sortir, mon honneur
court hasard.
La seule occasion qu'aura la
médisance,
C'est de savoir qu'ici j'ai souffert ta
présence:
Ne lui donne point lieu d'attaquer ma
vertu.
DON RODRIGUE
Que je meure!
CHIMENE
Va t'en.
DON RODRIGUE
A quoi te résous-tu?
CHIMENE
Malgré des feux si beaux, qui
troublent ma colère,
Je ferai mon possible à bien venger
mon père;
Mais malgré la rigueur d'un si cruel
devoir,
Mon unique souhait est de ne rien
pouvoir.
DON RODRIGUE
O miracle d'amour!
CHIMENE
O comble de misères!

DON RODRIGUE
Que de maux et de pleurs nous
coûteront nos pères!
CHIMENE
Rodrigue, qui l'eût cru?
DON RODRIGUE
Chimène, qui l'eût dit?
CHIMENE
Que notre heur fût si proche et sitôt
se perdît?
DON RODRIGUE
Et que si près du port, contre toute
apparence,
Un orage si prompt brisât notre
espérance?
CHIMENE
Ah! mortelles douleurs!
DON RODRIGUE
Ah! regrets superflus!
CHIMENE
Va-t'en, encore un coup, je ne
t'écoute plus.
DON RODRIGUE
Adieu: je vais traîner une mourante
vie,
Tant que par ta poursuite elle me soit
ravie.
CHIMENE
Si j'en obtiens l'effet, je t'engage ma
foi
De ne respirer pas un moment après
toi.
Adieu: sors, et surtout garde bien
qu'on te voie.
ELVIRE
Madame, quelques maux que le
ciel nous envoie...
CHIMENE
Ne m'importune plus, laisse-moi
soupirer,
Je cherche le silence et la nuit pour
pleurer.

Acte III, Scene V

DON DIEGUE
DON DIEGUE

Jamais nous ne goûtons de parfaite allégresse:
Nos plus heureux succès sont mêlés de tristesse;
Toujours quelques soucis en ces événements
Troublent la pureté de nos contentements.
Au milieu du bonheur mon âme en sent l'atteinte:
Je nage dans la joie, et je tremble de crainte.
J'ai vu mort l'ennemi qui m'avait outragé;
Et je ne saurais voir la main qui m'a vengé.
En vain je m'y travaille, et d'un soin inutile,
Tout cassé que je suis, je cours toute la ville:
Ce peu que mes vieux ans m'ont laissé de vigueur
Se consume sans fruit à chercher ce vainqueur.
A toute heure, en tous lieux, dans une nuit si sombre,
Je pense l'embrasser, et n'embrasse qu'une ombre;
Et mon amour, déçu par cet objet trompeur,
Se forme des soupçons qui redoublent ma peur.
Je ne découvre point de marques de sa fuite;
Je crains du Comte mort les amis et la suite;
Leur nombre m'épouvante, et confond ma raison.
Rodrigue ne vit plus, ou respire en prison.
Justes cieux! me trompé-je encore à l'apparence,
Ou si je vois enfin mon unique espérance?
C'est lui, n'en doutons plus; mes voeux sont exaucés,

Ma crainte est dissipée, et mes ennuis cessés.

Acte III, Scene VI

DON DIEGUE, DON RODRIGUE
DON DIEGUE
Rodrigue, enfin le ciel permet que je te voie!
DON RODRIGUE
Hélas!
DON DIEGUE
Ne mêle point de soupirs à ma joie;
Laisse-moi prendre haleine afin de te louer.
Ma valeur n'a point lieu de te désavouer:
Tu l'as bien imitée, et ton illustre audace
Fait bien revivre en toi les héros de ma race:
C'est d'eux que tu descends, c'est de moi que tu viens:
Ton premier coup d'épée égale tous les miens;
Et d'une belle ardeur ta jeunesse animée
Par cette grande épreuve atteint ma renommée.
Appui de ma vieillesse, et comble de mon heur,
Touche ces cheveux blancs à qui tu rends l'honneur,
Viens baiser cette joue, et reconnais la place
Où fut empreint l'affront que ton courage efface.
DON RODRIGUE
L'honneur vous en est dû: je ne pouvais pas moins,
Etant sorti de vous et nourri par vos soins.
Je m'en tiens trop heureux, et mon âme est ravie
Que mon coup d'essai plaise à qui je dois la vie;

Mais parmi vos plaisirs ne soyez
point jaloux
Si je m'ose à mon tour satisfaire
après vous.
Souffrez qu'en liberté mon désespoir
éclate;
Assez et trop longtemps votre
discours le flatte.
Je ne me repens point de vous avoir
servi;
Mais rendez-moi le bien que ce coup
m'a ravi.
Mon bras, pour vous venger, armé
contre ma flamme,
Par ce coup glorieux m'a privé de
mon âme;
Ne me dites plus rien; pour vous j'ai
tout perdu:
Ce que je vous devais, je vous l'ai
bien rendu.

DON DIEGUE

Porte, porte plus haut le fruit de ta
victoire:
Je t'ai donné la vie, et tu me rends ma
gloire;
Et d'autant que l'honneur m'est plus
cher que le jour,
D'autant plus maintenant je te dois de
retour.
Mais d'un coeur magnanime éloigne
ces faiblesses;
Nous n'avons qu'un honneur, il est
tant de maîtresses!
L'amour n'est qu'un plaisir, l'honneur
est un devoir.

DON RODRIGUE

Ah! que me dites-vous?

DON DIEGUE

Ce que tu dois savoir.

DON RODRIGUE

Mon honneur offensé sur moi-
même se venge;
Et vous m'osez pousser à la honte du
change!
L'infamie est pareille, et suit
également
Le guerrier sans courage et le perfide

amant.
A ma fidélité ne faites point d'injure;
Souffrez-moi généreux sans me
rendre parjure;
Mes liens sont trop forts pour être
ainsi rompus;
Ma foi m'engage encor si je n'espère
plus;
Et ne pouvant quitter ni posséder
Chimène,
Le trépas que je cherche est ma plus
douce peine.

DON DIEGUE

Il n'est pas temps encor de chercher
le trépas:
Ton prince et ton pays ont besoin de
ton bras.
La flotte qu'on craignait, dans ce
grand fleuve entrée,
Croit surprendre la ville et piller la
contrée.
Les Mores vont descendre, et le flux
et la nuit
Dans une heure à nos murs les
amènent sans bruit.
La cour est en désordre, et le peuple
en alarmes:
On n'entend que des cris, on ne voit
que des larmes.
Dans ce malheur public mon
bonheur a permis
Que j'ai trouvé chez moi cinq cents
de mes amis,
Qui sachant mon affront, poussés
d'un même zèle,
Se venaient tous offrir à venger ma
querelle.
Tu les as prévenu; mais leurs
vaillantes mains
Se tremperont bien mieux au sang
des Africains.
Va marcher à leur tête où l'honneur
te demande:
Est toi que veut pour chef leur
généreuse bande.
De ces vieux ennemis va soutenir
l'abord:

Là, si tu veux mourir, trouve une belle mort;
Prends-en l'occasion, puisqu'elle t'est offerte;
Fais devoir à ton roi son salut à ta perte;
Mais reviens-en plutôt les palmes sur le front.
Ne borne pas ta gloire à venger un affront;
Porte-la plus avant: force par ta vaillance
Ce monarque au pardon, et Chimène au silence;
Si tu l'aimes, apprends que revenir vainqueur,
C'est l'unique moyen de regagner son coeur.
Mais le temps est trop cher pour le perdre en paroles;
Je t'arrête en discours, et je veux que tu voles.
Viens, suis-moi, va combattre, et montrer à ton roi
Que ce qu'il perd au Comte il le recouvre en toi.

Acte IV
Scene Premiere

CHIMENE, ELVIRE
CHIMENE
N'est-ce point un faux bruit? le sais-tu bien, Elvire?
ELVIRE
Vous ne croiriez jamais comme chacun l'admire,
Et porte jusqu'au ciel, d'une commune voix,
De ce jeune héros les glorieux exploits.
Les Mores devant lui n'ont paru qu'à leur honte;
Leur abord fut bien prompt, leur fuite encor plus prompte.
Trois heures de combat laissent à nos guerriers
Une victoire entière et deux rois prisonniers.
La valeur de leur chef ne trouvait point d'obstacles.
CHIMENE
Et la main de Rodrigue a fait tous ces miracles?
ELVIRE
De ses nobles efforts ces deux rois sont le prix:
Sa main les a vaincus, et sa main les a pris.
CHIMENE
De qui peux-tu savoir ces nouvelles étranges?
ELVIRE
Du peuple, qui partout fait sonner ses louanges,
Le nomme de sa joie et l'objet et l'auteur,
Son ange tutélaire, et son libérateur.
CHIMENE
Et le Roi, de quel oeil voit-il tant de vaillance?
ELVIRE
Rodrigue n'ose encor paraître en sa présence;
Mais don Diègue ravi lui présente enchaînés,
Au nom de ce vainqueur, ces captifs couronnés,
Et demande pour grâce à ce généreux prince
Qu'il daigne voir la main qui sauve la province.
CHIMENE
Mais n'est-il point blessé?
ELVIRE
Je n'en ai rien appris.
Vous changer de couleur! reprenez vos esprits.
CHIMENE
Reprenons donc aussi ma colère affaiblie:
Pour avoir soin de lui faut-il que je m'oublie?
On le vante, on le loue, et mon coeur

y consent!
Mon honneur est muet, mon devoir impuissant!
Silence, mon amour, laisse agir ma colère:
S'il a vaincu deux roi, il a tué mon père;
Ces tristes vêtements, où je lis mon malheur,
Sont les premiers effets qu'ait produits sa valeur;
Et quoi qu'on die ailleurs d'un coeur si magnanime,
Ici tous les objets me parlent de son crime.
Vous qui rendez la force à mes ressentiments,
Voiles, crêpes, habits, lugubres ornements,
Pompe que me prescrit sa première victoire,
Contre ma passion soutenez bien ma gloire;
Et lorsque mon amour prendra trop de pouvoir,
Parlez à mon esprit de mon triste devoir,
Attaquez sans rien craindre une main triomphante.
ELVIRE
Modérez ces transports, voici venir l'Infante.

Acte IV, Scene II

L'INFANTE, CHIMENE,
LEONOR, ELVIRE
L'INFANTE
Je ne viens pas ici consoler tes douleurs;
Je viens plutôt mêler mes soupirs à tes pleurs.
CHIMENE
Prenez bien plutôt part à la commune joie,
Et goûtez le bonheur que le ciel vous envoie,

Madame: autre que moi n'a droit de soupirer.
Le péril dont Rodrigue a su nous retirer,
Et le salut public que vous rendent ses armes,
A moi seule aujourd'hui souffrent encor les larmes:
Il a sauvé la ville, il a sauvé son roi;
Et son bras valeureux n'est funeste qu'à moi.
L'INFANTE
Ma Chimène, il est vrai qu'il a fait des merveilles.
CHIMENE
Déjà ce bruit fâcheux a frappé mes oreilles;
Et je l'entends partout publier hautement
Aussi brave guerrier que malheureux amant.
L'INFANTE
Qu'a de fâcheux pour toi ce discours populaire?
Ce jeune Mars qu'il loue a su jadis te plaire:
Il possédait ton âme, il vivait sou tes lois;
Et vanter sa valeur, c'est honorer ton choix.
CHIMENE
Chacun peut la vanter avec quelque justice;
Mais pour moi sa louange est un nouveau supplice.
On aigrit ma douleur en l'élevant si haut:
Je vois ce que je perds quand je vois ce qu'il vaut.
Ah! cruels déplaisirs à l'esprit d'une amante!
Plus j'apprends son mérite, et plus mon feu s'augmente:
Cependant mon devoir est toujours le plus fort,
Et malgré mon amour, va poursuivre sa mort.

114

L'INFANTE
Hier ce devoir te mit en une haute
estime;
L'effort que tu te fis parut si
magnanime,
Si digne d'un grand coeur, que
chacun à la cour
Admirait ton courage et plaignait ton
amour.
Mais croirais-tu l'avis d'une amitié
fidèle?

CHIMENE
Ne vous obéir pas me rendrait
criminelle.

L'INFANTE
Ce qui fut juste alors ne l'est plus
aujourd'hui.
Rodrigue maintenant est notre
unique appui,
L'espérance et l'amour d'un peuple
qui l'adore,
Le soutien de Castille, et la terreur de
More.
Le Roi même est d'accord de cette
vérité,
Que ton père en lui seul se voit
ressuscité;
Et si tu veux enfin qu'en deux mots
je m'explique,
Tu poursuis en sa mort la ruine
publique.
Quoi! pour venger un père est-il
jamais permis
De livrer sa patrie aux mains des
ennemis?
Contre nous ta poursuite est-elle
légitime,
Et pour être punis avons-nous part au
crime?
Ce n'est pas qu'après tout tu doives
épouser
Celui qu'un père mort t'obligeait
d'accuser:
Je te voudrais moi-même en arracher
l'envie;
Ote-lui ton amour, mais laisse-nous
sa vie.

CHIMENE
Ah! ce n'est pas à moi d'avoir tant
de bonté;
Le devoir qui m'aigrit n'a rien de
limité.
Quoique pour ce vainqueur mon
amour s'intéresse,
Quoiqu'un peuple l'adore et qu'un roi
le caresse,
Qu'il soit environné des plus vaillants
guerriers,
J'irai sous mes cyprès accabler ses
lauriers.

L'INFANTE
C'est générosité quand pour venger
un père
Notre devoir attaque une tête si
chère;
Mais c'en est encor d'un plus illustre
rang,
Quand on donne au publique les
intérêts du sang.
Non, crois-moi, c'est assez que
d'éteindre ta flamme;
Il sera trop puni s'il n'est plus dans
ton âme.
Que le bien du pays t'impose cette
loi:
Aussi bien, que crois-tu que t'accorde
le Roi?

CHIMENE
Il peut me refuser, mais je ne puis
me taire.

L'INFANTE
Pense bien, ma Chimène, à ce que
tu veut faire.
Adieu: tu pourras seule y penser à
loisir.

CHIMENE
Après mon père mort, je n'ai point
à choisir.

Acte IV, Scene III

DON FERNAND, DON DIEGUE,
DON ARIAS,
DON RODRIGUE, DON SANCHE

115

DON FERNAND
Généreux héritier d'une illustre
famille,
Qui fut toujours la gloire et l'appui de
Castille,
Race de tant d'aïeux en valeur
signalés,
Que l'essai de la tienne a sitôt égalés,
Pour te récompenser ma force est
trop petite;
Et j'ai moins de pouvoir que tu n'as
de mérite.
Le pays délivré d'un si rude ennemi,
Mon sceptre dans ma main par la
tienne affermi,
Et les Mores défaits avant qu'en ces
alarmes
J'eusse pu donner ordre à repousser
leurs armes,
Ne sont point des exploits qui
laissent à ton roi
Le moyen ni l'espoir de s'acquitter
vers toi.
Mais deux rois tes captifs feront ta
récompense.
Ils t'ont nommé tout deux leur Cid en
ma présence:
Puisque Cid en leur langue est autant
que seigneur,
Je ne t'envierai pas ce beau titre
d'honneur.
Sois désormais le Cid: qu'à ce grand
nom tout cède;
Qu'il comble d'épouvante et Grenade
et Tolède,
Et qu'il marque à tout ceux qui vivent
sous mes lois
Et ce que tu me vaux, et ce que je te
dois.
DON RODRIGUE
Que Votre Majesté, Sire, épargne
ma honte.
D'un si faible service elle fait trop de
conte,
Et me force à rougir devant un si
grand roi
De mériter si peu l'honneur que j'en

reçoi.
Je sais trop que je dois au bien de
votre empire,
Et le sang qui m'anime, et l'air que je
respire:
Et quand je les perdrai pour un si
digne objet,
Je ferai seulement le devoir d'un
sujet.
DON FERNAND
Tous ceux que ce devoir à mon
service engage
Ne s'en acquittent pas avec même
courage;
Et lorsque la valeur ne va point dans
l'excès,
Elle ne produit point de si rares
succès.
Souffre donc qu'on te loue, et de
cette victoire
Apprends-moi plus au long la
véritable histoire.
DON RODRIGUE
Sire, vous avez su qu'en ce danger
pressant,
Qui jeta dans la ville un effroi si
puissant,
Une troupe d'amis chez mon père
assemblée
Sollicita mon âme encore toute
troublée...
Mais, Sire, pardonnez à ma témérité,
Si j'osai l'employer sans votre
autorité:
Le péril approchait; leur brigade était
prête;
Me montrant à la cour, je hasardais
ma tête;
Et s'il la fallait perdre, il m'était bien
plus doux
De sortir de la vie en combattant
pour vous.
DON FERNAND
J'excuse ta chaleur à venger ton
offense;
Et l'Etat défendu me parle en ta
défense:

116

Crois que dorénavant Chimène a
beau parler,
Je ne l'écoute plus que pour la
consoler.
Mais poursuis.
DON RODRIGUE
Sous moi donc cette troupe
s'avance,
Et porte sur le front une mâle
assurance.
Nous partîmes cinq cents; mais par
un prompt renfort
Nous nous vîmes trois mille en
arrivant au port,
Tant, à nous voir marcher avec un tel
visage,
Les plus épouvantés reprenaient leur
courage!
J'en cache les deux tiers, aussitôt
qu'arrivés,
Dans le fond des vaisseaux qui lors
furent trouvés;
Le reste, dont le nombre augmentait
à toute heure,
Brûlant d'impatience autour de moi
demeure,
Se couche contre terre, et sans faire
aucun bruit,
Passe une bonne part d'une si belle
nuit.
Par mon commandement la garde en
fait de même,
Et se tenant cachée, aide à mon
stratagème;
Et je feins hardiment d'avoir reçu de
vous
L'ordre qu'on me voit suivre et que je
donne à tous.
Cette obscure clarté qui tombe des
étoiles
Enfin avec le flux nous fait voir
trente voiles;
L'onde s'enfle dessous, et d'un
commun effort
Les Mores et la mer montent jusques
au port.
On les laisse passer; tout leur paraît
tranquille:
Point de soldats au port, point aux
murs de la ville.
Notre profond silence abusant leurs
esprits,
Il n'osent plus douter de nous avoir
surpris;
Ils abordent sans peur, ils ancrent, il
descendent,
Et courent se livrer aux mains qui les
attendent.
Nous nous levons alors, et tous en
même temps
Poussons jusques au ciel mille cris
éclatants.
Les nôtres, à ces cris, de nos
vaisseaux répondent;
Ils paraissent armés, les Mores se
confondent,
L'épouvante les prend à demi
descendus;
Avant que de combattre, ils
s'estiment perdus.
Ils couraient au pillage, et
rencontrent la guerre;
Nous les pressons sur l'eau, nous les
pressons sur terre,
Et nous faisons courir des ruisseaux
de leur sang,
Avant qu'aucun résiste ou reprenne
son rang.
Mais bientôt, malgré nous, leurs
princes les rallient;
Leur courage renaît, et leur terreurs
s'oublient:
La honte de mourir sans avoir
combattu
Arrête leur désordre, et leur rend leur
vertu.
Contre nous de pied ferme ils tirent
leurs alfanges;
De notre sang au leur font d'horribles
mélanges.
Et la terre, et le fleuve, et leur flotte,
et le port,
Sont des champs de carnage où
triomphe la mort.

O combien d'actions, combien d'exploits célèbres
Sont demeurés sans gloire au milieu des ténèbres,
Où chacun, seul témoin des grands coups qu'il donnait,
Ne pouvait discerner où le sort inclinait!
J'allais de tous côtés encourager les nôtres,
Faire avancer les uns, et soutenir les autres,
Ranger ceux qui venaient, les pousser à leur tour,
Et ne l'ai pu savoir jusques au point du jour.
Mais enfin sa clarté montre notre avantage:
Le More voit sa perte, et perd soudain courage;
Et voyant un renfort qui nous vient secourir,
L'ardeur de vaincre cède à la peur de mourir.
Ils gagnent leurs vaisseaux, ils en coupent les câbles,
Poussent jusques aux cieux des cris épouvantables,
Font retraite en tumulte, et sans considérer
Si leurs rois avec eux peuvent se retirer.
Pour souffrir ce devoir leur frayeur est trop forte:
Le flux les apporta; le reflux les remporte,
Cependant que leurs rois, engagés parmi nous,
Et quelque peu des leurs, tous percés de nos coups,
Disputent vaillamment et vendent bien leur vie.
A se rendre moi-même en vain je les convie:
Le cimeterre au poing ils ne m'écoutent pas;
Mais voyant à leurs pieds tomber tous leurs soldats,
Et que seuls désormais en vain ils se défendent,
Ils demandent le chef: je me nomme, ils se rendent.
Je vous les envoyai tous deux en même temps;
Et le combat cessa faute de combattants.
C'est de cette façon que, pour votre service...

Acte IV, Scene IV

DON FERNAND, DON DIEGUE,
DON RODRIGUE,
DON ARIAS, DON ALONSE,
DON SANCHE.
DON ALONSE
Sire, Chimène vient vous demander justice.
DON FERNAND
La fâcheuse nouvelle, et l'importun devoir!
Va, je ne la veux pas obliger à te voir.
Pour tous remercîments il faut que je te chasse;
Mais avant que sortir, viens, que ton roi t'embrasse.
Don Rodrigue rentre.
DON DIEGUE
Chimène le poursuit, et voudrait le sauver.
DON FERNAND
On m'a dit qu'elle l'aime, et je vais l'éprouver.
Montrez un oeil plus triste.

Acte IV, Scene V

DON FERNAND, DON DIEGUE,
DON ARIAS, DON SANCHE,
DON ALONSE, CHIMENE,
ELVIRE.
DON FERNAND

Enfin soyez contente,
Chimène, le succès répond à votre
attente:
Si de nos ennemis Rodrigue a le
dessus,
Il est mort à nos yeux des coups qu'il
a reçus;
Rendez grâces au ciel qui vous en a
vengée.
(A Don Diègue.)
Voyez comme déjà sa couleur est
changée.

DON DIEGUE

Mais voyez qu'elle pâme, et d'un
amour parfait,
Dans cette pâmoison, Sire, admirez
l'effet.
Sa douleur a trahi les secrets de son
âme,
Et ne vous permet plus de douter de
sa flamme.

CHIMENE

Quoi! Rodrigue est donc mort?

DON FERNAND

Non, non, il voit le jour,
Et te conserve encore un immuable
amour:
Calme cette douleur qui pour lui
s'intéresse.

CHIMENE

Sire, on pâme de joie ainsi que de
tristesse:
Un excès de plaisir nous rend tout
languissants;
Et quand il surprend l'âme, il accable
les sens.

DON FERNAND

Tu veux qu'en ta faveur nous
croyions l'impossible?
Chimène, ta douleur a paru trop
visible.

CHIMENE

Eh bien! Sire, ajoutez ce comble à
mon malheur,
Nommez ma pâmoison l'effet de ma
douleur:
Un juste déplaisir à ce point m'a

réduite.
Son trépas dérobait sa tête à ma
poursuite;
S'il meurt des coups reçus pour le
bien du pays,
Ma vengeance est perdue et mes
desseins trahis:
Une si belle fin m'est trop injurieuse.
Je demande sa mort, mais non pas
glorieuse,
Non pas dans un éclat qui l'élève si
haut,
Non pas au lit d'honneur, mais sur un
échafaud;
Qu'il meure pour mon père, et non
pour la patrie;
Que sont nom soit taché, sa mémoire
flétrie.
Mourir pour le pays n'est pas un
triste sort;
C'est s'immortaliser par une belle
mort.
J'aime donc sa victoire, et je le puis
sans crime;
Elle assure l'Etat, et me rend ma
victime,
Mais noble, mais fameuse entre tous
les guerriers,
Le chef, au lieu de fleurs, couronné
de lauriers;
Et pour dire en un mot ce que j'en
considère,
Digne d'être immolée aux mânes de
mon père...
Hélas! à quel espoir me laissé-je
emporter!
Rodrigue de ma part n'a rien à
redouter:
Que pourraient contre lui des larmes
qu'on méprise?
Pour lui tout votre empire est un lieu
de franchise;
Là, sous votre pouvoir, tout lui
devient permis;
Il triomphe de moi comme des
ennemis.
Dans leur sang répandu la justice

étouffée
Au crime du vainqueur sert d'un
nouveau trophée:
Nous en croissons la pompe, et le
mépris des lois
Nous fait suivre son char au milieu
des deux rois.

DON FERNAND

Ma fille, ces transports ont trop de
violence.
Quand on rend la justice, on met tout
en balance.
On a tué ton père, il était l'agresseur;
Et la même équité m'ordonne la
douceur.
Avant que d'accuser ce que j'en fais
paraître,
Consulte bien ton coeur: Rodrigue en
est le maître,
Et ta flamme en secret rend grâces à
ton roi,
Dont la faveur conserve un tel amant
pour toi.

CHIMENE

Pour moi! mon ennemi! l'objet de
ma colère!
L'auteur de mes malheurs! l'assassin
de mon père!
De ma juste poursuite on fait si peut
de cas
Qu'on me croit obliger en ne
m'écoutant pas!
Puisque vous refusez la justice à
mes larmes,
Sire, permettez-moi de recourir aux
armes;
C'est par là seulement qu'il a su
m'outrager,
Et c'est aussi par là que je me dois
venger.
A tous vos cavaliers je demande sa
tête:
Oui, qu'un d'eux me l'apporte, et je
suis sa conquête;
Qu'ils le combattent, Sire; et le
combat fini,
J'épouse le vainqueur, si Rodrigue

est puni.
Sous votre autorité souffrez qu'on le
publie.

DON FERNAND

Cette vieille coutume en ces lieux
établie,
Sous couleur de punir un injuste
attentat,
Des meilleurs combattants affaiblit
un Etat;
Souvent de cet abus le succès
déplorable
Opprime l'innocent, et soutient le
coupable.
J'en dispense Rodrigue: il m'est trop
précieux
Pour l'exposer aux coups d'un sort
capricieux;
Et quoi qu'ait pu commettre un coeur
si magnanime,
Les Mores en fuyant ont emporté son
crime.

DON DIEGUE

Quoi! Sire, pour lui seul vous
renversez des lois
Qu'a vu toute la cour observer tant de
fois!
Que croira votre peuple, et que dira
l'envie,
Si sous votre défense il ménage sa
vie,
Et s'en fait un prétexte à ne paraître
pas
Où tous les gens d'honneur cherchent
un beau trépas?
De pareilles faveurs terniraient trop
sa gloire:
Qu'il goûte sans rougir le fruit de sa
victoire.
Le Comte eut de l'audace; il l'en a su
punir:
Il l'a fait de brave homme, et le doit
maintenir.

DON FERNAND

Puisque vous le voulez, j'accorde
qu'il le fasse;
Mais d'un guerrier vaincu mille

prendraient la place,
Et le prix que Chimène au vainqueur a promis
De tous mes cavaliers ferait ses ennemis.
L'opposer seul à tous serait trop d'injustice:
Il suffit qu'une fois il entre dans la lice.
Choisis qui tu voudras, Chimène, et choisis bien;
Mais après ce combat ne demande plus rien.

DON DIeGUE
N'excusez point par là ceux que son bras étonne:
Laissez un champ ouvert où n'entrera personne.
Après ce que Rodrigue a fait voir aujourd'hui,
Quel courage assez vain s'oserait prendre à lui?
Qui se hasarderait contre un tel adversaire?
Qui serait ce vaillant, ou bien ce téméraire?

DON SANCHE
Faites ouvrir le champ: vous voyez l'assaillant;
Je suis ce téméraire, ou plutôt ce vaillant.
Accordez cette grâce à l'ardeur qui me presse,
Madame: vous savez quelle est votre promesse.

DON FERNAND
Chimène, remets-tu ta querelle en sa main?

CHIMENE
Sire, je l'ai promis.

DON FERNANDE
Soyez prêt à demain.

DON DIEGUE
Non, Sire, il ne faut pas différer davantage:
On est toujours trop prêt quand on a du courage.

DON FERNAND
Sortir d'une bataille, et combattre à l'instant!

DON DIEGUE
Rodrigue a pris haleine en vous la racontant.

DON FERNAND
Du moins une heure ou deux je veux qu'il se délasse.
Mais de peur qu'en exemple un tel combat ne passe,
Pour témoigner à tous qu'à regret je permets
Un sanglant procédé qui ne me plut jamais,
De moi ni de ma cour il n'aura la présence.
(Il parle à Don Arias.)
Vous seul des combattants jugerez la vaillance:
Ayez soin que tous deux fassent en gens de coeur,
Et, le combat fini, m'amenez le vainqueur.
Qui qu'il soit, même prix est acquis à sa peine:
Je le veux de ma main présenter à Chimène,
Et que pour récompense il reçoive sa foi.

CHIMENE
Quoi! Sire, m'imposer une si dure loi!

DON FERNAND
Tu t'en plains; mais ton feu, loin d'avouer ta plainte,
Si Rodrigue est vainqueur, l'accepte sans contrainte.
Cesse de murmurer contre un arrêt si doux:
Qui que ce soit des deux, j'en ferai ton époux.

Acte V
Scene Premiere

121

DON RODRIGUE, CHIMENE

CHIMENE

Quoi! Rodrigue, en plein jour! d'où
te vient cette audace?
Va, tu me perds d'honneur; retire-toi,
de grâce.

DON RODRIGUE

Je vais mourir, Madame, et vous
viens en ce lieu,
Avant le coup mortel, dire un dernier
adieu:
Cet immuable amour qui sous vos
lois m'engage
N'ose accepter ma mort sans vous en
faire hommage.

CHIMENE

Tu vas mourir!

DON RODRIGUE

Je cours à ces heureux moments
Qui vont livrer ma vie à vos
ressentiments.

CHIMENE

Tu vas mourir! Don Sanche est-il si
redoutable
Qu'il donne l'épouvante à ce coeur
indomptable?
Qui t'a rendu si faible, ou qui le rend
si fort?
Rodrigue va combattre, et se croit
déjà mort!
Celui qui n'a pas craint les Mores, ni
mon père,
Va combattre don Sanche, et déjà
désespère!
Ainsi donc au besoin ton courage
s'abat!

DON RODRIGUE

Je cours à mon supplice, et non pas
au combat;
Et ma fidèle ardeur sait bien m'ôter
l'envie,
Quand vous cherchez ma mort, de
défendre ma vie.
J'ai toujours même coeur; mais je
n'ai point de bras
Quand il faut conserver ce qui ne
vous plaît pas;

Et déjà cette nuit m'aurait été
mortelle,
Si j'eusse combattu pour ma seul
querelle;
Mais défendant mon roi, son peuple
et mon pays,
A me défendre mal je les aurais
trahis.
Mon esprit généreux ne hait pas tant
la vie,
Qu'il en veuille sortir par une
perfidie.
Maintenant qu'il s'agit de mon seul
intérêt,
Vous demandez ma mort, j'en
accepte l'arrêt.
Votre ressentiment choisit la main
d'un autre
(Je ne méritais pas de mourir de la
vôtre):
On ne me verra point en repousser
les coups;
Je dois plus de respect à qui combat
pour vous;
Et ravi de penser que c'est de vous
qu'ils viennent,
Puisque c'est votre honneur que ses
armes soutiennent,
Je vais lui présenter mon estomac
ouvert,
Adorant en sa main la vôtre qui me
perd.

CHIMENE

Si d'un triste devoir la juste
violence,
Qui me fait malgré moi poursuivre ta
vaillance,
Prescrit à ton amour une si forte loi
Qu'il te rend sans défense à qui
combat pour moi,
En cet aveuglement ne perds pas la
mémoire
Qu'ainsi que de ta vie il y va de ta
gloire,
Et que dans quelque éclat que
Rodrigue ait vécu,

Quand on le saura mort, on le croira
vaincu.
Ton honneur t'est plus cher que je
ne te suis chère,
Puisqu'il trempe tes main dans le
sang de mon père,
Et te fait renoncer, malgré ta passion,
A l'espoir le plus doux de ma
possession:
Je t'en vois cependant faire si peu de
conte,
Que sans rendre combat tu veux
qu'on te surmonte.
Quelle inégalité ravale ta vertu?
Pourquoi ne l'as-tu plus, ou pourquoi
l'avais-tu?
Quoi? n'es-tu généreux que pour me
faire outrage?
S'il ne faut m'offenser, n'as-tu point
de courage?
Et traites-tu mon père avec tant de
rigueur,
Qu'après l'avoir vaincu tu souffres un
vainqueur?
Va, sans vouloir mourir, laisse-moi
te poursuivre,
Et défends ton honneur, si tu ne veux
plus vivre.

DON RODRIGUE

Après la mort du Comte, et les
Mores défaits,
Faudrait-il a ma gloire encor d'autres
effets?
Elle peut dédaigner le soin de me
défendre:
On sait que mon courage ose tout
entreprendre,
Que ma valeur peut tout, et que
dessous les cieux,
Auprès de mon honneur, rien ne
m'est précieux.
Non, non, en ce combat, quoi que
vous veuillez croire
Rodrigue peut mourir sans hasarder
sa gloire,
Sans qu'on l'ose accuser d'avoir
manqué de coeur,

Sans passer pour vaincu, sans
souffrir un vainqueur.
On dira seulement: "Il adorait
Chimène;
Il n'a pas voulu vivre et mériter sa
haine;
Il a cédé lui-même à la rigueur du
sort
Qui forçait sa maîtresse à poursuivre
sa mort:
Elle voulait sa tête; et son coeur
magnanime,
S'il l'en eût refusée, eût pensé faire
un crime.
Pour venger son honneur il perdit
son amour,
Pour venger sa maîtresse il a quitté le
jour,
Préférant, quelque espoir qu'eût son
âme asservie,
Son honneur à Chimène, et Chimène
à sa vie."
Ainsi donc vous verrez ma mort en
ce combat,
Loin d'obscurcir ma gloire, en
rehausser l'éclat;
Et cet honneur suivra mon trépas
volontaire,
Que tout autre que moi n'eût pu vous
satisfaire.

CHIMENE

Puisque, pour t'empêcher de courir
au trépas,
Ta vie et ton honneur sont de faibles
appas,
Si jamais je t'aimai, cher Rodrigue,
en revanche,
Défends-toi maintenant pour m'ôter à
don Sanche;
Combats pour m'affranchir d'une
condition
Qui me donne à l'objet de mon
aversion.
Te dirai-je encor plus? va, songe à ta
défense,
Pour forcer mon devoir, pour
m'imposer silence;

Et si tu sens pour moi ton coeur
encore épris,
Sors vainqueur d'un combat dont
Chimène est le prix.
Adieu: ce mot lâché me fait rougir de
honte.

DON RODRIGUE

Est-il quelque ennemi qu'à présent
je ne dompte?
Paraissez, Navarrois, Mores et
Castillans,
Et tout ce que l'Espagne a nourri de
vaillants;
Unissez-vous ensemble, et faites une
armée,
Pour combattre une main de la sorte
animée:
Joignez tous vos efforts contre un
espoir si doux;
Pour en venir à bout, c'est trop peu
que de vous.

Acte V, Scene II

L'INFANTE
L'INFANTE
T'écouterai-je encor, respect de ma
naissance,
Qui fais un crime de mes feux?
T'écouterai-je, amour, dont la douce
puissance
Contre ce fier tyran fait révolter mes
voeux?
Pauvre princesse, auquel des deux
Dois-tu prêter obéissance?
Rodrigue, ta valeur te rend digne de
moi;
Mais pour être vaillant, tu n'es pas
fils de roi.
Impitoyable sort, dont la rigueur
sépare
Ma gloire d'avec mes désirs!
Est-il dit que le choix d'une vertu si
rare
Coûte à ma passion de si grands
déplaisirs?
O cieux! à combien de soupirs

Faut-il que mon coeur se prépare,
Si jamais il n'obtient sur un si long
tourment
Ni d'éteindre l'amour, ni d'accepter
l'amant!
Mais c'est trop de scrupule, et ma
raison s'étonne,
Du mépris d'un si digne choix:
Bien qu'aux monarques seuls ma
naissance me donne,
Rodrigue, avec honneur je vivrai
sous tes lois.
Après avoir vaincu deux rois,
Pourrais-tu manquer de couronne?
Et ce grand nom de Cid que tu viens
de gagner
Ne fait-il pas trop voir sur qui tu dois
régner?
Il est digne de moi, mais il est à
Chimène;
Le don que j'en ai fait me nuit.
Entre eux la mort d'un père a si peu
mis de haine,
Que le devoir du sang à regret le
poursuit:
Ainsi n'espérons aucun fruit
De son crime, ni de ma peine,
Puisque pour me punir le destin a
permis
Que l'amour dure même entre deux
ennemis.

Acte V, Scene III

L'INFANTE, LEONOR
L'INFANTE
Où viens-tu, Léonor?
LEONOR
Vous applaudir, Madame,
Sur le repos qu'enfin a retrouvé votre
âme.
L'INFANTE
D'où viendrait ce repos dans un
comble d'ennui?
LEONOR
Si l'amour vit d'espoir, et s'il meurt
avec lui,

Rodrigue ne peut plus charmer votre
courage.
Vous savez le combat où Chimène
l'engage:
Puisqu'il faut qu'il y meure, ou qu'il
soit son mari,
Votre espérance est morte, et votre
esprit guéri.
L'INFANTE
Ah! qu'il s'en faut encor!
LEONOR
Que pouvez-vous prétendre?
L'INFANTE
Mais plutôt quel espoir me
pourrais-tu défendre?
Si Rodrigue combat sous ces
conditions,
Pour en rompre l'effet, j'ai trop
d'inventions.
L'amour, ce doux auteur de mes
cruels supplices,
Aux esprits des amants apprend trop
d'artifices.
LEONOR
Pourrez-vous quelque chose, après
qu'un père mort
N'a pu dans leurs esprits allumer de
discord?
Car Chimène aisément montre par sa
conduite
Que la haine aujourd'hui ne fait pas
sa poursuite.
Elle obtient un combat, et pour son
combattant
C'est le premier offert qu'elle accepte
à l'instant:
Elle n'a point recours à ces mains
généreuses
Que tant d'exploits fameux rendent si
glorieuses;
Don Sanche lui suffit, et mérite son
choix,
Parce qu'il va s'armer pour la
première fois.
Elle aime en ce duel son peu
d'expérience;
Comme il est sans renom, elle est

sans défiance;
Et sa facilité vous doit bien faire voir
Qu'elle cherche un combat qui force
son devoir,
Qui livre à son Rodrigue une victoire
aisée,
Et l'autorise enfin à paraître apaisée.
L'INFANTE
Je le remarque assez, et toutefois
mon coeur
A l'envi de Chimène adore ce
vainqueur.
A quoi me résoudrai-je, amante
infortunée?
LEONOR
A vous mieux souvenir de qui vous
êtes née:
Le ciel vous doit un roi, vous aimez
un sujet!
L'INFANTE
Mon inclination a bien changé
d'objet.
Je n'aime plus Rodrigue, un simple
gentilhomme;
Non, ce n'est plus ainsi que mon
amour le nomme:
Si j'aime, c'est l'auteur de tant de
beaux exploits,
C'est le valeureux Cid, le maître de
deux rois.
Je me vaincrai pourtant, non de peur
d'aucun blâme,
Mais pour ne troubler pas une si
belle flamme;
Et quand pour m'obliger on l'aurait
couronné,
Je ne veux point reprendre un bien
que j'ai donné.
Puisqu'en un tel combat sa victoire
est certaine,
Allons encore un coup le donner à
Chimène.
Et toi, qui vois les traits dont mon
coeur est percé,
Viens me voir achever ce que j'ai
commencé.

Acte V, Scene IV

CHIMENE, ELVIRE
CHIMENE
Elvire, que je souffre, et que je suis
à plaindre!
Je ne sais qu'espérer, et je vois tout à
craindre;
Aucun voeu ne m'échappe où j'ose
consentir;
Je ne souhaite rien sans un prompt
repentir.
A deux rivaux pour moi je fais
prendre les armes:
Le plus heureux succès me coûtera
des larmes;
Et quoi qu'en ma faveur en ordonne
le sort,
Mon père est sans vengeance, ou
mon amant est mort.
ELVIRE
D'un et d'autre côté je vous vois
soulagée:
Ou vous avez Rodrigue, ou vous êtes
vengée;
Et quoi que le destin puisse ordonner
de vous,
Il soutient votre gloire, et vous donne
un époux.
CHIMENE
Quoi! l'objet de ma haine ou de tant
de colère!
L'assassin de Rodrigue ou celui de
mon père!
De tous les deux côtés on me donne
un mari
Encor tout teint du sang que j'ai le
plus chéri;
De tous les deux côtés mon âme se
rebelle:
Je crains plus que la mort la fin de
ma querelle.
Allez, vengeance, amour, qui
troublez mes esprits,
vous n'avez point pour moi de
douceurs à ce prix;
Et toi, puissant moteur du destin qui
m'outrage,
Termine ce combat sans aucun
avantage,
Sans faire aucun des deux ni vaincu
ni vainqueur.
ELVIRE
Ce serait vous traiter avec trop de
rigueur.
Ce combat pour votre âme est un
nouveau supplice,
S'il vous laisse obligée à demander
justice,
A témoigner toujours ce haut
ressentiment,
Et poursuivre toujours la mort de
votre amant.
Madame, il vaut bien mieux que sa
rare vaillance,
Lui couronnant le front, vous impose
silence;
Que la lois du combat étouffe vos
soupirs,
Et que le Roi vous force à suivre vos
désirs.
CHIMENE
Quand il sera vainqueur, crois-tu
que je me rende?
Mon devoir est trop fort, et ma perte
trop grande;
Et ce n'est pas assez, pour leur faire
la loi,
Que celle du combat et le vouloir du
Roi.
Il peut vaincre don Sanche avec fort
peu de peine,
Mais non pas avec lui la gloire de
Chimène;
Et quoi qu'à sa victoire un monarque
ait promis,
Mon honneur lui fera mille autres
ennemis.
ELVIRE
Gardez, pour vous punir de cet
orgueil étrange,
Que le ciel à la fin ne souffre qu'on
vous venge.
Quoi, vous voulez encor refuser le

bonheur
De pouvoir maintenant vous taire
avec honneur?
Que prétend ce devoir, et qu'est-ce
qu'il espère?
La mort de votre amant vous rendra-
t-elle un père?
Est-ce trop peu pour vous que d'un
coup de malheur?
Faut-il perte sur perte, et douleur sur
douleur?
Allez, dans le caprice où votre
humeur s'obstine,
Vous ne méritez pas l'amant qu'on
vous destine;
Et nous verrons du ciel l'équitable
courroux
Vous laisser, par sa mort, don
Sanche pour époux.
CHIMENE
Elvire, c'est assez des peines que
j'endure,
Ne les redouble point de ce funeste
augure.
Je veux, si je le puis, les éviter tous
deux;
Sinon, en ce combat Rodrigue a tous
mes voeux:
Non qu'une folle ardeur de son côté
me penche;
Mais s'il était vaincu, je serais à don
Sanche:
Cette appréhension fait naître mon
souhait.
Que vois-je, malheureuse? Elvire,
c'en est fait.

Acte V, Scene V

DON SANCHE, CHIMENE,
ELVIRE
DON SANCHE
Obligé d'apporter à vos pieds cette
épée...
CHIMENE
Quoi! du sang de Rodrigue encor
toute trempée?

Perfide, oses-tu bien te montrer à
mes yeux,
Après m'avoir ôté ce que j'aimais le
mieux?
Eclate, mon amour, tu n'as plus rien à
craindre:
Mon père est satisfait, cesse de te
contraindre.
Un même coup a mis ma gloire en
sûreté,
Mon âme au désespoir, ma flamme
en liberté.
DON SANCHE
D'un esprit plus rassis...
CHIMENE
Tu me parles encore,
Exécrable assassin d'un héros que
j'adore?
Va, tu l'as pris en traître; un guerrier
si vaillant
N'eût jamais succombé sous un tel
assaillant.
N'espère rien de moi, tu ne m'as
point servie:
En croyant me venger, tu m'as ôté la
vie.
DON SANCHE
Etrange impression, qui, loin de
m'écouter...
CHIMENE
Veux-tu que de sa mort je t'écoute
vanter,
Que j'entende à loisir avec quelle
insolence
Tu peindras son malheur, mon crime
et ta vaillance?

Acte V, Scene VI

DON FERNAND, DON DIEGUE,
DON ARIAS, DON SANCHE,
DON ALONSE, CHIMENE,
ELVIRE
CHIMENE
Sire, il n'est plus besoin de vous
dissimuler
Ce que tous mes efforts ne vous ont

pu celer.
J'aimais, vous l'avez su; mais pour
venger mon père,
J'ai bien voulu proscrire une tête si
chère:
Votre Majesté, Sire, elle-même a pu
voir
Comme j'ai fait céder mon amour au
devoir.
Enfin Rodrigue est mort, et sa mort
m'a changée
D'implacable ennemie en amante
affligée.
J'ai dû cette vengeance à qui m'a
mise au jour,
Et je dois maintenant ces pleurs à
mon amour.
Don Sanche m'a perdue en prenant
ma défense,
Et du bras qui me perd je suis la
récompense!
Sire, si la piété peut émouvoir un roi,
De grâce, révoquez une si dure loi;
Pour prix d'une victoire où je perds
ce que j'aime,
Je lui laisse mon bien; qu'il me laisse
à moi-même;
Qu'en un cloître sacré je pleure
incessamment,
Jusqu'au dernier soupir, mon père et
mon amant.

DON DIEGUE
Enfin, elle aime, Sire, et ne croit
plus un crime
D'avouer par sa bouche un amour
légitime.

DON FERNAND
Chimène, sors d'erreur, ton amant
n'est pas mort,
Et Don Sanche vaincu t'a fait un faux
rapport.

DON SANCHE
Sire, un peu trop d'ardeur malgré
moi l'a déçue:
Je venais du combat lui raconter
l'issue.
Ce généreux guerrier, dont son coeur

est charmé:
"Ne crains rien, m'a-t-il dit, quand il
m'a désarmé;
Je laisserais plutôt la victoire
incertaine,
Que de répandre un sang hasardé
pour Chimène;
Mais puisque mon devoir m'appelle
auprès du Roi,
Va de notre combat l'entretenir pour
moi,
De la part du vainqueur lui porter ton
épée."
Sire, j'y suis venu: cet objet l'a
trompée;
Elle m'a cru vainqueur, me voyant de
retour,
Et soudain sa colère a trahi son
amour
Avec tant de transports et tant
d'impatience,
Que je n'ai pu gagner un moment
d'audience.
Pour moi, bien que vaincu, je me
répute heureux;
Et malgré l'intérêt de mon coeur
amoureux,
Perdant infiniment, j'aime encor ma
défaite,
Qui fait le beau succès d'une amour
si parfaite.

DON FERNAND
Ma fille, il ne faut point rougir d'un
si beau feu,
Ni chercher les moyens d'en faire un
désaveu.
Une louable honte en vain t'en
sollicite:
Ta gloire est dégagée, et ton devoir
est quitte;
Ton père est satisfait, et c'était le
venger
Que mettre tant de fois ton Rodrigue
en danger.
Tu vois comme le ciel autrement en
dispose.
Ayant tant fait pour lui, fais pour toi

quelque chose,
Et ne sois point rebelle à mon
commandement,
Qui te donne un époux aimé si
chèrement.

Acte V, Scene VII

DON FERNAND, DON DIEGUE,
DON ARIAS,
DON RODRIGUE, DON ALONSE,
DON SANCHE,
L'INFANTE, CHIMENE,
LEONOR, ELVIRE
L'INFANTE
Sèche tes pleurs, Chimène, et
reçois sans tristesse
Ce généreux vainqueur des mains de
ta princesse.
DON RODRIGUE
Ne vous offensez point, Sire, si
devant vous
Un respect amoureux me jette à ses
genoux.
Je ne viens point ici demander ma
conquête:
Je viens tout de nouveau vous
apporter ma tête,
Madame; mon amour n'emploiera
point pour moi
Ni la loi du combat, ni le vouloir du
Roi.
Si tout ce qui s'est fait est trop peu
pour un père,
Dites par quels moyens il vous faut
satisfaire.
Faut-il combattre encor mille et mille
rivaux,
Aux deux bouts de la terre étendre
mes travaux,
Forcer moi seul un camp, mettre en
fuite une armée,
Des héros fabuleux passer la
renommée?
Si mon crime par là se peut enfin
laver,
J'ose tout entreprendre, et puis tout

achever;
Mais si ce fier honneur, toujours
inexorable,
Ne se peut apaiser sans la mort du
coupable,
N'armez plus contre moi le pouvoir
des humains:
Ma tête est à vos pieds, vengez-vous
par vos mains;
Vos mains seules ont droit de vaincre
un invincible;
Prenez une vengeance à tout autre
impossible.
Mais du moins que ma mort suffise à
me punir:
Ne me bannissez point de votre
souvenir;
Et puisque mon trépas conserve votre
gloire,
Pour vous en revancher conservez
ma mémoire,
Et dites quelquefois, en déplorant
mon sort:
"S'il ne m'avait aimée, il ne serait pas
mort."
CHIMENE
Relève-toi Rodrigue. Il faut
l'avouer, Sire,
Je vous en ai trop dit pour m'en
pouvoir dédire.
Rodrigue a des vertus que je ne puis
haïr;
Et quand un roi commande, on lui
doit obéir.
Mais à quoi que déjà vous m'ayez
condamnée,
Pourrez-vous à vos yeux souffrir cet
hyménée?
Et quand de mon devoir vous voulez
cet effort,
Toute votre justice en est-elle
d'accord?
Si Rodrigue à l'Etat devient si
nécessaire,
De ce qu'il fait pour vous dois-je être
le salaire,
Et me livrer moi-même au reproche

éternel
D'avoir trempé mes mains dans le sang paternel?
DON FERNAND
Le temps assez souvent a rendu légitime
Ce qui semblait d'abord ne se pouvoir sans crime:
Rodrigue t'a gagnée, et tu dois être à lui.
Mais quoique sa valeur t'ait conquise aujourd'hui,
Il faudrait que je fusse ennemi de ta gloire,
Pour lui donner sitôt le prix de sa victoire.
Cet hymen différé ne rompt point une loi
Qui sans marquer de temps, lui destine ta foi.
Prends un an, si tu veux, pour essuyer tes larmes.
Rodrigue, cependant il faut prendre les armes.
Après avoir vaincu les Mores sur nos bords,
Renversé leurs desseins, repoussé leurs efforts,
Va jusqu'en leur pays leur reporter la guerre,
Commander mon armée, et ravager leur terre:
A ce nom seul de Cid ils trembleront d'effroi;
Ils t'ont nommé seigneur, et te voudront pour roi.
Mais parmi tes hauts faits sois-lui toujours fidèle:
Reviens-en, s'il se peut, encor plus digne d'elle;
Et par tes grands exploits fais-toi si bien priser,
Qu'il lui soit glorieux alors de t'épouser.
DON RODRIGUE
Pour posséder Chimène, et pour votre service,

Que peut-on m'ordonner que mon bras n'accomplisse?
Quoi qu'absent de ses yeux il me faille endurer,
Sire, ce m'est trop d'heur de pouvoir espérer.
DON FERNAND
Espère en ton courage, espère en ma promesse;
Et possédant déjà le coeur de ta maîtresse,
Pour vaincre un point d'honneur qui combat contre toi,
Laisse faire le temps, ta vaillance et ton roi.

Stances à Marquise

Marquise, si mon visage
A quelques traits un peu vieux
Souvenez-vous qu'à mon âge
Vous ne vaudrez guère mieux.

Le temps aux plus belles choses
Se plaît à faire un affront
Et saura faner vos roses
Comme il a ridé mon front.

Le même cours des planètes
Règle nos jours et nos nuits:
On m'a vu ce que vous êtes;

Mlle Du Parc
Vous serez ce que je suis.

Cependant j'ai quelques charmes
Qui sont assez éclatants
Pour n'avoir pas trop d'alarmes
De ces ravages du temps.

Vous en avez qu'on adore;
Mais ceux que vous méprisez
Pourraient bien durer encore
Quand ceux-là seront usés.

Ils pourront sauver la gloire
Des yeux qui me semblent doux,
Et dans mille ans faire croire
Ce qui me plaira de vous.

Chez cette race nouvelle
Où j'aurai quelque crédit
Vous ne passerez pour belle
Qu'autant que je l'aurai dit.

Pensez-y belle Marquise:
Quoi qu'un grison fasse effroi,
Il vaut bien qu'on le courtise
Quand il est fait comme moi.

Paul Scarron (1610- 1660)

Épitaphe

Celui qui ci maintenant dort
Fit plus de pitié que d'envie,
Et souffrit mille fois la mort
Avant que de perdre la vie.
Passant, ne fais ici de bruit,
Prends garde qu'aucun ne l'éveille;
Car voici la première nuit
Que le pauvre Scarron sommeille.

Jean de La Fontaine (1621 - 1695)

Adonis

Après mille sanglots enfin elle
s'écrie:
" Mon amour n'a donc pu te faire
aimer la vie.
Tu me quittes, cruel! Au moins
ouvre les yeux,
Montre-toi plus sensible à mes
tristes adieux;
Vois de quelles douleurs ton
amante est atteinte!
Hélas! j'ai beau crier: il est sourd à
ma plainte.
Une éternelle nuit l'oblige à me
quitter;
Mes pleurs ni mes soupirs ne
peuvent l'arrêter.
Encor si je pouvais le suivre en ces
lieux sombres.
Que ne m'est-il permis d'errer
parmi les ombres!
Destins, si vous vouliez le voir si
tôt périr,
Fallait-il m'obliger à ne jamais
mourir?
Malheureuse Vénus, que te servent
ces larmes?
Vante-toi maintenant du pouvoir de
tes charmes:
Ils n'ont pu du trépas exempter tes
amours;
Tu vois qu'ils n'ont pu même en
prolonger les jours.
Je ne demandais pas que la Parque
cruelle
Prît à filer leur trame une peine
éternelle;
Bien loin que mon pouvoir
l'empêchât de finir,
Je demande un moment, et ne puis
l'obtenir.
Noires divinités du ténébreux
empire,

Dont le pouvoir s'étend sur tout ce
qui respire,
Rois des peuples légers, souffrez
que mon amant
De son triste départ me console un
moment.
Vous ne le perdrez point: le trésor
que je pleure
Ornera tôt ou tard votre sombre
demeure.
Quoi! vous me refusez un présent
si léger?
Cruels, souvenez-vous qu'Amour
m'en peut venger.
Et vous, antres cachés, favorables
retraites,
Où nos coe.urs ont goûté des
douceurs si secrètes,
Grottes, qui tant de fois avez vu
mon amant
Me raconter des yeux son fidèle
tourment,
Lieux amis du repos, demeures
solitaires,
Qui d'un trésor si rare étiez
dépositaires,
Déserts, rendez-le-moi; deviez-
vous avec lui
Nourrir chez vous le monstre
auteur de mon ennui?
Vous ne répondez point. Adieu
donc, ô belle âme;
Emporte chez les morts ce baiser
tout de flamme:
Je ne te verrai plus; adieu, cher
Adonis! "
Ainsi Vénus cessa. Les rochers, à
ses cris,
Quittant leur dureté, répandirent
des larmes;
Zéphyre en soupira; le jour voila
ses charmes;
D'un pas précipité sous les eaux il
s'enfuit,
Et laissa dans ces lieux une
profonde nuit.

Èlègie pour M. F. aux nymphes de Vaux

Vous, dont il a rendu la demeure si belle,
Nymphes, qui lui devez vos plus charmants appas,
Si le long de vos bords Louis porte ses pas,
Tâchez de l'adoucir, fléchissez son courage.
Il aime ses sujets, il est juste, il est sage,
Du titre de clément rendez-le ambitieux:
C'est par là que les rois sont semblables aux dieux.
Du magnanime Henri qu'il contemple la vie:
Dès qu'il put se venger, il en perdit l'envie.
Inspirez à Louis cette même douceur
Oronte est a présent un objet de clémence
S'il a cru les conseils d'une aveugle puissance,
Il est assez puni par son sort rigoureux;
Et c'est être innocent que d'être malheureux.

Les Amours de Psyché et de Cupidon

Volupté, Volupté, qui fus jadis maîtresse
Du plus bel esprit de la Grèce,
Ne me dédaigne pas, viens-t'en loger chez moi;
Tu n'y seras pas sans emploi.
J'aime le jeu, l'amour, les livres, la musique,
La ville et la campagne, enfin tout; il n'est rien
Qui ne me soit souverain bien,
Jusqu'au sombre plaisir d'un coe.ur mélancolique.
Viens donc, et de ce bien, ô douce Volupté,
Veux-tu savoir au vrai la mesure certaine?
Il m'en faut tout au moins un siècle bien compté;
Car trente ans, ce n'est pas la peine.

La Colombe et la Fourmi

Le long d'un clair ruisseau buvait une Colombe,
Quand sur l'eau se penchant une fourmis y tombe;
Et dans cet océan l'on eût vu la fourmis
S'efforcer, mais en vain, de regagner la rive.
La colombe aussitôt usa de charité:
Un brin d'herbe dans l'eau par elle étant jeté,
Ce fut un promontoire où la fourmis arrive.
Elle se sauve; et là-dessus
Passe un certain croquant qui marchait les pieds nus.
Ce croquant, par hasard, avait une arbalète.
Dès qu'il voit l'oiseau de Vénus,
Il le croit en son pot, et déjà lui fait fête.
Tandis qu'à le tuer mon villageois s'apprête,
La fourmis le pique au talon.
Le vilain retourne la tête.
La Colombe l'entend, part et tire de long.
Le soupé du croquant avec elle s'envole:
Point de pigeon pour une obole.

Le Loup et l'Agneau

La raison du plus fort est toujours la meilleure:

Nous l'allons montrer tout à l'heure.
Un Agneau se désaltérait
Dans le courant d'une onde pure.
Un Loup survient à jeun qui
cherchait aventure,
Et que la faim en ces lieux attirait.
Qui te rend si hardi de troubler
mon breuvage?
Dit cet animal plein de rage:
Tu seras châtié de ta témérité.
- Sire, répond l'Agneau, que votre
Majesté
Ne se mette pas en colère;
Mais plutôt qu'elle considère
Que je me vas désaltérant
Dans le courant,
Plus de vingt pas au-dessous d'Elle,
Et que par conséquent, en aucune
façon,
Je ne puis troubler sa boisson.
- Tu la troubles, reprit cette bête
cruelle,
Et je sais que de moi tu médis l'an
passé.
- Comment l'aurais-je fait si je
n'étais pas né?
Reprit l'Agneau, je tette encor ma
mère.
- Si ce n'est toi, c'est donc ton frère.
- Je n'en ai point. - C'est donc
quelqu'un des tiens:
Car vous ne m'épargnez guère,
Vous, vos bergers, et vos chiens.
On me l'a dit: il faut que je me
venge.
Là-dessus, au fond des forêts
Le Loup l'emporte, et puis le
mange,
Sans autre forme de procès.

La Cigale et la Fourmi

La Cigale, ayant chanté
Tout l'été,
Se trouva fort dépourvue
Quand la bise fut venue:
Pas un seul petit morceau

De mouche ou de vermisseau.
Elle alla crier famine
Chez la Fourmi sa voisine,
La priant de lui prêter
Quelque grain pour subsister
Jusqu'à la saison nouvelle.
"Je vous paierai, lui dit-elle,
Avant l'Oût, foi d'animal,
Intérêt et principal. "
La Fourmi n'est pas prêteuse:
C'est là son moindre défaut.
Que faisiez-vous au temps chaud?
Dit-elle à cette emprunteuse.
- Nuit et jour à tout venant
Je chantais, ne vous déplaise.
- Vous chantiez? j'en suis fort aise.
Eh bien! dansez maintenant.

La Mort et le Bûcheron

Un pauvre Bûcheron tout couvert
de ramée,
Sous le faix du fagot aussi bien que
des ans,
Gémissant et courbé marchait à pas
pesants,
Et tâchait de gagner sa chaumine
enfumée.
Enfin, n'en pouvant plus d'effort et
de douleur,
Il met bas son fagot, il songe à son
malheur.
Quel plaisir a-t-il eu depuis qu'il
est au monde?
En est-il un plus pauvre en la
machine ronde?
Point de pain quelquefois, et jamais
de repos.
Sa femme, ses enfants, les soldats,
les impôts,
Le créancier, et la corvée
Lui font d'un malheureux la
peinture achevée.
Il appelle la mort, elle vient sans
tarder,
Lui demande ce qu'il faut faire

« C'est, dit-il, afin de m'aider
A recharger ce bois; tu ne tarderas
guère ».

Le trépas vient tout guérir;
Mais ne bougeons d'où nous
sommes.
Plutôt souffrir que mourir,
C'est la devise des hommes.

L'Hirondelle et
les petits Oiseaux

Une Hirondelle en ses voyages
Avait beaucoup appris.
Quiconque a beaucoup vu
Peut avoir beaucoup retenu.
Celle-ci prévoyait jusqu'aux
moindres orages,
Et devant qu'ils fussent éclos,
Les annonçait aux Matelots.
Il arriva qu'au temps que le chanvre
se sème,
Elle vit un manant en couvrir
maints sillons.
"Ceci ne me plaît pas, dit-elle aux
Oisillons:
Je vous plains; car pour moi, dans
ce péril extrême,
Je saurai m'éloigner, ou vivre en
quelque coin.
Voyez-vous cette main qui par les
airs chemine?
Un jour viendra, qui n'est pas loin,
Que ce qu'elle répand sera votre
ruine.
De là naîtront engins à vous
envelopper,
Et lacets pour vous attraper,
Enfin mainte et mainte machine
Qui causera dans la saison
Votre mort ou votre prison:
Gare la cage ou le chaudron!
C'est pourquoi, leur dit
l'Hirondelle,
Mangez ce grain; et croyez-moi. "

Les Oiseaux se moquèrent d'elle:
Ils trouvaient aux champs trop de
quoi.
Quand la chènevière fut verte,
L'Hirondelle leur dit: "Arrachez
brin à brin
Ce qu'a produit ce maudit grain,
Ou soyez sûrs de votre perte.
- Prophète de malheur, babillarde,
dit-on,
Le bel emploi que tu nous donnes!
Il nous faudrait mille personnes
Pour éplucher tout ce canton. "
La chanvre étant tout à fait crue,
L'Hirondelle ajouta: "Ceci ne va
pas bien;
Mauvaise graine est tôt venue.
Mais puisque jusqu'ici l'on ne m'a
crue en rien,
Dès que vous verrez que la terre
Sera couverte, et qu'à leurs blés
Les gens n'étant plus occupés
Feront aux oisillons la guerre;
Quand reginglettes et réseaux
Attraperont petits Oiseaux,
Ne volez plus de place en place,
Demeurez au logis, ou changez de
climat:
Imitez le Canard, la Grue, et la
Bécasse.
Mais vous n'êtes pas en état
De passer, comme nous, les déserts
et les ondes,
Ni d'aller chercher d'autres
mondes;
C'est pourquoi vous n'avez qu'un
parti qui soit sûr:
C'est de vous renfermer aux trous
de quelque mur. "
Les Oisillons, las de l'entendre,
Se mirent à jaser aussi confusément
Que faisaient les Troyens quand la
pauvre Cassandre
Ouvrait la bouche seulement.
Il en prit aux uns comme aux
autres:
Maint oisillon se vit esclave retenu.

Nous n'écoutons d'instincts que
ceux qui sont les
Et ne croyons le mal que quand il
est venu.   [nôtres,

Le Chêne et le Roseau

Le Chêne un jour dit au Roseau:
"Vous avez bien sujet d'accuser la
Nature;
Un Roitelet pour vous est un pesant
fardeau.
Le moindre vent, qui d'aventure
Fait rider la face de l'eau,
Vous oblige à baisser la tête:
Cependant que mon front, au
Caucase pareil,
Non content d'arrêter les rayons du
soleil,
Brave l'effort de la tempête.
Tout vous est Aquilon, tout me
semble Zéphyr.
Encor si vous naissiez à l'abri du
feuillage
Dont je couvre le voisinage,
Vous n'auriez pas tant à souffrir:
Je vous défendrais de l'orage;
Mais vous naissez le plus souvent
Sur les humides bords des
Royaumes du vent.
La nature envers vous me semble
bien injuste.
- Votre compassion, lui répondit
l'Arbuste,
Part d'un bon naturel; mais quittez
ce souci.
Les vents me sont moins qu'à vous
redoutables.
Je plie, et ne romps pas. Vous avez
jusqu'ici
Contre leurs coups épouvantables
Résisté sans courber le dos;
Mais attendons la fin. "Comme il
disait ces mots,
Du bout de l'horizon accourt avec
furie
Le plus terrible des enfants

Que le Nord eût portés jusque-là
dans ses flancs.
L'Arbre tient bon; le Roseau plie.
Le vent redouble ses efforts,
Et fait si bien qu'il déracine
Celui de qui la tête au Ciel était
voisine
Et dont les pieds touchaient à
l'Empire des Morts.

Le Lièvre et la Tortue

Rien ne sert de courir; il faut partir
à point.
Le Lièvre et la Tortue en sont un
témoignage.
Gageons, dit celle-ci, que vous
n'atteindrez point
Sitôt que moi ce but. - Sitôt? Etes-
vous sage?
Repartit l'animal léger.
Ma commère, il vous faut purger
Avec quatre grains d'ellébore.
- Sage ou non, je parie encore.
Ainsi fut fait: et de tous deux
On mit près du but les enjeux:
Savoir quoi, ce n'est pas l'affaire,
Ni de quel juge l'on convint.
Notre Lièvre n'avait que quatre pas
à faire;
J'entends de ceux qu'il fait lorsque
prêt d'être atteint
Il s'éloigne des chiens, les renvoie
aux Calendes,
Et leur fait arpenter les landes.
Ayant, dis-je, du temps de reste
pour brouter,
Pour dormir, et pour écouter
D'où vient le vent, il laisse la
Tortue
Aller son train de Sénateur.
Elle part, elle s'évertue;
Elle se hâte avec lenteur.
Lui cependant méprise une telle
victoire,
Tient la gageure à peu de gloire,
Croit qu'il y va de son honneur

De partir tard. Il broute, il se
repose,
Il s'amuse à toute autre chose
Qu'à la gageure. A la fin quand il
vit
Que l'autre touchait presque au
bout de la carrière,
Il partit comme un trait; mais les
élans qu'il fit
Furent vains: la Tortue arriva la
première.
Eh bien! Lui cria-t-elle, n'avais-je
pas raison?
De quoi vous sert votre vitesse?
Moi, l'emporter! Et que serait-ce
Si vous portiez une maison?

Le Cochet, le Chat,
et le Souriceau
Un Souriceau tout jeune, et qui
n'avait rien vu,
Fut presque pris au dépourvu.
Voici comme il conta l'aventure à
sa mère:
J'avais franchi les Monts qui
bornent cet Etat,
Et trottais comme un jeune Rat
Qui cherche à se donner carrière,
Lorsque deux animaux m'ont arrêté
les yeux:
L'un doux, bénin et gracieux,
Et l'autre turbulent, et plein
d'inquiétude.
Il a la voix perçante et rude,
Sur la tête un morceau de chair,
Une sorte de bras dont il s'élève en
l'air
Comme pour prendre sa volée,
La queue en panache étalée.
Or c'était un Cochet dont notre
Souriceau
Fit à sa mère le tableau,
Comme d'un animal venu de
l'Amérique.
Il se battait, dit-il, les flancs avec
ses bras,
Faisant tel bruit et tel fracas,

Que moi, qui grâce aux Dieux, de
courage me pique,
En ai pris la fuite de peur,
Le maudissant de très bon coeur.
Sans lui j'aurais fait connaissance
Avec cet animal qui m'a semblé si
doux.
Il est velouté comme nous,
Marqueté, longue queue, une
humble contenance;
Un modeste regard, et pourtant
l'oeil luisant:
Je le crois fort sympathisant
Avec Messieurs les Rats; car il a
des oreilles
En figure aux nôtres pareilles.
Je l'allais aborder, quand d'un son
plein d'éclat
L'autre m'a fait prendre la fuite.
- Mon fils, dit la Souris, ce doucet
est un Chat,
Qui sous son minois hypocrite
Contre toute ta parenté
D'un malin vouloir est porté.
L'autre animal tout au contraire
Bien éloigné de nous mal faire,
Servira quelque jour peut-être à nos
repas.
Quant au Chat, c'est sur nous qu'il
fonde sa cuisine.
Garde-toi, tant que tu vivras,
De juger des gens sur la mine.

Livre VI
Epilogue

Bornons ici cette carrière.
Les longs ouvrages me font peur.
Loin d'épuiser une matière,
On n'en doit prendre que la fleur.
Il s'en va temps que je reprenne
Un peu de forces et d'haleine,
Pour fournir à d'autres projets.
Amour, ce tyran de ma vie,
Veut que je change de sujets;
Il faut contenter son envie.

Retournons à Psyché; Damon, vous
m'exhortez
A peindre ses malheurs et ses
félicités.
J'y consens; peut-être ma veine
En sa faveur s'échauffera.
Heureux si ce travail est la dernière
peine
Que son époux me causera!

Les Animaux malades de la peste

Un mal qui répand la terreur,
Mal que le Ciel en sa fureur
Inventa pour punir les crimes de la
terre,
La Peste [puisqu'il faut l'appeler par
son nom]
Capable d'enrichir en un jour
l'Achéron,
Faisait aux animaux la guerre.
Ils ne mouraient pas tous, mais tous
étaient frappés:
On n'en voyait point d'occupés
A chercher le soutien d'une
mourante vie;
Nul mets n'excitait leur envie;
Ni Loups ni Renards n'épiaient
La douce et l'innocente proie.
Les Tourterelles se fuyaient:
Plus d'amour, partant plus de joie.
Le Lion tint conseil, et dit: Mes
chers amis,
Je crois que le Ciel a permis
Pour nos péchés cette infortune;
Que le plus coupable de nous
Se sacrifie aux traits du céleste
courroux,
Peut-être il obtiendra la guérison
commune.
L'histoire nous apprend qu'en de
tels accidents
On fait de pareils dévouements:
Ne nous flattons donc point;
voyons sans indulgence

L'état de notre conscience.
Pour moi, satisfaisant mes appétits
gloutons
J'ai dévoré force moutons.
Que m'avaient-ils fait? Nulle
offense:
Même il m'est arrivé quelquefois
de manger
Le Berger.
Je me dévouerai donc, s'il le faut;
mais je pense
Qu'il est bon que chacun s'accuse
ainsi que moi:
Car on doit souhaiter selon toute
justice
Que le plus coupable périsse.
- Sire, dit le Renard, vous êtes trop
bon Roi;
Vos scrupules font voir trop de
délicatesse;
Et bien, manger moutons, canaille,
sotte espèce,
Est-ce un péché? Non, non. Vous
leur fîtes Seigneur
En les croquant beaucoup
d'honneur.
Et quant au Berger l'on peut dire
Qu'il était digne de tous maux,
Etant de ces gens-là qui sur les
animaux
Se font un chimérique empire.
Ainsi dit le Renard, et flatteurs
d'applaudir.
On n'osa trop approfondir
Du Tigre, ni de l'Ours, ni des autres
puissances,
Les moins pardonnables offenses.
Tous les gens querelleurs,
jusqu'aux simples mâtins,
Au dire de chacun, étaient de petits
saints.
L'Ane vint à son tour et dit: J'ai
souvenance
Qu'en un pré de Moines passant,
La faim, l'occasion, l'herbe tendre,
et je pense
Quelque diable aussi me poussant,

Je tondis de ce pré la largeur de ma
langue.
Je n'en avais nul droit, puisqu'il faut
parler net.
A ces mots on cria haro sur le
baudet.
Un Loup quelque peu clerc prouva
par sa harangue
Qu'il fallait dévouer ce maudit
animal,
Ce pelé, ce galeux, d'où venait tout
leur mal.
Sa peccadille fut jugée un cas
pendable.
Manger l'herbe d'autrui! quel crime
abominable!
Rien que la mort n'était capable
D'expier son forfait: on le lui fit
bien voir.
Selon que vous serez puissant ou
misérable,
Les jugements de cour vous
rendront blanc ou noir.

Le Coche et la Mouche

Dans un chemin montant,
sablonneux, malaisé,
Et de tous les côtés au Soleil
exposé,
Six forts chevaux tiraient un
Coche.
Femmes, Moine, vieillards, tout
était descendu.
L'attelage suait, soufflait, était
rendu.
Une Mouche survient, et des
chevaux s'approche;
Prétend les animer par son
bourdonnement;
Pique l'un, pique l'autre, et pense à
tout moment
Qu'elle fait aller la machine,
S'assied sur le timon, sur le nez du
Cocher;
Aussitôt que le char chemine,
Et qu'elle voit les gens marcher,

Elle s'en attribue uniquement la
gloire;
Va, vient, fait l'empressée; il
semble que ce soit
Un Sergent de bataille allant en
chaque endroit
Faire avancer ses gens, et hâter la
victoire.
La Mouche en ce commun besoin
Se plaint qu'elle agit seule, et
qu'elle a tout le soin;
Qu'aucun n'aide aux chevaux à se
tirer d'affaire.
Le Moine disait son Bréviaire;
Il prenait bien son temps! Une
femme chantait;
C'était bien de chansons qu'alors il
s'agissait!
Dame Mouche s'en va chanter à
leurs oreilles,
Et fait cent sottises pareilles.
Après bien du travail le Coche
arrive au haut.
Respirons maintenant, dit la
Mouche aussitôt:
J'ai tant fait que nos gens sont enfin
dans la plaine.
Ca, Messieurs les Chevaux, payez-
moi de ma peine.

Ainsi certaines gens, faisant les
empressés,
S'introduisent dans les affaires:
Ils font partout les nécessaires,
Et, partout importuns, devraient
être chassés.

Le Héron

Un jour, sur ses longs pieds, allait
je ne sais où,
Le Héron au long bec emmanché
d'un long cou.
Il côtoyait une rivière.
L'onde était transparente ainsi
qu'aux plus beaux jours;

Ma commère la carpe y faisait
mille tours
Avec le brochet son compère.
Le Héron en eût fait aisément son
profit:
Tous approchaient du bord, l'oiseau
n'avait qu'à prendre;
Mais il crut mieux faire d'attendre
Qu'il eût un peu plus d'appétit.
Il vivait de régime, et mangeait à
ses heures.
Après quelques moments l'appétit
vint: l'oiseau
S'approchant du bord vit sur l'eau
Des Tanches qui sortaient du fond
de ces demeures.
Le mets ne lui plut pas; il
s'attendait à mieux
Et montrait un goût dédaigneux
Comme le rat du bon Horace.
Moi des Tanches? dit-il, moi Héron
que je fasse
Une si pauvre chère? Et pour qui
me prend-on?
La Tanche rebutée il trouva du
goujon.
Du goujon! c'est bien là le dîner
d'un Héron!
J'ouvrirais pour si peu le bec! aux
Dieux ne plaise!
Il l'ouvrit pour bien moins: tout alla
de façon
Qu'il ne vit plus aucun poisson.
La faim le prit, il fut tout heureux
et tout aise
De rencontrer un limaçon.

Ne soyons pas si difficiles:
Les plus accommodants ce sont les
plus habiles:
On hasarde de perdre en voulant
trop gagner.
Gardez-vous de rien dédaigner;
Surtout quand vous avez à peu près
votre compte...

Les deux Coqs

Deux Coqs vivaient en paix: une
Poule survint,
Et voilà la guerre allumée.
Amour, tu perdis Troie; et c'est de
toi que vint
Cette querelle envenimée,
Où du sang des Dieux même on vit
le Xanthe teint.
Longtemps entre nos Coqs le
combat se maintint:
Le bruit s'en répandit par tout le
voisinage.
La gent qui porte crête au spectacle
accourut.
Plus d'une Hélène au beau plumage
Fut le prix du vainqueur; le vaincu
disparut.
Il alla se cacher au fond de sa
retraite,
Pleura sa gloire et ses amours,
Ses amours qu'un rival tout fier de
sa défaite
Possédait à ses yeux. Il voyait tous
les jours
Cet objet rallumer sa haine et son
courage.
Il aiguisait son bec, battait l'air et
ses flancs,
Et s'exerçant contre les vents
S'armait d'une jalouse rage.
Il n'en eut pas besoin. Son
vainqueur sur les toits
S'alla percher, et chanter sa
victoire.
Un Vautour entendit sa voix:
Adieu les amours et la gloire.
Tout cet orgueil périt sous l'ongle
du Vautour.
Enfin par un fatal retour
Son rival autour de la Poule
S'en revint faire le coquet:
Je laisse à penser quel caquet,
Car il eut des femmes en foule.

La Fortune se plaît à faire de ces
coups;
Tout vainqueur insolent à sa perte
travaille.
Défions-nous du sort, et prenons
garde à nous
Après le gain d'une bataille.

La Laitière et le Pot au Lait

Perrette, sur sa tête ayant un pot au
lait
Bien posé sur un coussinet,
Prétendait arriver sans encombre à
la ville.
Légère et court vêtue, elle allait à
grands pas,
Ayant mis ce jour-là, pour être plus
agile,
Cotillon simple et souliers plats.
Notre laitière ainsi troussée
Comptait déjà dans sa pensée
Tout le prix de son lait, en
employait l'argent;
Achetait un cent d'œufs, faisait
triple couvée:
La chose allait à bien par son soin
diligent.
'Il m'est, disait-elle, facile
D'élever des poulets autour de ma
maison;
Le renard sera bien habile
S'il ne m'en laisse assez pour avoir
un cochon.
Le porc à s'engraisser coûtera peu
de son;
Il était, quand je l'eus, de grosseur
raisonnable:
J'aurai, le revendant, de l'argent
bel et bon.
Et qui m'empêchera de mettre dans
notre étable,
Vu le prix dont il est, une vache et
son veau,
Que je verrai sauter au milieu du
troupeau?'
Perrette là-dessus saute aussi,
transportée:

Le lait tombe; adieu veau, vache,
cochon, couvée.
La dame de ces biens, quittant d'un
œil marri
Sa fortune ainsi répandue,
Va s'excuser à son mari,
En grand danger d'être battue.
Le récit en farce en fut fait;
On l'appela le Pot au lait.

Quel esprit ne bat la campagne?
Qui ne fait châteaux en Espagne?
Picrochole, Pyrrhus, la laitière,
enfin tous,
Autant les sages que les fous,
Chacun songe en veillant; il n'est
rien de plus doux:
Une flatteuse erreur emporte alors
nos âmes;
Tout le bien du monde est à nous;
Tous les honneurs, toutes les
femmes.
Quand je suis seul, je fais au plus
brave un défi;
Je m'écarte, je vais détrôner le
sophi;
On m'élit roi, mon peuple m'aime,
Les diadèmes vont sur ma tête
pleuvant.
Quelque accident fait-il que je
rentre en moi-même:
Je suis Gros-Jean comme devant.

Le Chat, la Belette
et le petit Lapin

Du palais d'un jeune Lapin
Dame Belette un beau matin
S'empara; c'est une rusée.
Le Maître étant absent, ce lui fut
chose aisée.
Elle porta chez lui ses pénates un
jour
Qu'il était allé faire à l'Aurore sa
cour,
Parmi le thym et la rosée.

142

Après qu'il eut brouté, trotté, fait
tous ses tours,
Janot Lapin retourne aux
souterrains séjours.
La Belette avait mis le nez à la
fenêtre.
O Dieux hospitaliers, que vois-je
ici paraître?
Dit l'animal chassé du paternel
logis:
O là, Madame la Belette,
Que l'on déloge sans trompette,
Ou je vais avertir tous les rats du
pays.
La Dame au nez pointu répondit
que la terre
Etait au premier occupant.
C'était un beau sujet de guerre
Qu'un logis où lui-même il n'entrait
qu'en rampant.
Et quand ce serait un Royaume
Je voudrais bien savoir, dit-elle,
quelle loi
En a pour toujours fait l'octroi
A Jean fils ou neveu de Pierre ou
de Guillaume,
Plutôt qu'à Paul, plutôt qu'à moi.
Jean Lapin allégua la coutume et
l'usage.
Ce sont, dit-il, leurs lois qui m'ont
de ce logis
Rendu maître et seigneur, et qui de
père en fils,
L'ont de Pierre à Simon, puis à moi
Jean, transmis.
Le premier occupant est-ce une loi
plus sage?
- Or bien sans crier davantage,
Rapportons-nous, dit-elle, à
Raminagrobis.
C'était un chat vivant comme un
dévot ermite,
Un chat faisant la chattemite,
Un saint homme de chat, bien
fourré, gros et gras,
Arbitre expert sur tous les cas.
Jean Lapin pour juge l'agrée.

Les voilà tous deux arrivés
Devant sa majesté fourrée.
Grippeminaud leur dit: Mes
enfants, approchez,
Approchez, je suis sourd, les ans en
sont la cause.
L'un et l'autre approcha ne
craignant nulle chose.
Aussitôt qu'à portée il vit les
contestants,
Grippeminaud le bon apôtre
Jetant des deux côtés la griffe en
même temps,
Mit les plaideurs d'accord en
croquant l'un et l'autre.
Ceci ressemble fort aux débats
qu'ont parfois
Les petits souverains se rapportants
aux Rois.

La Mort et le Mourant

La Mort ne surprend point le sage;
Il est toujours prêt à partir,
S'étant su lui-même avertir
Du temps où l'on se doit résoudre à
ce passage.
Ce temps, hélas! embrasse tous les
temps:
Qu'on le partage en jours, en
heures, en moments,
Il n'en est point qu'il ne comprenne
Dans le fatal tribut; tous sont de
son domaine;
Et le premier instant où les enfants
des rois
Ouvrent les yeux à la lumière,
Est celui qui vient quelquefois
Fermer pour toujours leur paupière.
Défendez-vous par la grandeur,
Alléguez la beauté, la vertu, la
jeunesse,
La mort ravit tout sans pudeur
Un jour le monde entier accroîtra
sa richesse.
Il n'est rien de moins ignoré,
Et puisqu'il faut que je le die,

Rien où l'on soit moins préparé.
Un mourant qui comptait plus de
cent ans de vie,
Se plaignait à la Mort que
précipitamment
Elle le contraignait de partir tout à
l'heure,
Sans qu'il eût fait son testament,
Sans l'avertir au moins. Est-il juste
qu'on meure
Au pied levé? dit-il: attendez
quelque peu.
Ma femme ne veut pas que je parte
sans elle;
Il me reste à pourvoir un arrière-
neveu;
Souffrez qu'à mon logis j'ajoute
encore une aile.
Que vous êtes pressante, ô Déesse
cruelle!
- Vieillard, lui dit la mort, je ne t'ai
point surpris;
Tu te plains sans raison de mon
impatience.
Eh n'as-tu pas cent ans? trouve-moi
dans Paris
Deux mortels aussi vieux, trouve-
m'en dix en France.
Je devais, ce dis-tu, te donner
quelque avis
Qui te disposât à la chose:
J'aurais trouvé ton testament tout
fait,
Ton petit-fils pourvu, ton bâtiment
parfait;
Ne te donna-t-on pas des avis
quand la cause
Du marcher et du mouvement,
Quand les esprits, le sentiment,
Quand tout faillit en toi? Plus de
goût, plus d'ouïe:
Toute chose pour toi semble être
évanouie:
Pour toi l'astre du jour prend des
soins superflus:
Tu regrettes des biens qui ne te
touchent plus

Je t'ai fait voir tes camarades,
Ou morts, ou mourants, ou
malades.
Qu'est-ce que tout cela, qu'un
avertissement?
Allons, vieillard, et sans réplique.
Il n'importe à la république
Que tu fasses ton testament.
La mort avait raison. Je voudrais
qu'à cet âge
On sortît de la vie ainsi que d'un
banquet,
Remerciant son hôte, et qu'on fît
son paquet;
Car de combien peut-on retarder le
voyage?
Tu murmures, vieillard; vois ces
jeunes mourir,
Vois-les marcher, vois-les courir
A des morts, il est vrai, glorieuses
et belles,
Mais sûres cependant, et
quelquefois cruelles.
J'ai beau te le crier; mon zèle est
indiscret:
Le plus semblable aux morts meurt
le plus à regret.

Les deux Pigeons

Deux Pigeons s'aimaient d'amour
tendre.
L'un d'eux s'ennuyant au logis
Fut assez fou pour entreprendre
Un voyage en lointain pays.
L'autre lui dit: Qu'allez-vous faire?
Voulez-vous quitter votre frère?
L'absence est le plus grand des
maux:
Non pas pour vous, cruel. Au
moins, que les travaux,
Les dangers, les soins du voyage,
Changent un peu votre courage.
Encor si la saison s'avançait
davantage!
Attendez les zéphyrs. Qui vous
presse? Un corbeau

Tout à l'heure annonçait malheur à
quelque oiseau.
Je ne songerai plus que rencontre
funeste,
Que Faucons, que réseaux. Hélas,
dirai-je, il pleut:
Mon frère a-t-il tout ce qu'il veut,
Bon soupé, bon gîte, et le reste?
Ce discours ébranla le coeur
De notre imprudent voyageur;
Mais le désir de voir et l'humeur
inquiète
L'emportèrent enfin. Il dit: Ne
pleurez point:
Trois jours au plus rendront mon
âme satisfaite;
Je reviendrai dans peu conter de
point en point
Mes aventures à mon frère.
Je le désennuierai: quiconque ne
voit guère
N'a guère à dire aussi. Mon voyage
dépeint
Vous sera d'un plaisir extrême.
Je dirai: J'étais là; telle chose
m'avint;
Vous y croirez être vous-même.
A ces mots en pleurant ils se dirent
adieu.
Le voyageur s'éloigne; et voilà
qu'un nuage
L'oblige de chercher retraite en
quelque lieu.
Un seul arbre s'offrit, tel encor que
l'orage
Maltraita le Pigeon en dépit du
feuillage.
L'air devenu serein, il part tout
morfondu,
Sèche du mieux qu'il peut son
corps chargé de pluie,
Dans un champ à l'écart voit du blé
répandu,
Voit un pigeon auprès; cela lui
donne envie:
Il y vole, il est pris: ce blé couvrait
d'un las,

Les menteurs et traîtres appas.
Le las était usé! si bien que de son
aile,
De ses pieds, de son bec, l'oiseau le
rompt enfin.
Quelque plume y périt; et le pis du
destin
Fut qu'un certain Vautour à la serre
cruelle
Vit notre malheureux, qui, traînant
la ficelle
Et les morceaux du las qui l'avait
attrapé,
Semblait un forçat échappé.
Le vautour s'en allait le lier, quand
des nues
Fond à son tour un Aigle aux ailes
étendues.
Le Pigeon profita du conflit des
voleurs,
S'envola, s'abattit auprès d'une
masure,
Crut, pour ce coup, que ses
malheurs
Finiraient par cette aventure;
Mais un fripon d'enfant, cet âge est
sans pitié,
Prit sa fronde et, du coup, tua plus
d'à moitié
La volatile malheureuse,
Qui, maudissant sa curiosité,
Traînant l'aile et tirant le pié,
Demi-morte et demi-boiteuse,
Droit au logis s'en retourna.
Que bien, que mal, elle arriva
Sans autre aventure fâcheuse.
Voilà nos gens rejoints; et je laisse
à juger
De combien de plaisirs ils payèrent
leurs peines.
Amants, heureux amants, voulez-
vous voyager?
Que ce soit aux rives prochaines;
Soyez-vous l'un à l'autre un monde
toujours beau,
Toujours divers, toujours nouveau;

Tenez-vous lieu de tout, comptez
pour rien le reste;
J'ai quelquefois aimé! je n'aurais
pas alors
Contre le Louvre et ses trésors,
Contre le firmament et sa voûte
céleste,
Changé les bois, changé les lieux
Honorés par les pas, éclairés par les
yeux
De l'aimable et jeune Bergère
Pour qui, sous le fils de Cythère,
Je servis, engagé par mes premiers
serments.
Hélas! quand reviendront de
semblables moments?
Faut-il que tant d'objets si doux et
si charmants
Me laissent vivre au gré de mon
âme inquiète?
Ah! si mon coeur osait encor se
renflammer!
Ne sentirai-je plus de charme qui
m'arrête?
Ai-je passé le temps d'aimer?

Le Songe d'un habitant du Mogol

Jadis certain Mogol vit en songe un
Vizir
Aux champs Elysiens possesseur
d'un plaisir
Aussi pur qu'infini, tant en prix
qu'en durée;
Le même songeur vit en une autre
contrée
Un Ermite entouré de feux,
Qui touchait de pitié même les
malheureux.
Le cas parut étrange, et contre
l'ordinaire:
Minos en ces deux morts semblait
s'être mépris.
Le dormeur s'éveilla, tant il en fut
surpris.
Dans ce songe pourtant
soupçonnant du mystère,

Il se fit expliquer l'affaire.
L'interprète lui dit: Ne vous
étonnez point;
Votre songe a du sens; et, si j'ai sur
ce point
Acquis tant soit peu d'habitude,
C'est un avis des Dieux. Pendant
l'humain séjour,
Ce Vizir quelquefois cherchait la
solitude;
Cet Ermite aux Vizirs allait faire sa
cour.

Si j'osais ajouter au mot de
l'interprète,
J'inspirerais ici l'amour de la
retraite:
Elle offre à ses amants des biens
sans embarras,
Biens purs, présents du Ciel, qui
naissent sous les pas.
Solitude où je trouve une douceur
secrète,
Lieux que j'aimai toujours, ne
pourrai-je jamais,
Loin du monde et du bruit, goûter
l'ombre et le frais?
Oh! qui m'arrêtera sous vos
sombres asiles!
Quand pourront les neuf Soeurs,
loin des cours et des villes,
M'occuper tout entier, et
m'apprendre des Cieux
Les divers mouvements inconnus à
nos yeux,
Les noms et les vertus de ces
clartés errantes
Par qui sont nos destins et nos
moeurs différentes!
Que si je ne suis né pour de si
grands projets,
Du moins que les ruisseaux
m'offrent de doux objets!
Que je peigne en mes Vers quelque
rive fleurie!
La Parque à filets d'or n'ourdira
point ma vie;

146

Je ne dormirai point sous de riches
lambris;
Mais voit-on que le somme en
perde de son prix?
En est-il moins profond, et moins
plein de délices?
Je lui voue au désert de nouveaux
sacrifices.
Quand le moment viendra d'aller
trouver les morts,
J'aurai vécu sans soins, et mourrai
sans remords.

Deuxième Discours à Mme de la Sablière

Ne point errer est chose au-dessus
de mes forces;

Mais aussi, de se prendre à toutes
les amorces,

Pour tous les faux brillants courir et
s'empresser!

J'entends que l'on me dit: « Quand
donc veux-tu

Douze lustres et plus ont roulé sur
ta vie: [cesser?

De soixante soleils la course
entresuivie

Ne t'a pas vu goûter un moment de
repos.

Quelque part que tu sois, on voit à
tous propos

L'inconstance d'une âme en ses
plaisirs légère,

inquiète, et partout hôtesse
passagère.

Ta conduite et tes vers, chez toi
tout s'en ressent.

On te veut là-dessus dire un mot en
passant.

Tu changes tous les jours de
manière et de style;

Tu cours en un moment de Térence
à Virgile;

Ainsi rien de parfait n'est sorti de
tes mains.

Eh bien! prends, si tu veux, encor
d'autres chemins:

Invoque des neuf Sœurs la troupe
tout entière;

Tente tout, au hasard de gâter la
matière:

On le souffre, excepté tes contes
d'autrefois. »

J'ai presque envie, Iris, de suivre
cette voix;

J'en trouve l'éloquence aussi sage
que forte.

Vous ne parleriez pas ni mieux, ni
d'autre sorte:

Serait-ce point de vous qu'elle
viendrait aussi?

Je m'avoue, il est vrai, s'il faut
parler ainsi,

Papillon du Parnasse, et semblable
aux abeilles

A qui le bon Platon compare nos
merveilles.

Je suis chose légère, et vole à tout
sujet;

Je vais de fleur en fleur, et d'objet
en objet;

A beaucoup de plaisirs je mêle un
peu de gloire.

J'irais plus haut peut-être au temple
de
Mémoire,
Si dans un genre seul j'avais usé
mes jours;

Mais quoi! je suis volage en vers
comme en amours.

Nicolás Boileau-Despréaux (1636 - 1711)

A. M. Jean Racine.

Que tu sais bien, Racine, à l'aide
d'un acteur,
Emouvoir, étonner, ravir un
spectateur!
Jamais Iphigénie, en Aulide
immolée,
N'a coûté tant de pleurs à la Grèce
assemblée,
Que dans l'heureux spectacle à nos
yeux étalé
En a fait, sous son nom, verser la
Champmeslé.
Ne crois pas toutefois, par tes
savants ouvrages,
Entraînant tous les cœurs, gagner
tous les suffrages.
Sitôt que d'Apollon un génie
inspiré
Trouve loin du vulgaire un chemin
ignoré,
En cent lieux contre lui les cabales
s'amassent;
Ses rivaux obscurcis autour de lui
croassent;
Et son trop de lumière, importunant
les yeux,
De ses propres amis lui fait des
envieux.
La mort seule ici-bas, en terminant
sa vie,
Peut calmer sur son nom l'injustice
et l'envie;
Faire au poids du bon sens peser
tous ses écrits,
Et donner à ses vers leur légitime
prix.

Avant qu'un peu de terre, obtenu
par prière,
Pour jamais sous la tombe eût
enfermé Molière,
Mille de ces beaux traits,
aujourd'hui si vantés,
Furent des sots esprits à nos yeux
rebutés.
L'ignorance et l'erreur à ses
naissantes pièces,
En habits de marquis, en robes de
comtesses,
Venaient pour diffamer son chef-
d'œuvre nouveau,
Et secouaient la tête à l'endroit le
plus beau.
Le commandeur voulait la scène
plus exacte;
Le vicomte, indigné, sortait au
second acte:
L'un, défenseur zélé des bigots mis
en jeu,
Pour prix de ses bons mots le
condamnait au feu;
L'autre, fougueux marquis, lui
déclarant la guerre,
Voulait venger la cour immolée au
parterre.
Mais, sitôt que d'un trait de ses
fatales mains,
La Parque l'eut rayé du nombre des
humains,
On reconnut le prix de sa Muse
éclipsée.
L'aimable Comédie, avec lui
terrassée,
En vain d'un coup si rude espéra
revenir,
Et sur ses brodequins ne put plus se
tenir.
Tel fut chez nous le sort du théâtre
comique.

Toi donc qui, t'élevant sur la scène
tragique,
Suis les pas de Sophocle, et, seul de
tant d'esprits,
De Corneille vieilli sais consoler
Paris,
Cesse de t'étonner si l'envie
animée,

Attachant à ton nom sa rouille
envenimée,
La calomnie en main, quelquefois
te poursuit.
En cela, comme en tout, le ciel qui
nous conduit,
Racine, fait briller sa profonde
sagesse.
Le mérite en repos s'endort dans la
paresse;
Mais par les envieux un génie
excité
Au comble de son art est mille fois
monté;
Plus on veut l'affaiblir, plus il croît
et s'élance.
Au *Cid* persécuté *Cinna* doit sa
naissance;
Et peut-être ta plume aux censeurs
de Pyrrhus
Doit les plus nobles traits dont tu
peignis Burrhus…

A mon jardinier, Épître

…Antoine, de nous deux, tu crois
donc, je le voi,

Que le plus occupé dans ce jardin,
c'est toi.

Oh! que tu changerais d'avis et de
langage,

Si, deux jours seulement, libre du
jardinage,

Tout à coup devenu poète et bel
esprit,

Tu t'allais engager à polir un écrit

Qui dît, sans s'avilir, les plus petites
choses,

Fît de-s plus secs chardons des
œillets et des roses,

Et sût même aux discours de la
rusticité

Donner de l'élégance et de la
dignité…

… Bientôt, de ce travail devenu sec
et pâle,

Et le teint plus jauni que de vingt
ans de hâle,

Tu dirais, reprenant ta pelle et ton
râteau:

« J'aime mieux mettre encor cent
arpents au niveau,

Que d'aller follement, égaré dans
les nues,

Me lasser à chercher des visions
cornues,

Et, pour lier des mots si mal
s'entr'aceprdants,

Prendre dans ce jardin la lune avec
les dents. »

Approche donc, et viens; qu'un
paresseux t'apprenne,

Antoine, ce que c'est que fatigue et
que peine.

L'homme ici-bas, toujours inquiet
et gêné,

Est, dans le repos même, au travail
condamné.

La fatigue l'y suit.
C'est en vain qu'aux poètes

Les neuf trompeuses
Sœurs, dans leurs douces retraites,

Promettent du repos sous leurs
ombrages frais:

Dans ces tranquilles bois, pour eux
plantés exprès,

La cadence aussitôt, la rime, la
césure,

La riche expression, la nombreuse
mesure,

Sorcières, dont l'amour sait d'abord
les charmer,

De fatigues sans fin viennent les
consumer.

Sans cesse, poursuivant ces
fugitives fées,

On voit sous les lauriers haleter les
Orphées.

Jean Racine (1639 - 1699)

Andromaque

**Acte I.
Scene Premiere.**

Oreste, Pylade.

Oreste
Oui, puisque je retrouve un ami si
fidèle,
Ma fortune va prendre une face
nouvelle;
Et déjà son courroux semble s'être
adouci
Depuis qu'elle a pris soin de nous
rejoindre ici.
Qui l'eût dit, qu'un rivage à mes
vœux si funeste
Présenterait d'abord Pylade aux
yeux d'Oreste?
Qu'après plus de six mois que je
t'avais perdu,
À la cour de Pyrrhus tu me serais
rendu?

Pylade
J'en rends grâces au ciel qui,
m'arrêtant sans cesse,
Semblait m'avoir fermé le chemin
de la Grèce,
Depuis le jour fatal que la fureur
des eaux
Presque aux yeux de l'Épire écarta
nos vaisseaux.
Combien, dans cet exil, ai-je
souffert d'alarmes!
Combien à vos malheurs ai-je
donné de larmes,
Craignant toujours pour vous
quelque nouveau danger
Que ma triste amitié ne pouvait
partager!
Surtout je redoutais cette
mélancolie

Où j'ai vu si longtemps votre âme
ensevelie.
Je craignais que le ciel, par un cruel
secours,
Ne vous offrît la mort que vous
cherchiez toujours.
Mais je vous vois, Seigneur; et si
j'ose le dire,
Un destin plus heureux vous
conduit en Épire:
Le pompeux appareil qui suit ici
vos pas
N'est point d'un malheureux qui
cherche le trépas.

Oreste
Hélas! qui peut savoir le destin qui
m'amène?
L'amour me fait ici chercher une
inhumaine.
Mais qui sait ce qu'il doit ordonner
de mon sort,
Et si je viens chercher ou la vie ou
la mort?

Pylade
Quoi? votre âme à l'amour en
esclave asservie
Se repose sur lui du soin de votre
vie?
Par quel charme, oubliant tant de
tourments soufferts,
Pouvez-vous consentir à rentrer
dans ses fers?
Pensez-vous qu'Hermione, à
Sparte inexorable,
Vous prépare en Épire un sort plus
favorable?
Honteux d'avoir poussé tant de
vœux superflus,
Vous l'abhorriez; enfin vous ne
m'en parliez plus.
Vous me trompiez, Seigneur.

Oreste
Je me trompais moi-même!

Ami, n'accable point un malheureux qui t'aime.
T'ai-je jamais caché mon cœur et mes désirs?
Tu vis naître ma flamme et mes premiers soupirs.
Enfin, quand Ménélas disposa de sa fille
En faveur de Pyrrhus, vengeur de sa famille,
Tu vis mon désespoir; et tu m'as vu depuis
Traîner de mers en mers ma chaîne et mes ennuis.
Je te vis à regret, en cet état funeste,
Prêt à suivre partout le déplorable Oreste,
Toujours de ma fureur interrompre le cours,
Et de moi-même enfin me sauver tous les jours.
Mais quand je me souvins que parmi tant d'alarmes
Hermione à Pyrrhus prodiguait tous ses charmes,
Tu sais de quel courroux mon cœur alors épris
Voulut en l'oubliant punir tous ses mépris.
Je fis croire et je crus ma victoire certaine;
Je pris tous mes transports pour des transports de haine.
Détestant ses rigueurs, rabaissant ses attraits,
Je défiais ses yeux de me troubler jamais.
Voilà comme je crus étouffer ma tendresse.
En ce calme trompeur j'arrivai dans la Grèce,
Et je trouvai d'abord ses princes rassemblés,
Qu'un péril assez grand semblait avoir troublés.

J'y courus. Je pensai que la guerre et la gloire
De soins plus importants rempliraient ma mémoire;
Que mes sens reprenant leur première vigueur,
L'amour achèverait de sortir de mon cœur.
Mais admire avec moi le sort dont la poursuite
Me fit courir alors au piège que j'évite.
J'entends de tous côtés qu'on menace Pyrrhus;
Toute la Grèce éclate en murmures confus;
On se plaint qu'oubliant son sang et sa promesse
Il élève en sa cour l'ennemi de la Grèce,
Astyanax, d'Hector jeune et malheureux fils,
Reste de tant de rois sous Troie ensevelis.
J'apprends que pour ravir son enfance au supplice
Andromaque trompa l'ingénieux Ulysse,
Tandis qu'un autre enfant, arraché de ses bras,
Sous le nom de son fils fut conduit au trépas.
On dit que peu sensible aux charmes d'Hermione
Mon rival porte ailleurs son cœur et sa couronne.
Ménélas, sans le croire, en paraît affligé,
Et se plaint d'un hymen si longtemps négligé.
Parmi les déplaisirs où son âme se noie,
Il s'élève en la mienne une secrète joie:
Je triomphe; et pourtant je me flatte d'abord

Que la seule vengeance excite ce
transport.
Mais l'ingrate en mon cœur reprit
bientôt sa place:
De mes feux mal éteints je
reconnus la trace;
Je sentis que ma haine allait finir
son cours,
Ou plutôt je sentis que je l'aimais
toujours.
Ainsi de tous les Grecs je brigue le
suffrage.
On m'envoie à Pyrrhus;
j'entreprends ce voyage,
Je viens voir si l'on peut arracher
de ses bras
Cet enfant dont la vie alarme tant
d'États.
Heureux si je pouvais, dans
l'ardeur qui me presse,
Au lieu d'Astyanax, lui ravir ma
princesse!
Car enfin n'attends pas que mes
feux redoublés
Des périls les plus grands puissent
être troublés.
Puisque après tant d'efforts ma
résistance est vaine,
Je me livre en aveugle au destin qui
m'entraîne.
J'aime: je viens chercher Hermione
en ces lieux,
La fléchir, l'enlever, ou mourir à
ses yeux.
Toi qui connais Pyrrhus, que
penses-tu qu'il fasse?
Dans sa cour, dans son cœur, dis-
moi ce qui se passe.
Mon Hermione encor le tient-elle
asservi?
Me rendra-t-il, Pylade, un bien
qu'il m'a ravi?

Pylade
Je vous abuserais si j'osais vous
promettre

Qu'entre vos mains, Seigneur, il
voulût la remettre.
Non que de sa conquête il paraisse
flatté;
Pour la veuve d'Hector ses feux ont
éclaté;
Il l'aime. Mais enfin cette veuve
inhumaine
N'a payé jusqu'ici son amour que
de haine;
Et chaque jour encore on lui voit
tout tenter
Pour fléchir sa captive, ou pour
l'épouvanter.
De son fils qu'il lui cache il
menace la tête,
Et fait couler des pleurs qu'aussitôt
il arrête.
Hermione elle-même a vu plus de
cent fois
Cet amant irrité revenir sous ses
lois,
Et de ses vœux troublés lui
rapportant l'hommage,
Soupirer à ses pieds moins d'amour
que de rage.
Ainsi n'attendez pas que l'on
puisse aujourd'hui
Vous répondre d'un cœur si peu
maître de lui:
Il peut, Seigneur, il peut, dans ce
désordre extrême,
Épouser ce qu'il hait, et punir ce
qu'il aime.

Oreste
Mais dis-moi de quel oeil
Hermione peut voir
Son hymen différé, ses charmes
sans pouvoir.

Pylade
Hermione, Seigneur, au moins en
apparence,
Semble de son amant dédaigner
l'inconstance,

Et croit que trop heureux de fléchir
sa rigueur

Il la viendra presser de reprendre
son cœur.

Mais je l'ai vue enfin me confier
ses larmes;

Elle pleure en secret le mépris de
ses charmes.

Toujours prête à partir, et
demeurant toujours,

Quelquefois elle appelle Oreste à
son secours.

Oreste

Ah! si je le croyais, j'irais bientôt,
Pylade,

Me jeter...

Pylade

Achevez, Seigneur, votre
ambassade.

Vous attendez le roi: parlez, et lui
montrez

Contre le fils d'Hector tous les
Grecs conjurés.

Loin de leur accorder ce fils de sa
maîtresse,

Leur haine ne fera qu'irriter sa
tendresse.

Plus on les veut brouiller, plus on
va les unir.

Pressez, demandez tout, pour ne
rien obtenir.

Il vient.

Oreste

Eh bien! va donc disposer la cruelle
À revoir un amant qui ne vient que
pour elle.

Scène II
Pyrrhus, Oreste, Phœnix.

Oreste

Avant que tous les Grecs vous
parlent par ma voix,

Souffrez que j'ose ici me flatter de
leur choix,

Et qu'à vos yeux, Seigneur, je
montre quelque joie

De voir le fils d'Achille et le
vainqueur de Troie.

Oui, comme ses exploits nous
admirons vos coups:

Hector tomba sous lui, Troie expira
sous vous;

Et vous avez montré, par une
heureuse audace,

Que le fils seul d'Achille a pu
remplir sa place.

Mais, ce qu'il n'eût point fait, la
Grèce avec douleur

Vous voit du sang troyen relever le
malheur,

Et vous laissant toucher d'une pitié
funeste,

D'une guerre si longue entretenir le
reste.

Ne vous souvient-il plus, Seigneur,
quel fut Hector?

Nos peuples affaiblis s'en
souviennent encor.

Son nom seul fait frémir nos
veuves et nos filles,

Et dans toute la Grèce il n'est point
de familles

Qui ne demandent compte à ce
malheureux fils

D'un père ou d'un époux
qu'Hector leur a ravis.

Et qui sait ce qu'un jour ce fils peut
entreprendre?

Peut-être dans nos ports nous le
verrons descendre,

Tel qu'on a vu son père embraser
nos vaisseaux,

Et, la flamme à la main, les suivre
sur les eaux.

Oserai-je, Seigneur, dire ce que je
pense?

Vous-même de vos soins craignez
la récompense,

Et que dans votre sein ce serpent élevé
Ne vous punisse un jour de l'avoir conservé.
Enfin de tous les Grecs satisfaites l'envie,
Assurez leur vengeance, assurez votre vie;
Perdez un ennemi d'autant plus dangereux
Qu'il s'essaiera sur vous à combattre contre eux.

Pyrrhus
La Grèce en ma faveur est trop inquiétée.
De soins plus importants je l'ai crue agitée,
Seigneur, et sur le nom de son ambassadeur,
J'avais dans ses projets conçu plus de grandeur.
Qui croirait en effet qu'une telle entreprise
Du fils d'Agamemnon méritât l'entremise;
Qu'un peuple tout entier, tant de fois triomphant,
N'eût daigné conspirer que la mort d'un enfant?
Mais à qui prétend-on que je le sacrifie?
La Grèce a-t-elle encor quelque droit sur sa vie?
Et seul de tous les Grecs ne m'est-il pas permis
D'ordonner d'un captif que le sort m'a soumis?
Oui, Seigneur, lorsqu'au pied des murs fumants de Troie
Les vainqueurs tout sanglants partagèrent leur proie,
Le sort, dont les arrêts furent alors suivis,
Fit tomber en mes mains Andromaque et son fils.

Hécube près d'Ulysse acheva sa misère;
Cassandre dans Argos a suivi votre père;
Sur eux, sur leurs captifs, ai-je étendu mes droits?
Ai-je enfin disposé du fruit de leurs exploits?
On craint qu'avec Hector Troie un jour ne renaisse;
Son fils peut me ravir le jour que je lui laisse:
Seigneur, tant de prudence entraîne trop de soin;
Je ne sais point prévoir les malheurs de si loin.
Je songe quelle était autrefois cette ville
Si superbe en remparts, en héros si fertile,
Maîtresse de l'Asie; et je regarde enfin
Quel fut le sort de Troie, et quel est son destin.
Je ne vois que des tours que la cendre a couvertes,
Un fleuve teint de sang, des campagnes désertes,
Un enfant dans les fers; et je ne puis songer
Que Troie en cet état aspire à se venger.
Ah! si du fils d'Hector la perte était jurée,
Pourquoi d'un an entier l'avons-nous différée?
Dans le sein de Priam n'a-t-on pu l'immoler?
Sous tant de morts, sous Troie, il fallait l'accabler.
Tout était juste alors: la vieillesse et l'enfance
En vain sur leur faiblesse appuyaient leur défense;
La victoire et la nuit, plus cruelles que nous,

Nous excitaient au meurtre, et
confondaient nos coups.
Mon courroux aux vaincus ne fut
que trop sévère.
Mais que ma cruauté survive à ma
colère?
Que malgré la pitié dont je me sens
saisir,
Dans le sang d'un enfant je me
baigne à loisir?
Non, Seigneur: que les Grecs
cherchent quelque autre proie;
Qu'ils poursuivent ailleurs ce qui
reste de Troie:
De mes inimitiés le cours est
achevé;
L'Épire sauvera ce que Troie a
sauvé.

Oreste
Seigneur, vous savez trop avec quel
artifice
Un faux Astyanax fut offert au
supplice
Où le seul fils d'Hector devait être
conduit.
Ce n'est pas les Troyens, c'est
Hector qu'on poursuit.
Oui, les Grecs sur le fils
persécutent le père;
Il a par trop de sang acheté leur
colère,
Ce n'est que dans le sien qu'elle
peut expirer,
Et jusque dans l'Épire il les peut
attirer.
Prévenez-les.

Pyrrhus
Non, non. J'y consens avec joie!
Qu'ils cherchent dans l'Épire une
seconde Troie;
Qu'ils confondent leur haine, et ne
distinguent plus
Le sang qui les fit vaincre et celui
des vaincus.

Aussi bien ce n'est pas la première
injustice
Dont la Grèce d'Achille a payé le
service.
Hector en profita, Seigneur; et
quelque jour
Son fils en pourrait bien profiter à
son tour.

Oreste
Ainsi la Grèce en vous trouve un
enfant rebelle?

Pyrrhus
Et je n'ai donc vaincu que pour
dépendre d'elle?

Oreste
Hermione, Seigneur, arrêtera vos
coups:
Ses yeux s'opposeront entre son
père et vous.

Pyrrhus
Hermione, Seigneur, peut m'être
toujours chère,
Je puis l'aimer, sans être esclave de
son père;
Et je saurai peut-être accorder
quelque jour
Les soins de ma grandeur et ceux
de mon amour.
Vous pouvez cependant voir la fille
d'Hélène:
Du sang qui vous unit je sais
l'étroite chaîne.
Après cela, Seigneur, je ne vous
retiens plus,
Et vous pourrez aux Grecs
annoncer mon refus.

**Scène III
Pyrrhus, Phœnix.**

Phœnix
Ainsi vous l'envoyez aux pieds de
sa maîtresse?

Pyrrhus
On dit qu'il a longtemps brûlé pour
la princesse.

Phœnix
Mais si ce feu, Seigneur, vient à se
rallumer?
S'il lui rendait son cœur, s'il s'en
faisait aimer?

Pyrrhus
Ah! qu'ils s'aiment, Phœnix! J'y
consens. Qu'elle parte.
Que charmés l'un de l'autre ils
retournent à Sparte!
Tous nos ports sont ouverts et pour
elle et pour lui.
Qu'elle m'épargnerait de contrainte
et d'ennui!

Phœnix
Seigneur...

Pyrrhus
Une autre fois je t'ouvrirai mon
âme:
Andromaque paraît.

Scène IV
Pyrrhus, Andromaque, Phœnix,
Céphise.

Pyrrhus
Me cherchiez-vous, Madame?
Un espoir si charmant me serait-il
permis?

Andromaque
Je passais jusqu'aux lieux où l'on
garde mon fils.
Puisqu'une fois le jour vous
souffrez que je voie
Le seul bien qui me reste et
d'Hector et de Troie,
J'allais, Seigneur, pleurer un
moment avec lui:

Je ne l'ai point encore embrassé
d'aujourd'hui.

Pyrrhus
Ah, Madame! les Grecs, si j'en
crois leurs alarmes,
Vous donneront bientôt d'autres
sujets de larmes.

Andromaque
Et quelle est cette peur dont leur
cœur est frappé,
Seigneur? Quelque Troyen vous
est-il échappé?

Pyrrhus
Leur haine pour Hector n'est pas
encore éteinte.
Ils redoutent son fils.

Andromaque
Digne objet de leur crainte!
Un enfant malheureux qui ne sait
pas encor
Que Pyrrhus est son maître, et qu'il
est fils d'Hector.

Pyrrhus
Tel qu'il est, tous les Grecs
demandent qu'il périsse.
Le fils d'Agamemnon vient hâter
son supplice.

Andromaque
Et vous prononcerez un arrêt si
cruel?
Est-ce mon intérêt qui le rend
criminel?
Hélas! on ne craint point qu'il
venge un jour son père;
On craint qu'il n'essuyât les larmes
de sa mère.
Il m'aurait tenu lieu d'un père et
d'un époux;
Mais il me faut tout perdre, et
toujours par vos coups.

Pyrrhus
Madame, mes refus ont prévenu
vos larmes.
Tous les Grecs m'ont déjà menacé
de leurs armes,
Mais dussent-ils encore, en
repassant les eaux,
Demander votre fils avec mille
vaisseaux,
Coûtât-il tout le sang qu'Hélène a
fait répandre,
Dussé-je après dix ans voir mon
palais en cendre,
Je ne balance point, je vole à son
secours.
Je défendrai sa vie aux dépens de
mes jours.
Mais parmi ces périls où je cours
pour vous plaire,
Me refuserez-vous un regard moins
sévère?
Haï de tous les Grecs, pressé de
tous côtés,
Me faudra-t-il combattre encor vos
cruautés?
Je vous offre mon bras. Puis-je
espérer encore
Que vous accepterez un cœur qui
vous adore?
En combattant pour vous, me sera-
t-il permis
De ne vous point compter parmi
mes ennemis?

Andromaque
Seigneur, que faites-vous, et que
dira la Grèce?
Faut-il qu'un si grand cœur montre
tant de faiblesse?
Voulez-vous qu'un dessein si beau,
si généreux,
Passe pour le transport d'un esprit
amoureux?
Captive, toujours triste, importune
à moi-même,
Pouvez-vous souhaiter
qu'Andromaque vous aime?

Quels charmes ont pour vous des
yeux infortunés
Qu'à des pleurs éternels vous avez
condamnés?
Non, non; d'un ennemi respecter la
misère,
Sauver des malheureux, rendre un
fils à sa mère,
De cent peuples pour lui combattre
la rigueur,
Sans me faire payer son salut de
mon cœur,
Malgré moi, s'il le faut, lui donner
un asile:
Seigneur, voilà des soins dignes du
fils d'Achille.

Pyrrhus
Hé quoi! votre courroux n'a-t-il pas
eu son cours?
Peut-on haïr sans cesse? et punit-on
toujours?
J'ai fait des malheureux, sans
doute; et la Phrygie
Cent fois de votre sang a vu ma
main rougie;
Mais que vos yeux sur moi se sont
bien exercés!
Qu'ils m'ont vendu bien cher les
pleurs qu'ils ont versés!
De combien de remords m'ont-ils
rendu la proie!
Je souffre tous les maux que j'ai
faits devant Troie.
Vaincu, chargé de fers, de regrets
consumé,
Brûlé de plus de feux que je n'en
allumai,
Tant de soins, tant de pleurs, tant
d'ardeurs inquiètes...
Hélas! fus-je jamais si cruel que
vous l'êtes?
Mais enfin, tour à tour, c'est assez
nous punir:
Nos ennemis communs devraient
nous réunir.

Madame, dites-moi seulement que
j'espère,
Je vous rends votre fils, et je lui
sers de père;
Je l'instruirai moi-même à venger
les Troyens;
J'irai punir les Grecs de vos maux
et des miens.
Animé d'un regard, je puis tout
entreprendre:
Votre Ilion encor peut sortir de sa
cendre;
Je puis, en moins de temps que les
Grecs ne l'ont pris,
Dans ses murs relevés couronner
votre fils.

Andromaque
Seigneur, tant de grandeurs ne nous
touchent plus guère.
Je les lui promettais tant qu'a vécu
son père.
Non, vous n'espérez plus de nous
revoir encor,
Sacrés murs que n'a pu conserver
mon Hector!
À de moindres faveurs des
malheureux prétendent,
Seigneur: c'est un exil que mes
pleurs vous demandent.
Souffrez que, loin des Grecs, et
même loin de vous,
J'aille cacher mon fils, et pleurer
mon époux.
Votre amour contre nous allume
trop de haine.
Retournez, retournez à la fille
d'Hélène.

Pyrrhus
Et le puis-je, Madame? Ah! que
vous me gênez!
Comment lui rendre un cœur que
vous me retenez?
Je sais que de mes vœux on lui
promit l'empire;

Je sais que pour régner elle vint
dans l'Épire;
Le sort vous y voulut l'une et
l'autre amener:
Vous, pour porter des fers, elle,
pour en donner.
Cependant ai-je pris quelque soin
de lui plaire?
Et ne dirait-on pas, en voyant au
contraire
Vos charmes tout-puissants, et les
siens dédaignés,
Qu'elle est ici captive et que vous y
régnez?
Ah! qu'un seul des soupirs que
mon cœur vous envoie,
S'il s'échappait vers elle y porterait
de joie.

Andromaque
Et pourquoi vos soupirs seraient-ils
repoussés?
Aurait-elle oublié vos services
passés?
Troie, Hector, contre vous,
révoltent-ils son âme?
Aux cendres d'un époux doit-elle
enfin sa flamme?
Et quel époux encore! Ah! souvenir
cruel!
Sa mort seule a rendu votre père
immortel;
Il doit au sang d'Hector tout l'éclat
de ses armes,
Et vous n'êtes tous deux connus
que par mes larmes.

Pyrrhus
Eh bien, Madame, eh bien! il faut
vous obéir:
Il faut vous oublier, ou plutôt vous
haïr.
Oui, mes vœux ont trop loin poussé
leur violence
Pour ne plus s'arrêter que dans
l'indifférence;

Songez-y bien: il faut désormais que mon cœur,
S'il n'aime avec transport, haïsse avec fureur.
Je n'épargnerai rien dans ma juste colère:
Le fils me répondra des mépris de la mère;
La Grèce le demande, et je ne prétends pas
Mettre toujours ma gloire à sauver des ingrats.

Andromaque
Hélas! il mourra donc. Il n'a pour sa défense
Que les pleurs de sa mère et que son innocence.
Et peut-être après tout, en l'état où je suis,
Sa mort avancera la fin de mes ennuis.
Je prolongeais pour lui ma vie et ma misère;
Mais enfin sur ses pas j'irai revoir son père.
Ainsi, tous trois, Seigneur, par vos soins réunis,
Nous vous...

Pyrrhus
Allez, Madame, allez voir votre fils.
Peut-être, en le voyant, votre amour plus timide
Ne prendra pas toujours sa colère pour guide.
Pour savoir nos destins j'irai vous retrouver.
Madame, en l'embrassant, songez à le sauver.

ACTE deuxième
Scène I

Hermione, Cléone.

Hermione
Je fais ce que tu veux; je consens qu'il me voie.
Je lui veux bien encore accorder cette joie.
Pylade va bientôt conduire ici ses pas;
Mais si je m'en croyais, je ne le verrais pas.

Cléone
Et qu'est-ce que sa vue a pour vous de funeste?
Madame, n'est-ce pas toujours le même Oreste
Dont vous avez cent fois souhaité le retour,
Et dont vous regrettiez la constance et l'amour?

Hermione
C'est cet amour payé de trop d'ingratitude
Qui me rend en ces lieux sa présence si rude.
Quelle honte pour moi, quel triomphe pour lui,
De voir mon infortune égaler son ennui!
Est-ce là, dira-t-il, cette fière Hermione?
Elle me dédaignait; un autre l'abandonne.
L'ingrate, qui mettait son cœur à si haut prix,
Apprend donc à son tour à souffrir des mépris?
Ah dieux!

Cléone
Ah! dissipez ces indignes alarmes:
Il a trop bien senti le pouvoir de vos charmes.
Vous croyez qu'un amant vienne vous insulter?
Il vous rapporte un cœur qu'il n'a pu vous ôter.

Mais vous ne dites point ce que
vous mande un père?

Hermione
Dans ses retardements si Pyrrhus
persévère,
À la mort du Troyen s'il ne veut
consentir,
Mon père avec les Grecs
m'ordonne de partir.

Cléone
Eh bien, Madame, eh bien! écoutez
donc Oreste.
Pyrrhus a commencé, faites au
moins le reste.
Pour bien faire il faudrait que vous
le prévinssiez.
Ne m'avez-vous pas dit que vous le
haïssiez?

Hermione
Si je le hais, Cléone! Il y va de ma
gloire,
Après tant de bontés dont il perd la
mémoire;
Lui qui me fut si cher, et qui m'a
pu trahir,
Ah! je l'ai trop aimé pour ne le
point haïr!

Cléone
Fuyez-le donc, Madame; et
puisqu'on vous adore...

Hermione
Ah! laisse à ma fureur le temps de
croître encore.
Contre mon ennemi laisse-moi
m'assurer.
Cléone, avec horreur je m'en veux
séparer.
Il n'y travaillera que trop bien,
l'infidèle!

Cléone

Quoi? vous en attendez quelque
injure nouvelle?
Aimer une captive, et l'aimer à vos
yeux,
Tout cela n'a donc pu vous le
rendre odieux?
Après ce qu'il a fait, que saurait-il
donc faire?
Il vous aurait déplu, s'il pouvait
vous déplaire.

Hermione
Pourquoi veux-tu, cruelle, irriter
mes ennuis?
Je crains de me connaître en l'état
où je suis.
De tout ce que tu vois tâche de ne
rien croire;
Crois que je n'aime plus, vante-moi
ma victoire;
Crois que dans son dépit mon cœur
est endurci,
Hélas! et, s'il se peut, fais-le moi
croire aussi.
Tu veux que je le fuie? Eh bien!
rien ne m'arrête:
Allons; n'envions plus son indigne
conquête:
Que sur lui sa captive étende son
pouvoir.
Fuyons... Mais si l'ingrat rentrait
dans son devoir!
Si la foi dans son cœur retrouvait
quelque place;
S'il venait à mes pieds me
demander sa grâce;
Si sous mes lois, Amour, tu
pouvais l'engager!
S'il voulait... Mais l'ingrat ne veut
que m'outrager.
Demeurons toutefois pour troubler
leur fortune,
Prenons quelque plaisir à leur être
importune;
Ou, le forçant de rompre un nœud
si solennel,

Aux yeux de tous les Grecs
rendons-le criminel.
J'ai déjà sur le fils attiré leur colère;
Je veux qu'on vienne encor lui
demander la mère.
Rendons-lui les tourments qu'elle
m'a fait souffrir:
Qu'elle le perde, ou bien qu'il la
fasse périr.

Cléone
Vous pensez que des yeux toujours
ouverts aux larmes
Se plaisent à troubler le pouvoir de
vos charmes,
Et qu'un cœur accablé de tant de
déplaisirs
De son persécuteur ait brigué les
soupirs?
Voyez si sa douleur en paraît
soulagée.
Pourquoi donc les chagrins où son
âme est plongée?
Contre un amant qui plaît pourquoi
tant de fierté?

Hermione
Hélas! pour mon malheur, je l'ai
trop écouté.
Je n'ai point du silence affecté le
mystère:
Je croyais sans péril pouvoir être
sincère,
Et sans armer mes yeux d'un
moment de rigueur,
Je n'ai pour lui parler consulté que
mon cœur.
Et qui ne se serait comme moi
déclarée
Sur la foi d'une amour si
saintement jurée?
Me voyait-il de l'oeil qu'il me voit
aujourd'hui?
Tu t'en souviens encor, tout
conspirait pour lui:
Ma famille vengée, et les Grecs
dans la joie,

Nos vaisseaux tout chargés des
dépouilles de Troie,
Les exploits de son père effacés par
les siens,
Ses feux que je croyais plus ardents
que les miens,
Mon cœur, toi-même enfin de sa
gloire éblouie,
Avant qu'il me trahît, vous m'avez
tous trahie.
Mais c'en est trop, Cléone, et quel
que soit Pyrrhus,
Hermione est sensible, Oreste a des
vertus;
Il sait aimer du moins, et même
sans qu'on l'aime,
Et peut-être il saura se faire aimer
lui-même.
Allons: Qu'il vienne enfin.

Cléone
Madame, le voici.

Hermione
Ah! je ne croyais pas qu'il fût si
près d'ici.

Scène II
Hermione, Oreste, Cléone.

Hermione
Le croirai-je, Seigneur, qu'un reste
de tendresse
Vous fasse ici chercher une triste
princesse?
Ou ne dois-je imputer qu'à votre
seul devoir
L'heureux empressement qui vous
porte à me voir?

Oreste
Tel est de mon amour
l'aveuglement funeste,
Vous le savez, Madame, et le
destin d'Oreste
Est de venir sans cesse adorer vos
attraits,

Et de jurer toujours qu'il n'y
viendra jamais.
Je sais que vos regards vont rouvrir
mes blessures,
Que tous mes pas vers vous sont
autant de parjures:
Je le sais, j'en rougis; mais j'atteste
les dieux,
Témoins de la fureur de mes
derniers adieux,
Que j'ai couru partout où ma perte
certaine
Dégageait mes serments et finissait
ma peine.
J'ai mendié la mort chez des
peuples cruels
Qui n'apaisaient leurs dieux que du
sang des mortels:
Ils m'ont fermé leur temple; et ces
peuples barbares
De mon sang prodigué sont
devenus avares.
Enfin je viens à vous, et je me vois
réduit
À chercher dans vos yeux une mort
qui me fuit,
Mon désespoir n'attend que leur
indifférence:
Ils n'ont qu'à m'interdire un reste
d'espérance,
Ils n'ont, pour avancer cette mort
où je cours,
Qu'à me dire une fois ce qu'ils
m'ont dit toujours.
Voilà, depuis un an, le seul soin qui
m'anime.
Madame, c'est à vous de prendre
une victime
Que les Scythes auraient dérobée à
vos coups
Si j'en avais trouvé d'aussi cruels
que vous.

Hermione
Quittez, Seigneur, quittez ce
funeste langage.

À des soins plus pressants la Grèce
vous engage.
Que parlez-vous du Scythe et de
mes cruautés?
Songez à tous ces rois que vous
représentez.
Faut-il que d'un transport leur
vengeance dépende?
Est-ce le sang d'Oreste enfin qu'on
vous demande?
Dégagez-vous des soins dont vous
êtes chargé.

Oreste
Les refus de Pyrrhus m'ont assez
dégagé,
Madame: il me renvoie; et quelque
autre puissance
Lui fait du fils d'Hector embrasser
la défense.

Hermione
L'infidèle!

Oreste
Ainsi donc, tout prêt à le quitter,
Sur mon propre destin je viens
vous consulter.
Déjà même je crois entendre la
réponse
Qu'en secret contre moi votre
haine prononce.

Hermione
Hé quoi? toujours injuste en vos
tristes discours,
De mon inimitié vous plaindrez-
vous toujours?
Quelle est cette rigueur tant de fois
alléguée?
J'ai passé dans l'Épire où j'étais
reléguée:
Mon père l'ordonnait; mais qui sait
si depuis
Je n'ai point en secret partagé vos
ennuis?

Pensez-vous avoir seul éprouvé des alarmes;
Que l'Épire jamais n'ait vu couler mes larmes?
Enfin, qui vous a dit que malgré mon devoir
Je n'ai pas quelquefois souhaité de vous voir?

Oreste
Souhaité de me voir! Ah! divine Princesse...
Mais, de grâce, est-ce à moi que ce discours s'adresse?
Ouvrez vos yeux: songez qu'Oreste est devant vous,
Oreste, si longtemps l'objet de leur courroux.

Hermione
Oui, c'est vous dont l'amour, naissant avec leurs charmes,
Leur apprit le premier le pouvoir de leurs armes;
Vous que mille vertus me forçaient d'estimer;
Vous que j'ai plaint, enfin que je voudrais aimer.

Oreste
Je vous entends. Tel est mon partage funeste:
Le cœur est pour Pyrrhus, et les vœux pour Oreste.

Hermione
Ah! ne souhaitez pas le destin de Pyrrhus:
Je vous haïrais trop.

Oreste
Vous m'en aimeriez plus.
Ah! que vous me verriez d'un regard bien contraire!
Vous me voulez aimer, et je ne puis vous plaire;

Et l'amour seul alors se faisant obéir,
Vous m'aimeriez, Madame, en me voulant haïr.
Ô dieux! tant de respects, une amitié si tendre...
Que de raisons pour moi, si vous pouviez m'entendre!
Vous seule pour Pyrrhus disputez aujourd'hui,
Peut-être malgré vous, sans doute malgré lui:
Car enfin il vous hait; son âme ailleurs éprise
N'a plus...

Hermione
Qui vous l'a dit, Seigneur, qu'il me méprise?
Ses regards, ses discours vous l'ont-ils donc appris?
Jugez-vous que ma vue inspire des mépris,
Qu'elle allume en un cœur des feux si peu durables?
Peut-être d'autres yeux me sont plus favorables.

Oreste
Poursuivez: il est beau de m'insulter ainsi.
Cruelle, c'est donc moi qui vous méprise ici?
Vos yeux n'ont pas assez éprouvé ma constance?
Je suis donc un témoin de leur peu de puissance?
Je les ai méprisés? Ah! qu'ils voudraient bien voir
Mon rival comme moi mépriser leur pouvoir!

Hermione
Que m'importe, Seigneur, sa haine ou sa tendresse?
Allez contre un rebelle armer toute la Grèce;

165

Rapportez-lui le prix de sa
rébellion;
Qu'on fasse de l'Épire un second
Ilion.
Allez. Après cela direz-vous que je
l'aime?

Oreste
Madame, faites plus, et venez-y
vous-même.
Voulez-vous demeurer pour otage
en ces lieux,
Venez dans tous les cœurs faire
parler vos yeux.
Faisons de notre haine une
commune attaque.

Hermione
Mais, Seigneur, cependant, s'il
épouse Andromaque?

Oreste
Hé, Madame!

Hermione
Songez quelle honte pour nous,
Si d'une Phrygienne il devenait
l'époux!

Oreste
Et vous le haïssez! Avouez-le,
Madame,
L'amour n'est pas un feu qu'on
renferme en une âme;
Tout nous trahit, la voix, le silence,
les yeux,
Et les feux mal couverts n'en
éclatent que mieux.

Hermione
Seigneur, je le vois bien, votre âme
prévenue
Répand sur mes discours le venin
qui la tue,
Toujours dans mes raisons cherche
quelque détour,

Et croit qu'en moi la haine est un
effort d'amour.
Il faut donc m'expliquer; vous
agirez ensuite.
Vous savez qu'en ces lieux mon
devoir m'a conduite;
Mon devoir m'y retient; et je n'en
puis partir
Que mon père ou Pyrrhus ne m'en
fassent sortir.
De la part de mon père allez lui
faire entendre
Que l'ennemi des Grecs ne peut
être son gendre.
Du Troyen ou de moi faites-le
décider:
Qu'il songe qui des deux il veut
rendre ou garder;
Enfin qu'il me renvoie, ou bien
qu'il vous le livre.
Adieu. S'il y consent, je suis prête
à vous suivre.

Scène III
Oreste, seul.
Oui, oui, vous me suivrez, n'en
doutez nullement;
Je vous réponds déjà de son
consentement.
Je ne crains pas enfin que Pyrrhus
la retienne:
Il n'a devant les yeux que sa chère
Troyenne;
Tout autre objet le blesse; et peut-
être aujourd'hui
Il n'attend qu'un prétexte à
l'éloigner de lui.
Nous n'avons qu'à parler: c'en est
fait. Quelle joie
D'enlever à l'Épire une si belle
proie!
Sauve tout ce qui reste et de Troie
et d'Hector,
Garde son fils, sa veuve, et mille
autres encor,
Épire: c'est assez qu'Hermione
rendue

Perde à jamais tes bords et ton
prince de vue.
Mais un heureux destin le conduit
en ces lieux.
Parlons. À tant d'attraits, Amour,
ferme ses yeux!

Scène IV
Pyrrhus, Oreste, Phœnix.

Pyrrhus
Je vous cherchais, Seigneur. Un
peu de violence
M'a fait de vos raisons combattre
la puissance,
Je l'avoue; et depuis que je vous ai
quitté,
J'en ai senti la force et connu
l'équité.
J'ai songé, comme vous, qu'à la
Grèce, à mon père,
À moi-même, en un mot, je
devenais contraire;
Que je relevais Troie, et rendais
imparfait
Tout ce qu'a fait Achille, et tout ce
que j'ai fait.
Je ne condamne plus un courroux
légitime,
Et l'on vous va, Seigneur, livrer
votre victime.

Oreste
Seigneur, par ce conseil prudent et
rigoureux,
C'est acheter la paix du sang d'un
malheureux.

Pyrrhus
Oui; mais je veux, Seigneur,
l'assurer davantage:
D'une éternelle paix Hermione est
le gage;
Je l'épouse. Il semblait qu'un
spectacle si doux
N'attendît en ces lieux qu'un
témoin tel que vous:

Vous y représentez tous les Grecs
et son père,
Puisqu'en vous Ménélas voit
revivre son frère.
Voyez-la donc. Allez. Dites-lui que
demain
J'attends avec la paix son cœur de
votre main.

Oreste
Ah dieux!

Scène V
Pyrrhus, Phœnix.

Pyrrhus
Eh bien, Phœnix, l'amour est-il le
maître?
Tes yeux refusent-ils encor de me
connaître?

Phœnix
Ah! je vous reconnais; et ce juste
courroux,
Ainsi qu'à tous les Grecs,
Seigneur, vous rend à vous.
Ce n'est plus le jouet d'une flamme
servile:
C'est Pyrrhus, c'est le fils et le rival
d'Achille,
Que la gloire à la fin ramène sous
ses lois,
Qui triomphe de Troie une seconde
fois.

Pyrrhus
Dis plutôt qu'aujourd'hui
commence ma victoire,
D'aujourd'hui seulement je jouis
de ma gloire;
Et mon cœur, aussi fier que tu l'as
vu soumis,
Croit avoir en l'amour vaincu mille
ennemis.
Considère, Phœnix, les troubles
que j'évite,

Quelle foule de maux l'amour
traîne à sa suite,
Que d'amis, de devoirs, j'allais
sacrifier,
Quels périls... Un regard m'eût tout
fait oublier.
Tous les Grecs conjurés fondaient
sur un rebelle;
Je trouvais du plaisir à me perdre
pour elle.

Phœnix
Oui, je bénis, Seigneur, l'heureuse
cruauté
Qui vous rend...

Pyrrhus
Tu l'as vu, comme elle m'a traité.
Je pensais, en voyant sa tendresse
alarmée,
Que son fils me la dût renvoyer
désarmée.
J'allais voir le succès de ses
embrassements:
Je n'ai trouvé que pleurs mêlés
d'emportements.
Sa misère l'aigrit; et toujours plus
farouche,
Cent fois le nom d'Hector est sorti
de sa bouche.
Vainement à son fils j'assurais mon
secours:
« C'est Hector, disait-elle, en
l'embrassant toujours;
Voilà ses yeux, sa bouche, et déjà
son audace;
C'est lui-même; c'est toi, cher
époux, que j'embrasse. »
Et quelle est sa pensée? attend-elle
en ce jour
Que je lui laisse un fils pour nourrir
son amour?

Phœnix
Sans doute, c'est le prix que vous
gardait l'ingrate.
Mais laissez-la, Seigneur.

Pyrrhus
Je vois ce qui la flatte:
Sa beauté la rassure, et malgré mon
courroux,
L'orgueilleuse m'attend encore à
ses genoux.
Je la verrais aux miens, Phœnix,
d'un oeil tranquille.
Elle est veuve d'Hector, et je suis
fils d'Achille:
Trop de haine sépare Andromaque
et Pyrrhus.

Phœnix
Commencez donc, Seigneur, à ne
m'en parler plus.
Allez voir Hermione; et content de
lui plaire,
Oubliez à ses pieds jusqu'à votre
colère.
Vous-même à cet hymen venez la
disposer.
Est-ce sur un rival qu'il s'en faut
reposer?
Il ne l'aime que trop.

Pyrrhus
Crois-tu, si je l'épouse,
Qu'Andromaque en son cœur n'en
sera pas jalouse?

Phœnix
Quoi? toujours Andromaque
occupe votre esprit!
Que vous importe, ô dieux! sa joie
ou son dépit?
Quel charme, malgré vous, vers
elle vous attire?

Pyrrhus
Non, je n'ai pas bien dit tout ce
qu'il lui faut dire:
Ma colère à ses yeux n'a paru qu'à
demi;
Elle ignore à quel point je suis son
ennemi.

Retournons-y. Je veux la braver à sa vue,
Et donner à ma haine une libre étendue.
Viens voir tous ses attraits, Phœnix, humiliés.
Allons.

Phœnix
Allez, Seigneur, vous jeter à ses pieds;
Allez, en lui jurant que votre âme l'adore,
À de nouveaux mépris l'encourager encore.

Pyrrhus
Je le vois bien, tu crois que prêt à l'excuser
Mon cœur court après elle et cherche à s'apaiser.

Phœnix
Vous aimez: c'est assez.

Pyrrhus
Moi, l'aimer? une ingrate
Qui me hait d'autant plus que mon amour la flatte?
Sans parents, sans amis, sans espoir que sur moi;
Je puis perdre son fils, peut-être je le doi;
Étrangère... que dis-je? esclave dans l'Épire,
Je lui donne son fils, mon âme, mon empire,
Et je ne puis gagner dans son perfide cœur
D'autre rang que celui de son persécuteur!
Non, non, je l'ai juré, ma vengeance est certaine:
Il faut bien une fois justifier sa haine,
J'abandonne son fils. Que de pleurs vont couler!

De quel nom sa douleur me va-t-elle appeler!
Quel spectacle pour elle aujourd'hui se dispose!
Elle en mourra, Phœnix, et j'en serai la cause.
C'est lui mettre moi-même un poignard dans le sein.

Phœnix
Et pourquoi donc en faire éclater le dessein?
Que ne consultiez-vous tantôt votre faiblesse?

Pyrrhus
Je t'entends. Mais excuse un reste de tendresse.
Crains-tu pour ma colère un si faible combat?
D'un amour qui s'éteint c'est le dernier éclat.
Allons. À tes conseils, Phœnix, je m'abandonne.
Faut-il livrer son fils? faut-il voir Hermione?

Phœnix
Oui, voyez-la, Seigneur et par des vœux soumis,
Protestez-lui...

Pyrrhus
Faisons tout ce que j'ai promis.

ACTE troisième
Scène I

Oreste, Pylade.

Pylade
Modérez donc, Seigneur, cette fureur extrême.
Je ne vous connais plus; vous n'êtes plus vous-même.
Souffrez...

Oreste

Non, tes conseils ne sont plus de
saison,
Pylade; je suis las d'écouter la
raison.
C'est traîner trop longtemps ma vie
et mon supplice:
Il faut que je l'enlève, ou bien que
je périsse.
Le dessein en est pris, je le veux
achever.
Oui, je le veux.

Pylade

Eh bien! il la faut enlever,
J'y consens. Mais songez
cependant où vous êtes.
Que croira-t-on de vous, à voir ce
que vous faites?
Dissimulez: calmez ce transport
inquiet;
Commandez à vos yeux de garder
le secret.
Ces gardes, cette cour, l'air qui
vous environne,
Tout dépend de Pyrrhus, et surtout
Hermione.
À ses regards surtout cachez votre
courroux.
Ô dieux! en cet état pourquoi la
cherchiez-vous?

Oreste

Que sais-je? De moi-même étais-je
alors le maître?
La fureur m'emportait, et je venais
peut-être
Menacer à la fois l'ingrate et son
amant.

Pylade

Et quel était le fruit de cet
emportement?

Oreste

Et quelle âme, dis-moi, ne serait
éperdue

Du coup dont ma raison vient
d'être confondue?
Il épouse, dit-il, Hermione demain;
Il veut, pour m'honorer, la tenir de
ma main.
Ah! plutôt cette main dans le sang
du barbare...

Pylade

Vous l'accusez, Seigneur, de ce
destin bizarre;
Cependant, tourmenté de ses
propres desseins,
Il est peut-être à plaindre autant que
je vous plains.

Oreste

Non, non, je le connais, mon
désespoir le flatte;
Sans moi, sans mon amour, il
dédaignait l'ingrate;
Ses charmes jusque-là n'avaient pu
le toucher:
Le cruel ne la prend que pour me
l'arracher.
Ah dieux! c'en était fait: Hermione
gagnée
Pour jamais de sa vue allait être
éloignée,
Son cœur, entre l'amour et le dépit
confus,
Pour se donner à moi n'attendait
qu'un refus,
Ses yeux s'ouvraient, Pylade, elle
écoutait Oreste,
Lui parlait, le plaignait... Un mot
eût fait le reste.

Pylade

Vous le croyez!

Oreste

Hé quoi? ce courroux enflammé
Contre un ingrat...

Pylade

Jamais il ne fut plus aimé.

170

Pensez-vous, quand Pyrrhus vous l'aurait accordée,
Qu'un prétexte tout prêt ne l'eût pas retardée?
M'en croirez-vous? Lassé de ses trompeurs attraits,
Au lieu de l'enlever, fuyez-la pour jamais.
Quoi? votre amour se veut charger d'une furie
Qui vous détestera, qui toute votre vie,
Regrettant un hymen tout prêt à s'achever,
Voudra...

Oreste
C'est pour cela que je veux l'enlever.
Tout lui rirait, Pylade; et moi, pour mon partage,
Je n'emporterais donc qu'une inutile rage?
J'irais loin d'elle encor tâcher de l'oublier?
Non, non, à mes tourments, je veux l'associer.
C'est trop gémir tout seul. Je suis las qu'on me plaigne.
Je prétends qu'à mon tour l'inhumaine me craigne,
Et que ses yeux cruels, à pleurer condamnés,
Me rendent tous les noms que je leur ai donnés.

Pylade
Voilà donc le succès qu'aura votre ambassade:
Oreste ravisseur!

Oreste
Et qu'importe, Pylade?
Quand nos États vengés jouiront de mes soins,
L'ingrate de mes pleurs jouira-t-elle moins?

Et que me servira que la Grèce m'admire,
Tandis que je serai la fable de l'Épire?
Que veux-tu? Mais, s'il faut ne te rien déguiser,
Mon innocence enfin commence à me peser.
Je ne sais de tout temps quelle injuste puissance
Laisse le crime en paix, et poursuit l'innocence.
De quelque part sur moi que je tourne les yeux,
Je ne vois que malheurs qui condamnent les dieux.
Méritons leur courroux, justifions leur haine,
Et que le fruit du crime en précède la peine
Mais toi, par quelle erreur veux-tu toujours sur toi
Détourner un courroux qui ne cherche que moi?
Assez et trop longtemps mon amitié t'accable:
Évite un malheureux, abandonne un coupable.
Cher Pylade, crois-moi, ta pitié te séduit.
Laisse-moi des périls dont j'attends tout le fruit.
Porte aux Grecs cet enfant que Pyrrhus m'abandonne.
Va-t'en.

Pylade
Allons, Seigneur, enlevons Hermione.
Au travers des périls un grand cœur se fait jour.
Que ne peut l'amitié conduite par l'amour?
Allons de tous vos Grecs encourager le zèle.
Nos vaisseaux sont tout prêts, et le vent nous appelle.

Je sais de ce palais tous les détours obscurs;
Vous voyez que la mer en vient battre les murs,
Et cette nuit, sans peine, une secrète voie
Jusqu'en votre vaisseau conduira votre proie.

Oreste
J'abuse, cher ami, de ton trop d'amitié
Mais pardonne à des maux dont toi seul as pitié;
Excuse un malheureux qui perd tout ce qu'il aime,
Que tout le monde hait, et qui se hait lui-même.
Que ne puis-je à mon tour dans un sort plus heureux...

Pylade
Dissimulez, Seigneur; c'est tout ce que je veux.
Gardez qu'avant le coup votre dessein n'éclate:
Oubliez jusque-là qu'Hermione est ingrate;
Oubliez votre amour. Elle vient, je la voi.

Oreste
Va-t'en. Réponds-moi d'elle, et je réponds de moi.

Scène II
Hermione, Oreste, Cléone.

Oreste
Eh bien! mes soins vous ont rendu votre conquête.
J'ai vu Pyrrhus, Madame, et votre hymen s'apprête.

Hermione

On le dit; et de plus on vient de m'assurer
Que vous ne me cherchiez que pour m'y préparer.

Oreste
Et votre âme à ses vœux ne sera pas rebelle?

Hermione
Qui l'eût cru que Pyrrhus ne fût pas infidèle?
Que sa flamme attendrait si tard pour éclater?
Qu'il reviendrait à moi, quand je l'allais quitter?
Je veux croire avec vous qu'il redoute la Grèce,
Qu'il suit son intérêt plutôt que sa tendresse,
Que mes yeux sur votre âme étaient plus absolus.

Oreste
Non, Madame: il vous aime, et je n'en doute plus.
Vos yeux ne font-ils pas tout ce qu'ils veulent faire?
Et vous ne vouliez pas sans doute lui déplaire.

Hermione
Mais que puis-je, Seigneur? On a promis ma foi.
Lui ravirai-je un bien qu'il ne tient pas de moi?
L'amour ne règle pas le sort d'une princesse:
La gloire d'obéir est tout ce qu'on nous laisse.
Cependant je partais, et vous avez pu voir
Combien je relâchais pour vous de mon devoir.

Oreste

Ah! que vous saviez bien, cruelle...
Mais, Madame,
Chacun peut à son choix disposer
de son âme.
La vôtre était à vous. J'espérais;
mais enfin
Vous l'avez pu donner sans me
faire un larcin.
Je vous accuse aussi bien moins
que la fortune.
Et pourquoi vous lasser d'une
plainte importune?
Tel est votre devoir, je l'avoue; et
le mien
Est de vous épargner un si triste
entretien.

Scène III
Hermione, Cléone.

Hermione
Attendais-tu, Cléone, un courroux
si modeste?

Cléone
La douleur qui se tait n'en est que
plus funeste.
Je le plains d'autant plus qu'auteur
de son ennui,
Le coup qui l'a perdu n'est parti
que de lui.
Comptez depuis quel temps votre
hymen se prépare;
Il a parlé, Madame, et Pyrrhus se
déclare.

Hermione
Tu crois que Pyrrhus craint? Et que
craint-il encor?
Des peuples qui dix ans ont fui
devant Hector,
Qui cent fois, effrayés de l'absence
d'Achille,
Dans leurs vaisseaux brûlants ont
cherché leur asile,

Et qu'on verrait encor, sans l'appui
de son fils,
Redemander Hélène aux Troyens
impunis?
Non, Cléone, il n'est point ennemi
de lui-même;
Il veut tout ce qu'il fait, et s'il
m'épouse, il m'aime.
Mais qu'Oreste à son gré m'impute
ses douleurs:
N'avons-nous d'entretien que celui
de ses pleurs?
Pyrrhus revient à nous! Eh bien!
chère Cléone,
Conçois-tu les transports de
l'heureuse Hermione?
Sais-tu quel est Pyrrhus? T'es-tu
fait raconter
Le nombre des exploits... mais qui
les peut compter?
Intrépide, et partout suivi de la
victoire,
Charmant, fidèle enfin: rien ne
manque à sa gloire.
Songe...

Cléone
Dissimulez. Votre rivale en pleurs
Vient à vos pieds, sans doute,
apporter ses douleurs.

Hermione
Dieux! ne puis-je à ma joie
abandonner mon âme?
Sortons: que lui dirais-je?

Scène IV
Andromaque, Hermione, Cléone,
Céphise.

Andromaque
Où fuyez-vous, Madame?
N'est-ce pas à vos yeux un
spectacle assez doux

Que la veuve d'Hector pleurante à
vos genoux?
Je ne viens point ici, par de
jalouses larmes,
Vous envier un cœur qui se rend à
vos charmes.
Par une main cruelle, hélas! j'ai vu
percer
Le seul où mes regards
prétendaient s'adresser.
Ma flamme par Hector fut jadis
allumée;
Avec lui dans la tombe elle s'est
enfermée.
Mais il me reste un fils. Vous
saurez quelque jour,
Madame, pour un fils jusqu'où va
notre amour;
Mais vous ne saurez pas, du moins
je le souhaite,
En quel trouble mortel son intérêt
nous jette,
Lorsque de tant de biens qui
pouvaient nous flatter,
C'est le seul qui nous reste, et
qu'on veut nous l'ôter.
Hélas! lorsque, lassés de dix ans de
misère,
Les Troyens en courroux
menaçaient votre mère,
J'ai su de mon Hector lui procurer
l'appui.
Vous pouvez sur Pyrrhus ce que
j'ai pu sur lui.
Que craint-on d'un enfant qui
survit à sa perte?
Laissez-moi le cacher en quelque
île déserte;
Sur les soins de sa mère on peut
s'en assurer,
Et mon fils avec moi n'apprendra
qu'à pleurer.

Hermione
Je conçois vos douleurs. Mais un
devoir austère,

Quand mon père a parlé,
m'ordonne de me taire.
C'est lui qui de Pyrrhus fait agir le
courroux.
S'il faut fléchir Pyrrhus, qui le peut
mieux que vous?
Vos yeux assez longtemps ont
régné sur son âme;
Faites-le prononcer: j'y souscrirai.
Madame.

Scène V
Andromaque, Céphise.

Andromaque
Quel mépris la cruelle attache à ses
refus!

Céphise
Je croirais ses conseils, et je verrais
Pyrrhus.
Un regard confondrait Hermione et
la Grèce...
Mais lui-même il vous cherche.

Scène VI
Pyrrhus, Andromaque, Phœnix,
Céphise.

Pyrrhus, à Phœnix.
Où donc est la princesse?
Ne m'avais-tu pas dit qu'elle était
en ces lieux?

Phœnix
Je le croyais.

Andromaque, à Céphise.
Tu vois le pouvoir de mes yeux!

Pyrrhus
Que dit-elle, Phœnix?

Andromaque
Hélas! tout m'abandonne.

Phœnix
Allons, Seigneur, marchons sur les
pas d'Hermione.

Céphise
Qu'attendez-vous? Rompez ce
silence obstiné.

Andromaque
Il a promis mon fils.

Céphise
Il ne l'a pas donné.

Andromaque
Non, non, j'ai beau pleurer, sa mort
est résolue.

Pyrrhus
Daigne-t-elle sur nous tourner au
moins la vue?
Quel orgueil!

Andromaque
Je ne fais que l'irriter encor.
Sortons.

Pyrrhus
Allons aux Grecs livrer le fils
d'Hector.

Andromaque
Ah! Seigneur, arrêtez! Que
prétendez-vous faire?
Si vous livrez le fils, livrez-leur
donc la mère!
Vos serments m'ont tantôt juré tant
d'amitié!
Dieux! ne pourrai-je au moins
toucher votre pitié?
Sans espoir de pardon m'avez-vous
condamnée?

Pyrrhus

Phœnix vous le dira, ma parole est
donnée.

Andromaque
Vous qui braviez pour moi tant de
périls divers!

Pyrrhus
J'étais aveugle alors; mes yeux se
sont ouverts.
Sa grâce à vos désirs pouvait être
accordée;
Mais vous ne l'avez pas seulement
demandée:
C'en est fait.

Andromaque
Ah! Seigneur! vous entendiez assez
Des soupirs qui craignaient de se
voir repoussés.
Pardonnez à l'éclat d'une illustre
fortune
Ce reste de fierté qui craint d'être
importune.
Vous ne l'ignorez pas:
Andromaque, sans vous,
N'aurait jamais d'un maître
embrassé les genoux.

Pyrrhus
Non, vous me haïssez; et dans le
fond de l'âme
Vous craignez de devoir quelque
chose à ma flamme.
Ce fils même, ce fils, l'objet de tant
de soins,
Si je l'avais sauvé, vous l'en
aimeriez moins.
La haine, le mépris, contre moi tout
s'assemble;
Vous me haïssez plus que tous les
Grecs ensemble.
Jouissez à loisir d'un si noble
courroux.
Allons, Phœnix.

Andromaque

Allons rejoindre mon époux.

Céphise
Madame...

Andromaque
Et que veux-tu que je lui dise
encore?
Auteur de tous mes maux, crois-tu
qu'il les ignore?
Seigneur, voyez l'état où vous me
réduisez.
J'ai vu mon père mort et nos murs
embrasés;
J'ai vu trancher les jours de ma
famille entière,
Et mon époux sanglant traîné sur la
poussière,
Son fils seul avec moi, réservé pour
les fers.
Mais que ne peut un fils? Je
respire, je sers.
J'ai fait plus: je me suis
quelquefois consolée
Qu'ici, plutôt qu'ailleurs, le sort
m'eût exilée;
Qu'heureux dans son malheur, le
fils de tant de rois,
Puisqu'il devait servir, fût tombé
sous vos lois.
J'ai cru que sa prison deviendrait
son asile.
Jadis Priam soumis fut respecté
d'Achille:
J'attendais de son fils encor plus de
bonté.
Pardonne, cher Hector, à ma
crédulité!
Je n'ai pu soupçonner ton ennemi
d'un crime;
Malgré lui-même enfin je l'ai cru
magnanime.
Ah! s'il l'était assez pour nous
laisser du moins
Au tombeau qu'à ta cendre ont
élevé mes soins,

Et que finissant là sa haine et nos
misère,
Il ne séparât point des dépouilles si
chères!

Pyrrhus
Va m'attendre, Phœnix.

Scène VII
Pyrrhus, Andromaque, Céphise.

Pyrrhus, continue.
Madame, demeurez.
On peut vous rendre encor ce fils
que vous pleurez.
Oui, je sens à regret qu'en excitant
vos larmes
Je ne fais contre moi que vous
donner des armes.
Je croyais apporter plus de haine en
ces lieux.
Mais, Madame, du moins tournez
vers moi les yeux:
Voyez si mes regards sont d'un
juge sévère,
S'ils sont d'un ennemi qui cherche
à vous déplaire.
Pourquoi me forcez-vous vous-
même à vous trahir?
Au nom de votre fils, cessons de
nous haïr.
À le sauver enfin c'est moi qui
vous convie.
Faut-il que mes soupirs vous
demandent sa vie?
Faut-il qu'en sa faveur j'embrasse
vos genoux?
Pour la dernière fois, sauvez-le,
sauvez-vous.
Je sais de quels serments je romps
pour vous les chaînes,
Combien je vais sur moi faire
éclater de haines.
Je renvoie Hermione, et je mets sur
son front,

Au lieu de ma couronne, un éternel
affront.
Je vous conduis au temple où son
hymen s'apprête,
Je vous ceins du bandeau préparé
pour sa tête.
Mais ce n'est plus, Madame, une
offre à dédaigner:
Je vous le dis, il faut ou périr ou
régner.
Mon cœur, désespéré d'un an
d'ingratitude,
Ne peut plus de son sort souffrir
l'incertitude.
C'est craindre, menacer et gémir
trop longtemps.
Je meurs si je vous perds, mais je
meurs si j'attends.
Songez-y: je vous laisse, et je
viendrai vous prendre
Pour vous mener au temple où ce
fils doit m'attendre.
Et là vous me verrez, soumis ou
furieux,
Vous couronner, Madame, ou le
perdre à vos yeux.

Scène VIII
Andromaque, Céphise.

Céphise
Je vous l'avais prédit, qu'en dépit
de la Grèce,
De votre sort encor vous seriez la
maîtresse.

Andromaque
Hélas! de quel effet tes discours
sont suivis!
Il ne me restait plus qu'à
condamner mon fils.

Céphise
Madame, à votre époux c'est être
assez fidèle:

Trop de vertu pourrait vous rendre
criminelle;
Lui-même il porterait votre âme à
la douceur.

Andromaque
Quoi? je lui donnerais Pyrrhus pour
successeur!

Céphise
Ainsi le veut son fils, que les Grecs
vous ravissent.
Pensez-vous qu'après tout ses
mânes en rougissent?
Qu'il méprisât, Madame, un roi
victorieux
Qui vous fait remonter au rang de
vos aïeux,
Qui foule aux pieds pour vous vos
vainqueurs en colère,
Qui ne se souvient plus qu'Achille
était son père,
Qui dément ses exploits et les rend
superflus?

Andromaque
Dois-je les oublier, s'il ne s'en
souvient plus?
Dois-je oublier Hector privé de
funérailles,
Et traîné sans honneur autour de
nos murailles?
Dois-je oublier son père à mes
pieds renversé,
Ensanglantant l'autel qu'il tenait
embrassé?
Songe, songe, Céphise, à cette nuit
cruelle
Qui fut pour tout un peuple une
nuit éternelle;
Figure-toi Pyrrhus, les yeux
étincelants,
Entrant à la lueur de nos palais
brûlants,
Sur tous mes frères morts se faisant
un passage,

Et de sang tout couvert échauffant
le carnage;
Songe aux cris des vainqueurs,
songe aux cris des mourants,
Dans la flamme étouffés, sous le
fer expirants;
Peins-toi dans ces horreurs
Andromaque éperdue:
Voilà comme Pyrrhus vint s'offrir
à ma vue;
Voilà par quels exploits il sut se
couronner;
Enfin voilà l'époux que tu me veux
donner.
Non, je ne serai point complice de
ses crimes;
Qu'il nous prenne, s'il veut, pour
dernières victimes.
Tous mes ressentiments lui seraient
asservis.

Céphise
Eh bien, allons donc voir expirer
votre fils:
On n'attend plus que vous... Vous
frémissez, Madame?

Andromaque
Ah! de quel souvenir viens-tu
frapper mon âme!
Quoi? Céphise, j'irai voir expirer
encor
Ce fils, ma seule joie, et l'image
d'Hector?
Ce fils, que de sa flamme il me
laissa pour gage?
Hélas! je m'en souviens, le jour
que son courage
Lui fit chercher Achille, ou plutôt
le trépas,
Il demanda son fils, et le prit dans
ses bras:
« Chère épouse, dit-il en essuyant
mes larmes,
J'ignore quel succès le sort garde à
mes armes;

Je te laisse mon fils pour gage de
ma foi:
S'il me perd, je prétends qu'il me
retrouve en toi.
Si d'un heureux hymen la mémoire
t'est chère,
Montre au fils à quel point tu
chérissais le père ».
Et je puis voir répandre un sang si
précieux?
Et je laisse avec lui périr tous ses
aïeux?
Roi barbare, faut-il que mon crime
l'entraîne?
Si je te hais, est-il coupable de ma
haine?
T'a-t-il de tous les siens reproché le
trépas?
S'est-il plaint à tes yeux des maux
qu'il ne sent pas?
Mais cependant, mon fils, tu meurs
si je n'arrête
Le fer que le cruel tient levé sur ta
tête.
Je l'en puis détourner, et je t'y vais
offrir?...
Non, tu ne mourras point, je ne le
puis souffrir.
Allons trouver Pyrrhus. Mais non,
chère Céphise,
Va le trouver pour moi.

Céphise
Que faut-il que je dise?

Andromaque
Dis-lui que de mon fils l'amour est
assez fort...
Crois-tu que dans son cœur il ait
juré sa mort?
L'amour peut-il si loin pousser sa
barbarie?

Céphise
Madame, il va bientôt revenir en
furie.

Andromaque
Eh bien! va l'assurer...

Céphise
De quoi? de votre foi?

Andromaque
Hélas! pour la promettre est-elle
encore à moi?
Ô cendres d'un époux! ô Troyens!
ô mon père!
Ô mon fils, que tes jours coûtent
cher à ta mère!
Allons.

Céphise
Où donc, Madame? et que
résolvez-vous?

Andromaque
Allons sur son tombeau consulter
mon époux.

ACTE quatrième
Scène I

Andromaque, Céphise.

Céphise
Ah! je n'en doute point: c'est votre
époux, Madame,
C'est Hector qui produit ce miracle
en votre âme.
Il veut que Troie encor se puisse
relever
Avec cet heureux fils qu'il vous
fait conserver.
Pyrrhus vous l'a promis. Vous
venez de l'entendre,
Madame: il n'attendait qu'un mot
pour vous le rendre.
Croyez-en ses transports: père,
sceptre, alliés,
Content de votre cœur, il met tout à
vos pieds.
Sur lui, sur tout son peuple il vous
rend souveraine.
Est-ce là ce vainqueur digne de tant
de haine?
Déjà contre les Grecs plein d'un
noble courroux,
Le soin de votre fils le touche
autant que vous
Il prévient leur fureur, il lui laisse
sa garde;
Pour ne pas l'exposer, lui-même il
se hasarde.
Mais tout s'apprête au temple, et
vous avez promis...

Andromaque
Oui, je m'y trouverai. Mais allons
voir mon fils.

Céphise
Madame, qui vous presse? Il suffit
que sa vue
Désormais à vos yeux ne soit plus
défendue.
Vous lui pourrez bientôt prodiguer
vos bontés,
Et vos embrassements ne seront
plus comptés.
Quel plaisir d'élever un enfant
qu'on voit croître,
Non plus comme un esclave élevé
pour son maître,
Mais pour voir avec lui renaître
tant de rois!

Andromaque
Céphise, allons le voir pour la
dernière fois.

Céphise
Que dites-vous? Ô dieux!

Andromaque
Ô ma chère Céphise,
Ce n'est point avec toi que mon
cœur se déguise.

179

Ta foi, dans mon malheur, s'est
montrée à mes yeux;
Mais j'ai cru qu'à mon tour tu me
connaissais mieux.
Quoi donc? as-tu pensé
qu'Andromaque infidèle
Pût trahir un époux qui croit
revivre en elle,
Et que de tant de morts réveillant la
douleur,
Le soin de mon repos me fît
troubler le leur?
Est-ce là cette ardeur tant promise à
sa cendre?
Mais son fils périssait; il l'a fallu
défendre.
Pyrrhus en m'épousant s'en déclare
l'appui;
Il suffit: je veux bien m'en reposer
sur lui.
Je sais quel est Pyrrhus: violent,
mais sincère,
Céphise, il fera plus qu'il n'a
promis de faire.
Sur le courroux des Grecs je m'en
repose encor:
Leur haine va donner un père au
fils d'Hector,
Je vais donc, puisqu'il faut que je
me sacrifie,
Assurer à Pyrrhus le reste de ma
vie;
Je vais, en recevant sa foi sur les
autels,
L'engager à mon fils par des
nœuds immortels.
Mais aussitôt ma main, à moi seule
funeste,
D'une infidèle vie abrégera le reste,
Et sauvant ma vertu, rendra ce que
je doi
À Pyrrhus, à mon fils, à mon
époux, à moi.
Voilà de mon amour l'innocent
stratagème,
Voilà ce qu'un époux m'a
commandé lui-même;

J'irai seule rejoindre Hector et mes
aïeux.
Céphise, c'est à toi de me fermer
les yeux.

Céphise
Ah! ne prétendez pas que je puisse
survivre...

Andromaque
Non, non, je te défends, Céphise de
me suivre.
Je confie à tes soins mon unique
trésor.
Si tu vivais pour moi, vis pour le
fils d'Hector.
De l'espoir des Troyens seule
dépositaire,
Songe à combien de rois tu deviens
nécessaire.
Veille auprès de Pyrrhus; fais-lui
garder sa foi:
S'il le faut, je consens qu'on lui
parle de moi;
Fais-lui valoir l'hymen où je me
suis rangée,
Dis-lui qu'avant ma mort je lui fus
engagée,
Que ses ressentiments doivent être
effacés,
Qu'en lui laissant mon fils, c'est
l'estimer assez.
Fais connaître à mon fils les héros
de sa race,
Autant que tu pourras, conduis-le
sur leur trace:
Dis-lui par quels exploits leurs
noms ont éclaté,
Plutôt ce qu'ils ont fait que ce
qu'ils ont été;
Parle-lui tous les jours des vertus
de son père;
Et quelquefois aussi parle-lui de sa
mère.
Mais qu'il ne songe plus, Céphise,
à nous venger:

Nous lui laissons un maître, il le doit ménager.
Qu'il ait de ses aïeux un souvenir modeste:
Il est du sang d'Hector, mais il en est le reste;
Et pour ce reste enfin j'ai moi-même, en un jour,
Sacrifié mon sang, ma haine, et mon amour.

Céphise
Hélas!

Andromaque
Ne me suis point, si ton cœur en alarmes
Prévoit qu'il ne pourra commander à tes larmes.
On vient. Cache tes pleurs, Céphise, et souviens-toi
Que le sort d'Andromaque est commis à ta foi.
C'est Hermione. Allons, fuyons sa violence.

Il l'épouse, il lui donne, avec son diadème,
La foi que vous venez de recevoir vous-même,
Et votre bouche encor, muette à tant d'ennui,
N'a pas daigné s'ouvrir pour se plaindre de lui?
Ah! que je crains, Madame, un calme si funeste,
Et qu'il vaudrait bien mieux...

Hermione
Fais-tu venir Oreste?

Cléone
Il vient, Madame, il vient, et vous pouvez juger
Que bientôt à vos pieds il allait se ranger;
Prêt à servir toujours sans espoir de salaire,
Vos yeux ne sont que trop assurés de lui plaire.
Mais il entre.

Scène II
Hermione, Cléone.

Cléone
Non, je ne puis assez admirer ce silence.
Vous vous taisez, Madame, et ce cruel mépris
N'a pas du moindre trouble agité vos esprits!
Vous soutenez en paix une si rude attaque,
Vous qu'on voyait frémir au seul nom d'Andromaque!
Vous qui sans désespoir ne pouviez endurer
Que Pyrrhus d'un regard la voulût honorer!

Scène III
Oreste, Hermione, Cléone.

Oreste
Ah! Madame! est-il vrai qu'une fois
Oreste en vous cherchant obéisse à vos lois?
Ne m'a-t-on point flatté d'une fausse espérance?
Avez-vous en effet souhaité ma présence?
Croirai-je que vos yeux, à la fin désarmés,
Veulent...

Hermione
Je veux savoir, Seigneur, si vous m'aimez.

Oreste
Si je vous aime? ô dieux! Mes serments, mes parjures,
Ma fuite, mon retour, mes respects, mes injures,
Mon désespoir, mes yeux de pleurs toujours noyés,
Quels témoins croirez-vous, si vous ne les croyez?

Hermione
Vengez-moi, je crois tout.

Oreste
Eh bien! allons, Madame:
Mettons encore un coup toute la Grèce en flamme;
Prenons, en signalant mon bras et votre nom,
Vous, la place d'Hélène, et moi, d'Agamemnon.
De Troie en ce pays réveillons les misères,
Et qu'on parle de nous ainsi que de nos pères.
Partons, je suis tout prêt.

Hermione
Non, Seigneur, demeurons:
Je ne veux pas si loin porter de tels affronts.
Quoi! de mes ennemis couronnant l'insolence,
J'irais attendre ailleurs une lente vengeance?
Et je m'en remettrais au destin des combats,
Qui peut-être à la fin ne me vengerait pas?
Je veux qu'à mon départ toute l'Épire pleure.
Mais si vous me vengez, vengez-moi dans une heure.
Tous vos retardements sont pour moi des refus.

Courez au temple. Il faut immoler...

Oreste
Qui?
Hermione
Pyrrhus.

Oreste
Pyrrhus, Madame!

Hermione
Eh quoi! votre haine chancelle?
Ah! courez, et craignez que je ne vous rappelle.
N'alléguez point des droits que je veux oublier;
Et ce n'est pas à vous à le justifier.

Oreste
Moi, je l'excuserais? Ah! vos bontés, Madame,
Ont gravé trop avant ses crimes dans mon âme.
Vengeons-nous, j'y consens, mais par d'autres chemins:
Soyons ses ennemis, et non ses assassins;
Faisons de sa ruine une juste conquête.
Quoi! pour réponse aux Grecs porterai-je sa tête?
Et n'ai-je pris sur moi le soin de tout l'État,
Que pour m'en acquitter par un assassinat?
Souffrez, au nom des dieux, que la Grèce s'explique,
Et qu'il meure chargé de la haine publique.
Souvenez-vous qu'il règne, et qu'un front couronné...

Hermione
Ne vous suffit-il pas que je l'ai condamné?

Ne vous suffit-il pas que ma gloire offensée
Demande une victime à moi seule adressée;
Qu'Hermione est le prix d'un tyran opprimé;
Que je le hais; enfin, Seigneur, que je l'aimai?
Je ne m'en cache point: l'ingrat m'avait su plaire,
Soit qu'ainsi l'ordonnât mon amour ou mon père,
N'importe; mais enfin réglez-vous là-dessus.
Malgré mes vœux, Seigneur, honteusement déçus,
Malgré la juste horreur que son crime me donne,
Tant qu'il vivra, craignez que je ne lui pardonne.
Doutez jusqu'à sa mort d'un courroux incertain:
S'il ne meurt aujourd'hui, je puis l'aimer demain.

Oreste
Eh bien! Il faut le perdre, et prévenir sa grâce;
Il faut... Mais cependant que faut-il que je fasse?
Comment puis-je si tôt servir votre courroux?
Quel chemin jusqu'à lui peut conduire mes coups?
À peine suis-je encore arrivé dans l'Épire,
Vous voulez par mes mains renverser un empire;
Vous voulez qu'un roi meure, et pour son châtiment
Vous ne donnez qu'un jour, qu'une heure, qu'un moment!
Aux yeux de tout son peuple, il faut que je l'opprime!
Laissez-moi vers l'autel conduire ma victime,
Je ne m'en défends plus; et je ne veux qu'aller
Reconnaître la place où je dois l'immoler.
Cette nuit je vous sers, cette nuit je l'attaque.

Hermione
Mais cependant, ce jour, il épouse Andromaque!
Dans le temple déjà le trône est élevé,
Ma honte est confirmée, et son crime achevé.
Enfin qu'attendez-vous? Il vous offre sa tête:
Sans gardes, sans défense, il marche à cette fête;
Autour du fils d'Hector il les fait tous ranger;
Il s'abandonne au bras qui me voudra venger.
Voulez-vous malgré lui prendre soin de sa vie?
Armez, avec vos Grecs, tous ceux qui m'ont suivie;
Soulevez vos amis, tous les miens sont à vous:
Il me trahit, vous trompe, et nous méprise tous.
Mais quoi? déjà leur haine est égale à la mienne:
Elle épargne à regret l'époux d'une Troyenne.
Parlez: mon ennemi ne vous peut échapper,
Ou plutôt il ne faut que les laisser frapper.
Conduisez ou suivez une fureur si belle;
Revenez tout couvert du sang de l'infidèle;
Allez: en cet état soyez sûr de mon cœur.

Oreste
Mais, Madame, songez...

Hermione
Ah! c'en est trop, Seigneur.
Tant de raisonnements offensent
ma colère.
J'ai voulu vous donner les moyens
de me plaire,
Rendre Oreste content; mais enfin
je vois bien
Qu'il veut toujours se plaindre, et
ne mériter rien.
Partez: allez ailleurs vanter votre
constance,
Et me laissez ici le soin de ma
vengeance.
De mes lâches bontés mon courage
est confus,
Et c'est trop en un jour essuyer de
refus.
Je m'en vais seule au temple où
leur hymen s'apprête,
Où vous n'osez aller mériter ma
conquête.
Là, de mon ennemi je saurai
m'approcher,
Je percerai le cœur que je n'ai pu
toucher,
Et mes sanglantes mains, sur moi-
même tournées,
Aussitôt, malgré lui, joindront nos
destinées;
Et tout ingrat qu'il est, il me sera
plus doux
De mourir avec lui que de vivre
avec vous.

Oreste
Non, je vous priverai de ce plaisir
funeste,
Madame: il ne mourra que de la
main d'Oreste.
Vos ennemis par moi vont vous
être immolés,
Et vous reconnaîtrez mes soins, si
vous voulez.

Hermione

Allez. De votre sort laissez-moi la
conduite,
Et que tous vos vaisseaux soient
prêts pour notre fuite.

Scène IV
Hermione, Cléone.

Cléone
Vous vous perdez, Madame, et
vous devez songer...

Hermione
Que je me perde ou non, je songe à
me venger.
Je ne sais même encor, quoi qu'il
m'ait pu promettre,
Sur d'autres que sur moi si je dois
m'en remettre:
Pyrrhus n'est pas coupable à ses
yeux comme aux miens,
Et je tiendrais mes coups bien plus
sûrs que les siens.
Quel plaisir de venger moi-même
mon injure,
De retirer mon bras teint du sang
du parjure,
Et pour rendre sa peine et mes
plaisirs plus grands,
De cacher ma rivale à ses regards
mourants!
Ah! si du moins Oreste, en
punissant son crime,
Lui laissait le regret de mourir ma
victime!
Va le trouver: dis-lui qu'il
apprenne à l'ingrat
Qu'on l'immole à ma haine, et non
pas à l'État.
Chère Cléone, cours: ma
vengeance est perdue
S'il ignore en mourant que c'est
moi qui le tue.

Cléone

Je vous obéirai! Mais qu'est-ce que
je vois?
Ô dieux! qui l'aurait cru, Madame?
C'est le roi!

Hermione
Ah! cours après Oreste; et dis-lui,
ma Cléone,
Qu'il n'entreprenne rien sans revoir
Hermione!

Scène V
Pyrrhus, Hermione, Phœnix.

Pyrrhus
Vous ne m'attendiez pas, Madame,
et je vois bien
Que mon abord ici trouble votre
entretien.
Je ne viens point, armé d'un
indigne artifice,
D'un voile d'équité couvrir mon
injustice:
Il suffit que mon cœur me
condamne tout bas,
Et je soutiendrais mal ce que je ne
crois pas.
J'épouse une Troyenne. Oui,
Madame, et j'avoue
Que je vous ai promis la foi que je
lui voue.
Un autre vous dirait que dans les
champs troyens
Nos deux pères sans nous
formèrent ces liens,
Et que sans consulter ni mon choix
ni le vôtre,
Nous fûmes sans amour engagés
l'un à l'autre;
Mais c'est assez pour moi que je
me sois soumis.
Par mes ambassadeurs mon cœur
vous fut promis;
Loin de les révoquer, je voulus y
souscrire:

Je vous vis avec eux arriver en
Épire,
Et quoique d'un autre oeil l'éclat
victorieux
Eût déjà prévenu le pouvoir de vos
yeux,
Je ne m'arrêtai point à cette ardeur
nouvelle;
Je voulus m'obstiner à vous être
fidèle:
Je vous reçus en reine, et jusques à
ce jour
J'ai cru que mes serments me
tiendraient lieu d'amour.
Mais cet amour l'emporte, et par
un coup funeste,
Andromaque m'arrache un cœur
qu'elle déteste.
L'un par l'autre entraînés, nous
courons à l'autel
Nous jurer malgré nous un amour
immortel.
Après cela, Madame, éclatez contre
un traître,
Qui l'est avec douleur, et qui
pourtant veut l'être.
Pour moi, loin de contraindre un si
juste courroux,
Il me soulagera peut-être autant
que vous.
Donnez-moi tous les noms destinés
aux parjures:
Je crains votre silence, et non pas
vos injures;
Et mon cœur, soulevant mille
secrets témoins,
M'en dira d'autant plus que vous
m'en direz moins.

Hermione
Seigneur, dans cet aveu dépouillé
d'artifice,
J'aime à voir que du moins vous
vous rendiez justice,
Et que voulant bien rompre un
nœud si solennel,

Vous vous abandonniez au crime
en criminel.
Est-il juste, après tout, qu'un
conquérant s'abaisse
Sous la servile loi de garder sa
promesse?
Non, non, la perfidie a de quoi
vous tenter;
Et vous ne me cherchez que pour
vous en vanter.
Quoi? sans que ni serment ni
devoir vous retienne,
Rechercher une Grecque, amant
d'une Troyenne?
Me quitter, me reprendre, et
retourner encor
De la fille d'Hélène à la veuve
d'Hector,
Couronner tour à tour l'esclave et
la princesse,
Immoler Troie aux Grecs, au fils
d'Hector la Grèce?
Tout cela part d'un cœur toujours
maître de soi,
D'un héros qui n'est point esclave
de sa foi.
Pour plaire à votre épouse, il vous
faudrait peut-être
Prodiguer les doux noms de parjure
et de traître.
Vous veniez de mon front observer
la pâleur,
Pour aller dans ses bras rire de ma
douleur.
Pleurante après son char vous
voulez qu'on me voie;
Mais, Seigneur, en un jour ce serait
trop de joie;
Et sans chercher ailleurs des titres
empruntés,
Ne vous suffit-il pas de ceux que
vous portez?
Du vieux père d'Hector la valeur
abattue
Aux pieds de sa famille expirante à
sa vue,

Tandis que dans son sein votre bras
enfoncé
Cherche un reste de sang que l'âge
avait glacé;
Dans des ruisseaux de sang Troie
ardente plongée;
De votre propre main Polyxène
égorgée
Aux yeux de tous les Grecs
indignés contre vous:
Que peut-on refuser à ces généreux
coups!

Pyrrhus
Madame, je sais trop à quels excès
de rage
La vengeance d'Hélène emporta
mon courage.
Je puis me plaindre à vous du sang
que j'ai versé;
Mais enfin je consens d'oublier le
passé.
Je rends grâces au ciel que votre
indifférence
De mes heureux soupirs
m'apprenne l'innocence.
Mon cœur, je le vois bien, trop
prompt à se gêner,
Devait mieux vous connaître et
mieux s'examiner.
Mes remords vous faisaient une
injure mortelle.
Il faut se croire aimé pour se croire
infidèle.
Vous ne prétendiez point m'arrêter
dans vos fers:
Je crains de vous trahir, peut-être je
vous sers.
Nos cœurs n'étaient point faits
dépendants l'un de l'autre;
Je suivais mon devoir, et vous
cédiez au vôtre;
Rien ne vous engageait à m'aimer
en effet.

Hermione

Je ne t'ai point aimé, cruel? Qu'ai-
je donc fait?
J'ai dédaigné pour toi les vœux de
tous nos princes;
Je t'ai cherché moi-même au fond
de tes provinces;
J'y suis encor, malgré tes
infidélités,
Et malgré tous mes Grecs honteux
de mes bontés.
Je leur ai commandé de cacher
mon injure;
J'attendais en secret le retour d'un
parjure;
J'ai cru que tôt ou tard, à ton devoir
rendu,
Tu me rapporterais un cœur qui
m'était dû.
Je t'aimais inconstant, qu'aurais-je
fait fidèle?
Et même en ce moment où ta
bouche cruelle
Vient si tranquillement m'annoncer
le trépas,
Ingrat, je doute encor si je ne
t'aime pas.
Mais, Seigneur, s'il le faut, si le
ciel en colère
Réserve à d'autres yeux la gloire de
vous plaire,
Achevez votre hymen, j'y consens;
mais du moins
Ne forcez pas mes yeux d'en être
les témoins.
Pour la dernière fois je vous parle
peut-être.
Différez-le d'un jour, demain, vous
serez maître...
Vous ne répondez point? Perfide, je
le voi:
Tu comptes les moments que tu
perds avec moi!
Ton cœur, impatient de revoir ta
Troyenne,
Ne souffre qu'à regret qu'un autre
t'entretienne.

Tu lui parles du cœur, tu la
cherches des yeux.
Je ne te retiens plus, sauve-toi de
ces lieux,
Va lui jurer la foi que tu m'avais
jurée,
Va profaner des dieux la majesté
sacrée.
Ces dieux, ces justes dieux
n'auront pas oublié
Que les mêmes serments avec moi
t'ont lié.
Porte au pied des autels ce cœur
qui m'abandonne,
Va, cours; mais crains encor d'y
trouver Hermione.

Scène VI
Pyrrhus, Phœnix.

Phœnix
Seigneur, vous entendez. Gardez
de négliger
Une amante en fureur qui cherche à
se venger.
Elle n'est en ces lieux que trop bien
appuyée:
La querelle des Grecs à la sienne
est liée;
Oreste l'aime encore, et peut-être à
ce prix...

Pyrrhus
Andromaque m'attend. Phœnix,
garde son fils.

ACTE cinquième
Scène I

Hermione, seule.
Où suis-je? Qu'ai-je fait? Que dois-
je faire encore?
Quel transport me saisit? Quel
chagrin me dévore?

Errante et sans dessein je cours
dans ce palais.
Ah! ne puis-je savoir si j'aime ou si
je hais?
Le cruel! de quel oeil il m'a
congédiée!
Sans pitié, sans douleur au moins
étudiée!
L'ai-je vu se troubler et me
plaindre un moment?
En ai-je pu tirer un seul
gémissement?
Muet à mes soupirs, tranquille à
mes alarmes,
Semblait-il seulement qu'il eût part
à mes larmes?
Et je le plains encore! Et pour
comble d'ennui,
Mon cœur, mon lâche cœur
s'intéresse pour lui!
Je tremble au seul penser du coup
qui le menace!
Et prête à me venger, je lui fais
déjà grâce!
Non, ne révoquons point l'arrêt de
mon courroux:
Qu'il périsse! aussi bien il ne vit
plus pour nous.
Le perfide triomphe et se rit de ma
rage:
Il pense voir en pleurs dissiper cet
orage;
Il croit que toujours faible et d'un
cœur incertain,
Je parerai d'un bras les coups de
l'autre main.
Il juge encor de moi par mes bontés
passées.
Mais plutôt le perfide a bien
d'autres pensées:
Triomphant dans le temple, il ne
s'informe pas
Si l'on souhaite ailleurs sa vie ou
son trépas.
Il me laisse, l'ingrat, cet embarras
funeste.

Non, non, encore un coup, laissons
agir Oreste.
Qu'il meure, puisque enfin il a dû
le prévoir,
Et puisqu'il m'a forcée enfin à le
vouloir...
À le vouloir? Hé quoi? c'est donc
moi qui l'ordonne?
Sa mort sera l'effet de l'amour
d'Hermione?
Ce prince, dont mon cœur se faisait
autrefois
Avec tant de plaisir redire les
exploits,
À qui même en secret je m'étais
destinée
Avant qu'on eût conclu ce fatal
hyménée,
Je n'ai donc traversé tant de mers,
tant d'États,
Que pour venir si loin préparer son
trépas?
L'assassiner? le perdre? Ah! devant
qu'il expire...

Scène II
Hermione, Cléone.

Hermione
Ah! qu'ai-je fait, Cléone? et que
viens-tu me dire?
Que fait Pyrrhus?

Cléone
Il est au comble de ses vœux,
Le plus fier des mortels, et le plus
amoureux.
Je l'ai vu vers le temple, où son
hymen s'apprête,
Mener en conquérant sa nouvelle
conquête,
Et d'un oeil où brillaient sa joie et
son espoir,
S'enivrer en marchant du plaisir de
la voir.

Andromaque, au travers de mille
cris de joie,
Porte jusqu'aux autels le souvenir
de Troie.
Incapable toujours d'aimer et de
haïr,
Sans joie et sans murmure elle
semble obéir.

Hermione
Et l'ingrat? jusqu'au bout il a
poussé l'outrage?
Mais as-tu bien, Cléone, observé
son visage?
Goûte-t-il des plaisirs tranquilles et
parfaits?
N'a-t-il point détourné ses yeux
vers le palais?
Dis-moi, ne t'es-tu point présentée
à sa vue?
L'ingrat a-t-il rougi lorsqu'il t'a
reconnue?
Son trouble avouait-il son
infidélité?
A-t-il jusqu'à la fin soutenu sa
fierté?

Cléone
Madame, il ne voit rien. Son salut
et sa gloire
Semblent être avec vous sortis de
sa mémoire.
Sans songer qui le suit, ennemis ou
sujets,
Il poursuit seulement ses amoureux
projets.
Autour du fils d'Hector il a rangé
sa garde,
Et croit que c'est lui seul que le
péril regarde.
Phœnix même en répond, qui l'a
conduit exprès
Dans un fort éloigné du temple et
du palais.
Voilà dans ses transports le seul
soin qui lui reste.

Hermione
Le perfide! Il mourra. Mais que t'a
dit Oreste?

Cléone
Oreste avec ses Grecs dans le
temple est entré.

Hermione
Hé bien! à me venger n'est-il pas
préparé?

Cléone
Je ne sais.

Hermione
Tu ne sais? Quoi donc? Oreste
encore,
Oreste me trahit?

Cléone
Oreste vous adore.
Mais de mille remords son esprit
combattu
Croit tantôt son amour et tantôt sa
vertu.
Il respecte en Pyrrhus l'honneur du
diadème;
Il respecte en Pyrrhus Achille et
Pyrrhus même;
Il craint la Grèce, il craint l'univers
en courroux,
Mais il se craint, dit-il, soi-même
plus que tous.
Il voudrait en vainqueur vous
apporter sa tête;
Le seul nom d'assassin l'épouvante
et l'arrête.
Enfin il est entré, sans savoir dans
son cœur
S'il en devait sortir coupable ou
spectateur.

Hermione
Non, non, il les verra triompher
sans obstacle;

Il se gardera bien de troubler ce
spectacle.
Je sais de quels remords son
courage est atteint:
Le lâche craint la mort, et c'est tout
ce qu'il craint.
Quoi? sans qu'elle employât une
seule prière,
Ma mère en sa faveur arma la
Grèce entière?
Ses yeux pour leur querelle, en dix
ans de combats,
Virent périr vingt rois qu'ils ne
connaissaient pas?
Et moi, je ne prétends que la mort
d'un parjure,
Et je charge un amant du soin de
mon injure,
Il peut me conquérir à ce prix, sans
danger,
Je me livre moi-même et ne puis
me venger!
Allons: c'est à moi seule à me
rendre justice.
Que de cris de douleur le temple
retentisse;
De leur hymen fatal troublons
l'événement,
Et qu'ils ne soient unis, s'il se peut,
qu'un moment.
Je ne choisirai point dans ce
désordre extrême:
Tout me sera Pyrrhus, fût-ce Oreste
lui-même.
Je mourrai; mais au moins ma mort
me vengera,
Je ne mourrai pas seule, et
quelqu'un me suivra.

Scène III
Oreste, Hermione, Cléone.

Oreste
Madame, c'en est fait, et vous êtes
servie:

Pyrrhus rend à l'autel son infidèle
vie.

Hermione
Il est mort?

Oreste
Il expire; et nos Grecs irrités
Ont lavé dans son sang ses
infidélités.
Je vous l'avais promis; et quoique
mon courage
Se fit de ce complot une funeste
image,
J'ai couru vers le temple, où nos
Grecs dispersés
Se sont jusqu'à l'autel dans la foule
glissés.
Pyrrhus m'a reconnu, mais sans
changer de face:
Il semblait que ma vue excitât son
audace,
Que tous les Grecs, bravés en leur
ambassadeur,
Dussent de son hymen relever la
splendeur.
Enfin, avec transport prenant son
diadème,
Sur le front d'Andromaque il l'a
posé lui-même:
« Je vous donne, a-t-il dit, ma
couronne et ma foi!
Andromaque, régnez sur l'Épire et
sur moi,
Je voue à votre fils une amitié de
père;
J'en atteste les dieux, je le jure à sa
mère:
Pour tous mes ennemis je déclare
les siens,
Et je le reconnais pour le roi des
Troyens. »
À ces mots, qui du peuple attiraient
le suffrage,
Nos Grecs n'ont répondu que par
un cri de rage;

L'infidèle s'est vu partout
envelopper,
Et je n'ai pu trouver de place pour
frapper.
Chacun se disputait la gloire de
l'abattre,
Je l'ai vu dans leurs mains quelque
temps se débattre,
Tout sanglant à leurs coups vouloir
se dérober,
Mais enfin à l'autel il est allé
tomber.
Du peuple épouvanté j'ai traversé
la presse
Pour venir de ces lieux enlever ma
princesse,
Et regagner le port, où bientôt nos
amis
Viendront couverts du sang que je
vous ai promis.

Hermione
Qu'ont-ils fait!

Oreste
Pardonnez à leur impatience:
Ils ont, je le vois bien, trahi votre
vengeance.
Vous vouliez que ma main portât
les premiers coups,
Qu'il sentît en mourant qu'il
expirait pour vous;
Mais c'est moi dont l'ardeur leur a
servi d'exemple:
Je les ai pour vous seule entraînés
dans le temple,
Madame, et vous pouvez justement
vous flatter
D'une mort que leurs bras n'ont
fait qu'exécuter.
Vous seule avez poussé les coups...

Hermione
Tais-toi, perfide,
Et n'impute qu'à toi ton lâche
parricide.

Va faire chez tes Grecs admirer ta
fureur,
Va; je la désavoue, et tu me fais
horreur.
Barbare, qu'as-tu fait? Avec quelle
furie
As-tu tranché le cours d'une si
belle vie?
Avez-vous pu, cruels, l'immoler
aujourd'hui,
Sans que tout votre sang se
soulevât pour lui?
Mais parle: de son sort qui t'a
rendu l'arbitre?
Pourquoi l'assassiner? Qu'a-t-il
fait? À quel titre?
Qui te l'a dit?

Oreste
Ô dieux! Quoi? ne m'avez-vous
pas
Vous-même, ici, tantôt, ordonné
son trépas?

Hermione
Ah! fallait-il en croire une amante
insensée?
Ne devais-tu pas lire au fond de ma
pensée?
Et ne voyais-tu pas, dans mes
emportements,
Que mon cœur démentait ma
bouche à tous moments?
Quand je l'aurais voulu, fallait-il y
souscrire?
N'as-tu pas dû cent fois te le faire
redire?
Toi-même avant le coup me venir
consulter,
Y revenir encore, ou plutôt
m'éviter?
Que ne me laissais-tu le soin de ma
vengeance?
Qui t'amène en des lieux où l'on
fuit ta présence?
Voilà de ton amour le détestable
fruit:

Tu l'apportais, cruel, le malheur
qui te suit.
C'est toi dont l'ambassade, à tous
les deux fatale,
L'a fait pour son malheur pencher
vers ma rivale.
Nous le verrions encor nous
partager ses soins;
Il 'aimerait peut-être, il le feindrait
du moins.
Adieu. Tu peux partir. Je demeure
en Épire:
Je renonce à la Grèce, à Sparte, à
son empire,
À toute ma famille; et c'est assez
pour moi,
Traître, qu'elle ait produit un
monstre comme toi.

Scène IV
Oreste, seul.

Que vois-je? Est-ce Hermione? Et
que viens-je d'entendre?
Pour qui coule le sang que je viens
de répandre?
Je suis, si je l'en crois, un traître, un
assassin.
Est-ce Pyrrhus qui meurt? et suis-je
Oreste enfin?
Quoi? j'étouffe en mon cœur la
raison qui m'éclaire,
J'assassine à regret un roi que je
révère,
Je viole en un jour les droits des
souverains,
Ceux des ambassadeurs, et tous
ceux des humains,
Ceux même des autels où ma
fureur l'assiège:
Je deviens parricide, assassin,
sacrilège.
Pour qui? pour une ingrate à qui je
le promets,
Qui même, s'il ne meurt, ne me
verra jamais,

Dont j'épouse la rage! Et quand je
l'ai servie,
Elle me redemande et son sang et
sa vie!
Elle l'aime! et je suis un monstre
furieux!
Je la vois pour jamais s'éloigner de
mes yeux!
Et l'ingrate en fuyant me laisse
pour salaire
Tous les noms odieux que j'ai pris
pour lui plaire!

Scène V
Oreste, Pylade, soldats d'Oreste.

Pylade
Il faut partir, Seigneur. Sortons de
ce palais,
Ou bien résolvons-nous de n'en
sortir jamais.
Nos Grecs pour un moment en
défendent la porte;
Tout le peuple assemblé nous
poursuit à main-forte;
Aux ordres d'Andromaque ici tout
est soumis,
Ils la traitent en reine, et nous
comme ennemis.
Andromaque elle-même, à Pyrrhus
si rebelle,
Lui rend tous les devoirs d'une
veuve fidèle,
Commande qu'on le venge, et
peut-être sur nous
Veut venger Troie encore et son
premier époux.
Allons, n'attendons pas que l'on
nous environne:
Nos Grecs nous rejoindront; et
tandis qu'Hermione
Tient encore le peuple autour d'elle
arrêté,
Voilà notre chemin, sortons en
sûreté.

Oreste

Non, non, c'est Hermione, amis, que je veux suivre.
À son dernier arrêt je ne puis plus survivre.
Partez: j'ai fait le crime, et je vais l'expier.

Pylade

Hermione, Seigneur? Il la faut oublier.
Quoi! toujours l'instrument et l'objet de sa rage,
Cherchez-vous chez les morts quelque nouvel outrage?
Et parce qu'elle meurt faut-il que vous mouriez?

Oreste

Elle meurt? Dieux! qu'entends-je?

Pylade

Eh quoi? vous l'ignoriez?
En rentrant dans ces lieux nous l'avons rencontrée
Qui courait vers le temple, inquiète, égarée.
Elle a trouvé Pyrrhus porté sur des soldats
Que son sang excitait à venger son trépas.
Sans doute à cet objet sa rage s'est émue.
Mais du haut de la porte enfin nous l'avons vue
Un poignard à la main sur Pyrrhus se courber,
Lever les yeux au ciel, se frapper et tomber.

Oreste

Grâce aux dieux! Mon malheur passe mon espérance!
Oui, je te loue, ô ciel, de ta persévérance!
Appliqué sans relâche au soin de me punir,
Au comble des douleurs tu m'as fait parvenir.
Ta haine a pris plaisir à former ma misère;
J'étais né pour servir d'exemple à ta colère,
Pour être du malheur un modèle accompli.
Hé bien! je meurs content, et mon sort est rempli.
Où sont ces deux amants? Pour couronner ma joie,
Dans leur sang, dans le mien, il faut que je me noie;
L'un et l'autre en mourant je les veux regarder:
Réunissons trois cœurs qui n'ont pu s'accorder...
Mais quelle épaisse nuit tout à coup m'environne?
De quel côté sortir? D'où vient que je frissonne?
Quelle horreur me saisit! Grâce au ciel j'entrevoi...
Dieux! quels ruisseaux de sang coulent autour de moi!

Pylade

Ah! Seigneur!

Oreste

Quoi? Pyrrhus, je te rencontre encore?
Trouverai-je partout un rival que j'abhorre?
Percé de tant de coups, comment t'es-tu sauvé?
Tiens, tiens, voilà le coup que je t'ai réservé.
Mais que vois-je? À mes yeux Hermione l'embrasse!
Elle vient l'arracher au coup qui le menace?
Dieux! quels affreux regards elle jette sur moi!

Quels démons, quels serpents
traîne-t-elle après soi?
Eh bien! filles d'enfer, vos mains
sont-elles prêtes?
Pour qui sont ces serpents qui
sifflent sur vos têtes?
À qui destinez-vous l'appareil qui
vous suit?
Venez-vous m'enlever dans
l'éternelle nuit?
Venez, à vos fureurs Oreste
s'abandonne.
Mais non, retirez-vous, laissez faire
Hermione:
L'ingrate mieux que vous saura me
déchirer;
Et je lui porte enfin mon cœur à
dévorer.

Pylade
Il perd le sentiment. Amis, le temps
nous presse.
Ménageons les moments que ce
transport nous laisse.
Sauvons-le. Nos efforts
deviendraient impuissants
S'il reprenait ici sa rage avec ses
sens.

Fin

Jean-Baptiste Rousseau, (1671-1741)

Ode tirée du Cantique d'Ézéchias pour une personne convalescente

J'ai vu mes tristes journées
Décliner vers leur penchant;
Au midi de mes années
Je touchais à mon couchant:
La Mort, déployant ses ailes,
Couvrait d'ombres éternelles
La clarté dont je jouis;
Et, dans cette nuit funeste,
Je cherchais en vain le reste
De mes jours évanouis.

Grand Dieu, votre main réclame
Les dons que j'en ai reçus;
Elle vient couper la trame
Des jours qu'elle m'a tissus:
Mon dernier soleil se lève
Et votre souffle m'enlève
De la terre des vivants,
Comme la feuille séchée,
Qui, de sa tige arrachée,
Devient le jouet des vents…

Comme un lion plein de rage,
Le mal a brisé mes os;
Le tombeau m'ouvre un passage
Dans ses lugubres cachots.
Victime faible et tremblante,
A cette image sanglante
Je soupire nuit et jour;
Et, dans ma crainte mortelle,
Je suis comme l'hirondelle
Sous les griffes du vautour.

Ainsi, de cris et d'alarmes,
Mon mal semblait se nourrir;
Et mes yeux, noyés de larmes,
Etaient lassés de s'ouvrir.
Je disais à la nuit sombre:
Ô nuit, tu vas dans ton ombre
M'ensevelir pour toujours!
Je redisais à l'aurore:

Le jour que tu fais éclore
Est le dernier de mes jours!

François Marie Arouet, Voltaire
(1694 – 1778)
A Madame du Châtelet

Si vous voulez que j'aime encore,
Rendez-moi l'âge des amours;
Au crépuscule de mes jours
Rejoignez, s'il se peut, l'aurore.

Des beaux lieux où le dieu du vin
Avec l'Amour tient son empire,
Le Temps, qui me prend par la
main,
M'avertit que je me retire.

De son inflexible rigueur
Tirons au moins quelque avantage.
Qui n'a pas l'esprit de son âge
De son âge a tout le malheur.

Laissons à la belle jeunesse
Ses folâtres emportements:
Nous ne vivons que deux
moments;
Qu'il en soit un pour la sagesse.

Quoi! pour toujours vous me fuyez,
Tendresse, illusion, folie,
Dons du ciel, qui me consoliez
Des amertumes de la vie!

On meurt deux fois, je le vois bien:
Cesser d'aimer et d'être aimable,
C'est une mort insupportable;
Cesser de vivre, ce n'est rien.

Ainsi je déplorais la perte
Des erreurs de mes premiers ans;
Et mon âme, aux désirs ouverte,
Regrettait ses égarements.

Du ciel alors daignant descendre,
L'Amitié vint à mon secours;
Elle était peut-être aussi tendre,
Mais moins vive que les Amours.

Touché de sa beauté nouvelle,

Et de sa lumière éclairé,
Je la suivis; mais je pleurai
De ne pouvoir plus suivre qu'elle.

A Madame Lullin

Hé quoi! vous êtes étonnée
Qu'au bout de quatre-vingts hivers,
Ma Muse faible et surannée
Puisse encor fredonner des vers?

Quelquefois un peu de verdure
Rit sous les glaçons de nos champs;
Elle console la nature,
Mais elle sèche en peu de temps.

Un oiseau peut se faire entendre
Après la saison des beaux jours;
Mais sa voix n'a plus rien de
tendre,
Il ne chante plus ses amours.

Ainsi je touche encor ma lyre
Qui n'obéit plus à mes doigts;
Ainsi j'essaie encor ma voix
Au moment même qu'elle expire.

"Je veux dans mes derniers adieux,
Disait Tibulle à son amante,
Attacher mes yeux sur tes yeux,
Te presser de ma main mourante."

Mais quand on sent qu'on va
passer,
Quand l'âme fuit avec la vie,
A-t-on des yeux pour voir Délie,
Et des mains pour la caresser?

Dans ce moment chacun oublie
Tout ce qu'il a fait en santé.
Quel mortel s'est jamais flatté
D'un rendez-vous à l'agonie?

Délie elle-même, à son tour,
S'en va dans la nuit éternelle,
En oubliant qu'elle fut belle,
Et qu'elle a vécu pour l'amour.

Nous naissons, nous vivons,
bergère,
Nous mourons sans savoir
comment;
Chacun est parti du néant:
Où va-t-il?... Dieu le sait, ma chère.

Jacques Delille (1738-1813)
Les jardins: l'automne

…Bientôt les aquilons

Des dépouilles des bois vont
joncher les vallons:

De moment en moment la feuille
sur la terre

En tombant interrompt le rêveur
solitaire.

Mais ces ruines même ont pour
moi des attraits.

Là, si mon cœur nourrit quelques
profonds regrets,

Si quelque souvenir vient rouvrir
ma blessure,

J'aime à mêler mon deuil au deuil
de la nature;

De ces bois desséchés, de ces
rameaux flétris,

Seul, errant, je me plais à fouler les
débris.

Ils sont passés, les jours d'ivresse et
de folie:

Viens, je me livre à toi, tendre
mélancolie;

Viens, non le front chargé de
nuages affreux,

Dont marche enveloppé le chagrin
ténébreux,

Mais l'œil demi-voilé, mais telle
qu'en automne

A travers des vapeurs un jour plus
doux rayonne;

Viens, le regard pensif, le front
calme, et les yeux

Tout prêts à s' humecter de pleurs
délicieux.

Nicolás Gilbert (1751-1780)
Ode imitée de plusieurs psaumes

J'ai révélé mon coeur au Dieu de
l'innocence;
Il a vu mes pleurs pénitents.
Il guérit mes remords, il m'arme de
constance;
Les malheureux sont ses enfants.

Mes ennemis, riant, ont dit dans
leur colère:
" Qu'il meure et sa gloire avec lui! "
Mais à mon coeur calmé le
Seigneur dit en père:
" Leur haine sera ton appui.

À tes plus chers amis ils ont prêté
leur rage:
Tout trompe ta simplicité;
Celui que tu nourris court vendre
ton image
Noire de sa méchanceté.

Mais Dieu t'entend gémir, Dieu
vers qui te ramène
Un vrai remords né des douleurs;
Dieu qui pardonne enfin à la nature
humaine
D'être faible dans les malheurs.

J'éveillerai pour toi la pitié, la
justice
De l'incorruptible avenir;
Eux-mêmes épureront, par leur
long artifice,
Ton honneur qu'ils pensent ternir. "

Soyez béni, mon Dieu! vous qui
daignez me rendre
L'innocence et son noble orgueil;
Vous qui, pour protéger le repos de
ma cendre,
Veillerez près de mon cercueil!

Au banquet de la vie, infortuné
convive,

J'apparus un jour, et je meurs.
Je meurs; et, sur ma tombe où
lentement j'arrive,
Nul ne viendra verser des pleurs.

Salut, champs que j'aimais! et vous,
douce verdure!
Et vous, riant exil des bois!
Ciel, pavillon de l'homme,
admirable nature,
Salut pour la dernière fois!

Ah! puissent voir longtemps votre
beauté sacrée
Tant d'amis sourds à mes adieux!
Qu'ils meurent pleins de jours! que
leur mort soit
Qu'un ami leur ferme les yeux!
[pleurée!

André Marie Chénier (1762 - 1794)
Néère

Mais telle qu'à sa mort pour la
dernière fois,
Un beau cygne soupire, et de sa
douce voix,
De sa voix qui bientôt lui doit être
ravie,
Chante, avant de partir, ses adieux
à la vie,
Ainsi, les yeux remplis de langueur
et de mort,
Pâle, elle ouvrit sa bouche en un
dernier effort:

" O vous, du Sébethus Naïades
vagabondes,
Coupez sur mon tombeau vos
chevelures blondes.
Adieu, mon Clinias! moi, celle qui
te plus,
Moi, celle qui t'aimai, que tu ne
verras plus.
O cieux, ô terre, ô mer, prés,
montagnes, rivages,
Fleurs, bois mélodieux, vallons,
grottes sauvages,
Rappelez-lui souvent, rappelez-lui
toujours
Néère tout son bien, Néère ses
amours;
Cette Néère, hélas! qu'il nommait
sa Néère,
Qui pour lui criminelle abandonna
sa mère;
Qui pour lui fugitive, errant de
lieux en lieux,
Aux regards des humains n'osa
lever les yeux.
Oh! soit que l'astre pur des deux
frères d'Hélène
Calme sous ton vaisseau la vague
ionienne;
Soit qu'aux bords de Paestum, sous
ta soigneuse main,

Les roses deux fois l'an couronnent
ton jardin;
Au coucher du soleil, si ton âme
attendrie
Tombe en une muette et molle
rêverie,
Alors, mon Clinias, appelle,
appelle-moi.
Je viendrai, Clinias; je volerai vers
toi.
Mon âme vagabonde à travers le
feuillage
Frémira; sur les vents ou sur
quelque nuage
Tu la verras descendre, ou du sein
de la mer,
S'élevant comme un songe,
étinceler dans l'air;
Et ma voix, toujours tendre et
doucement plaintive,
Caresser en fuyant ton oreille
attentive. "

La jeune Tarentine
Pleurez, doux alcyons, ô vous,
oiseaux sacrés,
Oiseaux chers à Thétis, doux
alcyons, pleurez.

Elle a vécu, Myrto, la jeune
Tarentine.
Un vaisseau la portait aux bords de
Camarine.
Là l'hymen, les chansons, les flûtes,
lentement,
Devaient la reconduire au seuil de
son amant.
Une clef vigilante a pour cette
journée
Dans le cèdre enfermé sa robe
d'hyménée
Et l'or dont au festin ses bras
seraient parés
Et pour ses blonds cheveux les
parfums préparés.
Mais, seule sur la proue, invoquant
les étoiles,

Le vent impétueux qui soufflait
dans les voiles
L'enveloppe. Étonnée, et loin des
matelots,
Elle crie, elle tombe, elle est au
sein des flots.

Elle est au sein des flots, la jeune
Tarentine.
Son beau corps a roulé sous la
vague marine.
Thétis, les yeux en pleurs, dans le
creux d'un rocher
Aux monstres dévorants eut soin de
la cacher.
Par ses ordres bientôt les belles
Néréides
L'élèvent au-dessus des demeures
humides,
Le portent au rivage, et dans ce
monument
L'ont, au cap du Zéphir, déposé
mollement.
Puis de loin à grands cris appelant
leurs compagnes,
Et les Nymphes des bois, des
sources, des montagnes,
Toutes frappant leur sein et traînant
un long deuil,
Répétèrent: « hélas! » autour de
son cercueil.

Hélas! chez ton amant tu n'es point
ramenée.
Tu n'as point revêtu ta robe
d'hyménée.
L'or autour de tes bras n'a point
serré de nœuds.
Les doux parfums n'ont point coulé
sur tes cheveux.

Élégies
…Je meurs. Avant le soir j'ai fini
ma journée,
A peine ouverte au jour, ma rose
s'est fanée.

La vie eut bien pour moi de
volages douceurs;
Je les goûtais à peine, et voilà que
je meurs.
Mais, oh! que mollement reposera
ma cendre,
Si parfois un penchant impérieux et
tendre
Vous guidant vers la tombe où je
suis endormi,
Vos yeux en approchant pensent
voir leur ami;
Si vos chants de mes feux vont
redisant l'histoire;
Si vos discours flatteurs, tout pleins
de ma mémoire,
Inspirent à vos fils, qui ne m'ont
point connu,
L'ennui de naître à peine et de
m'avoir perdu!
Qu'à votre belle vie ainsi ma mort
obtienne
Tout l'âge, tous les biens dérobés à
la mienne;
Que jamais les douleurs, par de
cruels combats,
N'allument dans vos flancs un
pénible trépas;
Que la joie en vos coeurs ignore les
alarmes;
Que les peines d'autrui causent
seules vos larmes;
Que vos heureux destins, les
délices du ciel,
Coulent toujours trempés
d'ambroisie et de miel,
Et non sans quelque amour paisible
et mutuelle.
Et quand la mort viendra, qu'une
amante fidèle,
Près de vous désolée, en accusant
les Dieux,
Pleure, et veuille vous suivre, et
vous ferme les yeux.

La jeune captive

«L'épi naissant mûrit de la faux
respecté;
Sans crainte du pressoir, le pampre,
tout l'été
Boit les doux présents de l'aurore;
Et moi, comme lui belle, et jeune
comme lui,
Quoi que l'heure présente ait de
trouble et d'ennui,
Je ne veux pas mourir encore.

Qu'un stoïque aux yeux secs vole
embrasser la mort:
Moi je pleure et j'espère. Au noir
souffle du nord
Je plie et relève ma tête.
S'il est des jours amers, il en est de
si doux!
Hélas! quel miel jamais n'a laissé
de dégoûts?
Quelle mer n'a point de tempête?

L'illusion féconde habite dans mon
sein.
D'une prison sur moi les murs
pèsent en vain,
J'ai les ailes de l'espérance:
Échappée aux réseaux de l'oiseleur
cruel,
Plus vive, plus heureuse, aux
campagnes du ciel
Philomèle, chante et s'élance.

Est-ce à moi de mourir? Tranquille
je m'endors,
Et tranquille je veille, et ma veille
aux remords
Ni mon sommeil ne sont en proie.
Ma bienvenue au jour me rit dans
tous les yeux;
Sur des fronts abattus, mon aspect
dans ces lieux
Ranime presque de la joie.

Mon beau voyage encore est si loin
de sa fin!

Je pars, et des ormeaux qui bordent
le chemin
J'ai passé les premiers à peine.
Au banquet de la vie à peine
commencé,
Un instant seulement mes lèvres
ont pressé
La coupe en mes mains encor
pleine.

Je ne suis qu'au printemps, je veux
voir la moisson;
Et comme le soleil, de-saison en
saison,
Je veux achever mon année.
Brillante sur ma tige et l'honneur
du jardin,
Je n'ai vu luire encor que les feux
du matin;
Je veux achever ma journée.

O Mort! Tu peux attendre; éloigne,
éloigne-toi;
Va consoler les cœurs que la honte,
l'effroi,
Le pâle désespoir dévore.
Pour moi Palès encore a des asiles
verts,
Les Amours des baisers, les Muses
des concerts;
Je ne veux pas mourir encore.

Ainsi, triste et captif, ma lyre
toutefois
S'éveillait, écoutait ces plaintes,
cette voix,
Ces vœux d'une jeune captive;
Et secouant le faix de mes jours
languissants,
Aux douces lois des vers je pliai les
accents
De sa bouche aimable et naïve.

Ces chants, de ma prison témoins
harmonieux,
Feront à quelque amant des loisirs
studieux

Chercher quelle fut cette belle.
La grâce décorait son front et ses
discours,
Et, comme elle, craindront de voir
finir leurs jours
Ceux qui les passeront près d'elle.

Iambes

Comme un dernier rayon, comme
un dernier zéphyre
Anime la fin d'un beau jour,
Au pied de l'échafaud j'essaye
encor ma lyre.
Peut-être est-ce bientôt mon tour;
Peut-être avant que l'heure en
cercle promenée
Ait posé sur l'émail brillant,
Dans les soixante pas où sa route
est bornée,
Son pied sonore et vigilant,
Le sommeil du tombeau pressera
ma paupière!
Avant que de ses deux moitiés
Ce vers que je commence ait atteint
la dernière,
Peut-être en ces murs effrayés
Le messager de mort, noir recruteur
des ombres,
Escorté d'infâmes soldats,
Remplira de mon nom ces longs
corridors sombres

Quand au mouton bêlant la sombre
boucherie
Ouvre ses cavernes de mort,
Pâtre, chiens et moutons, toute la
bergerie
Ne s'informe plus de son sort.
Les enfants qui suivaient ses ébats
dans la plaine,
Les vierges aux belles couleurs
Qui le baisaient en foule, et sur sa
blanche laine
Entrelaçaient rubans et fleurs,
Sans plus penser à lui, le mangent
s'il est tendre.
Dans cet abîme enseveli,

J'ai le même destin. Je m'y devais
attendre.
Accoutumons-nous à l'oubli.
Oubliés comme moi dans cet
affreux repaire,
Mille autres moutons, comme moi
Pendus aux crocs sanglants du
charnier populaire,
Seront servis au peuple-roi.
Que pouvaient mes amis? Oui, de
leur main chérie
Un mot, à travers les barreaux,
Eût versé quelque baume en mon
âme flétrie;
De l'or peut-être à mes bourreaux...
Mais tout est précipice. Ils ont eu
droit de vivre.
Vivez, amis; vivez contents.
En dépit de Bavus, soyez lents à
me suivre;
Peut-être en de plus heureux temps
J'ai moi-même, à l'aspect des pleurs
de l'infortune,
Détourné mes regards distraits;
A mon tour aujourd'hui mon
malheur importune.
Vivez, amis; vivez en paix.

Que promet l'avenir? Quelle
franchise auguste,
De mâle constance et d'honneur
Quels exemples sacrés, doux à
l'âme du juste,
Pour lui quelle ombre de bonheur,
Quelle Thémis terrible aux têtes
criminelles,
Quels pleurs d'une noble pitié,
Des antiques bienfaits quels
souvenirs fidèles,
Quels beaux échanges d'amitié
Font digne de regrets l'habitacle
des hommes?
La Peur blême et louche est leur
dieu.
Le désespoir!... le fer. Ah! lâches
que nous sommes,
Tous, oui, tous. Adieu, terre, adieu.

Vienne, vienne la mort! Que la
mort me délivre!
Ainsi donc mon coeur abattu
Cède au poids de ses maux? Non,
non, puissé-je vivre!
Ma vie importe à la vertu;
Car l'honnête homme enfin,
victime de l'outrage,
Dans les cachots, près du cercueil,
Relève plus altiers son front et son
langage,
Brillants d'un généreux orgueil.
S'il est écrit aux cieux que jamais
une épée
N'étincellera dans mes mains,
Dans l'encre et l'amertume une
autre arme trempée
Peut encor servir les humains.
Justice, vérité, si ma bouche
sincère,
Si mes pensers les plus secrets
Ne froncèrent jamais votre sourcil
sévère,
Et si les infâmes progrès,
Si la risée atroce ou (plus atroce
injure!)
L'encens de hideux scélérats
Ont pénétré vos coeurs d'une
longue blessure,
Sauvez-moi; conservez un bras
Qui lance votre foudre, un amant
qui vous venge.
Mourir sans vider mon carquois!
Sans percer, sans fouler, sans pétrir
dans leur fange
Ces bourreaux barbouilleurs de
lois,
Ces tyrans effrontés de la France
asservie,
Égorgée!... Ô mon cher trésor,
Ô ma plume! Fiel, bile, horreur,
dieux de ma vie!
Par vous seuls je respire encor.

Quoi! nul ne restera pour attendrir
l'histoire
Sur tant de justes massacrés;

Pour consoler leurs fils, leurs
veuves, leur mémoire;
Pour que des brigands abhorrés
Frémissent aux portraits noirs de
leur ressemblance;
Pour descendre jusqu'aux enfers
Chercher le triple fouet, le fouet de
la vengeance,
Déjà levé sur ces pervers;
Pour cracher sur leurs noms, pour
chanter leur supplice!
Allons, étouffe tes clameurs;
Souffre, ô coeur gros de haine,
affamé de justice.
Toi, Vertu, pleure si je meurs.

L' Amérique
'Salut, ô belle nuit, étincelante et
sombre,
……………………………………
……………..

Qui n'entends que la voix de mes
vers, et les cris
De la rive aréneuse où se brise
Téthys.
Muse, muse nocturne, apporte-moi
ma lyre.
Comme un fier météore, apporte-
moi ma lyre.
Lance-toi dans l'espace; et, pour
franchir les airs,
Prends les ailes des vents, les ailes
des éclairs,
Les bonds de la comète aux longs
cheveux de flamme.
Mes vers impatients, élancés de
mon âme,
Veulent parler aux dieux, et volent
où reluit
L'enthousiasme errant, fils de la
belle nuit.
Accours, grande nature, ô mère du
génie;
Accours, reine du monde, éternelle
Uranie.

Soit que tes pas divins sur l'astre du
Lion
Ou sur les triples feux du superbe
Orion
Marchent, ou soit qu'au loin,
fugitive, emportée,
Tu suives les détours de la voie
argentée,
Soleils amoncelés dans le céleste
azur,
Où le peuple a cru voir les traces
d'un lait pur,
Descends; non, porte-moi sur ta
route brûlante,
Que je m'élève au ciel comme une
flamme ardente.
Déjà ce corps pesant se détache de
moi.
Adieu, tombeau de chair, je ne suis
plus à toi.
Terre, fuis sous mes pas. L'éther où
le ciel nage
M'aspire. Je parcours l'océan sans
rivage.
Plus de nuit. Je n'ai plus d'un globe
opaque et dur
Entre le jour et moi l'impénétrable
mur.
Plus de nuit, et mon oeil et se perd
et se mêle
Dans les torrents profonds de
lumière éternelle.
Me voici sur les feux que le
langage humain
Nomme Cassiopée et l'Ourse et le
Dauphin.
Maintenant la Couronne autour de
moi s'embrase.
Ici l'Aigle et le Cygne et la Lyre et
Pégase.
Et voici que plus loin le Serpent
tortueux
Noue autour de mes pas ses
anneaux lumineux.
Féconde immensité, les esprits
magnanimes

Aiment à se plonger dans tes
vivants abîmes,
Abîmes de clartés, où, libre de ses
fers,
L'homme siège au conseil qui créa
l'univers;
Où l'âme, remontant à sa grande
origine,
Sent qu'elle est une part de
l'essence divine...'

Marceline Desbordes-Valmor
(1786 – 1859)
Qu'en avez-vous fait?

Vous aviez mon coeur,
Moi, j'avais le vôtre:
Un coeur pour un coeur;
Bonheur pour bonheur!

Le vôtre est rendu,
Je n'en ai plus d'autre,
Le vôtre est rendu,
Le mien est perdu!

La feuille et la fleur
Et le fruit lui-même,
La feuille et la fleur,
L'encens, la couleur:

Qu'en avez-vous fait,
Mon maître suprême?
Qu'en avez-vous fait,
De ce doux bienfait?

Comme un pauvre enfant
Quitté par sa mère,
Comme un pauvre enfant
Que rien ne défend,

Vous me laissez là,
Dans ma vie amère;
Vous me laissez là,
Et Dieu voit cela!

Savez-vous qu'un jour
L'homme est seul au monde?
Savez-vous qu'un jour
Il revoit l'amour?

Vous appellerez,
Sans qu'on vous réponde;
Vous appellerez,
Et vous songerez!...

Vous viendrez rêvant
Sonner à ma porte;
Ami comme avant,

Vous viendrez rêvant.

Et l'on vous dira:
" Personne!... elle est morte. "
On vous le dira;
Mais qui vous plaindra?

Les roses de Saadi

J'ai voulu ce matin te rapporter des
roses;
Mais j'en avais tant pris dans mes
ceintures closes
Que les noeuds trop serrés n'ont pu
les contenir.

Les noeuds ont éclaté. Les roses
envolées
Dans le vent, à la mer s'en sont
toutes allées.
Elles ont suivi l'eau pour ne plus
revenir;

La vague en a paru rouge et comme
enflammée.
Ce soir, ma robe encore en est tout
embaumée...
Respires-en sur moi l'odorant
souvenir.

Alphonse de Lamartine (1790 – 1869)
L'isolement

Souvent sur la montagne, à l'ombre
du vieux chêne,
Au coucher du soleil, tristement je
m'assieds;
Je promène au hasard mes regards
sur la plaine,
Dont le tableau changeant se
déroule à mes pieds.

Ici gronde le fleuve aux vagues
écumantes;
Il serpente, et s'enfonce en un
lointain obscur;
Là le lac immobile étend ses eaux
dormantes
Où l'étoile du soir se lève dans
l'azur.

Au sommet de ces monts
couronnés de bois sombres,
Le crépuscule encor jette un
dernier rayon;
Et le char vaporeux de la reine des
ombres
Monte, et blanchit déjà les bords de
l'horizon.

Cependant, s'élançant de la flèche
gothique,
Un son religieux se répand dans les
airs:
Le voyageur s'arrête, et la cloche
rustique
Aux derniers bruits du jour mêle de
saints concerts.

Mais à ces doux tableaux mon âme
indifférente
N'éprouve devant eux ni charme ni
transports;
Je contemple la terre ainsi qu'une
ombre errante

Le soleil des vivants n'échauffe
plus les morts.

De colline en colline en vain
portant ma vue,
Du sud à l'aquilon, de l'aurore au
couchant,
Je parcours tous les points de
l'immense étendue,
Et je dis: " Nulle part le bonheur ne
m'attend. "

Que me font ces vallons, ces palais,
ces chaumières,
Vains objets dont pour moi le
charme est envolé?
Fleuves, rochers, forêts, solitudes si
chères,
Un seul être vous manque, et tout
est dépeuplé!

Que le tour du soleil ou commence
ou s'achève,
D'un oeil indifférent je le suis dans
son cours;
En un ciel sombre ou pur qu'il se
couche ou se lève,
Qu'importe le soleil? je n'attends
rien des jours.

Quand je pourrais le suivre en sa
vaste carrière,
Mes yeux verraient partout le vide
et les déserts:
Je ne désire rien de tout ce qu'il
éclaire;
Je ne demande rien à l'immense
univers.

Mais peut-être au-delà des bornes
de sa sphère,
Lieux où le vrai soleil éclaire
d'autres cieux,
Si je pouvais laisser ma dépouille à
la terre,
Ce que j'ai tant rêvé paraîtrait à mes
yeux!

Là, je m'enivrerais à la source où
j'aspire;
Là, je retrouverais et l'espoir et
l'amour,
Et ce bien idéal que toute âme
désire,
Et qui n'a pas de nom au terrestre
séjour!

Que ne puîs-je, porté sur le char de
l'Aurore,
Vague objet de mes voeux,
m'élancer jusqu'à toi!
Sur la terre d'exil pourquoi resté-je
encore?
Il n'est rien de commun entre la
terre et moi.

Quand là feuille des bois tombe
dans la prairie,
Le vent du soir s'élève et l'arrache
aux vallons;
Et moi, je suis semblable à la
feuille flétrie:
Emportez-moi comme elle,
orageux aquilons!

Le vallon

Mon coeur, lassé de tout, même de
l'espérance,
N'ira plus de ses voeux importuner
le sort;
Prêtez-moi seulement, vallon de
mon enfance,
Un asile d'un jour pour attendre la
mort.

Voici l'étroit sentier de l'obscure
vallée:
Du flanc de ces coteaux pendent
des bois épais,
Qui, courbant sur mon front leur
ombre entremêlée,
Me couvrent tout entier de silence
et de paix.

Là, deux ruisseaux cachés sous des
ponts de verdure
Tracent en serpentant les contours
du vallon;
Ils mêlent un moment leur onde et
leur murmure,
Et non loin de leur source ils se
perdent sans nom.

La source de mes jours comme eux
s'est écoulée;
Elle a passé sans bruit, sans nom et
sans retour:
Mais leur onde est limpide, et mon
âme troublée
N'aura pas réfléchi les clartés d'un
beau jour.

La fraîcheur de leurs lits, l'ombre
qui les couronne,
M'enchaînent tout le jour sur les
bords des ruisseaux,
Comme un enfant bercé par un
chant monotone,
Mon âme s'assoupit au murmure
des eaux.

Ah! c'est là qu'entouré d'un rempart
de verdure,
D'un horizon borné qui suffit à mes
yeux,
J'aime à fixer mes pas, et, seul dans
la nature,
A n'entendre que l'onde, à ne voir
que les cieux.

J'ai trop vu, trop senti, trop aimé
dans ma vie;
Je viens chercher vivant le calme
du Léthé.
Beaux lieux, soyez pour moi ces
bords où l'on oublie:
L'oubli seul désormais est ma
félicité.

Mon coeur est en repos, mon âme
est en silence;
Le bruit lointain du monde expire
en arrivant,
Comme un son éloigné qu'affaiblit
la distance,
A l'oreille incertaine apporté par le
vent.

D'ici je vois la vie, à travers un
nuage,
S'évanouir pour moi dans l'ombre
du passé;
L'amour seul est resté, comme une
grande image
Survit seule au réveil dans un
songe effacé.

Repose-toi, mon âme, en ce dernier
asile,
Ainsi qu'un voyageur qui, le coeur
plein d'espoir,
S'assied, avant d'entrer, aux portes
de la ville,
Et respire un moment l'air
embaumé du soir.

Comme lui, de nos pieds secouons
la poussière;
L'homme par ce chemin ne repasse
jamais;
Comme lui, respirons au bout de la
carrière
Ce calme avant-coureur de
l'éternelle paix.

Tes jours, sombres et courts
comme les jours d'automne,
Déclinent comme l'ombre au
penchant des coteaux;
L'amitié te trahit, la pitié
t'abandonne,
Et seule, tu descends le sentier des
tombeaux.

Mais la nature est là qui t'invite et
qui t'aime;

Plonge-toi dans son sein qu'elle
t'ouvre toujours
Quand tout change pour toi, la
nature est la même,
Et le même soleil se lève sur tes
jours.

De lumière et d'ombrage elle
t'entoure encore:
Détache ton amour des faux biens
que tu perds;
Adore ici l'écho qu'adorait
Pythagore,
Prête avec lui l'oreille aux célestes
concerts.

Suis le jour dans le ciel, suis
l'ombre sur la terre;
Dans les plaines de l'air vole avec
l'aquilon;
Avec le doux rayon de l'astre du
mystère
Glisse à travers les bois dans
l'ombre du vallon.

Dieu, pour le concevoir, a fait
l'intelligence:
Sous la nature enfin découvre son
auteur!
Une voix à l'esprit parle dans son
silence:
Qui n'a pas entendu cette voix dans
son coeur?

Le Lac

Ainsi, toujours poussés vers de
nouveaux rivages,
Dans la nuit éternelle emportés
sans retour,
Ne pourrons-nous jamais sur
l'océan des âges
Jeter l'ancre un seul jour?

Ô lac! l'année à peine a fini sa
carrière,

Et près des flots chéris qu'elle
devait revoir,
Regarde! je viens seul m'asseoir sur
cette pierre
Où tu la vis s'asseoir!

Tu mugissais ainsi sous ces roches
profondes,
Ainsi tu te brisais sur leurs flancs
déchirés,
Ainsi le vent jetait l'écume de tes
ondes
Sur ses pieds adorés.

Un soir, t'en souvient-il? nous
voguions en silence;
On n'entendait au loin, sur l'onde et
sous les cieux,
Que le bruit des rameurs qui
frappaient en cadence
Tes flots harmonieux.

Tout à coup des accents inconnus à
la terre
Du rivage charmé frappèrent les
échos;
Le flot fut attentif, et la voix qui
m'est chère
Laissa tomber ces mots:

" Ô temps! suspends ton vol, et
vous, heures propices!
Suspendez votre cours:
Laissez-nous savourer les rapides
délices
Des plus beaux de nos jours!

" Assez de malheureux ici-bas vous
implorent,
Coulez, coulez pour eux;
Prenez avec leurs jours les soins
qui les dévorent;
Oubliez les heureux.

" Mais je demande en vain
quelques moments encore,
Le temps m'échappe et fuit;

Je dis à cette nuit: Sois plus lente;
et l'aurore
Va dissiper la nuit.

" Aimons donc, aimons donc! de
l'heure fugitive,
Hâtons-nous, jouissons!
L'homme n'a point de port, le
temps n'a point de rive;
Il coule, et nous passons! "

Temps jaloux, se peut-il que ces
moments d'ivresse,
Où l'amour à longs flots nous verse
le bonheur,
S'envolent loin de nous de la même
vitesse
Que les jours de malheur?

Eh quoi! n'en pourrons-nous fixer
au moins la trace?
Quoi! passés pour jamais! quoi!
tout entiers perdus!
Ce temps qui les donna, ce temps
qui les efface,
Ne nous les rendra plus!

Éternité, néant, passé, sombres
abîmes,
Que faites-vous des jours que vous
engloutissez?
Parlez: nous rendrez-vous ces
extases sublimes
Que vous nous ravissez?

Ô lac! rochers muets! grottes! forêt
obscure!
Vous, que le temps épargne ou qu'il
peut rajeunir,
Gardez de cette nuit, gardez, belle
nature,
Au moins le souvenir!

Qu'il soit dans ton repos, qu'il soit
dans tes orages,
Beau lac, et dans l'aspect de tes
riants coteaux,

Et dans ces noirs sapins, et dans ces
rocs sauvages
Qui pendent sur tes eaux.

Qu'il soit dans le zéphyr qui frémit
et qui passe,
Dans les bruits de tes bords par tes
bords répétés,
Dans l'astre au front d'argent qui
blanchit ta surface
De ses molles clartés.

Que le vent qui gémit, le roseau qui
soupire,
Que les parfums légers de ton air
embaumé,
Que tout ce qu'on entend, l'on voit
ou l'on respire,
Tout dise: Ils ont aimé!

L'automne

Salut! bois couronnés d'un reste de
verdure!
Feuillages jaunissants sur les
gazons épars!
Salut, derniers beaux jours! Le
deuil de la nature
Convient à la douleur et plaît à mes
regards!

Je suis d'un pas rêveur le sentier
solitaire,
J'aime à revoir encor, pour la
dernière fois,
Ce soleil pâlissant, dont la faible
lumière
Perce à peine à mes pieds
l'obscurité des bois!

Oui, dans ces jours d'automne où la
nature expire,
A ses regards voilés, je trouve plus
d'attraits,
C'est l'adieu d'un ami, c'est le
dernier sourire

Des lèvres que la mort va fermer
pour jamais!

Ainsi, prêt à quitter l'horizon de la
vie,
Pleurant de mes longs jours l'espoir
évanoui,
Je me retourne encore, et d'un
regard d'envie
Je contemple ses biens dont je n'ai
pas joui!

Terre, soleil, vallons, belle et douce
nature,
Je vous dois une larme aux bords
de mon tombeau;
L'air est si parfumé! la lumière est
si pure!
Aux regards d'un mourant le soleil
est si beau!

Je voudrais maintenant vider
jusqu'à la lie
Ce calice mêlé de nectar et de fiel!
Au fond de cette coupe où je
buvais la vie,
Peut-être restait-il une goutte de
miel?

Peut-être l'avenir me gardait-il
encore
Un retour de bonheur dont l'espoir
est perdu?
Peut-être dans la foule, une âme
que j'ignore
Aurait compris mon âme, et
m'aurait répondu? ...

La fleur tombe en livrant ses
parfums au zéphire;
A la vie, au soleil, ce sont là ses
adieux;
Moi, je meurs; et mon âme, au
moment qu'elle [expire,
S'exhale comme un son triste et
mélodieux.

Pensée des morts

Voilà les feuilles sans sève
Qui tombent sur le gazon,
Voilà le vent qui s'élève
Et gémit dans le vallon,
Voilà l'errante hirondelle .
Qui rase du bout de l'aile:
L'eau dormante des marais,
Voilà l'enfant des chaumières
Qui glane sur les bruyères
Le bois tombé des forêts…

…C'est la saison où tout tombe
Aux coups redoublés des vents;
Un vent qui vient de la tombe
Moissonne aussi les vivants:
Ils tombent alors par mille,
Comme la plume inutile
Que l'aigle abandonne aux airs,
Lorsque des plumes nouvelles
Viennent réchauffer ses ailes
A l'approche des hivers.

C'est alors que ma paupière
Vous vit pâlir et mourir,
Tendres fruits qu'à la lumière
Dieu n'a pas laissé mûrir!
Quoique jeune sur la terre,
Je suis déjà solitaire
Parmi ceux de ma saison,
Et quand je dis en moi-même:
Où sont ceux que ton coeur aime?
Je regarde le gazon.

Leur tombe est sur la colline,
Mon pied la sait; la voilà!
Mais leur essence divine,
Mais eux, Seigneur, sont-ils là?
Jusqu'à l'indien rivage
Le ramier porte un message
Qu'il rapporte à nos climats;
La voile passe et repasse,
Mais de son étroit espace
Leur âme ne revient pas.

Ah! quand les vents de l'automne
Sifflent dans les rameaux morts,
Quand le brin d'herbe frissonne,
Quand le pin rend ses accords,
Quand la cloche des ténèbres
Balance ses glas funèbres,
La nuit, à travers les bois,
A chaque vent qui s'élève,
A chaque flot sur la grève,
Je dis: N'es-tu pas leur voix?

Milly ou la terre natale

Pourquoi le prononcer ce nom de la
patrie?
Dans son brillant exil mon coeur en
a frémi;
Il résonne de loin dans mon âme
attendrie,
Comme les pas connus ou la voix
d'un ami.

Montagnes que voilait le brouillard
de l'automne,
Vallons que tapissait le givre du
matin,
Saules dont l'émondeur effeuillait
la couronne,
Vieilles tours que le soir dorait
dans le lointain,

Murs noircis par les ans, coteaux,
sentier rapide,
Fontaine où les pasteurs accroupis
tour à tour
Attendaient goutte à goutte une eau
rare et limpide,
Et, leur urne à la main,
s'entretenaient du jour,

Chaumière où du foyer étincelait la
flamme,
Toit que le pèlerin aimait à voir
fumer,
Objets inanimés, avez-vous donc
une âme

Qui s'attache à notre âme et la force
d'aimer?...

La vigne et la maison
Efface ce séjour, ô Dieu! de ma
paupière,
Ou rends-le-moi semblable à celui
d'autrefois,
Quand la maison vibrait comme un
grand coeur de pierre
De tous ces coeurs joyeux qui
battaient sous ses toits!

A l'heure où la rosée au soleil
s'évapore,
Tous ces volets fermés s'ouvraient
à sa chaleur,
Pour y laisser entrer, avec la tiède
aurore,
Les nocturnes parfums de nos
vignes en fleur.

On eût dit que ces murs respiraient
comme un être
Des pampres réjouis la jeune
exhalaison;
La vie apparaissait rose, à chaque
fenêtre,
Sous les beaux traits d'enfants
nichés dans la maison.

Leurs blonds cheveux épars au vent
de la montagne,
Les filles, se passant leurs deux
mains sur les yeux,
Jetaient des cris de joie à l'écho des
montagnes,
Ou sur leurs seins naissants
croisaient leurs doigts [pieux.

La mère, de sa couche à ces doux
bruits levée,
Sur ces fronts inégaux se penchait
tour à tour,
Comme la poule heureuse
assemble sa couvée,

Leur apprenant les mots qui
bénissent le jour.

Moins de balbutiements sortent du
nid sonore,
Quand, au rayon d'été qui vient la
réveiller,
L'hirondelle, au plafond qui les
abrite encore,
A ses petits sans plume apprend à
gazouiller.

Et les bruits du foyer que l'aube fait
renaître,
Les pas des serviteurs sur les
degrés de bois,
Les aboiements du chien qui voit
sortir son maître,
Le mendiant plaintif qui fait pleurer
sa voix.

Montaient avec le jour; et, dans les
intervalles,
Sous des doigts de quinze ans
répétant leur leçon,
Les claviers résonnaient ainsi que
des cigales
Qui font tinter l'oreille au temps de
la moisson!

Puis ces bruits d'année en année
Baissèrent d'une vie, hélas! et d'une
voix;
Une fenêtre en deuil, à l'ombre
condamnée,
Se ferma sous le bord des toits.

Printemps après printemps, de
belles fiancées
Suivirent de chers ravisseurs,
Et, par la mère en pleurs sur le seuil
embrassées,
Partirent en baisant leurs soeurs.

Puis sortit un matin pour le champ
où l'on pleure
Le cercueil tardif de l'aïeul,

Puis un autre, et puis deux; et puis
dans la demeure
Un vieillard morne resta seul!

Puis la maison glissa sur la pente
rapide
Où le temps entasse les jours;
Puis la porte à jamais se ferma sur
le vide,
Et l'ortie envahit les cours! ...

**Alfred Victor de Vigny (1797 –
1863)
Moïse**

... Et, debout devant Dieu, Moïse
ayant pris place,
Dans le nuage obscur lui parlait
face à face.

Il disait au Seigneur: " Ne finirai-je
pas?
Où voulez-vous encor que je porte
mes pas?
Je vivrai donc toujours puissant et
solitaire?
Laissez-moi m'endormir du
sommeil de la terre!
Que vous ai-je donc fait pour être
votre élu?
J'ai conduit votre peuple où vous
avez voulu.
Voilà que son pied touche à la terre
promise.
De vous à lui qu'un autre accepte
l'entremise,
Au coursier d'Israël qu'il attache le
frein;
Je lui lègue mon livre et la verge
d'airain.

" Pourquoi vous fallut-il tarir mes
espérances,
Ne pas me laisser homme avec mes
ignorances,
Puisque du mont Horeb jusques au
mont Nébo
Je n'ai pas pu trouver le lieu de
mon tombeau?
Hélas! vous m'avez fait sage parmi
les sages!
Mon doigt du peuple errant a guidé
les passages
J'ai fait pleuvoir le feu sur la tête
des rois;
L'avenir à genoux adorera mes lois;
Des tombes des humains j'ouvre la
plus antique,

La mort trouve à ma voix une voix
prophétique,
Je suis très grand, mes pieds sont
sur les nations,
Ma main fait et défait les
générations.

Hélas! je suis, Seigneur, puissant et
solitaire,
Laissez-moi m'endormir du
sommeil de la terre!...

... " Sitôt que votre souffle a rempli
le berger,
Les hommes se sont dit: " Il nous
est étranger ";
Et leurs yeux se baissaient devant
mes yeux de flamme,
Car ils venaient, hélas! d'y voir plus
que mon âme.
J'ai vu l'amour s'éteindre et l'amitié
tarir;
Les vierges se voilaient et
craignaient de mourir.
M'enveloppant alors de la colonne
noire,
J'ai marché devant tous, triste et
seul dans ma gloire,
Et j'ai dit dans mon coeur: Que
vouloir à présent?
Pour dormir sur un sein mon front
est trop pesant,
Ma main laisse l'effroi sur la main
qu'elle touche,
L'orage est dans ma voix, l'éclair
est sur ma bouche;
Aussi, loin de m'aimer, voilà qu'ils
tremblent tous,
Et, quand j'ouvre les bras, on tombe
à mes genoux.
Ô Seigneur! j'ai vécu puissant et
solitaire,
Laissez-moi m'endormir du
sommeil de la terre! "

La Maison du Berger

I

Pars courageusement, laisse toutes les villes;
Ne ternis plus tes pieds aux poudres du chemin
Du haut de nos pensers vois les cités serviles
Comme les rocs fatals de l'esclavage humain.
Les grands bois et les champs sont de vastes asiles,
Libres comme la mer autour des sombres îles.
Marche à travers les champs une fleur à la main.

La Nature t'attend dans un silence austère;
L'herbe élève à tes pieds son nuage des soirs,
Et le soupir d'adieu du soleil à la terre
Balance les beaux lys comme des encensoirs.
La forêt a voilé ses colonnes profondes,
La montagne se cache, et sur les pâles ondes
Le saule a suspendu ses chastes reposoirs.

Le crépuscule ami s'endort dans la vallée,
Sur l'herbe d'émeraude et sur l'or du gazon,
Sous les timides joncs de la source isolée
Et sous le bois rêveur qui tremble à l'horizon,
Se balance en fuyant dans les grappes sauvages,
Jette son manteau gris sur le bord des rivages,
Et des fleurs de la nuit entrouvre la prison.

Il est sur ma montagne une épaisse bruyère
Où les pas du chasseur ont peine à se plonger,
Qui plus haut que nos fronts lève sa tête altière,
Et garde dans la nuit le pâtre et l'étranger.
Viens y cacher l'amour et ta divine faute;
Si l'herbe est agitée ou n'est pas assez haute,
J'y roulerai pour toi la Maison du Berger.

II

Elle va doucement avec ses quatre roues,
Son toit n'est pas plus haut que ton front et tes yeux
La couleur du corail et celle de tes joues
Teignent le char nocturne et ses muets essieux.
Le seuil est parfumé, l'alcôve est large et sombre,
Et là, parmi les fleurs, nous trouverons dans l'ombre,
Pour nos cheveux unis, un lit silencieux.

Je verrai, si tu veux, les pays de la neige,
Ceux où l'astre amoureux dévore et resplendit,
Ceux que heurtent les vents, ceux que la mer assiège,
Ceux où le pôle obscur sous sa glace est maudit.
Nous suivrons du hasard la course vagabonde.
Que m'importe le jour? que m'importe le monde?
Je dirai qu'ils sont beaux quand tes yeux l'auront dit.

III

Eva, qui donc es-tu? Sais-tu bien ta
nature?
Sais-tu quel est ici ton but et ton
devoir?
Sais-tu que, pour punit l'homme, sa
créature,
D'avoir porté la main sur l'arbre du
savoir,
Dieu permit qu'avant tout, de
l'amour de soi-même
En tout temps, à tout âge, il fît son
bien suprême,
Tourmenté de s'aimer, tourmenté
de se voir?

Mais si Dieu près de lui t'a voulu
mettre, ô femme!
Compagne délicate! Eva! Sais-tu
pourquoi?
C'est pour qu'il se regarde au miroir
d'une autre âme,
Qu'il entende ce chant qui ne vient
que de toi
- L'enthousiasme pur dans une voix
suave. -
C'est afin que tu sois son juge et
son esclave
Et règnes sur sa vie en vivant sous
sa loi.

Ta parole joyeuse a des mots
despotiques;
Tes yeux sont si puissants, ton
aspect est si fort,
Que les rois d'Orient ont dit dans
leurs cantiques
Ton regard redoutable à l'égal de la
mort;
Chacun cherche à fléchir tes
jugements rapides...
- Mais ton coeur, qui dément tes
formes intrépides,
Cède sans coup férir aux rudesses
du sort….
Éva, j'aimerai tout dans les choses
créées,

Je les contemplerai dans ton regard
rêveur
Qui partout répandra ses flammes
colorées,
Son repos gracieux, sa magique
saveur:
Sur mon coeur déchiré viens poser
ta main pure,
Ne me laisse jamais seul avec la
Nature;
Car je la connais trop pour n'en pas
avoir peur.

Elle me dit: "Je suis l'impassible
théâtre
Que ne peut remuer le pied de ses
acteurs;
Mes marches d'émeraude et mes
parvis d'albâtre,
Mes colonnes de marbre ont les
dieux pour sculpteurs.
Je n'entends ni vos cris ni vos
soupirs; à peine
Je sens passer sur moi la comédie
humaine
Qui cherche en vain au ciel ses
muets spectateurs.

"Je roule avec dédain, sans voir et
sans entendre,
A côté des fourmis les populations;
Je ne distingue pas leur terrier de
leur cendre,
J'ignore en les portant les noms des
nations.
On me dit une mère et je suis une
tombe.
Mon hiver prend vos morts comme
son hécatombe,
Mon printemps ne sent pas vos
adorations.
"Avant vous j'étais belle et toujours
parfumée,
J'abandonnais au vent mes cheveux
tout entiers,
Je suivais dans les cieux ma route
accoutumée,

217

Sur l'axe harmonieux des divins balanciers.
Après vous, traversant l'espace où tout s'élance,
J'irai seule et sereine, en un chaste silence
Je fendrai l'air du front et de mes seins altiers."

C'est là ce que me dit sa voix triste et superbe,
Et dans mon coeur alors je la hais, et je vois
Notre sang dans son onde et nos morts sous son herbe
Nourrissant de leurs sucs la racine des bois.
Et je dis à mes yeux qui lui trouvaient des charmes:
"Ailleurs tous vos regards, ailleurs toutes vos larmes,
Aimez ce que jamais on ne verra deux fois."

Oh! qui verra deux fois ta grâce et ta tendresse,
Ange doux et plaintif qui parle en soupirant?
Qui naîtra comme toi portant une caresse
Dans chaque éclair tombé de ton regard mourant,
Dans les balancements de ta tête penchée,
Dans ta taille indolente et mollement couchée,
Et dans ton pur sourire amoureux, et souffrant?

Vivez, froide Nature, et revivez sans cesse
Sous nos pieds, sur nos fronts, puisque c'est votre loi
Vivez, et dédaignez, si vous êtes déesse,
L'homme, humble passager, qui dut vous être un roi

Plus que tout votre - règne et que ses splendeurs vaines,
J'aime la majesté des souffrances humaines,
Vous ne recevrez pas un cri d'amour de moi.

Mais toi, ne veux-tu pas, voyageuse indolente,
Rêver sur mon épaule, en y posant ton front?
Viens du paisible seuil de la maison roulante
Voir ceux qui sont passés et ceux qui passeront.
Tous les tableaux humains qu'un Esprit pur m'apporte
S'animeront pour toi, quand, devant notre porte,
Les grands pays muets longuement s'étendront.

Nous marcherons ainsi, ne laissant que notre ombre
Sur cette terre ingrate où les morts ont passé;
Nous nous parlerons d'eux à l'heure où tout est sombre,
Où tu te plais à suivre un chemin effacé,
A rêver, appuyée aux branches incertaines,
Pleurant, comme Diane au bord de ses fontaines,
Ton amour taciturne et toujours menacé.

La colère de Samson
" Une lutte éternelle en tout temps, en tout lieu
Se livre sur la terre, en présence de Dieu,
Entre la bonté d'Homme et la ruse de Femme.
Car la Femme est un être impur de corps et d'âme.

L'Homme a toujours besoin de
caresse et d'amour,
Sa mère l'en abreuve alors qu'il vient
au jour,
Et ce bras le premier l'engourdit, le
balance
Et lui donne un désir d'amour et
d'indolence.
Troublé dans l'action, troublé dans le
dessein,
Il rêvera partout à la chaleur du sein,
Aux chansons de la nuit, aux baisers
de l'aurore,
A la lèvre de feu que sa lèvre dévore,
Aux cheveux dénoués qui roulent sur
son front,
Et les regrets du lit, en marchant, le
suivront.
Il ira dans la ville, et là les vierges
folles
Le prendront dans leurs lacs aux
premières paroles.
Plus fort il sera né, mieux il sera
vaincu,
Car plus le fleuve est grand et plus il
est ému.
Quand le combat que Dieu fit pour la
créature
Et contre son semblable et contre la
Nature
Force l'Homme à chercher un sein où
reposer,
Quand ses yeux sont en pleurs, il lui
faut un baiser.
Mais il n'a pas encor fini toute sa
tâche. -
Vient un autre combat plus secret,
traître et lâche;
Sous son bras, sous son coeur se livre
celui-là,
Et, plus ou moins, la Femme est
toujours DALILA.

Elle rit et triomphe; en sa froideur
savante,
Au milieu de ses soeurs elle attend et
se vante

De ne rien éprouver des atteintes du
feu.
A sa plus belle amie elle en a fait
l'aveu:
" Elle se fait aimer sans aimer elle-
même.
" Un Maître lui fait peur. C'est le
plaisir qu'elle aime,
" L'Homme est rude et le prend sans
savoir le donner.
" Un sacrifice illustre et fait pour
étonner
" Rehausse mieux que l'or, aux yeux
de ses pareilles,
" La beauté qui produit tant
d'étranges merveilles
" Et d'un sang précieux sait arroser
ses pas. "

- Donc ce que j'ai voulu, Seigneur,
n'existe pas. -
Celle à qui va l'amour et de qui vient
la vie,
Celle-là, par Orgueil, se fait notre
ennemie.
La Femme est à présent pire que
dans ces temps
Où voyant les Humains Dieu dit: Je
me repens!
Bientôt, se retirant dans un hideux
royaume,
La Femme aura Gomorrhe et
l'Homme aura Sodome,
Et, se jetant, de loin, un regard irrité,
Les deux sexes mourront chacun de
son côté.

Eternel! Dieu des forts! vous savez
que mon âme
N'avait pour aliment que l'amour
d'une femme,
Puisant dans l'amour seul plus de
sainte vigueur
Que mes cheveux divins n'en
donnaient à mon coeur.
- Jugez-nous. - La voilà sur mes
pieds endormie.

- Trois fois elle a vendu mes secrets
et ma vie,
Et trois fois a versé des pleurs
fallacieux
Qui n'ont pu me cacher a rage de ses
yeux;
Honteuse qu'elle était plus encor
qu'étonnée
De se voir découverte ensemble et
pardonnée.
Car la bonté de l'Homme est forte, et
sa douceur
Ecrase, en l'absolvant, l'être faible et
menteur.

Mais enfin je suis las. - J'ai l'aine si
pesante,
Que mon corps gigantesque et ma
tête puissante
Qui soutiennent le poids des
colonnes d'airain
Ne la peuvent porter avec tout son
chagrin.

Toujours voir serpenter la vipère
dorée
Qui se traîne en sa fange et s'y croit
ignorée;
Toujours ce compagnon dont le
coeur n'est pas sûr,
La Femme, enfant malade et douze
fois impur!
- Toujours mettre sa force à garder sa
colère
Dans son coeur offensé, comme en
un sanctuaire
D'où le feu s'échappant irait tout
dévorer,
Interdire à ses yeux de voir ou de
pleurer,
C'est trop! - Dieu s'il le veut peut
balayer ma cendre,
J'ai donné mon secret; Dalila va le
vendre.
- Qu'ils seront beaux, les pieds de
celui qui viendra

Pour m'annoncer la mort! - Ce qui
sera, sera! "

La mort du loup
I

Les nuages couraient sur la lune
enflammée
Comme sur l'incendie on voit fuir
la fumée,
Et les bois étaient noirs jusques à
l'horizon.
Nous marchions sans parler, dans
l'humide gazon,
Dans la bruyère épaisse et dans les
hautes brandes,
Lorsque, sous des sapins pareils à
ceux des Landes,
Nous avons aperçu les grands
ongles marqués
Par les loups voyageurs que nous
avions traqués.
Nous avons écouté, retenant notre
haleine
Et le pas suspendu. -- Ni le bois, ni
la plaine
Ne poussait un soupir dans les airs;
Seulement
La girouette en deuil criait au
firmament;
Car le vent élevé bien au dessus
des terres,
N'effleurait de ses pieds que les
tours solitaires,
Et les chênes d'en-bas, contre les
rocs penchés,
Sur leurs coudes semblaient
endormis et couchés.
Rien ne bruissait donc, lorsque
baissant la tête,
Le plus vieux des chasseurs qui
s'étaient mis en quête
A regardé le sable en s'y couchant;
Bientôt,
Lui que jamais ici on ne vit en
défaut,

A déclaré tout bas que ces marques
récentes
Annonçait la démarche et les
griffes puissantes
De deux grands loups-cerviers et
de deux louveteaux.
Nous avons tous alors préparé nos
couteaux,
Et, cachant nos fusils et leurs lueurs
trop blanches,
Nous allions pas à pas en écartant
les branches.
Trois s'arrêtent, et moi, cherchant
ce qu'ils voyaient,
J'aperçois tout à coup deux yeux
qui flamboyaient,
Et je vois au delà quatre formes
légères
Qui dansaient sous la lune au
milieu des bruyères,
Comme font chaque jour, à grand
bruit sous nos yeux,
Quand le maître revient, les lévriers
joyeux.
Leur forme était semblable et
semblable la danse;
Mais les enfants du loup se jouaient
en silence,
Sachant bien qu'à deux pas, ne
dormant qu'à demi,
Se couche dans ses murs l'homme,
leur ennemi.
Le père était debout, et plus loin,
contre un arbre,
Sa louve reposait comme celle de
marbre
Qu'adorait les romains, et dont les
flancs velus
Couvaient les demi-dieux Rémus et
Romulus.
Le Loup vient et s'assied, les deux
jambes dressées
Par leurs ongles crochus dans le
sable enfoncées.
Il s'est jugé perdu, puisqu'il était
surpris,

Sa retraite coupée et tous ses
chemins pris;
Alors il a saisi, dans sa gueule
brûlante,
Du chien le plus hardi la gorge
pantelante
Et n'a pas desserré ses mâchoires
de fer,
Malgré nos coups de feu qui
traversaient sa chair
Et nos couteaux aigus qui, comme
des tenailles,
Se croisaient en plongeant dans ses
larges entrailles,
Jusqu'au dernier moment où le
chien étranglé,
Mort longtemps avant lui, sous ses
pieds a roulé.
Le Loup le quitte alors et puis il
nous regarde.
Les couteaux lui restaient au flanc
jusqu'à la garde,
Le clouaient au gazon tout baigné
dans son sang;
Nos fusils l'entouraient en sinistre
croissant.
Il nous regarde encore, ensuite il se
recouche,
Tout en léchant le sang répandu sur
sa bouche,
Et, sans daigner savoir comment il
a péri,
Refermant ses grands yeux, meurt
sans jeter un cri.

II

J'ai reposé mon front sur mon fusil
sans poudre,
Me prenant à penser, et n'ai pu me
résoudre
A poursuivre sa Louve et ses fils
qui, tous trois,
Avaient voulu l'attendre, et, comme
je le crois,
Sans ses deux louveteaux la belle et
sombre veuve

221

Ne l'eût pas laissé seul subir la
grande épreuve;
Mais son devoir était de les sauver,
afin
De pouvoir leur apprendre à bien
souffrir la faim,
A ne jamais entrer dans le pacte
des villes
Que l'homme a fait avec les
animaux serviles
Qui chassent devant lui, pour avoir
le coucher,
Les premiers possesseurs du bois et
du rocher.

Hélas! ai-je pensé, malgré ce grand
nom d'Hommes,
Que j'ai honte de nous, débiles que
nous sommes!
Comment on doit quitter la vie et
tous ses maux,
C'est vous qui le savez, sublimes
animaux!
A voir ce que l'on fut sur terre et ce
qu'on laisse
Seul le silence est grand; tout le
reste est faiblesse.
- Ah! je t'ai bien compris, sauvage
voyageur,
Et ton dernier regard m'est allé
jusqu'au coeur!
Il disait: " Si tu peux, fais que ton
âme arrive,
A force de rester studieuse et
pensive,
Jusqu'à ce haut degré de stoïque
fierté
Où, naissant dans les bois, j'ai tout
d'abord monté.
Gémir, pleurer, prier est également
lâche.
Fais énergiquement ta longue et
lourde tâche
Dans la voie où le Sort a voulu
t'appeler,
Puis après, comme moi, souffre et
meurs sans parler. "

222

Le Mont des Oliviers
Le silence

S'il est vrai qu'au Jardin sacré des
Ecritures,
Le Fils de l'Homme ait dit ce qu'on
voit rapporté;
Muet, aveugle et sourd au cri des
créatures,
Si le Ciel nous laissa comme un
monde avorté,
Le juste opposera le dédain à
l'absence
Et ne répondra plus que par un
froid silence
Au silence éternel de la Divinité.

Victor Hugo (1802 - 1885)

Ce siècle avait deux ans…

Si parfois de mon sein s'envolent
mes pensées,
Mes chansons par le monde en
lambeaux dispersées;
S'il me plaît de cacher l'amour et la
douleur
Dans le coin d'un roman ironique et
railleur;
Si j'ébranle la scène avec ma
fantaisie,
Si j'entre-choque aux yeux d'une
foule choisie
D'autres hommes comme eux,
vivant tous à la fois
De mon souffle et parlant au peuple
avec ma voix;
Si ma tête, fournaise où mon esprit
s'allume,
Jette le vers d'airain qui bouillonne
et qui fume
Dans le rythme profond, moule
mystérieux
D'où sort la strophe ouvrant ses
ailes dans les cieux;
C'est que l'amour, la tombe, et la
gloire, et la vie,
L'onde qui fuit, par l'onde
incessamment suivie,
Tout souffle, tout rayon, ou propice
ou fatal,
Fait reluire et vibrer mon âme de
cristal,
Mon âme aux mille voix, que le
Dieu que j'adore
Mit au centre de tout comme un
écho sonore!

Soleils couchants

Le soleil s'est couché ce soir dans
les nuées;
Demain viendra l'orage, et le soir,
et la nuit;

Puis l'aube, et ses clartés de
vapeurs obstruées;
Puis les nuits, puis les jours, pas du
temps qui s'enfuit!
Tous ces jours passeront; ils
passeront en foule
Sur la face des mers, sur la face des
monts,
Sur les fleuves d'argent, sur les
forêts où roule
Comme un hymne confus des
morts que nous aimons.

Et la face des eaux, et le front des
montagnes,
Ridés et non vieillis, et les bois
toujours verts
S'iront rajeunissant; le fleuve des
campagnes
Prendra sans cesse aux monts le
flot qu'il donne aux [mers.

Mais moi, sous chaque jour
courbant plus bas ma [tête,
Je passe, et, refroidi sous ce soleil
joyeux,
Je m'en irai bientôt, au milieu de la
fête,
Sans que rien manque au monde
immense et radieux!

Napoléon II
I
Mil huit cent onze!— O temps où
des peuples sans [nombre
Attendaient prosternés sous un
nuage sombre
Que le ciel eût dit oui,
Sentaient trembler sous eux les
états centenaires,
Et regardaient le Louvre entouré de
tonnerres,
Comme un mont Sinaï!

Courbés comme un cheval qui sent
venir son maître,

Ils se disaient entre eux: Quelqu'un
de grand va naître.
L'immense empire attend un
héritier demain.
Qu'est-ce que le seigneur va donner
à cet homme
Qui, plus grand que César, plus
grand même que [Rome,
Absorbe dans son sort le sort du
genre humain?

Comme ils parlaient, la nue
éclatante et profonde
S'entrouvrit, et l'on vit se dresser
sur le monde
L'homme prédestiné,
Et les peuples béants ne purent que
se taire,
Car ses deux bras levés
présentaient à la terre
Un enfant nouveau-né.

Au souffle de l'enfant, dôme des
Invalides,
Les drapeaux prisonniers sous tes
voûtes splendides
Frémirent, comme au frémissent
les épis;
Et son cri, ce doux cri qu'une
nourrice apaise,
Fit, nous l'avons tous vu, bondir et
hurler d'aise
Les canons monstrueux à ta porte
accroupis!

Et lui! l'orgueil gonflait sa
puissante narine;
Ses deux bras jusqu'alors croisés
sur sa poitrine
S'étaient enfin ouverts!
Et l'enfant, soutenu dans sa main
paternelle,
Inondés des éclairs de sa fauve
prunelle,
Rayonnait au travers!

Quand il eut bien fait voir l'héritier
de ses trônes
Aux vieilles nations comme aux
vieilles couronnes,
Eperdu, l'œil fixé sur quiconque
était roi,
Comme un aigle arrivé sur une
haute cime,
Il cria tout joyeux avec un air
sublime:
— L'avenir! l'avenir!l'avenir est à
moi

II
Non, l'avenir n'est à personne!
Sire, l'avenir est à Dieu!
À chaque fois que l'heure sonne,
Tout ici-bas nous dit adieu.
L'avenir! l'avenir! mystère!
Toutes les choses de la terre,
Gloire, fortune militaire,
Couronne éclatante des rois,
Victoire aux ailes embrasées,
Ambitions réalisées,
Ne sont jamais sur nous posées
Que comme l'oiseau sur nos toits!

Non, si puissant qu'on soit, non,
qu'on rie ou qu'on pleure,
Nul ne te fait parler, nul ne peut
avant l'heure
Ouvrir ta froide main,
Ô fantôme muet, ô notre ombre, ô
notre hôte,
Spectre toujours masqué qui nous
suis côte à côte,
Et qu'on nomme demain!
Oh! demain, c'est la grande chose!
De quoi demain sera-t-il fait?
L'homme aujourd'hui sème la
cause,
Demain Dieu fait mûrir l'effet.
Demain, c'est l'éclair dans la voile,
C'est le nuage sur l'étoile,
C'est un traître qui se dévoile,
C'est le bélier qui bat les tours,
C'est l'astre qui change de zone,

C'est Paris qui suit Babylone;
Demain, c'est le sapin du trône
Aujourd'hui, c'en est le velours!
Demain, c'est le cheval qui s'abat
blanc d'écume.
Demain, ô conquérant, c'est
Moscou qui s'allume,
La nuit, comme un flambeau.
C'est votre vieille garde au loin
jonchant la plaine.
Demain, c'est Waterloo! demain,
c'est Sainte-Hélène!
Demain, c'est le tombeau!
Vous pouvez entrer dans les villes
Au galop de votre coursier,
Dénouer les guerres civiles
Avec le tranchant de l'acier;
Vous pouvez, ô mon capitaine,
Barrer la Tamise hautaine,
Rendre la victoire incertaine
Amoureuse de vos clairons,
Briser toutes portes fermées,
Dépasser toutes renommées,
Donner pour astre à des armées
L'étoile de vos éperons!
Dieux garde la durée et vous laisse
l'espace;
Vous pouvez sur la terre avoir toute
la place,
Etre aussi grand qu'un front peut
l'être sous le ciel; L'Europe à
Charlemagne, à Mahomet l'Asie;
Mais tu ne prendras pas demain à
l'Eternel!

III
Ô revers! ô leçon! – Quand l'enfant
de cet homme
Eut reçu pour hochet la couronne
de Rome;
Lorsqu'on l'eut revêtu d'un nom
qui retentit;
Lorsqu'on eut bien montré son
front royal qui tremble
Au peuple émerveillé qu'on puisse
tout ensemble
Etre si grand et si petit;

Quand son père eut pour lui gagné
bien des batailles;
Lorsqu'il eut épaissi de vivantes
murailles
Autour du nouveau-né riant sur son
chevet;
Quand ce grand ouvrier, qui savait
comme on fonde,
Eut, à coups de cognée, à peu près
fait le monde
Selon le songe qu'il rêvait;
Quant tout fut préparé par les
mains paternelles
Pour doter l'humble enfant de
splendeurs éternelles;
Lorsqu'on eut de sa vie assuré les
relais;
Quand, pour loger un jour ce
maître héréditaire,
On eut enraciné bien avant dans la
terre
Les pieds de marbre des palais;
Lorsqu'on eut pour sa soif posé
devant la France
Un vase tout rempli du vin de
l'espérance,
Avant qu'i eût goûté de ce poison
doré,
Avant que de sa lèvre il eût touché
la coupe,
Un cosaque survint qui prit l'enfant
en croupe
Et l'emporta tout effaré!

IV
Oui, l'aigle, un soir, planait aux
voûtes éternelles,
Lorsqu'un grand coup de vent lui
cassa les deux ailes;
Sa chute fit dans l'air un
foudroyant sillon;
Tous alors sur son nid fondirent
pleins de joie;
Chacun selon ses dents se partagea
la proie;
L'Angleterre prit l'aigle, et
l'Autriche l'aiglon.

Vous savez ce qu'on fit du géant
historique.
Pendant sic ans on vit, loin derrière
l'Afrique,
Sous le verrou des rois prudents,
- Oh! n'exilons personne! oh! l'exil
est impie!
Cette grande figure en sa cage
accroupie,
Ployée, et les genoux aux dents.
Encor si ce banni n'eût rien aimé
sur terre!
Mais les cœurs de lion sont les
vrais cœurs de père.
Il aimait son fils, ce vainqueur!
Deux choses lui restaient dans sa
cage inféconde,
Le portrait d'un enfant et la carte
du monde,
Tout son génie et tout son cœur!
Le soir, quand son regard se perdait
dans l'alcôve,
Ce qui se remuait dans cette tête
chauve,
Ce que son œil cherchait dans le
passé profond,
- Tandis que ses geôliers,
sentinelles placées
Pour guetter nuit et jour le vol de
ses pensées,
En regardaient passer les ombres
sur son front;
Ce n'était pas toujours, sire, cette
épopée
Que vous aviez naguère écrite avec
l'épée;
Arcole, Austerlitz, Montmirail;
Ni l'apparition des vieilles
pyramides;
Ni le pacha du Caire et ses chevaux
numides
Qui mordaient le vôtre au poitrail;
Ce n'était pas le bruit de bombe et
de mitraille
Que vingt ans, sous ses pieds, avait
fait la bataille
Déchaînée en noirs tourbillons,

Quand son souffle poussait sur
cette mer troublée
Les drapeaux frissonnants, penchés
dans la mêlée
Comme les mâts des bataillons;
Ce n'était pas Madrid, le Kremlin
et la Phare,
La diane au matin fredonnant sa
fanfare,
Le bivouac sommeillant dans les
feux étoilés,
Les dragons chevelus, les
grenadiers épiques,
Et les rouges lanciers fourmillant
dans les piques,
Comme des fleurs de pourpre en
l'épaisseur des blés;
Non, ce qui l'occupait, c'est
l'ombre blonde et rose
D'un bel enfant qui dort la bouche
demi-close,
Gracieux comme l'orient,
Tandis qu'avec amour sa nourrice
enchantée
D'une goutte de lait au bout du sein
restée
Agace sa lèvre en riant.
Le père alors posait ses coudes sur
sa chaise,
Son cœur plein de sanglots se
dégonflait à l'aise,
Il pleurait, d'amour éperdu …
Sois béni, pauvre enfant, tête
aujourd'hui glacée,
Seul être qui pouvais distraire sa
pensée
Du trône du monde perdu!

V

Tous deux sont morts. – Seigneur,
votre droite est terrible!
Vous avez commencé par le maître
invincible,
Par l'homme triomphant;
Puis vous avez enfin complété
l'ossuaire; Dix ans vous ont suffi
pour filer le suaire

Du père et de l'enfant!
Gloire, jeunesse, orgueil, biens que
la tombe emporte!
L'homme voudrait laisser quelque
chose à la porte,
Mais la mort lui dit non!
Chaque élément retourne où tout
doit redescendre.
L'air reprend la fumée, et la terre la
cendre.
L'oubli reprend le nom.

VI

Ô révolutions! j'ignore,
Moi, le moindre des matelots,
Ce que Dieu dans l'ombre élabore
Sous le tumulte de vos flots.
La foule vous hait et vous raille.
Mais qui sait comment Dieu
travaille?
Qui sait si l'onde qui tressaille,
Si le cri des gouffres amers,
Si la trombe aux ardentes serres,
Si les éclairs et les tonnerres,
Seigneur, ne sont pas nécessaires
À la perle que font les mers!
Pourtant cette tempête est lourde
Aux princes comme aux nations;
Oh! quelle mer aveugle et sourde
Qu'un peuple en révolutions!
Que sert ta chanson, ô poëte?
Ces chants que ton génie émiette
Tombent à la vague inquiète
Qui n'a jamais rien entendu!
Ta voix s'enroue en cette brume,
Le vent disperse au loin ta plume,
Pauvre oiseau chantant dans
l'écume
Sur le mât d'un vaisseau perdu!
Longue nuit! tourmente éternelle!
Le ciel n'a pas un coin d'azur.
Hommes et choses, pêle-mêle,
Vont roulant dans l'abîme obscur.
Tout dérive et s'en va sous l'onde,
Rois au berceau, maîtres du monde,
Le front chauve et la tête blonde,
Grand et petit Napoléon!

Tout s'efface, tout se délie,
Le flot sur le flot se replie,
Et la vague qui passe oublie
Léviathan comme Alcyon!

δ δ δ δ δ δ δ δ δ δ δ

Puisque j'ai mis ma lèvre à ta coupe
encor pleine;
Puisque j'ai dans tes mains posé
mon front pâli;
Puisque j'ai respiré parfois la douce
haleine
De ton âme, parfum dans l'ombre
enseveli;

Puisqu'il me fut donné de t'entendre
me dire
Les mots où se répand le coeur
mystérieux;
Puisque j'ai vu pleurer, puisque j'ai
vu sourire
Ta bouche sur ma bouche et tes
yeux sur mes yeux;

Puisque j'ai vu briller sur ma tête
ravie
Un rayon de ton astre, hélas! voilé
toujours;
Puisque j'ai vu tomber dans l'onde
de ma vie
Une feuille de rose arrachée à tes
jours;

Je puis maintenant dire aux rapides
années:
- Passez! passez toujours! je n'ai
plus à vieillir!
Allez-vous-en avec vos fleurs
toutes fanées;
J'ai dans l'âme une fleur que nul ne
peut cueillir!

227

Votre aile en le heurtant ne fera
rien répandre
Du vase où je m'abreuve et que j'ai
bien rempli.
Mon âme a plus de feu que vous
n'avez de cendre!
Mon coeur a plus d'amour que vous
n'avez d'oubli!

Tristesse d'Olympio

" O douleur! j'ai voulu, moi dont
l'âme est troublée,
Savoir si l'urne encor conservait la
liqueur,
Et voir ce qu'avait fait cette
heureuse vallée
De tout ce que j'avais laissé là de
mon coeur!

Que peu de temps suffit pour
changer toutes choses!
Nature au front serein, comme
vous oubliez!
Et comme vous brisez dans vos
métamorphoses
Les fils mystérieux où nos coeurs
sont liés!

Nos chambres de feuillage en
halliers sont changées!
L'arbre où fut notre chiffre est mort
ou renversé;
Nos roses dans l'enclos ont été
ravagées
Par les petits enfants qui sautent le
fossé.

Un mur clôt la fontaine où, par
l'heure échauffée,
Folâtre, elle buvait en descendant
des bois;
Elle prenait de l'eau dans sa main,
douce fée,
Et laissait retomber des perles de
ses doigts!

On a pavé la route âpre et mal
aplanie,
Où, dans le sable pur se dessinant
si bien,
Et de sa petitesse étalant l'ironie,
Son pied charmant semblait rire à
côté du mien!

La borne du chemin, qui vit des
jours sans nombre,
Où jadis pour m'attendre elle aimait
à s'asseoir,
S'est usée en heurtant, lorsque la
route est sombre,
Les grands chars gémissants qui
reviennent le soir.

La forêt ici manque et là s'est
agrandie.
De tout ce qui fut nous presque rien
n'est vivant;
Et, comme un tas de cendre éteinte
et refroidie,
L'amas des souvenirs se disperse à
tout vent!

N'existons-nous donc plus? Avons-
nous eu notre heure?
Rien ne la rendra-t-il à nos cris
superflus?
L'air joue avec la branche au
moment où je pleure;
Ma maison me regarde et ne me
connaît plus.

D'autres vont maintenant passer où
nous passâmes.
Nous y sommes venus, d'autres
vont y venir;
Et le songe qu'avaient ébauché nos
deux âmes,
Ils le continueront sans pouvoir le
finir!

Car personne ici-bas ne termine et
n'achève;

Les pires des humains sont comme
les meilleurs;
Nous nous réveillons tous au même
endroit du rêve.
Tout commence en ce monde et
tout finit ailleurs.

Oui, d'autres à leur tour viendront,
couples sans tache,
Puiser dans cet asile heureux,
calme, enchanté,
Tout ce que la nature à l'amour qui
se cache
Mêle de rêverie et de solennité!

D'autres auront nos champs, nos
sentiers, nos retraites;
Ton bois, ma bien-aimée, est à des
inconnus.
D'autres femmes viendront,
baigneuses indiscrètes,
Troubler le flot sacré qu'ont touché
tes pieds nus!

Quoi donc! c'est vainement qu'ici
nous nous aimâmes!
Rien ne nous restera de ces coteaux
fleuris
Où nous fondions notre être en y
mêlant nos flammes!
L'impassible nature a déjà tout
repris.

Oh! dites-moi, ravins, frais
ruisseaux, treilles mûres,
Rameaux chargés de nids, grottes,
forêts, buissons.
Est-ce que vous ferez pour d'autres
vos murmures?
Est-ce que vous direz à d'autres vos
chansons?

Nous vous comprenions tant! doux,
attentifs, austères,
Tous nos échos s'ouvraient si bien à
votre voix!

Et nous prêtions si bien, sans
troubler vos mystères,
L'oreille aux mots profonds que
vous dites parfois!

Répondez, vallon pur, répondez,
solitude,
O nature abritée en ce désert si
beau,
Lorsque nous dormirons tous deux
dans l'attitude
Que donne aux morts pensifs la
forme du tombeau,

Est-ce que vous serez à ce point
insensible
De nous savoir couchés, morts
avec nos amours,
Et de continuer votre fête paisible,
Et de toujours sourire et de chanter
toujours?

Est-ce que, nous sentant errer dans
vos retraites,
Fantômes reconnus par vos monts
et vos bois,
Vous ne nous direz pas de ces
choses secrètes
Qu'on dit en revoyant des amis
d'autrefois?

Est-ce que vous pourrez, sans
tristesse et sans plainte,
Voir nos ombres flotter où
marchèrent nos pas,
Et la voir m'entraîner, dans une
morne étreinte,
Vers quelque source en pleurs qui
sanglote tout bas?

Et s'il est quelque part, dans
l'ombre où rien ne veille,
Deux amants sous vos fleurs
abritant leurs transports,
Ne leur irez-vous pas murmurer à
l'oreille:

- Vous qui vivez, donnez une
pensée aux morts!

Dieu nous prête un moment les
prés et les fontaines,
Les grands bois frissonnants, les
rocs profonds et sourds
Et les cieux azurés et les lacs et les
plaines,
Pour y mettre nos coeurs, nos
rêves, nos amours;

Puis il nous les retire. Il souffle
notre flamme;
Il plonge dans la nuit l'antre où
nous rayonnons;
Et dit à la vallée, où s'imprima
notre âme,
D'effacer notre trace et d'oublier
nos noms.

Eh bien! oubliez-nous, maison,
jardin, ombrages!
Herbe, use notre seuil! ronce, cache
nos pas!
Chantez, oiseaux! ruisseaux,
coulez! croissez, feuillages!
Ceux que vous oubliez ne vous
oublieront pas.

Car vous êtes pour nous l'ombre de
l'amour même!
Vous êtes l'oasis qu'on rencontre en
chemin!
Vous êtes, ô vallon, la retraite
suprême
Où nous avons pleuré nous tenant
par la main!

Toutes les passions s'éloignent avec
l'âge,
L'une emportant son masque et
l'autre son couteau,
Comme un essaim chantant
d'histrions en voyage
Dont le groupe décroît derrière le
coteau.

Mais toi, rien ne t'efface, amour!
toi qui nous charmes,
Toi qui, torche ou flambeau, luis
dans notre brouillard!
Tu nous tiens par la joie, et surtout
par les larmes.
Jeune homme on te maudit, on
t'adore vieillard.

Dans ces jours où la tête au poids
des ans s'incline,
Où l'homme, sans projets, sans but,
sans visions,
Sent qu'il n'est déjà plus qu'une
tombe en ruine
Où gisent ses vertus et ses
illusions;

Quand notre âme en rêvant descend
dans nos entrailles,
Comptant dans notre coeur,
qu'enfin la glace atteint,
Comme on compte les morts sur un
champ de batailles,
Chaque douleur tombée et chaque
songe éteint,

Comme quelqu'un qui cherche en
tenant une lampe,
Loin des objets réels, loin du
monde rieur,
Elle arrive à pas lents par une
obscure rampe
Jusqu'au fond désolé du gouffre
intérieur;

Et là, dans cette nuit qu'aucun
rayon n'étoile,
L'âme, en un repli sombre où tout
semble finir,
Sent quelque chose encor palpiter
sous un voile...
C'est toi qui dors dans l'ombre, ô
sacré souvenir! "

Le manteau impérial

O! vous dont le travail est joie,
Vous qui n'avez pas d'autre proie
Que les parfums, souffles du ciel,
Vous qui fuyez quand vient
décembre,
Vous qui dérobez aux fleurs
l'ambre
Pour donner aux hommes le miel,

Chastes buveuses de rosée,
Qui, pareilles à l'épousée,
Visitez le lys du coteau,
Ô soeurs des corolles vermeilles,
Filles de la lumière, abeilles,
Envolez-vous de ce manteau!

Ruez-vous sur l'homme, guerrières!
Ô généreuses ouvrières,
Vous le devoir, vous la vertu,
Ailes d'or et flèches de flamme,
Tourbillonnez sur cet infâme!
Dites-lui: " Pour qui nous prends-
tu?

Maudit! nous sommes les abeilles!
Des chalets ombragés de treilles
Notre ruche orne le fronton;
Nous volons, dans l'azur écloses,
Sur la bouche ouverte des roses
Et sur les lèvres de Platon.

Ce qui sort de la fange y rentre.
Va trouver Tibère en son antre,
Et Charles neuf sur son balcon.
Va! sur ta pourpre il faut qu'on
mette,
Non les abeilles de l'Hymette,
Mais l'essaim noir de Montfaucon!
"

Et percez-le toutes ensemble,
Faites honte au peuple qui tremble,
Aveuglez l'immonde trompeur,
Acharnez-vous sur lui, farouches,
Et qu'il soit chassé par les mouches

Puisque les hommes en ont peur!

Ultima verba

... Quand même grandirait
l'abjection publique
A ce point d'adorer l'exécrable
trompeur;
Quand même l'Angleterre et même
l'Amérique
Diraient à l'exilé: - Va-t'en! nous
avons peur!

Quand même nous serions comme
la feuille morte,
Quand, pour plaire à César, on
nous renîrait tous;
Quand le proscrit devrait s'enfuir
de porte en porte,
Aux hommes déchiré comme un
haillon aux clous;

Quand le désert, où Dieu contre
l'homme proteste,
Bannirait les bannis, chasserait les
chassés;
Quand même, infâme aussi, lâche
comme le reste,
Le tombeau jetterait dehors les
trépassés;

Je ne fléchirai pas! Sans plainte
dans la bouche,
Calme, le deuil au coeur,
dédaignant le troupeau,
Je vous embrasserai dans mon exil
farouche,
Patrie, ô mon autel! Liberté, mon
drapeau!

Mes nobles compagnons, je garde
votre culte;
Bannis, la République est là qui
nous unit.
J'attacherai la gloire à tout ce qu'on
insulte;

Je jetterai l'opprobre à tout ce qu'on
bénit!

Je serai, sous le sac de cendre qui
me couvre,
La voix qui dit: malheur! la bouche
qui dit: non!
Tandis que tes valets te montreront
ton Louvre,
Moi, je te montrerai, César, ton
cabanon.

Devant les trahisons et les têtes
courbées,
Je croiserai les bras, indigné, mais
serein.
Sombre fidélité pour les choses
tombées,
Sois ma force et ma joie et mon
pilier d'airain!

Oui, tant qu'il sera là, qu'on cède ou
qu'on persiste,
O France! France aimée et qu'on
pleure toujours,
Je ne reverrai pas ta terre douce et
triste,
Tombeau de mes aïeux et nid de
mes amours!

Je ne reverrai pas ta rive qui nous
tente,
France! hors le devoir, hélas!
j'oublierai tout.
Parmi les éprouvés je planterai ma
tente:
Je resterai proscrit, voulant rester
debout.

J'accepte l'âpre exil, n'eût-il ni fin
ni terme,
Sans chercher à savoir et sans
considérer
Si quelqu'un a plié qu'on aurait cru
plus ferme,
Et si plusieurs s'en vont qui
devraient demeurer.

Si l'on n'est plus que mille, eh bien,
j'en suis! Si même
Ils ne sont plus que cent, je brave
encor Sylla;
S'il en demeure dix, je serai le
dixième;
Et s'il n'en reste qu'un, je serai
celui-là!

Lux

Temps futurs! vision sublime!
Les peuples sont hors de l'abîme.
Le désert morne est traversé.
Après les sables, la pelouse;
Et la terre est comme une épouse,
Et l'homme est comme un fiancé!

Dès à présent l'oeil qui s'élève
Voit distinctement ce beau rêve
Qui sera le réel un jour;
Car Dieu dénouera toute chaîne,
Car le passé s'appelle haine
Et l'avenir se nomme amour!

Dès à présent dans nos misères
Germe l'hymen des peuples frères;
Volant sur nos sombres rameaux,
Comme un frelon que l'aube
éveille,
Le progrès, ténébreuse abeille,
Fait du bonheur avec nos maux.

Oh! voyez! la nuit se dissipe.
Sur le monde qui s'émancipe,
Oubliant Césars et Capets,
Et sur les nations nubiles,
S'ouvrent dans l'azur, immobiles,
Les vastes ailes de la paix!

O libre France enfin surgie!
O robe blanche après l'orgie!
O triomphe après les douleurs!
Le travail bruit dans les forges,
Le ciel rit, et les rouges-gorges
Chantent dans l'aubépine en fleurs!

La rouille mord les hallebardes,
De vos canons, de vos bombardes
Il ne reste pas un morceau
Qui soit assez grand, capitaines,
Pour qu'on puisse prendre aux
fontaines
De quoi faire boire un oiseau.

Les rancunes sont effacées;
Tous les coeurs, toutes les pensées
Qu'anime le même dessein,
Ne font plus qu'un faisceau
superbe;
Dieu prend pour lier cette gerbe
La vieille corde du tocsin.

Au fond des cieux un point
scintille.
Regardez, il grandit, il brille,
Il approche, énorme et vermeil.
O République universelle,
Tu n'es encor que l'étincelle,
Demain tu seras le soleil!...

δ δ δ δ δ δ δ δ δ δ δ

Elle était déchaussée, elle était
décoiffée,
Assise, les pieds nus, parmi les
joncs penchants;
Moi qui passais par là, je crus voir
une fée,
Et je lui dis: Veux-tu t'en venir
dans les champs?

Elle me regarda de ce regard
suprême
Qui reste à la beauté quand nous en
triomphons,
Et je lui dis: Veux-tu, c'est le mois
où l'on aime,
Veux-tu nous en aller sous les
arbres profonds?

Elle essuya ses pieds à l'herbe de la
rive;
Elle me regarda pour la seconde
fois,
Et la belle folâtre alors devint
pensive.
Oh! comme les oiseaux chantaient
au fond des bois!

Comme l'eau caressait doucement
le rivage!
Je vis venir à moi, dans les grands
roseaux verts,
La belle fille heureuse, effarée et
sauvage,
Ses cheveux dans ses yeux, et riant
au travers.

La fête chez Thérèse
La nuit vint, tout se tut; les
flambeaux s'éteignirent;
Dans les bois assombris les sources
se plaignirent;
Le rossignol, caché dans son nid
ténébreux,
Chanta comme un poëte et comme
un amoureux.
Chacun se dispersa sous les
profonds feuillages;
Les folles en riant entraînèrent les
sages;
L'amante s'en alla dans l'ombre
avec l'amant;
Et, troublés comme on l'est en
songe, vaguement,
Ils sentaient par degrés se mêler à
leur âme,
A leurs discours secrets, à leurs
regards de flamme,
A leur coeur, à leurs sens, à leur
molle raison,
Le clair de lune bleu qui baignait
l'horizon.

Trois ans après

Il est temps que je me repose;
Je suis terrassé par le sort.
Ne me parlez pas d'autre chose
Que des ténèbres où l'on dort!

Que veut-on que je recommence?
Je ne demande désormais
A la création immense
Qu'un peu de silence et de paix!

Pourquoi m'appelez-vous encore?
J'ai fait ma tâche et mon devoir.
Qui travaillait avant l'aurore,
Peut s'en aller avant le soir.

A vingt ans, deuil et solitude!
Mes yeux, baissés vers le gazon,
Perdirent la douce habitude
De voir ma mère à la maison.

Elle nous quitta pour la tombe;
Et vous savez bien qu'aujourd'hui
Je cherche, en cette nuit qui tombe,
Un autre ange qui s'est enfui!

Vous savez que je désespère,
Que ma force en vain se défend,
Et que je souffre comme père,
Moi qui souffris tant comme
          enfant!

Mon oeuvre n'est pas terminée,
Dites-vous. Comme Adam banni,
Je regarde ma destinée,
Et je vois bien que j'ai fini.

L'humble enfant que Dieu m'a
          ravie
Rien qu'en m'aimant savait m'aider;
C'était le bonheur de ma vie
De voir ses yeux me regarder.

Si ce Dieu n'a pas voulu clore
L'oeuvre qu'il me fit commencer,
S'il veut que je travaille encore,

Il n'avait qu'à me la laisser!

Il n'avait qu'à me laisser vivre
Avec ma fille à mes côtés,
Dans cette extase où je m'enivre
De mystérieuses clartés!

Ces clartés, jour d'une autre sphère,
Ô Dieu jaloux, tu nous les vends!
Pourquoi m'as-tu pris la lumière
Que j'avais parmi les vivants?

As-tu donc pensé, fatal maître,
Qu'à force de te contempler,
Je ne voyais plus ce doux être,
Et qu'il pouvait bien s'en aller?

T'es-tu dit que l'homme, vaine
          ombre,
Hélas! perd son humanité
A trop voir cette splendeur sombre
Qu'on appelle la vérité?

Qu'on peut le frapper sans qu'il
          souffre,
Que son coeur est mort dans
          l'ennui,
Et qu'à force de voir le gouffre,
Il n'a plus qu'un abîme en lui?

Qu'il va, stoïque, où tu l'envoies,
Et que désormais, endurci,
N'ayant plus ici-bas de joies,
Il n'a plus de douleurs aussi?

As-tu pensé qu'une âme tendre
S'ouvre à toi pour se mieux fermer,
Et que ceux qui veulent
          comprendre
Finissent par ne plus aimer?

Ô Dieu! vraiment, as-tu pu croire
Que je préférais, sous les cieux,
L'effrayant rayon de ta gloire
Aux douces lueurs de ses yeux?

Si j'avais su tes lois moroses,

234

Et qu'au même esprit enchanté
Tu ne donnes point ces deux
choses,
Le bonheur et la vérité,

Plutôt que de lever tes voiles,
Et de chercher, coeur triste et pur,
A te voir au fond des étoiles,
Ô Dieu sombre d'un monde obscur,

J'eusse aimé mieux, loin de ta face,
Suivre, heureux, un étroit chemin,
Et n'être qu'un homme qui passe
Tenant son enfant par la main…

Veni, Vidi, Vixi

J'ai bien assez vécu, puisque dans
mes douleurs
Je marche, sans trouver de bras qui
me secourent,
Puisque je ris à peine aux enfants
qui m'entourent,
Puisque je ne suis plus réjoui par
les fleurs;

Puisqu'au printemps, quand Dieu
met la nature en fête,
J'assiste, esprit sans joie, à ce
splendide amour;
Puisque je suis à l'heure où
l'homme fuit le jour,
Hélas! et sent de tout la tristesse
secrète;

Puisque l'espoir serein dans mon
âme est vaincu;
Puisqu'en cette saison des parfums
et des roses,
Ô ma fille! j'aspire à l'ombre où tu
reposes,
Puisque mon coeur est mort, j'ai
bien assez vécu.

Je n'ai pas refusé ma tâche sur la
terre.

Mon sillon? Le voilà. Ma gerbe?
La voici.
J'ai vécu souriant, toujours plus
adouci,
Debout, mais incliné du côté du
mystère.

J'ai fait ce que j'ai pu; j'ai servi, j'ai
veillé,
Et j'ai vu bien souvent qu'on riait
de ma peine.
Je me suis étonné d'être un objet de
haine,
Ayant beaucoup souffert et
beaucoup travaillé.

Dans ce bagne terrestre où ne
s'ouvre aucune aile,
Sans me plaindre, saignant, et
tombant sur les mains,
Morne, épuisé, raillé par les forçats
humains,
J'ai porté mon chaînon de la chaîne
éternelle.

Maintenant, mon regard ne s'ouvre
qu'à demi;
Je ne me tourne plus même quand
on me nomme;
Je suis plein de stupeur et d'ennui,
comme un homme
Qui se lève avant l'aube et qui n'a
pas dormi.

Je ne daigne plus même, en ma
sombre paresse,
Répondre à l'envieux dont la
bouche me nuit.
Ô Seigneur,! ouvrez-moi les portes
de la nuit,
Afin que je m'en aille et que je
disparaisse!

δ δ δ δ δ δ δ δ δ δ δ

Demain, dès l'aube, à l'heure où
blanchit la campagne,

Je partirai. Vois-tu, je sais que tu
m'attends.
J'irai par la forêt, j'irai par la
montagne.
Je ne puis demeurer loin de toi plus
longtemps.

Je marcherai les yeux fixés sur mes
pensées,
Sans rien voir au dehors, sans
entendre aucun bruit,
Seul, inconnu, le dos courbé, les
mains croisées,
Triste, et le jour pour moi sera
comme la nuit.

Je ne regarderai ni l'or du soir qui
tombe,
Ni les voiles au loin descendant
vers Harfleur,
Et quand j'arriverai, je mettrai sur
ta tombe
Un bouquet de houx vert et de
bruyère en fleur.

A Villequier

Maintenant que Paris, ses pavés et
ses marbres,
Et sa brume et ses toits sont bien
loin de mes yeux;
Maintenant que je suis sous les
branches des arbres,
Et que je puis songer à la beauté
des cieux;

Maintenant que du deuil qui m'a
fait l'âme obscure
Je sors, pâle et vainqueur,
Et que je sens la paix de la grande
nature
Qui m'entre dans le cœur;

Maintenant que je puis, assis au
bord des ondes,
Emu par ce superbe et tranquille
horizon,

Examiner en moi les vérités
profondes
Et regarder les fleurs qui sont dans
le gazon;

Maintenant, ô mon Dieu! que j'ai
ce calme sombre
De pouvoir désormais
Voir de mes yeux la pierre où je
sais que dans l'ombre
Elle dort pour jamais;

Maintenant qu'attendri par ces
divins spectacles,
Plaines, forêts, rochers, vallons,
fleuve argenté,
Voyant ma petitesse et voyant vos
miracles,
Je reprends ma raison devant
l'immensité;

Je viens à vous, Seigneur, père
auquel il faut croire;
Je vous porte, apaisé,
Les morceaux de ce cœur tout plein
de votre gloire
Que vous avez brisé;

Je viens à vous, Seigneur!
confessant que vous êtes
Bon, clément, indulgent et doux, ô
Dieu vivant!
Je conviens que vous seul savez ce
que vous faites,
Et que l'homme n'est rien qu'un
jonc qui tremble au vent;

Je dis que le tombeau qui sur les
morts se ferme
Ouvre le firmament;
Et que ce qu'ici-bas nous prenons
pour le terme
Est le commencement;

Je conviens à genoux que vous
seul, père auguste,
Possédez l'infini, le réel, l'absolu;

Je conviens qu'il est bon, je
conviens qu'il est juste
Que mon cœur ait saigné, puisque
Dieu l'a voulu!

Je ne résiste plus à tout ce qui
m'arrive
Par votre volonté.
L'âme de deuils en deuils, l'homme
de rive en rive,
Roule à l'éternité.

Nous ne voyons jamais qu'un seul
côté des choses;
L'autre plonge en la nuit d'un
mystère effrayant.
L'homme subit le joug sans
connaître les causes.
Tout ce qu'il voit est court, inutile
et fuyant.

Vous faites revenir toujours la
solitude
Autour de tous ses pas.
Vous n'avez pas voulu qu'il eût la
certitude
Ni la joie ici-bas!

Dès qu'il possède un bien, le sort le
lui retire.
Rien ne lui fut donné, dans ses
rapides jours,
Pour qu'il s'en puisse faire une
demeure, et dire:
C'est ici ma maison, mon champ et
mes amours!

Il doit voir peu de temps tout ce
que ses yeux voient;
Il vieillit sans soutiens.
Puisque ces choses sont, c'est qu'il
faut qu'elles soient;
J'en conviens, j'en conviens!

Le monde est sombre, ô Dieu!
l'immuable harmonie

Se compose des pleurs aussi bien
que des chants;
L'homme n'est qu'un atome en cette
ombre infinie,
Nuit où montent les bons, où
tombent les méchants.

Je sais que vous avez bien autre
chose à faire
Que de nous plaindre tous,
Et qu'un enfant qui meurt,
désespoir de sa mère,
Ne vous fait rien, à vous!

Je sais que le fruit tombe au vent
qui le secoue,
Que l'oiseau perd sa plume et la
fleur son parfum;
Que la création est une grande roue
Qui ne peut se mouvoir sans
écraser quelqu'un;

Les mois, les jours, les flots des
mers, les yeux qui pleurent,
Passent sous le ciel bleu;
Il faut que l'herbe pousse et que les
enfants meurent;
Je le sais, ô mon Dieu!

Dans vos cieux, au-delà de la
sphère des nues,
Au fond de cet azur immobile et
dormant,
Peut-être faites-vous des choses
inconnues
Où la douleur de l'homme entre
comme élément.

Peut-être est-il utile à vos desseins
sans nombre
Que des êtres charmants
S'en aillent, emportés par le
tourbillon sombre
Des noirs événements.

Nos destins ténébreux vont sous
des lois immenses

Que rien ne déconcerte et que rien
n'attendrit.
Vous ne pouvez avoir de subites
clémences
Qui dérangent le monde, ô Dieu,
tranquille esprit!

Je vous supplie, ô Dieu! de
regarder mon âme,
Et de considérer
Qu'humble comme un enfant et
doux comme une femme,
Je viens vous adorer!

Considérez encor que j'avais, dès
l'aurore,
Travaillé, combattu, pensé, marché,
lutté,
Expliquant la nature à l'homme qui
l'ignore,
Eclairant toute chose avec votre
clarté;

Que j'avais, affrontant la haine et la
colère,
Fait ma tâche ici-bas,
Que je ne pouvais pas m'attendre à
ce salaire,
Que je ne pouvais pas

Prévoir que, vous aussi, sur ma tête
qui ploie
Vous appesantiriez votre bras
triomphant,
Et que, vous qui voyiez comme j'ai
peu de joie,
Vous me reprendriez si vite mon
enfant!

Qu'une âme ainsi frappée à se
plaindre est sujette,
Que j'ai pu blasphémer,
Et vous jeter mes cris comme un
enfant qui jette
Une pierre à la mer!

Considérez qu'on doute, ô mon
Dieu! quand on souffre,
Que l'œil qui pleure trop finit par
s'aveugler,
Qu'un être que son deuil plonge au
plus noir du gouffre,
Quand il ne vous voit plus, ne peut
vous contempler,

Et qu'il ne se peut pas que
l'homme, lorsqu'il sombre
Dans les afflictions,
Ait présente à l'esprit la sérénité
sombre
Des constellations!

Aujourd'hui, moi qui fus faible
comme une mère,
Je me courbe à vos pieds devant
vos cieux ouverts.
Je me sens éclairé dans ma douleur
amère
Par un meilleur regard jeté sur
l'univers.

Seigneur, je reconnais que l'homme
est en délire
S'il ose murmurer;
Je cesse d'accuser, je cesse de
maudire,
Mais laissez-moi pleurer!

Hélas! laissez les pleurs couler de
ma paupière,
Puisque vous avez fait les hommes
pour cela!
Laissez-moi me pencher sur cette
froide pierre
Et dire à mon enfant: Sens-tu que
je suis là?

Laissez-moi lui parler, incliné sur
ses restes,
Le soir, quand tout se tait,
Comme si, dans sa nuit rouvrant
ses yeux célestes,
Cet ange m'écoutait!

Hélas! vers le passé tournant un œil
d'envie,
Sans que rien ici-bas puisse m'en
consoler,
Je regarde toujours ce moment de
ma vie
Où je l'ai vue ouvrir son aile et
s'envoler!

Je verrai cet instant jusqu'à ce que
je meure,
L'instant, pleurs superflus!
Où je criai: L'enfant que j'avais tout
à l'heure,
Quoi donc! je ne l'ai plus!

Ne vous irritez pas que je sois de la
sorte,
Ô mon Dieu! cette plaie a si
longtemps saigné!
L'angoisse dans mon âme est
toujours la plus forte,
Et mon cœur est soumis, mais n'est
pas résigné.

Ne vous irritez pas! fronts que le
deuil réclame,
Mortels sujets aux pleurs,
Il nous est malaisé de retirer notre
âme
De ces grandes douleurs.

Voyez-vous, nos enfants nous sont
bien nécessaires,
Seigneur; quand on a vu dans sa
vie, un matin,
Au milieu des ennuis, des peines,
des misères,
Et de l'ombre que fait sur nous
notre destin,

Apparaître un enfant, tête chère et
sacrée,
Petit être joyeux,
Si beau, qu'on a cru voir s'ouvrir à
son entrée

Une porte des cieux;

Quand on a vu, seize ans, de cet
autre soi-même
Croître la grâce aimable et la douce
raison,
Lorsqu'on a reconnu que cet enfant
qu'on aime
Fait le jour dans notre âme et dans
notre maison,

Que c'est la seule joie ici-bas qui
persiste
De tout ce qu'on rêva,
Considérez que c'est une chose
bien triste
De le voir qui s'en va!

Les Mages

I

Pourquoi donc faites-vous des
prêtres
Quand vous en avez parmi vous?
Les esprits conducteurs des êtres
Portent un signe sombre et doux.
Nous naissons tous ce que nous
sommes.
Dieu de ses mains sacre des
hommes
Dans les ténèbres des berceaux;
Son effrayant doigt invisible
Ecrit sous leur crâne la bible
Des arbres, des monts et des eaux.

Ces hommes, ce sont les poètes;
Ceux dont l'aile monte et descend;
Toutes les bouches inquiètes
Qu'ouvre le verbe frémissant;
Les Virgiles, les Isaïes;
Toutes les âmes envahies
Par les grandes brumes du sort;
Tous ceux en qui Dieu se
concentre;
Tous les yeux où la lumière entre,
Tous les fronts d'où le rayon sort.

Ce sont ceux qu'attend Dieu propice
Sur les Horebs et les Thabors;
Ceux que l'horrible précipice
Retient blêmissants à ses bords;
Ceux qui sentent la pierre vivre;
Ceux que Pan formidable enivre;
Ceux qui sont tout pensifs devant
Les nuages, ces solitudes
Où passent en mille attitudes
Les groupes sonores du vent.

Ce sont les sévères artistes
Que l'aube attire à ses blancheurs,
Les savants, les inventeurs tristes,
Les puiseurs d'ombre, les chercheurs,
Qui ramassent dans les ténèbres
Les faits, les chiffres, les algèbres,
Le nombre où tout est contenu,
Le doute où nos calculs succombent,
Et tous les morceaux noirs qui tombent
Du grand fronton de l'inconnu!

Ce sont les têtes fécondées
Vers qui monte et croît pas à pas
L'océan confus des idées,
Flux que la foule ne voit pas,
Mer de tous les infinis pleine,
Que Dieu suit, que la nuit amène,
Qui remplit l'homme de clarté,
Jette aux rochers l'écume amère,
Et lave les pieds nus d'Homère
Avec un flot d'éternité…

II

Quand les cigognes du Caystre
S'envolent aux souffles des soirs;
Quand la lune apparaît sinistre
Derrière les grands dômes noirs;
Quand la trombe aux vagues s'appuie;
Quand l'orage, l'horreur, la pluie,

Que tordent les bises d'hiver,
Répandent avec des huées
Toutes les larmes des nuées
Sur tous les sanglots de la mer;

Quand dans les tombeaux les vents jouent
Avec les os des rois défunts;
Quand les hautes herbes secouent
Leur chevelure de parfums;
Quand sur nos deuils et sur nos fêtes
Toutes les cloches des tempêtes
Sonnent au suprême beffroi
Quand l'aube étale ses opales,
C'est pour ces contemplateurs pâles
Penchés dans l'éternel effroi!

Ils savent ce que le soir calme
Pense des morts qui vont partir;
Et ce que préfère la palme,
Du conquérant ou du martyr;
Ils entendent ce que murmure
La voile, la gerbe, l'armure,
Ce que dit, dans le mois joyeux
Des longs jours et des fleurs écloses,
La petite bouche des roses
A l'oreille immense des cieux.

Les vents, les flots, les cris sauvages,
L'azur, l'horreur du bois jauni,
Sont les formidables breuvages
De ces altérés d'infini;
Ils ajoutent, rêveurs austères,
A leur âme tous les mystères,
Toute la matière à leurs sens;
Ils s'enivrent de l'étendue;
L'ombre est une coupe tendue
Où boivent ces sombres passants.

IX
Ils parlent à la solitude,
Et la solitude comprend;
Ils parlent à la multitude,
Et font écumer ce torrent;

Ils font vibrer les édifices;
Ils inspirent les sacrifices
Et les inébranlables fois;
Sombres, ils ont en eux, pour muse,
La palpitation confuse
De tous les êtres à la fois.

Comment naît un peuple? Mystère!
A de certains moments, tout bruit
A disparu; toute la terre
Semble une plaine de la nuit;
Toute lueur s'est éclipsée;
Pas de verbe, pas de pensée,
Rien dans l'ombre et rien dans le
ciel,
Pas un oeil n'ouvre ses paupières...
-
Le désert blême est plein de
pierres,
Ezéchiel! Ezéchiel!

Mais un vent sort des cieux sans
bornes,
Grondant comme les grandes eaux,
Et souffle sur ces pierres mornes,
Et de ces pierres fait des os;
Ces os frémissent, tas sonore;
Et le vent souffle, et souffle encore
Sur ce triste amas agité,
Et de ces os il fait des hommes,
Et nous nous levons et nous
sommes,
Et ce vent, c'est la liberté!

Ainsi s'accomplit la genèse
Du grand rien d'où naît le grand
tout.
Dieu pensif dit: Je suis bien aise
Que ce qui gisait soit debout.
Le néant dit: J'étais souffrance;
La douleur dit: Je suis la France!
O formidable vision!
Ainsi tombe le noir suaire;
Le désert devient ossuaire,
Et l'ossuaire Nation….

Booz endormi

Booz s'était couché de fatigue
accablé;
Il avait tout le jour travaillé dans
son aire;
Puis avait fait son lit à sa place
ordinaire;
Booz dormait auprès des boisseaux
pleins de blé.

Ce vieillard possédait des champs
de blés et d'orge;
Il était, quoique riche, à la justice
enclin;
Il n'avait pas de fange en l'eau de
son moulin;
Il n'avait pas d'enfer dans le feu de
sa forge.

Sa barbe était d'argent comme un
ruisseau d'avril.
Sa gerbe n'était point avare ni
haineuse;
Quand il voyait passer quelque
pauvre glaneuse:
- Laissez tomber exprès des épis,
disait-il.

Cet homme marchait pur loin des
sentiers obliques,
Vêtu de probité candide et de lin
blanc;
Et, toujours du côté des pauvres
ruisselant,
Ses sacs de grains semblaient des
fontaines publiques.

Booz était bon maître et fidèle
parent;
Il était généreux, quoiqu'il fût
économe;
Les femmes regardaient Booz plus
qu'un jeune homme,
Car le jeune homme est beau, mais
le vieillard est grand.

Le vieillard, qui revient vers la
source première,
Entre aux jours éternels et sort des
jours changeants;
Et l'on voit de la flamme aux yeux
des jeunes gens,
Mais dans l'oeil du vieillard on voit
de la lumière.

Donc, Booz dans la nuit dormait
parmi les siens;
Près des meules, qu'on eût prises
pour des décombres,
Les moissonneurs couchés faisaient
des groupes sombres;
Et ceci se passait dans des temps
très anciens.

Les tribus d'Israël avaient pour chef
un juge;
La terre, où l'homme errait sous la
tente, inquiet
Des empreintes de pieds de géants
qu'il voyait,
Etait mouillée encore et molle du
déluge.

Comme dormait Jacob, comme
dormait Judith,
Booz, les yeux fermés, gisait sous
la feuillée;
Or, la porte du ciel s'étant entre-
bâillée
Au-dessus de sa tête, un songe en
descendit.

Et ce songe était tel, que Booz vit
un chêne
Qui, sorti de son ventre, allait
jusqu'au ciel bleu;
Une race y montait comme une
longue chaîne;
Un roi chantait en bas, en haut
mourait un dieu.

Et Booz murmurait avec la voix de
l'âme:
" Comment se pourrait-il que de
moi ceci vînt?
Le chiffre de mes ans a passé
quatre-vingt,
Et je n'ai pas de fils, et je n'ai plus
de femme.

" Voilà longtemps que celle avec
qui j'ai dormi,
O Seigneur! a quitté ma couche
pour la vôtre;
Et nous sommes encor tout mêlés
l'un à l'autre,
Elle à demi vivante et moi mort à
demi.

" Une race naîtrait de moi!
Comment le croire?
Comment se pourrait-il que j'eusse
des enfants?
Quand on est jeune, on a des
matins triomphants;
Le jour sort de la nuit comme d'une
victoire;

Mais vieux, on tremble ainsi qu'à
l'hiver le bouleau;
Je suis veuf, je suis seul, et sur moi
le soir tombe,
Et je courbe, ô mon Dieu! mon
âme vers la tombe,
Comme un boeuf ayant soif penche
son front vers l'eau. "

Ainsi parlait Booz dans le rêve et
l'extase,
Tournant vers Dieu ses yeux par le
sommeil noyés;
Le cèdre ne sent pas une rose à sa
base,
Et lui ne sentait pas une femme à
ses pieds.

Pendant qu'il sommeillait, Ruth,
une moabite,

S'était couchée aux pieds de Booz, le sein nu,
Espérant on ne sait quel rayon inconnu,
Quand viendrait du réveil la lumière subite.

Booz ne savait point qu'une femme était là,
Et Ruth ne savait point ce que Dieu voulait d'elle.
Un frais parfum sortait des touffes d'asphodèle;
Les souffles de la nuit flottaient sur Galgala.

L'ombre était nuptiale, auguste et solennelle;
Les anges y volaient sans doute obscurément,
Car on voyait passer dans la nuit, par moment,
Quelque chose de bleu qui paraissait une aile.

La respiration de Booz qui dormait
Se mêlait au bruit sourd des ruisseaux sur la mousse.
On était dans le mois où la nature est douce,
Les collines ayant des lys sur leur sommet.

Ruth songeait et Booz dormait; l'herbe était noire;
Les grelots des troupeaux palpitaient vaguement;
Une immense bonté tombait du firmament;
C'était l'heure tranquille où les lions vont boire.

Tout reposait dans Ur et dans Jérimadeth;
Les astres émaillaient le ciel profond et sombre;

Le croissant fin et clair parmi ces fleurs de l'ombre
Brillait à l'occident, et Ruth se demandait,

Immobile, ouvrant l'oeil à moitié sous ses voiles,
Quel dieu, quel moissonneur de l'éternel été,
Avait, en s'en allant, négligemment jeté
Cette faucille d'or dans le champ des étoiles.

André Chénier
Ô belle, le charmant scandale des oiseaux
Dans les arbres, les fleurs, les prés et les roseaux,
Les rayons rencontrant les aigles dans les nues.
L'orageuse gaîté des néréides nues
Se jetant de l'écume et dansant dans les flots,
Blancheurs qui font rêver au loin les matelots,
Ces ébats glorieux des déesses mouillées
Prenant pour lit les mers comme toi les feuillées,

Tout ce qui joue, éclate et luit sur l'horizon
N'a pas plus de splendeur que ta fière chanson.
Ton chant ajouterait de la joie aux dieux mêmes.
Tu te dresses superbe.
En même temps ru m'aimes;
Et tu viens te rasseoir sur mes genoux.
Psyché '
Par moments comme toi prenait un air fâché,
Puis se jetait au cou du jeune dieu, son maître.

243

Est-ce qu'on peut bouder l'amour?
Aimer, c'est naître;
Aimer, c'est savourer, aux bras d'un
être cher,
La quantité de ciel que
Dieu mit dans la chair;
C'est être un ange avec la gloire
d'être un homme.
Oh! ne refuse rien.
Ne sois pas économe.

Aimons!
Ces instants-là sont les seuls bons
et sûrs. volupté mêlée aux éternels
azurs!
Extase! ô volonté de là-haut!
Je soupire,
Tu songes.
Ton cœur bat près du mien.
Laissons dire
Les oiseaux, et laissons les
ruisseaux murmurer.
Ce sont des envieux.
Belle, il faut s'adorer.
Il faut aller se perdre au fond des
bois farouches.
Le ciel étoile veut la rencontre des
bouches;
Une lionne cherche un lion sur les
monts.
Chante! il faut chanter.
Aime! il faut aimer.
Aimons.
Pendant que tu souris, pendant que
mon délire
Abuse de ce doux consentement du
rire,
Pendant que d'un baiser complice
tu m'absous,
La vaste nuit funèbre est au-
dessous de nous,
Et les morts, dans l'Hadès ' plein
d'effrayants décombres,

Regardent se lever, sur l'horizon
des ombres,

Les astres ténébreux de l'Érèbe ' qui
font

Trembler leurs feux sanglants dans
l'eau du Styx
[profond.

Plein ciel

Qu'importe le moment? qu'importe
la saison?
La brume peut cacher dans le
blême horizon

Les Saturnes et les Mercures;
La bise, conduisant la pluie aux
crins épars,
Dans les nuages lourds grondant de
toutes parts

Peut tordre des hydres obscures;
Qu'importe? il va.
Tout souffle est bon; simoun,
La terre a disparu dans le puits
sidéral, [mistral!

Il entre au mystère nocturne,
Au-dessus de la grêle et de l'orage
fou,
Laissant le globe en bas dans
l'ombre, on ne sait où,

Sous le renversement de l'urne.

Intrépide, il bondit sur les ondes du
vent,
Il se rue, aile ouverte et la proue en
avant,

Il monte, il monte, il monte encore,
Au-delà de la zone où tout
s'évanouit,
Comme s'il s'en allait dans la
profonde nuit

A la poursuite de l'aurore!
Calme, il monte où jamais nuage
n'est monté;

Il plane à la hauteur de la sérénité,
Devant la vision des sphères;
Elles sont là, faisant le mystère
éclatant,
Chacune feu d'un gouffre, et toutes
constatant
Les énigmes par les lumières.
Andromède étincelle, Orion
resplendit;
L'essaim prodigieux des Pléiades
grandit;
Sirius ouvre son cratère;
Arcturus, oiseau d'or, scintille dans
son nid;
Le Scorpion hideux fait cabrer au
zénith
Le poitrail bleu du Sagittaire.
L'aéroscaphe voit, comme en face
de lui,
Là-haut, Aldébaran par Céphce
ébloui,
Persée, escarboucle des cimes,
Le chariot polaire aux flamboyants
essieux,
Et, plus loin, la lueur lactée, ô
sombres deux,

La fourmilière des abîmes!
Vers l'apparition terrible des
soleils,
Il monte; dans l'horreur des espaces
vermeils,
Il s'oriente, ouvrant ses voiles;
On croirait, dans l'éther où de loin
on l'entend,
Que ce vaisseau puissant et
superbe, en chantant,
Part pour une de ces étoiles;
Tant cette nef, rompant tous les
terrestres nœuds,
Volant, et franchissant le ciel
vertigineux,
Rêve des blêmes Zoroastres,
Comme effrénée au souffle insensé
de la nuit,
Se jette, plonge, enfonce et tombe
et roule et fuit

Dans le précipice des astres!
Où donc s'arrêtera l'homme
séditieux?
L'espace voit, d'un œil par moment
soucieux,
L'empreinte du talon de l'homme
dans les nues;
Il tient l'extrémité des choses
inconnues;
Il épouse l'abîme à son argile uni;
Le voilà maintenant marcheur de
l'infini.
Où s'arrêtera-t-il, le puissant
réfractaire?
Jusqu'à quelle distance ira-t-il de la
terre?
Jusqu'à quelle distance ira-t-il du
destin?
L'âpre
Fatalité se perd dans le lointain;
Toute l'antique histoire affreuse et
déformée
Sur l'horizon nouveau fuit comme
une fumée.
Les temps sont venus.
L'homme a pris possession
De l'air, comme du flot la grèbe et
l'alcyon.
Devant nos rêves fiers, devant nos
utopies
Ayant des yeux croyants et des
ailes impies,
Devant tous nos efforts pensifs et
haletants,
L'obscurité sans fond fermait ses
deux battants;
Le vrai champ enfin s'offre aux
puissantes algèbres;
L'homme vainqueur, tirant le
verrou des ténèbres,
Dédaigne l'océan, le vieil infini
mort.
La porte noire cède et s'entrebâille.
Il sort!
O profondeurs! faut-il encor
l'appeler l'homme?

L'homme est d'abord monté sur la
bête de somme;
Puis sur le chariot que portent des
essieux;
Puis sur la frêle barque au mât
ambitieux;
Puis quand il a fallu vaincre
recueil, la lame,
L'onde et l'ouragan, l'homme est
monté sur la flamme
A présent l'immortel aspire à
l'éternel;
Il montait sur la mer, il monte sur
le ciel.
L'homme force le sphinx à lui tenir
la lampe.
Jeune, il jette le sac du vieil
Adam qui rampe,
Et part, et risque aux cieux,
qu'éclaire son flambeau,
Un pas semblable à ceux qu'on fait
dans le tombeau;
Et peut-être voici qu'enfin la
traversée
Effrayante, d'un astre à l'autre, est
commencée!

δ δ δ δ δ δ δ δ δ δ δ

Stupeur! se pourrait-il que l'homme
s'élançât?
O nuit! se pourrait-il que l'homme,
ancien forçat,
Que l'esprit humain, vieux reptile,
Devînt ange et, brisant le carcan
qui le mord,
Fût soudain de plain-pied avec les
cieux?
La mort
Va donc devenir inutile!
Oh! franchir l'éther! songe
épouvantable et beau!
Doubler le promontoire énorme du
tombeau!
Qui sait? — toute aile est
magnanime,

L'homme est ailé, — peut-être, ô
merveilleux retour!
Un Christophe Colomb de l'ombre,
quelque jour,
Un Gama du cap de l'abîme,
Un Jason de l'azur, depuis
longtemps parti,
De la terre oublié, par le ciel
englouti,
Tout à coup sur l'humaine rive
Reparaîtra, monté sur cet alérion,
Et, montrant Sirius, Allioth, Orion,
Tout pâle, dira: J'en arrive!
Ciel! ainsi, comme on voit aux
voûtes des celliers
Les noirceurs qu'en rôdant tracent
les chandeliers,
On pourrait, sous les bleus
pilastres,
Deviner qu'un enfant de la terre a
passé,
A ce que le flambeau de l'homme
aurait laissé
De fumée au plafond des astres!...

Abîme
La Voie Lactée

Millions, millions, et millions
d'étoiles!
Je suis, dans l'ombre affreuse et
sous les sacrés voiles,
La splendide forêt des
constellations.
C'est moi qui suis l'amas des yeux
et des rayons,
L'épaisseur inouïe et morne des
lumières,
Encor tout débordant des effluves
premières,
Mon éclatant abîme est votre
source à tous.
O les astres d'en bas, je suis si loin
de vous
Que mon vaste archipel de
splendeurs immobiles,

246

Que mon tas de soleils n'est, pour
vos yeux débiles,
Au fond du ciel, désert lugubre où
meurt le bruit,
Qu'un peu de cendre rouge éparse
dans la nuit!
Mais, ô globes rampants et lourds,
quelle épouvante
Pour qui pénétrerait dans ma lueur
vivante,
Pour qui verrait de près mon nuage
vermeil!
Chaque point est un astre et chaque
astre un soleil.
Autant d'astres, autant
d'immensités étranges,
Diverses, s'approchant des démons
ou des anges,
Dont les planètes font autant de
nations;
Un groupe d'univers, en proie aux
passions,
Tourne autour de chacun de mes
soleils de flammes;
Dans chaque humanité sont des
coeurs et des âmes,
Miroirs profonds ouverts à l'oeil
universel,
Dans chaque coeur l'amour, dans
chaque âme le ciel!
Tout cela naît, meurt, croît, décroît,
se multiplie.
La lumière en regorge et l'ombre en
est remplie.
Dans le gouffre sous moi, de mon
aube éblouis,
Globes, grains de lumière au loin
épanouis,
Toi, zodiaque, vous, comètes
éperdues,
Tremblants, vous traversez les
blêmes étendues,
Et vos bruits sont pareils à de
vagues clairons,
Et j'ai plus de soleils que vous de
moucherons.

Mon immensité vit, radieuse et
féconde.
J'ignore par moments si le reste du
monde,
Errant dans quelque coin du morne
firmament,
Ne s'évanouit pas dans mon
rayonnement.

Les Nébuleuses

A qui donc parles-tu, flocon
lointain qui passes?
A peine entendons-nous ta voix
dans les espaces.
Nous ne te distinguons que comme
un nimbe obscur
Au coin le plus perdu du plus
nocturne azur.
Laisse-nous luire en paix, nous,
blancheurs des ténèbres,
Mondes spectres éclos dans les
chaos funèbres,
N'ayant ni pôle austral ni pôle
boréal:
Nous, les réalités vivant dans
l'idéal,
Les univers, d'où sort l'immense
essaim des rêves,
Dispersés dans l'éther, cet océan
sans grèves
Dont le flot à son bord n'est jamais
revenu;
Nous les créations, îles de
l'inconnu!

L'Infini

L'être multiple vit dans mon unité
sombre.

Dieu

Je n'aurais qu'à souffler, et tout
serait de l'ombre.

La fin de Satan

Le soleil était là qui mourait dans
l'abîme.

L'astre, au fond du brouillard, sans
air qui le ranime,
Se refroidissait, morne et lentement
détruit.
On voyait sa rondeur sinistre dans
la nuit;
Et l'on voyait décroître, en ce
silence sombre,
Ses ulcères de feu sous une lèpre
d'ombre.
Charbon d'un monde éteint!
flambeau soufflé par Dieu!
Ses crevasses montraient encore un
peu de feu.
Comme si par les trous du crâne on
eût vu l'âme.
Au centre palpitait et rampait une
flamme
Qui par instants léchait les bords
extérieurs,
Et de chaque cratère il sortait des
lueurs
Qui frissonnaient ainsi que de
flamboyants glaives,
Et s'évanouissaient sans bruit
comme des rêves.
L'astre était presque noir.
L'archange était si las
Qu'il n'avait plus de voix et plus de
souffle, hélas!
Et l'astre agonisait sous ses regards
farouches.
Il mourait, il luttait. Avec ses
sombres bouches
Dans l'obscurité froide il lançait par
moments
Des flots ardents, des blocs rougis,
des monts fumants,
Des rocs tout écumants de sa clarté
première;
Comme si ce géant de vie et de
lumière,

Englouti par la brume où tout
s'évanouit,
N'eût pas voulu mourir sans
insulter la nuit
Et sans cracher sa lave à la face de
l'ombre.
Autour de lui le temps et l'espace et
le nombre
Et la forme et le bruit expiraient, en
créant
L'unité formidable et noire du
néant.
Le spectre Rien levait sa tête hors
du gouffre.

Soudain, du coeur de l'astre, un
âpre jet de soufre,
Pareil à la clameur du mourant
éperdu,
Sortit, brusque, éclatant, splendide,
inattendu,
Et, découpant au loin mille formes
funèbres,
Énorme, illumina, jusqu'au fond
des ténèbres,
Les porches monstrueux de l'infini
profond.
Les angles que la nuit et
l'immensité font
Apparurent. Satan, égaré, sans
haleine,
La prunelle éblouie et de cet éclat
pleine,
Battit de l'aile, ouvrit les mains,
puis tressaillit
Et cria: - Désespoir! le voilà qui
pâlit! -

Et l'archange comprit, pareil au mât
qui sombre,
Qu'il était le noyé du déluge de
l'ombre;
Il reploya son aile aux ongles de
granit
Et se tordit les bras. - Et l'astre
s'éteignit.

Théophile Gautier

Je te salue au seuil sévère du
tombeau!

Va chercher le vrai, toi qui sus
trouver le beau.

Monte l'âpre escalier.
Du haut des sombres marches,

Du noir pont de l'abîme on
entrevoit les arches;

Va! meurs! la dernière heure est le
dernier degré!

Pars, aigle, tu vas voir des gouffres
à ton gré;

Tu vas voir l'absolu, le réel, le
sublime,

Tu vas sentir le vent sinistre de la
cime

Et.l'éblouissement du prodige
éternel.

Ton olympe, tu vas le voir du haut
du ciel;

Tu vas, du haut du vrai, voir
l'humaine chimère,

Même celle de .Job, même celle
d'Homère,

Ame, et du haut de Dieu tu vas voir
Jéhovah.

Monte! esprit!
Grandis, plane, ouvre tes ailes, va!

Lorsqu'un vivant no'us quitte, ému,
je le contemple;

Car, entrer dans la mort, c'est entrer
dans le temple;
Et, quand un homme meurt, je vois
distinctement
Dans son ascension mon propre
avènement.
Ami, je sens du sort la sombre
plénitude;
J'ai commencé la mort par de la
solitude;
Je vois mon profond soir
vaguement s'étoiler;
Voici l'heure où je vais aussi, moi,
m'en aller.
Mon fil, trop long, frissonne et
touche presque au
[glaive;
Le vent qui t'emporta doucement
me soulève,
Et je vais suivre ceux qui
m'aimaient, moi, banni.
Leur œil fixe m'attire au fond de
l'infini.
J'y cours.
Ne fermez pas la porte funéraire.

Passons, car c'est la loi; nul ne peut
s'y soustraire;
Tout penche, et ce grand siècle,
avec tous ses rayons,
Entre en cette ombre immense, où
pâles, nous fuyons.
Oh! quel farouche bruit font dans le
crépuscule
Les chênes qu'on abat pour le
bûcher d'Hercule!
Les chevaux de la
Mort se mettent à hennir
Et sont joyeux, car l'âge éclatant va
finir;
Ce siècle altier, qui sut dompter le
vent contraire.
Expire...
O Gautier! toi, leur égal et leur
frère,
Tu pars après Dumas, Lamartine et
Musset.

L'onde antique est tarie où l'on
rajeunissait;
Comme il n'est plus de Styx, il n'est
plus de
Jouvence.
Le dur faucheur avec sa large lame
avance,
Pensif et pas à pas, vers le reste du
blé;
C'est mon tour; et la nuit emplit
mon œil troublé
Qui, devinant, Tiélas! l'avenir des
colombes,
Pleure sur des berceaux et sourit à
des tombes.

Auguste Barbier (1805-1882)

L'idole

Ô Corse à cheveux plats! que ta
France était belle
Au grand soleil de messidor!
C'était une cavale indomptable et
rebelle,
Sans frein d'acier ni rênes d'or;
Une jument sauvage à la croupe
rustique,
Fumante encor du sang des rois,
Mais fière, et d'un pied fort
heurtant le sol antique,
Libre pour la première fois.
Jamais aucune main n'avait passé
sur elle
Pour la flétrir et l'outrager;
Jamais ses larges flancs n'avaient
porté la selle
Et le harnais de l'étranger;
Tout son poil était vierge, et, belle
vagabonde,
L'oeil haut, la croupe en
mouvement,
Sur ses jarrets dressée, elle effrayait
le monde
Du bruit de son hennissement.
Tu parus, et sitôt que tu vis son
allure,
Ses reins si souples et dispos,
Dompteur audacieux tu pris sa
chevelure,
Tu montas botté sur son dos.
Alors, comme elle aimait les
rumeurs de la guerre,
La poudre, les tambours battants,
Pour champ de course, alors tu lui
donnas la terre
Et des combats pour passe-temps:
Alors, plus de repos, plus de nuits,
plus de sommes,
Toujours l'air, toujours le travail.
Toujours comme du sable écraser
des corps d'hommes,
Toujours du sang jusqu'au poitrail.

Quinze ans son dur sabot, dans sa
course rapide,
Broya les générations;
Quinze ans elle passa, fumante, à
toute bride,
Sur le ventre des nations;
Enfin, lasse d'aller sans finir sa
carrière,
D'aller sans user son chemin,
De pétrir l'univers, et comme une
poussière
De soulever le genre humain;
Les jarrets épuisés, haletante, sans
force
Et fléchissant à chaque pas,
Elle demanda grâce à son cavalier
corse;
Mais, bourreau, tu n'écoutas pas!
Tu la pressas plus fort de ta cuisse
nerveuse,
Pour étouffer ses cris ardents,
Tu retournas le mors dans sa
bouche baveuse,
De fureur tu brisas ses dents;
Elle se releva: mais un jour de
bataille,
Ne pouvant plus mordre ses freins,
Mourante, elle tomba sur un lit de
mitraille
Et du coup te cassa les reins.

Gérard de Nerval, (1808 1855)
El desdichado

Je suis le Ténébreux, - le Veuf, -
l'Inconsolé,
Le Prince d'Aquitaine à la Tour
abolie:
Ma seule Etoile est morte, - et mon
luth constellé
Porte le Soleil noir de la
Mélancolie.
Dans la nuit du Tombeau, Toi qui
m'as consolé,
Rends-moi le Pausilippe et la mer
d'Italie,
La fleur qui plaisait tant à mon
coeur désolé,
Et la treille où le Pampre à la Rose
s'allie.
Suis-je Amour ou Phébus?...
Lusignan ou Biron?
Mon front est rouge encor du baiser
de la Reine;
J'ai rêvé dans la Grotte où nage la
sirène...
Et j'ai deux fois vainqueur traversé
l'Achéron:
Modulant tour à tour sur la lyre
d'Orphée
Les soupirs de la Sainte et les cris
de la Fée.

Je pense à toi, *Myrtho, divine
enchanteresse,
Au Pausilippe altier, de mille feux
brillant,
A ton front inondé des clartés
d'Orient,
Aux raisins noirs mêlés avec l'or de
ta tresse.
C'est dans ta coupe aussi que j'avais
bu l'ivresse,
Et dans l'éclair furtif de ton oeil
souriant,

Quand aux pieds d'Iacchus on me
voyait priant,
Car la Muse m'a fait l'un des fils de
la Grèce.
Je sais pourquoi là-bas le volcan
s'est rouvert...
C'est qu'hier tu l'avais touché d'un
pied agile,
Et de cendres soudain l'horizon
s'est couvert.
Depuis qu'un duc normand brisa tes
dieux d'argile,
Toujours, sous les rameaux du
laurier de Virgile,
Le pâle hortensia s'unit au myrte
vert!
***

*Horus
Le dieu *Kneph en tremblant
ébranlait l'univers:
*Isis la mère, alors se leva sur sa
couche,
Fit un geste de haine à son époux
farouche,
Et l'ardeur d'autrefois brilla dans
ses yeux verts.
"Le voyez-vous, dit-elle, il meurt,
ce vieux pervers,
Tous les frimas du monde ont
passé par sa bouche,
Attachez son pied tors, éteignez
son oeil louche,
C'est le dieu des volcans et le roi
des hivers!
"L'aigle a déjà passé, l'esprit
nouveau m'appelle,
J'ai revêtu pour lui la robe de
*Cybèle...
C'est l'enfant bien-aimé d'Hermès
et d'*Osiris!
***

*Antéros
Tu demandes pourquoi j'ai tant de
rage au coeur

Et sur un col flexible une tête
indomptée;
C'est que je suis issu de la race
d'*Antée,
Je retourne les dards contre le dieu
vainqueur.
Oui, je suis de ceux-là qu'inspire le
Vengeur,
Il m'a marqué le front de sa lèvre
irritée,
Sous la pâleur d'Abel, hélas!
ensanglantée,
J'ai parfois de Caïn l'implacable
rougeur!
Jéhovah! le dernier, vaincu par ton
génie,
Qui, du fond des enfers, criait: "O
tyrannie!"
C'est mon aïeul Bélus ou mon père
Dagon...
Ils m'ont plongé trois fois dans les
eaux du *Cocyte,
Et, protégeant tout seul ma mère
Amalécyte,
Je ressème à ses pieds les dents du
vieux dragon.
***

Delfica
La connais-tu, *Dafné, cette
ancienne romance,
Au pied du sycomore, ou sous les
lauriers blancs,
Sous l'olivier, le myrte, ou les
saules tremblants,
Cette chanson d'amour qui toujours
recommence?...
Reconnais-tu le Temple au
péristyle immense,
Et les citrons amers où
s'imprimaient tes dents,
Et la grotte, fatale aux hôtes
imprudents,
Où du dragon vaincu dort l'antique
semence?
Ils reviendront, ces Dieux que tu
pleures toujours!

Le temps va ramener l'ordre des
anciens jours;
La terre a tressailli d'un souffle
prophétique...
Cependant la sibylle au visage latin
Est endormie encor sous l'arc de
Constantin
- Et rien n'a dérangé le sévère
portique.
***

*Artémis
La Treizième revient... C'est encor
la première;
Et c'est toujours la seule, - ou c'est
le seul moment;
Car es-tu reine, ô toi! La première
ou dernière?
Es-tu roi, toi le seul ou le dernier
amant?...
Aimez qui vous aima du berceau
dans la bière;
Celle que j'aimai seul m'aime encor
tendrement:
C'est la mort - ou la morte ...O
délice! ô tourment!
La rose qu'elle tient, c'est la Rose
trémière.
Sainte napolitaine aux mains
pleines de feux,
Rose au coeur violet, fleur de sainte
Gudule:
As-tu trouvé ta croix dans le désert
des cieux?
Roses blanches, tombez! vous
insultez nos dieux,
Tombez, fantômes blancs, de votre
ciel qui brûle:
- La sainte de l'abîme est plus
sainte à mes yeux!

Vers dorés
Eh quoi! tout est sensible
Pythagore
Homme, libre penseur! te crois-tu
seul pensant

253

Dans ce monde où la vie éclate en
toute chose?
Des forces que tu tiens ta liberté
dispose,
Mais de tous tes conseils l'univers
est absent.
Respecte dans la bête un esprit
agissant:
Chaque fleur est une âme à la
Nature éclose;
Un mystère d'amour dans le métal
repose;
"Tout est sensible!" Et tout sur ton
être est puissant.
Crains, dans le mur aveugle, un
regard qui t'épie:
A la matière même un verbe est
attaché...
Ne la fais pas servir à quelque
usage impie
Souvent dans l'être obscur habite
un Dieu caché;
Et comme un oeil naissant couvert
par ses paupières,
Un pur esprit s'accroît sous l'écorce
des pierres!

Une allée du Luxembourg
"Odelettes, 1832

Elle a passé, la jeune fille,
Vive et preste comme un oiseau;
A la main une fleur qui brille,
A la bouche un refrain nouveau.
C'est peut-être la seule au monde
Dont le cœur au mien répondrait;
Qui, venant dans ma nuit profonde,
D'un seul regard l'éclairerait!...
Mais non, - ma jeunesse est finie...
Adieu, doux rayon qui m'a lui, -
Parfum, jeune fille, harmonie...
Le bonheur passait, - il a fui!

Fantaisie

Il est un air pour qui je donnerais
Tout Rossini, tout Mozart et tout
Weber,

Un air très-vieux, languissant et
funèbre,
Qui pour moi seul a des charmes
secrets.

Or, chaque fois que je viens à
l'entendre,
De deux cents ans mon âme
rajeunit:
C'est sous Louis treize; et je crois
voir s'étendre
Un coteau vert, que le couchant
jaunit,

Puis un château de brique à coins
de pierre,
Aux vitraux teints de rougeâtres
couleurs,
Ceint de grands parcs, avec une
rivière
Baignant ses pieds, qui coule entre
des fleurs;

Puis une dame, à sa haute fenêtre,
Blonde aux yeux noirs, en ses
habits anciens,
Que dans une autre existence peut-
être,
J'ai déjà vue... et dont je me
souviens!

Le point noir

Quiconque a regardé le soleil
fixement
Croit voir devant ses yeux voler
obstinément
Autour de lui, dans l'air, une tache
livide.

Ainsi, tout jeune encore et plus
audacieux,
Sur la gloire un instant j'osai fixer
les yeux:
Un point noir est resté dans mon
regard avide.

Depuis, mêlée à tout comme un signe de deuil,
Partout, sur quelque endroit que s'arrête mon oeil,
Je la vois se poser aussi, la tache noire!

Quoi, toujours? Entre moi sans cesse et le bonheur!
Oh! c'est que l'aigle seul - malheur à nous, malheur!
Contemple impunément le Soleil et la Gloire.

Les Cydalises

Où sont nos amoureuses?
Elles sont au tombeau .
Elles sont plus heureuses,
Dans un séjour plus beau!

Elles sont près des anges,
Dans le fond du ciel bleu,
Et chantent les louanges
De la mère de Dieu!

Ô blanche fiancée!
Ô jeune vierge en fleur!
Amante délaissée,
Que flétrit la douleur!

L'éternité profonde
Souriait dans vos yeux ...
Flambeaux éteints du monde,
Rallumez-vous aux cieux!

Épitaphe

Il a vécu tantôt gai comme un sansonnet,
Tour à tour amoureux insoucieux et tendre,
Tantôt sombre et rêveur comme un triste Clitandre.
Un jour il entendit qu'à sa porte on sonnait.

C'était la Mort! Alors il la pria d'attendre
Qu'il eût posé le point à son dernier sonnet;
Et puis sans s'émouvoir, il s'en alla s'étendre
Au fond du coffre froid où son corps frissonnait.

Il était paresseux, à ce que dit l'histoire,
Il laissait trop sécher l'encre dans l'écritoire.
Il voulait tout savoir mais il n'a rien connu.

Et quand vint le moment où, las de cette vie,
Un soir d'hiver, enfin l'âme lui fut ravie,
Il s'en alla disant: " Pourquoi suis-je venu? "

Alfred de Musset, (1810-1857)
Chanson

J'ai dit à mon coeur, à mon faible
coeur:
N'est-ce point assez d'aimer sa
maîtresse?
Et ne vois-tu pas que changer sans
cesse,
C'est perdre en désirs le temps du
bonheur?

Il m'a répondu: Ce n'est point
assez,
Ce n'est point assez d'aimer sa
maîtresse;
Et ne vois-tu pas que changer sans
cesse
Nous rend doux et chers les plaisirs
passés?

J'ai dit à mon coeur, à mon faible
coeur:
N'est-ce point assez de tant de
tristesse?
Et ne vois-tu pas que changer sans
cesse,
C'est à chaque pas trouver la
douleur?

Il m'a répondu: Ce n'est point assez
Ce n'est point assez de tant de
tristesse;
Et ne vois-tu pas que changer sans
cesse
Nous rend doux et chers les
chagrins passés?

Une bonne fortune

Il ne faudrait pourtant, me disais-je
à moi-même,
Qu'une permission de notre
seigneur Dieu,
Pour qu'il vînt à passer quelque
femme en ce lieu.

Les bosquets sont déserts; la
chaleur est extrême;
Les vents sont à l'amour l'horizon
est en feu;
Toute femme, ce soir, doit désirer
qu'on l'aime.

S'il venait à passer, sous ces grands
marronniers,
Quelque alerte beauté de l'école
flamande,
Une ronde fillette, échappée à
Téniers,
Ou quelque ange pensif de candeur
allemande:
Une vierge en or fin d'un livre de
légende,
Dans un flot de velours traînant ses
petits pieds;

Elle viendrait par là, de cette
sombre allée,
Marchant à pas de biche avec un
air boudeur,
Ecoutant murmurer le vent dans la
feuillée,
De paresse amoureuse et de
langueur voilée,
Dans ses doigts inquiets
tourmentant une fleur,
Le printemps sur la joue, et le ciel
dans le coeur.

Elle s'arrêterait là-bas, sous la
tonnelle.
Je ne lui dirais rien, j'irais tout
simplement
Me mettre à deux genoux par terre
devant elle,
Regarder dans ses yeux l'azur du
firmament,
Et pour toute faveur la prier
seulement
De se laisser aimer d'une amour
immortelle.

Lucie
Élégie

Mes chers amis, quand je mourrai,
Plantez un saule au cimetière.
J'aime son feuillage éploré;
La pâleur m'en est douce et chère,
Et son ombre sera légère
À la terre où je dormirai.

Un soir, nous étions seuls, j'étais
assis près d'elle;
Elle penchait la tête, et sur son
clavecin
Laissait, tout en rêvant, flotter sa
blanche main.
Ce n'était qu'un murmure: on eût
dit les coups d'aile
D'un zéphyr éloigné glissant sur
des roseaux,
Et craignant en passant d'éveiller
les oiseaux.
Les tièdes voluptés des nuits
mélancoliques
Sortaient autour de nous du calice
des fleurs.
Les marronniers du parc et les
chênes antiques
Se berçaient doucement sous leurs
rameaux en pleurs.
Nous écoutions la nuit; la croisée
entr'ouverte
Laissait venir à nous les parfums
du printemps;
Les vents étaient muets, la plaine
était déserte;
Nous étions seuls, pensifs, et nous
avions quinze ans.
Je regardais Lucie. - Elle était pâle
et blonde.
Jamais deux yeux plus doux n'ont
du ciel le plus pur
Sondé la profondeur et réfléchi
l'azur.
Sa beauté m'enivrait; je n'aimais
qu'elle au monde.

Mais je croyais l'aimer comme on
aime une soeur,
Tant ce qui venait d'elle était plein
de pudeur!
Nous nous tûmes longtemps; ma
main touchait la sienne.
Je regardais rêver son front triste et
charmant,
Et je sentais dans l'âme, à chaque
mouvement,
Combien peuvent sur nous, pour
guérir toute peine,
Ces deux signes jumeaux de paix et
de bonheur,
Jeunesse de visage et jeunesse de
coeur.
La lune, se levant dans un ciel sans
nuage,
D'un long réseau d'argent tout à
coup l'inonda.
Elle vit dans mes yeux resplendir
son image;
Son sourire semblait d'un ange: elle
chanta.

. . . .
. . . .

Fille de la douleur, harmonie!
harmonie!
Langue que pour l'amour inventa le
génie!
Qui nous vins d'Italie, et qui lui
vins des cieux!
Douce langue du coeur, la seule où
la pensée,
Cette vierge craintive et d'une
ombre offensée,
Passe en gardant son voile et sans
craindre les yeux!
Qui sait ce qu'un enfant peut
entendre et peut dire
Dans tes soupirs divins, nés de l'air
qu'il respire,
Tristes comme son coeur et doux
comme sa voix?

On surprend un regard, une larme
qui coule;
Le reste est un mystère ignoré de la
foule,
Comme celui des flots, de la nuit et
des bois!

- Nous étions seuls, pensifs; je
regardais Lucie.
L'écho de sa romance en nous
semblait frémir.
Elle appuya sur moi sa tête
appesantie.
Sentais-tu dans ton coeur
Desdemona gémir,
Pauvre enfant? Tu pleurais; sur ta
bouche adorée
Tu laissas tristement mes lèvres se
poser,
Et ce fut ta douleur qui reçut mon
baiser.
Telle je t'embrassai, froide et
décolorée,
Telle, deux mois après, tu fus mise
au tombeau;
Telle, ô ma chaste fleur! tu t'es
évanouie.
Ta mort fut un sourire aussi doux
que ta vie,
Et tu fus rapportée à Dieu dans ton
berceau.

Doux mystère du toit que
l'innocence habite,
Chansons, rêves d'amour, rires,
propos d'enfant,
Et toi, charme inconnu dont rien ne
se défend,
Qui fis hésiter Faust au seuil de
Marguerite,
Candeur des premiers jours,
qu'êtes-vous devenus?

Paix profonde à ton âme, enfant! à
ta mémoire!
Adieu! ta blanche main sur le
clavier d'ivoire,

Durant les nuits d'été, ne voltigera
plus...

Mes chers amis, quand je mourrai,
Plantez un saule au cimetière.
J'aime son feuillage éploré;
La pâleur m'en est douce et chère,
Et son ombre sera légère
À la terre où je dormirai.

La nuit de mai

LA MUSE

Poète, prends ton luth et me donne
un baiser;
La fleur de l'églantier sent ses
bourgeons éclore,
Le printemps naît ce soir; les vents
vont s'embraser;
Et la bergeronnette, en attendant
l'aurore,
Aux premiers buissons verts
commence à se poser.
Poète, prends ton luth, et me donne
un baiser.

LE POÈTE

Comme il fait noir dans la vallée!
J'ai cru qu'une forme voilée
Flottait là-bas sur la forêt.
Elle sortait de la prairie;
Son pied rasait l'herbe fleurie;
C'est une étrange rêverie;
Elle s'efface et disparaît.

LA MUSE

Poète, prends ton luth; la nuit, sur
la pelouse,
Balance le zéphyr dans son voile
odorant.
La rose, vierge encor, se referme
jalouse
Sur le frelon nacré qu'elle enivre en
mourant.

Écoute! tout se tait; songe à ta bien-
aimée.
Ce soir, sous les tilleuls, à la
sombre ramée
Le rayon du couchant laisse un
adieu plus doux.
Ce soir, tout va fleurir: l'immortelle
nature
Se remplit de parfums, d'amour et
de murmure,
Comme le lit joyeux de deux
jeunes époux.

LE POÈTE

Pourquoi mon coeur bat-il si vite?
Qu'ai-je donc en moi qui s'agite
Dont je me sens épouvanté?
Ne frappe-t-on pas à ma porte?
Pourquoi ma lampe à demi morte
M'éblouit-elle de clarté?
Dieu puissant! tout mon corps
frissonne.
Qui vient? qui m'appelle? -
Personne.
Je suis seul; c'est l'heure qui sonne;
Ô solitude! ô pauvreté!

LA MUSE

Poète, prends ton luth; le vin de la
jeunesse
Fermente cette nuit dans les veines
de Dieu.
Mon sein est inquiet; la volupté
l'oppresse,
Et les vents altérés m'ont mis la
lèvre en feu.
Ô paresseux enfant! regarde, je suis
belle.
Notre premier baiser, ne t'en
souviens-tu pas,
Quand je te vis si pâle au toucher
de mon aile,
Et que, les yeux en pleurs, tu
tombas dans mes bras?

Ah! je t'ai consolé d'une amère
souffrance!
Hélas! bien jeune encor, tu te
mourais d'amour.
Console-moi ce soir, je me meurs
d'espérance;
J'ai besoin de prier pour vivre
jusqu'au jour.

LE POÈTE

Est-ce toi dont la voix m'appelle,
Ô ma pauvre Muse! est-ce toi?
Ô ma fleur! ô mon immortelle!
Seul être pudique et fidèle
Où vive encor l'amour de moi!
Oui, te voilà, c'est toi, ma blonde,
C'est toi, ma maîtresse et ma soeur!
Et je sens, dans la nuit profonde,
De ta robe d'or qui m'inonde
Les rayons glisser dans mon coeur.

LA MUSE

Poète, prends ton luth; c'est moi,
ton immortelle,
Qui t'ai vu cette nuit triste et
silencieux,
Et qui, comme un oiseau que sa
couvée appelle,
Pour pleurer avec toi descends du
haut des cieux.
Viens, tu souffres, ami. Quelque
ennui solitaire
Te ronge, quelque chose a gémi
dans ton coeur;
Quelque amour t'est venu, comme
on en voit sur terre,
Une ombre de plaisir, un semblant
de bonheur.
Viens, chantons devant Dieu;
chantons dans tes pensées,
Dans tes plaisirs perdus, dans tes
peines passées;
Partons, dans un baiser, pour un
monde inconnu,

Éveillons au hasard les échos de ta
vie,
Parlons-nous de bonheur, de gloire
et de folie,
Et que ce soit un rêve, et le premier
venu.

Chanson de Barberine

Beau chevalier qui partez pour la
guerre,
Qu'allez-vous faire
Si loin d'ici?
Voyez-vous pas que la nuit est
profonde,
Et que le monde
N'est que souci?

Vous qui croyez qu'une amour
délaissée
De la pensée
S'enfuit ainsi,
Hélas! hélas! chercheurs de
renommée,
Votre fumée
S'envole aussi.

Beau chevalier qui partez pour la
guerre,
Qu'allez-vous faire
Si loin de nous?
J'en vais pleurer, moi qui me
laissais dire
Que mon sourire
Etait si doux.

La nuit d'octobre

LE POÈTE

Honte à toi qui la première
M'as appris la trahison,
Et d'horreur et de colère
M'as fait perdre la raison!
Honte à toi, femme à l'oeil sombre,
Dont les funestes amours
Ont enseveli dans l'ombre

Mon printemps et mes beaux jours!
C'est ta voix, c'est ton sourire,
C'est ton regard corrupteur,
Qui m'ont appris à maudire
Jusqu'au semblant du bonheur;
C'est ta jeunesse et tes charmes
Qui m'ont fait désespérer,
Et si je doute des larmes,
C'est que je t'ai vu pleurer.
Honte à toi, j'étais encore
Aussi simple qu'un enfant;
Comme une fleur à l'aurore,
Mon coeur s'ouvrait en t'aimant.
Certes, ce coeur sans défense
Put sans peine être abusé;
Mais lui laisser l'innocence
Était encor plus aisé.
Honte à toi! tu fus la mère
De mes premières douleurs,
Et tu fis de ma paupière
Jaillir la source des pleurs!
Elle coule, sois-en sûre,
Et rien ne la tarira;
Elle sort d'une blessure
Qui jamais ne guérira;
Mais dans cette source amère
Du moins je me laverai,
Et j'y laisserai, j'espère,
Ton souvenir abhorré!

LA MUSE

Poète, c'est assez. Auprès d'une
infidèle,
Quand ton illusion n'aurait duré
qu'un jour,
N'outrage pas ce jour lorsque tu
parles d'elle;
Si tu veux être aimé, respecte ton
amour.
Si l'effort est trop grand pour la
faiblesse humaine
De pardonner les maux qui nous
viennent d'autrui,
Épargne-toi du moins le tourment
de la haine;

À défaut du pardon, laisse venir
l'oubli.
Les morts dorment en paix dans le
sein de la terre:
Ainsi doivent dormir nos
sentiments éteints.
Ces reliques du coeur ont aussi leur
poussière;
Sur leurs restes sacrés ne portons
pas les mains.
Pourquoi, dans ce récit d'une vive
souffrance,
Ne veux-tu voir qu'un rêve et qu'un
amour trompé?
Est-ce donc sans motif qu'agit la
Providence
Et crois-tu donc distrait le Dieu qui
t'a frappé?
Le coup dont tu te plains t'a
préservé peut-être,
Enfant; car c'est par là que ton
coeur s'est ouvert.
L'homme est un apprenti, la
douleur est son maître,
Et nul ne se connaît tant qu'il n'a
pas souffert.
C'est une dure loi, mais une loi
suprême,
Vieille comme le monde et la
fatalité,
Qu'il nous faut du malheur recevoir
le baptême,
Et qu'à ce triste prix tout doit être
acheté.
Les moissons pour mûrir ont
besoin de rosée;
Pour vivre et pour sentir l'homme a
besoin des pleurs;
La joie a pour symbole une plante
brisée,
Humide encor de pluie et couverte
de fleurs.
Ne te disais-tu pas guéri de ta folie?
N'es-tu pas jeune, heureux, partout
le bienvenu?
Et ces plaisirs légers qui font aimer
la vie,

Si tu n'avais pleuré, quel cas en
ferais-tu?
Lorsqu'au déclin du jour, assis sur
la bruyère,
Avec un vieil ami tu bois en liberté,
Dis-moi, d'aussi bon coeur
lèverais-tu ton verre,
Si tu n'avais senti le prix de la
gaîté?
Aimerais-tu les fleurs, les prés et la
verdure,
Les sonnets de Pétrarque et le chant
des oiseaux,
Michel-Ange et les arts,
Shakspeare et la nature,
Si tu n'y retrouvais quelques
anciens sanglots?
Comprendrais-tu des cieux
l'ineffable harmonie,
Le silence des nuits, le murmure
des flots,
Si quelque part là-bas la fièvre et
l'insomnie
Ne t'avaient fait songer à l'éternel
repos?
N'as-tu pas maintenant une belle
maîtresse?
Et, lorsqu'en t'endormant tu lui
serres la main,
Le lointain souvenir des maux de ta
jeunesse
Ne rend-il pas plus doux son
sourire divin?
N'allez-vous pas aussi vous
promener ensemble
Au fond des bois fleuris, sur le
sable argentin?
Et, dans ce vert palais, le blanc
spectre du tremble
Ne sait-il plus, le soir, vous
montrer le chemin?
Ne vois-tu pas alors, aux rayons de
la lune,
Plier comme autrefois un beau
corps dans tes bras,
Et si dans le sentier tu trouvais la
Fortune,

Derrière elle, en chantant, ne marcherais-tu pas?
De quoi te plains-tu donc? L'immortelle espérance
S'est retrempée en toi sous la main du malheur.
Pourquoi veux-tu haïr ta jeune expérience,
Et détester un mal qui t'a rendu meilleur?
Ô mon enfant! plains-la, cette belle infidèle,
Qui fit couler jadis les larmes de tes yeux;
Plains-la! c'est une femme, et Dieu t'a fait, près d'elle,
Deviner, en souffrant, le secret des heureux.
Sa tâche fut pénible; elle t'aimait peut-être;
Mais le destin voulait qu'elle brisât ton coeur.
Elle savait la vie, et te l'a fait connaître;
Une autre a recueilli le fruit de ta douleur.
Plains-la! son triste amour a passé comme un songe;
Elle a vu ta blessure et n'a pu la fermer.
Dans ses larmes, crois-moi, tout n'était pas mensonge.
Quand tout l'aurait été, plains-la! tu sais aimer.

Jamais

Jamais, avez-vous dit, tandis qu'autour de nous
Résonnait de Schubert la plaintive musique;
Jamais, avez-vous dit, tandis que, malgré vous,
Brillait de vos grands yeux l'azur mélancolique.

Jamais, répétiez-vous, pâle et d'un air si doux

Qu'on eût cru voir sourire une médaille antique.
Mais des trésors secrets l'instinct fier et pudique
Vous couvrir de rougeur, comme un voile jaloux.

Quel mot vous prononcez, marquise, et quel dommage!
Hélas! je ne voyais ni ce charmant visage,
Ni ce divin sourire, en vous parlant d'aimer.

Vos yeux bleus sont moins doux que votre âme n'est belle.
Même en les regardant, je ne regrettais qu'elle,
Et de voir dans sa fleur un tel coeur se fermer.

Tristesse

J'ai perdu ma force et ma vie,
Et mes amis et ma gaieté;
J'ai perdu jusqu'à la fierté
Qui faisait croire à mon génie.

Quand j'ai connu la vérité, j'ai cru que c'était une amie;
Quand je l'ai comprise et sentie,
J'en ai été dégoûté.

Et pourtant elle est éternelle,
Et ceux qui se sont passés d'elle
Ici bas ont tout ignoré.

Dieu parle, il faut qu'on lui réponde.
Le seul bien qui me reste au monde
Est d'avoir quelques fois pleuré.

Sonnet à Madame M. N.

" Je vous ai vue enfant, maintenant que j'y pense,

262

Fraîche comme une rose et le coeur
dans les yeux.
- Je vous ai vu bambin, boudeur et
paresseux;
Vous aimiez lord Byron, les grands
vers et la danse. "

Ainsi nous revenaient les jours de
notre enfance,
Et nous parlions déjà le langage des
vieux;
Ce jeune souvenir riait entre nous
deux,
Léger comme un écho, gai comme
l'espérance.

Le lâche craint le temps parce qu'il
fait mourir;
Il croit son mur gâté lorsqu'une
fleur y pousse.
Ô voyageur ami, père du souvenir!

C'est ta main consolante, et si sage
et si douce,
Qui consacre à jamais un pas fait
sur la mousse,
Le hochet d'un enfant, un regard,
un soupir.

A mon frère, revenant d'Italie

Toits superbes! froids monuments!
Linceul d'or sur des ossements!
Ci-gît Venise.
Là mon pauvre coeur est resté.
S'il doit m'en être rapporté,
Dieu le conduise!

Mon pauvre coeur, l'as-tu trouvé
Sur le chemin, sous un pavé,
Au fond d'un verre?
Ou dans ce grand palais Nani;
Dont tant de soleils ont jauni
La noble pierre?

L'as-tu vu sur les fleurs des prés,

Ou sur les raisins empourprés
D'une tonnelle?
Ou dans quelque frêle bateau.
Glissant à l'ombre et fendant l'eau
À tire-d'aile?

L'as-tu trouvé tout en lambeaux
Sur la rive où sont les tombeaux?
Il y doit être.
Je ne sais qui l'y cherchera,
Mais je crois bien qu'on ne pourra
L'y reconnaître.

Il était gai, jeune et hardi;
Il se jetait en étourdi
À l'aventure.
Librement il respirait l'air,
Et parfois il se montrait fier
D'une blessure.

Il fut crédule, étant loyal,
Se défendant de croire au mal
Comme d'un crime.
Puis tout à coup il s'est fondu
Ainsi qu'un glacier suspendu
Sur un abîme...

Sur trois marches
de marbre rose

Dites-nous, marches gracieuses,
Les rois, les princes, les prélats,
Et les marquis à grands fracas,
Et les belles ambitieuses,
Dont vous avez compté les pas;
Celles-là surtout, j'imagine,
En vous touchant ne pesaient pas.
Lorsque le velours ou l'hermine
Frôlaient vos contours délicats,
Laquelle était la plus légère?
Est-ce la reine Montespan?
Est-ce Hortense avec un roman,
Maintenon avec son bréviaire,
Ou Fontange avec son ruban?
Beau marbre, as-tu vu la Vallière?
De Parabère ou de Sabran
Laquelle savait mieux te plaire?

Entre Sabran et Parabère
Le Régent même, après souper,
Chavirait jusqu'à s'y tromper.
As-tu vu le puissant Voltaire,
Ce grand frondeur des préjugés,
Avocat des gens mal jugés,
Du Christ ce terrible adversaire,
Bedeau du temple de Cythère,
Présentant à la Pompadour
Sa vieille eau bénite de cour?
As-tu vu, comme à l'ermitage,
La rondelette Dubarry
Courir, en buvant du laitage,
Pieds nus, sur le gazon fleuri?
Marches qui savez notre histoire,
Aux jours pompeux de votre gloire,
Quel heureux monde en ces
bosquets!
Que de grands seigneurs, de
laquais,
Que de duchesses, de caillettes,
De talons rouges, de paillettes,
Que de soupirs et de caquets,
Que de plumets et de calottes,
De falbalas et de culottes,
Que de poudre sous ces berceaux,
Que de gens, sans compter les sots!
Règne auguste de la perruque,
Le bourgeois qui te méconnaît
Mérite sur sa plate nuque
D'avoir un éternel bonnet.
Et toi, siècle à l'humeur badine,
Siècle tout couvert d'amidon,
Ceux qui méprisent ta farine
Sont en horreur à Cupidon!...
Est-ce ton avis, marbre rose?
Malgré moi, pourtant, je suppose
Que le hasard qui t'a mis là
Ne t'avait pas fait pour cela.
Aux pays où le soleil brille,
Près d'un temple grec ou latin,
Les beaux pieds d'une jeune fille,
Sentant la bruyère et le thym,
En te frappant de leurs sandales,
Auraient mieux réjoui tes dalles
Qu'une pantoufle de satin.
Est-ce d'ailleurs pour cet usage

Que la nature avait formé
Ton bloc jadis vierge et sauvage
Que le génie eût animé?
Lorsque la pioche et la truelle
T'ont scellé dans ce parc boueux,
En t'y plantant malgré les dieux,
Mansard insultait Praxitèle.
Oui, si tes flancs devaient s'ouvrir,
Il fallait en faire sortir
Quelque divinité nouvelle.
Quand sur toi leur scie a grincé,
Les tailleurs de pierre ont blessé
Quelque Vénus dormant encore,
Et la pourpre qui te colore
Te vient du sang qu'elle a versé.

Derniers vers
L'heure de ma mort, depuis dix-
huit mois,
De tous les côtés sonne à mes
oreilles,
Depuis dix-huit mois d'ennuis et de
veilles,
Partout je la sens, partout je la vois.

Plus je me débats contre ma
misère,
Plus s'éveille en moi l'instinct du
malheur;
Et, dès que je veux faire un pas sur
terre,
Je sens tout à coup s'arrêter mon
coeur.

Ma force à lutter s'use et se
prodigue.
Jusqu'à mon repos, tout est un
combat;
Et, comme un coursier brisé de
fatigue,
Mon courage éteint chancelle et
s'abat.

Théophile Gautier (1811-1872)
Fantaisies d'hiver

Dans le bassin des Tuileries,
Le cygne s'est pris en nageant,
Et les arbres, comme aux féeries,
Sont en filigrane d'argent.

Les vases ont des fleurs de givre,
Sous la charmille aux blancs réseaux;
Et sur la neige on voit se suivre
Les pas étoilés des oiseaux.

Au piédestal où, court-vêtue,
Vénus coudoyait Phocion,
L'Hiver a posé pour statue
La Frileuse de Clodion.

265

Leconte de Lisle (1818 –1894)
Midi

Midi, Roi des étés, épandu sur la plaine,
Tombe en nappes d'argent des hauteurs du ciel bleu.
Tout se tait. L'air flamboie et brûle sans haleine;
La Terre est assoupie en sa robe de feu.

L'étendue est immense, et les champs n'ont point d'ombre,
Et la source est tarie où buvaient les troupeaux;
La lointaine forêt, dont la lisière est sombre,
Dort là-bas, immobile, en un pesant repos.

Seuls, les grands blés mûris, tels qu'une mer dorée,
Se déroulent au loin, dédaigneux du sommeil;
Pacifiques enfants de la Terre sacrée,
Ils épuisent sans peur la coupe du Soleil.

Parfois, comme un soupir de leur âme brûlante,
Du sein des épis lourds qui murmurent entre eux,
Une ondulation majestueuse et lente
S'éveille, et va mourir à l'horizon poudreux.

Non loin, quelques boeufs blancs, couchés parmi les herbes,
Bavent avec lenteur sur leurs fanons épais,
Et suivent de leurs yeux languissants et superbes
Le songe intérieur qu'ils n'achèvent jamais.

Homme, si, le coeur plein de joie ou d'amertume,
Tu passais vers midi dans les champs radieux,
Fuis! la Nature est vide et le Soleil consume:
Rien n'est vivant ici, rien n'est triste ou joyeux.

Mais si, désabusé des larmes et du rire,
Altéré de l'oubli de ce monde agité,
Tu veux, ne sachant plus pardonner ou maudire,
Goûter une suprême et morne volupté,

Viens! Le Soleil te parle en paroles sublimes;
Dans sa flamme implacable absorbe-toi sans fin;
Et retourne à pas lents vers les cités infimes,
Le coeur trempé sept fois dans le Néant divin.

Qaïn

En la trentième année, au siècle de l'épreuve,
Etant captif parmi les cavaliers d'Assur,
Thogorma, le Voyant, fils d'Elam, fils de Thur,
Eut ce rêve, couché dans les roseaux du fleuve,
A l'heure où le soleil blanchit l'herbe et le mur.

Depuis que le Chasseur Iahvèh, qui terrasse
Les forts et de leur chair nourrit l'aigle et le chien,
Avait lié son peuple au joug assyrien,

Tous, se rasant les poils du crâne et
de la face,
Stupides, s'étaient tus et
n'entendaient plus rien.

Ployés sous le fardeau des misères
accrues,
Dans la faim, dans la soif, dans
l'épouvante assis,
Ils revoyaient leurs murs écroulés
et noircis,
Et, comme aux crocs publics
pendent les viandes crues,
Leurs princes aux gibets des Rois
incirconcis

Le pied de l'infidèle appuyé sur la
nuque
Des vaillants, le saint temple où
priaient les aïeux
Souillé, vide, fumant, effondré par
les pieux,
Et les vierges en pleurs sous le
fouet de l'eunuque
Et le sombre Iahvèh muet au fond
des cieux.

Or, laissant, ce jour-là, près des
mornes aïeules
Et des enfants couchés dans les
nattes de cuir,
Les femmes aux yeux noirs de sa
tribu gémir,
Le fils d'Elam, meurtri par la
sangle des meules,
Le long du grand Khobar se coucha
pour dormir.

Les bandes d'étalons, par la plaine
inondée
De lumière, gisaient sous le dattier
roussi,
Et les taureaux, et les dromadaires
aussi,
Avec les chameliers d'Iran et de
Khaldée.

Thogorma, le Voyant, eut ce rêve.
Voici:

C'était un soir des temps
mystérieux du monde,
Alors que du midi jusqu'au
septentrion
Toute vigueur grondait en pleine
éruption,
L'arbre, le roc, la fleur, l'homme et
la bête immonde
Et que Dieu haletait dans sa
création...

Thogorma dans ses yeux vit monter
des murailles
De fer d'où s'enroulaient des
spirales de tours
Et de palais cerclés d'airain sur des
blocs lourds;
Ruche énorme, géhenne aux
lugubres entrailles
Où s'engouffraient les Forts,
princes des anciens jours.

Ils s'en venaient de la montagne et
de la plaine,
Du fond des sombres bois et du
désert sans fin,
Plus massifs que le cèdre et plus
hauts que le pin,
Suants, échevelés, soufrant leur
rude haleine
Avec leur bouche épaisse et rouge,
et pleins de faim.

C'est ainsi qu'ils rentraient, l'ours
velu des cavernes
A l'épaule, ou le cerf, ou le lion
sanglant.
Et les femmes marchaient, géantes,
d'un pas lent,
Sous les vases d'airain qu'emplit
l'eau des citernes,
Graves, et les bras nus, et les mains
sur le flanc.

Elles allaient, dardant leurs
prunelles superbes,
Les seins droits, le col haut, dans la
sérénité
Terrible de la force et de la liberté,
Et posant tour à tour dans la ronce
et les herbes
Leurs pieds fermes et blancs avec
tranquillité...

Puis, quand tout, foule et bruit et
poussière mouvante,
Eut disparu dans l'orbe immense
des remparts,
L'abîme de la nuit laissa de toutes
parts
Suinter la terreur vague et sourdre
l'épouvante
En un rauque soupir sous le ciel
morne épars.

Et le Voyant sentit le poil de sa
peau rude
Se hérisser tout droit en face de
cela,
Car il connut, dans son esprit, que
c'était là
La Ville de l'angoisse et de la
solitude,
Sépulcre de Qaïn au pays d'Hévila.
[...]

Charles Baudelaire (1821 1867)
Bénédiction

…Vers le ciel, où son œil voit un
trône splendide,
Le poète serein lève ses bras
pieux,
Et les vastes éclairs de son esprit
lucide
Lui dérobent l'aspect des peuples
furieux:

- " Soyez béni, mon Dieu, qui
donnez la souffrance
Comme un divin remède à nos
impuretés
Et comme la meilleure et la plus
pure essence
Qui prépare les forts aux saintes
voluptés!

Je sais que vous gardez une place
au poète
Dans les rangs bienheureux des
saintes légions,
Et que vous l'invitez à l'éternelle
fête
Des trônes, des vertus, des
dominations.

Je sais que la douleur est la
noblesse unique
Où ne mordront jamais la terre et
les enfers,
Et qu'il faut pour tresser ma
couronne mystique
Imposer tous les temps et tous les
univers.

Mais les bijoux perdus de l'antique
Palmyre,
Les métaux inconnus, les perles de
la mer,
Par votre main montés, ne
pourraient pas suffire
À ce beau diadème éblouissant et
clair;

Car il ne sera fait que de pure
lumière,
Puisée au foyer saint des rayons
primitifs,
Et dont les yeux mortels, dans leur
splendeur entière,
Ne sont que des miroirs obscurcis
et plaintifs! "

Les phares

Rubens, fleuve d'oubli, jardin de la
paresse,
Oreiller de chair fraîche où l'on ne
peut aimer,
Mais où la vie afflue et s'agite sans
cesse,
Comme l'air dans le ciel et la mer
dans la mer;

Léonard de Vinci, miroir profond
et sombre,
Où des anges charmants, avec un
doux souris
Tout chargé de mystère,
apparaissent à l'ombre
Des glaciers et des pins qui ferment
leur pays,

Rembrandt, triste hôpital tout
rempli de murmures,
Et d'un grand crucifix décoré
seulement,
Où la prière en pleurs s'exhale des
ordures,
Et d'un rayon d'hiver traversé
brusquement;

Michel-Ange, lieu vague où l'on
voit des Hercules
Se mêler à des Christs, et se lever
tout droits
Des fantômes puissants qui dans
les crépuscules
Déchirent leur suaire en étirant
leurs doigts;

Colères de boxeur, impudences de
faune,
Toi qui sus ramasser la beauté des
goujats,
Grand coeur gonflé d'orgueil,
homme débile et jaune,
Puget, mélancolique empereur des
forçats,

Watteau, ce carnaval où bien des
coeurs illustres,
Comme des papillons, errent en
flamboyant,
Décors frais et légers éclairés par
des lustres
Qui versent la folie à ce bal
tournoyant;

Goya, cauchemar plein de choses
inconnues,
De foetus qu'on fait cuire au milieu
des sabbats,
De vieilles au miroir et d'enfants
toutes nues,
Pour tenter les démons ajustant
bien leurs bas;

Delacroix, lac de sang hanté des
mauvais anges,
Ombragé par un bois de sapins
toujours vert,
Où, sous un ciel chagrin, des
fanfares étranges
Passent, comme un soupir étouffé
de Weber;

Ces malédictions, ces blasphèmes,
ces plaintes,
Ces extases, ces cris, ces pleurs, ces
Te Deum,
Sont un écho redit par mille
labyrinthes;
C'est pour les coeurs mortels un
divin opium!

C'est un cri répété par mille
sentinelles,
Un ordre renvoyé par mille porte-
voix;
C'est un phare allumé sur mille
citadelles,
Un appel de chasseurs perdus dans
les grands bois!

Car c'est vraiment, Seigneur, le
meilleur témoignage
Que nous puissions donner de notre
dignité
Que cet ardent sanglot qui roule
d'âge en âge
Et vient mourir au bord de votre
éternité!

L'Ennemi

Ma jeunesse ne fut qu'un ténébreux
orage
Traversé çà et là par de brillants
soleils;
Le tonnerre et la pluie ont fait un
tel ravage,
Qu'il reste en mon jardin bien peu
de fruits vermeils.

Voilà que j'ai touché l'automne des
idées,
Et qu'il faut employer la pelle et les
râteaux
Pour rassembler à neuf les terres
inondées,
Où l'eau creuse des trous grands
comme des tombeaux.

Et qui sait si les fleurs nouvelles
que je rêve
Trouveront dans ce sol lavé comme
une grève
Le mystique aliment qui ferait leur
vigueur?

- O douleur! ô douleur! Le temps
mange la vie.

Et l'obscur ennemi qui nous ronge
le coeur
Du sang que nous perdons croît et
se fortifie!

Le Guignon
Pour soulever un poids si lourd,
Sisyphe, il faudrait ton courage!
Bien qu'on ait du coeur à l'ouvrage,
L'Art est long et le Temps est court.
Loin des sépultures célèbres,
Vers un cimetière isolé,
Mon coeur, comme un tambour
voilé,
Va battant des marches funèbres.
— Maint joyau dort enseveli
Dans les ténèbres et l'oubli,
Bien loin des pioches et des
sondes;
Mainte fleur épanche à regret
Son parfum doux comme un secret
Dans les solitudes profondes.

Parfum exotique
Quand, les deux yeux fermés, en
un soir chaud d'automne,
Je respire l'odeur de ton sein
chaleureux,
Je vois se dérouler des rivages
heureux
Qu'éblouissent les feux d'un soleil
monotone;
Une île paresseuse où la nature
donne
Des arbres singuliers et des fruits
savoureux;
Des hommes dont le corps est
mince et vigoureux,
Et des femmes dont l'oeil par sa
franchise étonne.
Guidé par ton odeur vers de
charmants climats,
Je vois un port rempli de voiles et
de mâts
Encor tout fatigués par la vague
marine,

Pendant que le parfum des verts
tamariniers,
Qui circule dans l'air et m'enfle la
narine,
Se mêle dans mon âme au chant
des mariniers.

La Chevelure
O toison, moutonnant jusque sur
l'encolure!
O boucles! O parfum chargé de
nonchaloir!
Extase! Pour peupler ce soir
l'alcôve obscure
Des souvenirs dormant dans cette
chevelure,
Je la veux agiter dans l'air comme
un mouchoir!

La langoureuse Asie et la brûlante
Afrique,
Tout un monde lointain, absent,
presque défunt,
Vit dans tes profondeurs, forêt
aromatique!
Comme d'autres esprits voguent sur
la musique,
Le mien, ô mon amour! nage sur
ton parfum.

J'irai là-bas où l'arbre et l'homme,
pleins de sève,
Se pâment longuement sous
l'ardeur des climats;
Fortes tresses, soyez la houle qui
m'enlève!
Tu contiens, mer d'ébène, un
éblouissant rêve
De voiles, de rameurs, de flammes
et de mâts:

Un port retentissant où mon âme
peut boire
A grands flots le parfum, le son et
la couleur
Où les vaisseaux, glissant dans l'or
et dans la moire

Ouvrent leurs vastes bras pour embrasser la gloire
D'un ciel pur où frémit l'éternelle chaleur.

Je plongerai ma tête amoureuse d'ivresse
Dans ce noir océan où l'autre est enfermé;
Et mon esprit subtil que le roulis caresse
Saura vous retrouver, ô féconde paresse,
Infinis bercements du loisir embaumé!

Cheveux bleus, pavillon de ténèbres tendues
Vous me rendez l'azur du ciel immense et rond;
Sur les bords duvetés de vos mèches tordues
Je m'enivre ardemment des senteurs confondues
De l'huile de coco, du musc et du goudron.
Longtemps! toujours! ma main dans ta crinière lourde
Sèmera le rubis, la perle et le saphir,
Afin qu'à mon désir tu ne sois jamais sourde!
N'es-tu pas l'oasis où je rêve, et la gourde
Où je hume à longs traits le vin du souvenir?

Une Charogne

Rappelez-vous l'objet que nous vîmes, mon âme,
Ce beau matin d'été si doux:
Au détour d'un sentier une charogne infâme
Sur un lit semé de cailloux,
Les jambes en l'air, comme une femme lubrique,
Brûlante et suant les poisons,

Ouvrait d'une façon nonchalante et cynique
Son ventre plein d'exhalaisons.
Le soleil rayonnait sur cette pourriture,
Comme afin de la cuire à point,
Et de rendre au centuple à la grande Nature
Tout ce qu'ensemble elle avait joint;
Et le ciel regardait la carcasse superbe
Comme une fleur s'épanouir.
La puanteur était si forte, que sur l'herbe
Vous crûtes vous évanouir.
Les mouches bourdonnaient sur ce ventre putride,
D'où sortaient de noirs bataillons
De larves, qui coulaient comme un épais liquide
Le long de ces vivants haillons.
Tout cela descendait, montait comme une vague
Ou s'élançait en pétillant
On eût dit que le corps, enflé d'un souffle vague,
Vivait en se multipliant.
Et ce monde rendait une étrange musique,
Comme l'eau courante et le vent,
Ou le grain qu'un vanneur d'un mouvement rythmique
Agite et tourne dans son van.
Les formes s'effaçaient et n'étaient plus qu'un rêve,
Une ébauche lente à venir
Sur la toile oubliée, et que l'artiste achève
Seulement par le souvenir.
Derrière les rochers une chienne inquiète
Nous regardait d'un oeil fâché,
Epiant le moment de reprendre au squelette
Le morceau qu'elle avait lâché.

- Et pourtant vous serez semblable
à cette ordure,
A cette horrible infection,
Etoile de mes yeux, soleil de ma
nature,
Vous, mon ange et ma passion!
Oui! telle vous serez, ô la reine des
grâces,
Apres les derniers sacrements,
Quand vous irez, sous l'herbe et les
floraisons grasses,
Moisir parmi les ossements.
Alors, ô ma beauté! dites à la
vermine
Qui vous mangera de baisers,
Que j'ai gardé la forme et l'essence
divine
De mes amours décomposés!

Remords posthume

Lorsque tu dormiras, ma belle
ténébreuse,
Au fond d'un monument construit
en marbre noir,
Et lorsque tu n'auras pour alcôve et
manoir
Qu'un caveau pluvieux et qu'une
fosse creuse;

Quand la pierre, opprimant ta
poitrine peureuse
Et tes flancs qu'assouplit un
charmant nonchaloir,
Empêchera ton coeur de battre et
de vouloir,
Et tes pieds de courir leur course
aventureuse,

Le tombeau, confident de mon rêve
infini
(Car le tombeau toujours
comprendra le poète),
Durant ces grandes nuits d'où le
somme est banni,

Te dira: " Que vous sert, courtisane
imparfaite,
De n'avoir pas connu ce que
pleurent les morts? "
- Et le ver rongera ta peau comme
un remords.

Duellum

Deux guerriers ont couru l'un sur
l'autre, leurs armes
Ont éclaboussé l'air de lueurs et de
sang.
Ces jeux, ces cliquetis du fer sont
les vacarmes
D'une jeunesse en proie à l'amour
vagissant.
Les glaives sont brisés! comme
notre jeunesse,
Ma chère! Mais les dents, les
ongles acérés,
Vengent bientôt l'épée et la dague
traîtresse.
— Ô fureur des coeurs mûrs par
l'amour ulcérés!
Dans le ravin hanté des chats-pards
et des onces
Nos héros, s'étreignant
méchamment, ont roulé,
Et leur peau fleurira l'aridité des
ronces.
— Ce gouffre, c'est l'enfer, de nos
amis peuplé!
Roulons-y sans remords, amazone
inhumaine,
Afin d'éterniser l'ardeur de notre
haine!

Le Balcon

Mère des souvenirs, maîtresse des
maîtresses,
Ô toi, tous mes plaisirs! ô toi, tous
mes devoirs!
Tu te rappelleras la beauté des
caresses,
La douceur du foyer et le charme
des soirs,

Mère des souvenirs, maîtresse des
maîtresses!
Les soirs illuminés par l'ardeur du
charbon,
Et les soirs au balcon, voilés de
vapeurs roses.
Que ton sein m'était doux! que ton
coeur m'était bon!
Nous avons dit souvent
d'impérissables choses
Les soirs illuminés par l'ardeur du
charbon.
Que les soleils sont beaux dans les
chaudes soirées!
Que l'espace est profond! que le
coeur est puissant!
En me penchant vers toi, reine des
adorées,
Je croyais respirer le parfum de ton
sang.
Que les soleils sont beaux dans les
chaudes soirées!
La nuit s'épaississait ainsi qu'une
cloison,
Et mes yeux dans le noir devinaient
tes prunelles,
Et je buvais ton souffle, ô douceur!
ô poison!
Et tes pieds s'endormaient dans
mes mains fraternelles.
La nuit s'épaississait ainsi qu'une
cloison.
Je sais l'art d'évoquer les minutes
heureuses,
Et revis mon passé blotti dans tes
genoux.
Car à quoi bon chercher tes beautés
langoureuses
Ailleurs qu'en ton cher corps et
qu'en ton coeur si doux?
Je sais l'art d'évoquer les minutes
heureuses!
Ces serments, ces parfums, ces
baisers infinis,
Renaîtront-ils d'un gouffre interdit
à nos sondes,

Comme montent au ciel les soleils
rajeunis
Après s'être lavés au fond des mers
profondes?
— Ô serments! ô parfums! ô
baisers infinis!

δ δ δ δ δ δ δ δ δ δ δ

Je te donne ces vers afin que si
mon nom
Aborde heureusement aux époques
lointaines,
Et fait rêver un soir les cervelles
humaines,
Vaisseau favorisé par un grand
aquilon,
Ta mémoire, pareille aux fables
incertaines,
Fatigue le lecteur ainsi qu'un
tympanon,
Et par un fraternel et mystique
chaînon
Reste comme pendue à mes rimes
hautaines;
Etre maudit à qui, de l'abîme
profond
Jusqu'au plus haut du ciel, rien,
hors moi, ne répond!
- O toi qui, comme une ombre à la
trace éphémère,
Foules d'un pied léger et d'un
regard serein
Les stupides mortels qui t'ont jugée
amère,
Statue aux yeux de jais, grand ange
au front d'airain!

Semper eadem

" D'où vous vient, disiez-vous,
cette tristesse étrange,
Montant comme la mer sur le roc
noir et nu? "
- Quand notre coeur a fait une fois
sa vendange,

Vivre est un mal. C'est un secret de tous connu,

Une douleur très simple et non mystérieuse,
Et, comme votre joie, éclatante pour tous.
Cessez donc de chercher, ô belle curieuse!
Et, bien que votre voix soit douce, taisez-vous!

Taisez-vous, ignorante! âme toujours ravie!
Bouche au rire enfantin! Plus encor que la Vie,
La Mort nous tient souvent par des liens subtils.

Laissez, laissez mon coeur s'enivrer d'un mensonge,
Plonger dans vos beaux yeux comme dans un beau [songe,
Et sommeiller longtemps à l'ombre de vos cils!

δ δ δ δ δ δ δ δ δ δ δ

Que diras-tu ce soir, pauvre âme solitaire,
Que diras-tu, mon coeur, coeur autrefois flétri,
A la très-belle, à la très-bonne, à la très-chère,
Dont le regard divin t'a soudain refleuri?

- Nous mettrons notre orgueil à chanter ses louanges:
Rien ne vaut la douceur de son autorité;
Sa chair spirituelle a le parfum des Anges,
Et son oeil nous revêt d'un habit de clarté.

Que ce soit dans la nuit et dans la solitude,

Que ce soit dans la rue et dans la multitude,
Son fantôme dans l'air danse comme un flambeau.

Parfois il parle et dit: " Je suis belle, et j'ordonne
Que pour l'amour de moi vous n'aimiez que le Beau;
Je suis l'Ange gardien, la Muse et la Madone. "

Réversibilité

Ange plein de gaieté, connaissez-vous l'angoisse,
La honte, les remords, les sanglots, les ennuis,
Et les vagues terreurs de ces affreuses nuits
Qui compriment le coeur comme un papier qu'on froisse?
Ange plein de gaieté, connaissez-vous l'angoisse?

Ange plein de bonté, connaissez-vous la haine,
Les poings crispés dans l'ombre et les larmes de fiel,
Quand la Vengeance bat son infernal rappel,
Et de nos facultés se fait le capitaine?
Ange plein de bonté connaissez-vous la haine?

Ange plein de santé, connaissez-vous les Fièvres,
Qui, le long des grands murs de l'hospice blafard,
Comme des exilés, s'en vont d'un pied traînard,
Cherchant le soleil rare et remuant les lèvres?
Ange plein de santé, connaissez-vous les Fièvres?

Ange plein de beauté, connaissez-
vous les rides,
Et la peur de vieillir, et ce hideux
tourment
De lire la secrète horreur du
dévouement
Dans des yeux où longtemps burent
nos yeux avide!
Ange plein de beauté, connaissez-
vous les rides?

Ange plein de bonheur, de joie et
de lumières,
David mourant aurait demandé la
santé
Aux émanations de ton corps
enchanté;
Mais de toi je n'implore, ange, que
tes prières,
Ange plein de bonheur, de joie et
de lumières!

Harmonie du soir

Voici venir les temps où vibrant sur
sa tige
Chaque fleur s'évapore ainsi qu'un
encensoir;
Les sons et les parfums tournent
dans l'air du soir;
Valse mélancolique et langoureux
vertige!

Chaque fleur s'évapore ainsi qu'un
encensoir;
Le violon frémit comme un coeur
qu'on afflige;
Valse mélancolique et langoureux
vertige!
Le ciel est triste et beau comme un
grand reposoir.

Le violon frémit comme un coeur
qu'on afflige,
Un coeur tendre, qui hait le néant
vaste et noir!

Le ciel est triste et beau comme un
grand reposoir;
Le soleil s'est noyé dans son sang
qui se fige.

Un coeur tendre, qui hait le néant
vaste et noir,
Du passé lumineux recueille tout
vestige!
Le soleil s'est noyé dans son sang
qui se fige...
Ton souvenir en moi luit comme
un ostensoir!

Chant d'automne
I

Bientôt nous plongerons dans les
froides ténèbres;
Adieu, vive clarté de nos étés trop
courts!
J'entends déjà tomber avec des
chocs funèbres
Le bois retentissant sur le pavé des
cours.

Tout l'hiver va rentrer dans mon
être: colère,
Haine, frissons, horreur, labeur dur
et forcé,
Et, comme le soleil dans son enfer
polaire,
Mon coeur ne sera plus qu'un bloc
rouge et glacé.

J'écoute en frémissant chaque
bûche qui tombe;
L'échafaud qu'on bâtit n'a pas
d'écho plus sourd.
Mon esprit est pareil à la tour qui
succombe
Sous les coups du bélier infatigable
et lourd.

Il me semble, bercé par ce choc
monotone,

Qu'on cloue en grande hâte un
cercueil quelque part.
Pour qui? - C'était hier l'été; voici
l'automne!
Ce bruit mystérieux sonne comme
un départ.

II

J'aime de vos longs yeux la lumière
verdâtre,
Douce beauté, mais tout
aujourd'hui m'est amer,
Et rien, ni votre amour, ni le
boudoir, ni l'âtre,
Ne me vaut le soleil rayonnant sur
la mer.

Et pourtant aimez-moi, tendre
coeur! soyez mère,
Même pour un ingrat, même pour
un méchant;
Amante ou soeur, soyez la douceur
éphémère
D'un glorieux automne ou d'un
soleil couchant.

Courte tâche! La tombe attend; elle
est avide!
Ah! laissez-moi, mon front posé
sur vos genoux,
Goûter, en regrettant l'été blanc et
torride,
De l'arrière-saison le rayon jaune et
doux!

Chanson d'Après-midi

Quoique tes sourcils méchants
Te donnent un air étrange
Qui n'est pas celui d'un ange,
Sorcière aux yeux alléchants,

Je t'adore, ô ma frivole,
Ma terrible passion!
Avec la dévotion
Du prêtre pour son idole.

Le désert et la forêt
Embaument tes tresses rudes,
Ta tête a les attitudes
De l'énigme et du secret.

Sur ta chair le parfum rôde
Comme autour d'un encensoir;
Tu charmes comme le soir,
Nymphe ténébreuse et chaude.

Ah! Les philtres les plus forts
Ne valent pas ta paresse,
Et tu connais la caresse
Qui fait revivre les morts!

Tes hanches sont amoureuses
De ton dos et de tes seins,
Et tu ravis les coussins
Par tes poses langoureuses.

Quelquefois, pour apaiser
Ta rage mystérieuse,
Tu prodigues, sérieuse,
La morsure et le baiser;

Tu me déchires, ma brune,
Avec un rire moqueur,
Et puis tu mets sur mon cœur
Ton œil doux comme la lune.

Sous tes souliers de satin,
Sous tes charmants pieds de soie,
Moi, je mets ma grande joie,
Mon génie et mon destin,

Mon âme par toi guérie,
Par toi, lumière et couleur!
Explosion de chaleur
Dans ma noire Sibérie!

A une dame créole

Au pays parfumé que le soleil caresse,
J'ai connu, sous un dais d'arbres tout empourprés
Et de palmiers d'où pleut sur les yeux la paresse,
Une dame créole aux charmes ignorés.

Son teint est pâle et chaud; la brune enchanteresse
A dans le cou des airs noblement maniérés;
Grande et svelte en marchant comme une chasseresse,
Son sourire est tranquille et ses yeux assurés.

Si vous alliez, Madame, au vrai pays de gloire,
Sur les bords de la Seine ou de la verte Loire,
Belle digne d'orner les antiques manoirs,

Vous feriez, à l'abri des ombreuses retraites,
Germer mille sonnets dans le coeur des poètes,
Que vos grands yeux rendraient plus soumis que vos noirs.

Moesta et errabunda

Dis-moi ton coeur parfois s'envole-t-il, Agathe,
Loin du noir océan de l'immonde cité
Vers un autre océan où la splendeur éclate,
Bleu, clair, profond, ainsi que la virginité?
Dis-moi, ton coeur parfois s'envole-t-il, Agathe?

La mer la vaste mer, console nos labeurs!
Quel démon a doté la mer, rauque chanteuse
Qu'accompagne l'immense orgue des vents grondeurs,
De cette fonction sublime de berceuse?
La mer, la vaste mer, console nos labeurs!

Emporte-moi wagon! Enlève-moi, frégate!
Loin! Loin! Ici la boue est faite de nos pleurs!
- Est-il vrai que parfois le triste coeur d'Agathe
Dise: Loin des remords, des crimes, des douleurs,
Emporte-moi, wagon, enlève-moi, frégate?

Comme vous êtes loin, paradis parfumé,
Où sous un clair azur tout n'est qu'amour et joie,
Où tout ce que l'on aime est digne d'être aimé,
Où dans la volupté pure le coeur se noie!
Comme vous êtes loin, paradis parfumé!

Mais le vert paradis des amours enfantines,
Les courses, les chansons, les baisers, les bouquets,
Les violons vibrant derrière les collines,
Avec les brocs de vin, le soir, dans les bosquets,
- Mais le vert paradis des amours enfantines,

L'innocent paradis, plein de plaisirs furtifs,

Est-il déjà plus loin que l'Inde et
que la Chine?
Peut-on le rappeler avec des cris
plaintifs,
Et l'animer encore d'une voix
argentine,
L'innocent paradis plein de plaisirs
furtifs?

Spleen
J'ai plus de souvenirs que si j'avais
mille ans.

Un gros meuble à tiroirs encombré
de bilans,
De vers, de billets doux, de procès,
de romances,
Avec de lourds cheveux roulés
dans des quittances,
Cache moins de secrets que mon
triste cerveau.
C'est une pyramide, un immense
caveau,
Qui contient plus de morts que la
fosse commune.
— Je suis un cimetière abhorré de
la lune,
Où comme des remords se traînent
de longs vers
Qui s'acharnent toujours sur mes
morts les plus chers.
Je suis un vieux boudoir plein de
roses fanées,
Où gît tout un fouillis de modes
surannées,
Où les pastels plaintifs et les pâles
Boucher
Seuls, respirent l'odeur d'un flacon
débouché.
Rien n'égale en longueur les
boiteuses journées,
Quand sous les lourds flocons des
neigeuses années
L'ennui, fruit de la morne
incuriosité,
Prend les proportions de
l'immortalité.

— Désormais tu n'es plus, ô
matière vivante!
Qu'un granit entouré d'une vague
épouvante,
Assoupi dans le fond d'un Sahara
brumeux;
Un vieux sphinx ignoré du monde
insoucieux,
Oublié sur la carte, et dont
l'humeur farouche
Ne chante qu'aux rayons du soleil
qui se couche.

Le goût du néant

Morne esprit, autrefois amoureux
de la lutte,
L'Espoir, dont l'éperon attisait ton
ardeur,
Ne veut plus t'enfourcher! Couche-
toi sans pudeur,
Vieux cheval dont le pied à chaque
obstacle butte.

Résigne-toi, mon cœur; dors ton
sommeil de brute.

Esprit vaincu, fourbu! Pour toi,
vieux maraudeur,
L'amour n'a plus de goût, non plus
que la dispute;
Adieu donc, chants du cuivre et
soupirs de la flûte!
Plaisirs, ne tentez plus un coeur
sombre et boudeur!

Le Printemps adorable a perdu son
odeur!

Et le Temps m'engloutit minute par
minute,
Comme la neige immense un corps
pris de roideur;
Je contemple d'en haut le globe en
sa rondeur

Et je n'y cherche plus l'abri d'une
cahute.

Avalanche, veux-tu m'emporter
dans ta chute?

L'Horloge

Horloge! dieu sinistre, effrayant,
impassible,
Dont le doigt nous menace et nous
dit: " Souviens-toi!
Les vibrantes Douleurs dans ton
cœur plein d'effroi
Se planteront bientôt comme dans
une cible;

Le Plaisir vaporeux fuira vers
l'horizon
Ainsi qu'une sylphide au fond de la
coulisse;
Chaque instant te dévore un
morceau du délice
A chaque homme accordé pour
toute sa saison.

Trois mille six cents fois par heure,
la Seconde
Chuchote: Souviens-toi! - Rapide,
avec sa voix
D'insecte, Maintenant dit: Je suis
Autrefois,
Et j'ai pompé ta vie avec ma
trompe immonde!

Remember! Souviens-toi,
prodigue! Esto memor!
(Mon gosier de métal parle toutes
les langues.)
Les minutes, mortel folâtre, sont
des gangues
Qu'il ne faut pas lâcher sans en
extraire l'or!

Souviens-toi que le Temps est un
joueur avide
Qui gagne sans tricher, à tout coup!
c'est la loi.
Le jour décroît; la nuit augmente,
souviens-toi!

Le gouffre a toujours soif; la
clepsydre se vide.
Tantôt sonnera l'heure où le divin
Hasard,
Où l'auguste Vertu, ton épouse
encor vierge,
Où le Repentir même (oh! la
dernière auberge!),
Où tout te dira: Meurs, vieux lâche!
il est trop tard! "

Paysage

Je veux, pour composer chastement
mes églogues,
Coucher auprès du ciel, comme les
astrologues,
Et, voisin des clochers écouter en
rêvant
Leurs hymnes solennels emportés
par le vent.
Les deux mains au menton, du haut
de ma mansarde,
Je verrai l'atelier qui chante et qui
bavarde;
Les tuyaux, les clochers, ces mâts
de la cité,
Et les grands ciels qui font rêver
d'éternité.

II est doux, à travers les brumes, de
voir naître
L'étoile dans l'azur, la lampe à la
fenêtre
Les fleuves de charbon monter au
firmament
Et la lune verser son pâle
enchantement.
Je verrai les printemps, les étés, les
automnes;
Et quand viendra l'hiver aux neiges
monotones,
Je fermerai partout portières et
volets
Pour bâtir dans la nuit mes
féeriques palais.

Alors je rêverai des horizons
bleuâtres,
Des jardins, des jets d'eau pleurant
dans les albâtres,
Des baisers, des oiseaux chantant
soir et matin,
Et tout ce que l'Idylle a de plus
enfantin.
L'Emeute, tempêtant vainement à
ma vitre,
Ne fera pas lever mon front de mon
pupitre;
Car je serai plongé dans cette
volupté
D'évoquer le Printemps avec ma
volonté,
De tirer un soleil de mon coeur, et
de faire
De mes pensers brûlants une tiède
atmosphère.

Le cygne
A Victor Hugo.
I

Andromaque, je pense à vous! Ce
petit fleuve,
Pauvre et triste miroir où jadis
resplendit
L'immense majesté de vos douleurs
de veuve,
Ce Simoïs menteur qui par vos
pleurs grandit,

A fécondé soudain ma mémoire
fertile,
Comme je traversais le nouveau
Carrousel.
Le vieux Paris n'est plus (la forme
d'une ville
Change plus vite, hélas! que le
coeur d'un mortel);

Je ne vois qu'en esprit, tout ce
camp de baraques,
Ces tas de chapiteaux ébauchés et
de fûts,

Les herbes, les gros blocs verdis
par l'eau des flaques,
Et, brillant aux carreaux, le bric-à-
brac confus.

Là s'étalait jadis une ménagerie;
Là je vis, un matin, à l'heure où
sous les cieux
Froids et clairs le travail s'éveille,
où la voirie
Pousse un sombre ouragan dans
l'air silencieux,

Un cygne qui s'était évadé de sa
cage,
Et, de ses pieds palmés frottant le
pavé sec,
Sur le sol raboteux traînait son
blanc plumage.
Près d'un ruisseau sans eau la bête
ouvrant le bec

Baignait nerveusement ses ailes
dans la poudre,
Et disait, le coeur plein de son beau
lac natal:
" Eau, quand donc pleuvras-tu?
quand tonneras-tu, foudre? "
Je vois ce malheureux, mythe
étrange et fatal,

Vers le ciel quelquefois, comme
l'homme d'Ovide,
Vers le ciel ironique et cruellement
bleu,
Sur son cou convulsif tendant sa
tête avide,
Comme s'il adressait des reproches
à Dieu!

II

Paris change! mais rien dans ma
mélancolie
N'a bougé! palais neufs,
échafaudages, blocs,

Vieux faubourgs, tout pour moi
devient allégorie,
Et mes chers souvenirs sont plus
lourds que des rocs.

Aussi devant ce Louvre une image
m'opprime:
Je pense à mon grand cygne, avec
ses gestes fous,
Comme les exilés, ridicule et
sublime,
Et rongé d'un, désir sans trêve! et
puis à vous,

Andromaque, des bras d'un grand
époux tombée,
Vil bétail, sous la main du superbe
Pyrrhus,
Auprès d'un tombeau vide en
extase courbée;
Veuve d'Hector, hélas! et femme
d'Hélénus!

Je pense à la négresse, amaigrie et
phtisique,
Piétinant dans la boue, et
cherchant, l'oeil hagard,
Les cocotiers absents de la superbe
Afrique
Derrière la muraille immense du
brouillard;

A quiconque a perdu ce qui ne se
retrouve
Jamais, jamais! à ceux qui
s'abreuvent de pleurs
Et tètent la douleur comme une
bonne louve!
Aux maigres orphelins séchant
comme des fleurs!

Ainsi dans la forêt où mon esprit
s'exile
Un vieux Souvenir sonne à plein
souffle du cor!
Je pense aux matelots oubliés dans
une île,

Aux captifs, aux vaincus!... à bien
d'autres encor!

Les Petites Vieilles

Victor Hugo
I

Dans les plis sinueux des vieilles
capitales,
Où tout, même l'horreur, tourne
aux enchantements,
Je guette, obéissant à mes humeurs
fatales,
Des êtres singuliers, décrépits et
charmants.

Ces monstres disloqués furent jadis
des femmes,
Éponyme ou Laïs! Monstres brisés,
bossus
Ou tordus, aimons-les! Ce sont
encor des âmes.
Sous des jupons troués et sous de
froids tissus

Ils rampent, flagellés par les bises
iniques,
Frémissant au fracas roulant des
omnibus,
Et serrant sur leur flanc, ainsi que
des reliques,
Un petit sac brodé de fleurs ou de
rébus;

Ils trottent, tout pareils à des
marionnettes;
Se traînent, comme font les
animaux blessés,
Ou dansent, sans vouloir danser,
pauvres sonnettes
Où se pend un Démon sans pitié!
Tout cassés

Qu'ils sont, ils ont des yeux
perçants comme une vrille,
Luisants comme ces trous où l'eau
dort dans la nuit;

Ils ont les yeux divins de la petite
fille
Qui s'étonne et qui rit à tout ce qui
reluit.

- Avez-vous observé que maints
cercueils de vieilles
Sont presque aussi petits que celui
d'un enfant?
La mort savante met dans ces
bières pareilles
Un symbole d'un goût bizarre et
captivant,

Et lorsque j'entrevois un fantôme
débile
Traversant de Paris le fourmillant
tableau,
Il me semble toujours que cet être
fragile
S'en va tout doucement vers un
nouveau berceau;

À moins que, méditant sur la
géométrie,
Je ne cherche, à l'aspect de ces
membres discords,
Combien de fois il faut que
l'ouvrier varie
La forme d'une boîte où l'on met
tous ces corps.

- Ces yeux sont des puits faits d'un
million de larmes,
Des creusets qu'un métal refroidi
pailleta...
Ces yeux mystérieux ont
d'invincibles charmes
Pour celui que l'austère Infortune
allaita!

II

De Frascati défunt Vestale
enamourée;
Prêtresse de Thalie, hélas! Dont le
souffleur

Enterré sait le nom; célèbre
évaporée
Que Tivoli jadis ombragea dans sa
fleur,

Toutes m'enivrent! Mais parmi ces
êtres frêles
Il en est qui, faisant de la douleur
un miel,
Ont dit au Dévouement qui leur
prêtait ses ailes:
Hippogriffe puissant, mène-moi
jusqu'au ciel!

L'une, par sa patrie au malheur
exercée,
L'autre, que son époux surchargea
de douleurs,
L'autre, par son enfant Madone
transpercée,
Toutes auraient pu faire un fleuve
avec leurs pleurs!

III

Ah! Que j'en ai suivi de ces petites
vieilles!
Une, entre autres, à l'heure où le
soleil tombant
Ensanglante le ciel de blessures
vermeilles,
Pensive, s'asseyait à l'écart sur un
banc,

Pour entendre un de ces concerts,
riches de cuivre,
Dont les soldats parfois inondent
nos jardins,
Et qui, dans ces soirs d'or où l'on se
sent revivre,
Versent quelque héroïsme au cœur
des citadins.

Celle-là, droite encor, fière et
sentant la règle,
Humait avidement ce chant vif et
guerrier;

Son œil parfois s'ouvrait comme
œil d'un vieil aigle;
Son front de marbre avait l'air fait
pour le laurier!

IV

Telles vous cheminez, stoïques et
sans plaintes,
À travers le chaos des vivantes
cités,
Mères au cœur saignant,
courtisanes ou saintes,
Dont autrefois les noms par tous
étaient cités.

Vous qui fûtes la grâce ou qui fûtes
la gloire,
Nul ne vous reconnaît! Un ivrogne
incivil
Vous insulte en passant d'un amour
dérisoire;
Sur vos talons gambade un enfant
lâche et vil.

Honteuses d'exister, ombres
ratatinées,
Peureuses, le dos bas, vous côtoyez
les murs;
Et nul ne vous salue, étranges
destinées!
Débris d'humanité pour l'éternité
mûrs!

Mais moi, moi qui de loin
tendrement vous surveille,
Œil inquiet, fixé sur vos pas
incertains,
Tout comme si j'étais votre père, ô
merveille!
Je goûte à votre insu des plaisirs
clandestins:

Je vois s'épanouir vos passions
novices;
Sombres ou lumineux, je vis vos
jours perdus;

Mon cœur multiplié jouit de tous
vos vices!
Mon âme resplendit de toutes vos
vertus!

Ruines! Ma famille! Ô cerveaux
congénères!
Je vous fais chaque soir un solennel
adieu!
Où serez-vous demain, Èves
octogénaires,
Sur qui pèse la griffe effroyable de
Dieu?

A une passante

La rue assourdissante autour de
moi hurlait.
Longue, mince, en grand deuil,
douleur majestueuse,
Une femme passa, d'une main
fastueuse
Soulevant, balançant le feston et
l'ourlet;
Agile et noble, avec sa jambe de
statue.
Moi, je buvais, crispé comme un
extravagant,
Dans son oeil, ciel livide où germe
l'ouragan,
La douceur qui fascine et le plaisir
qui tue.

Un éclair... puis la nuit! - Fugitive
beauté
Dont le regard m'a fait
soudainement renaître,
Ne te verrai-je plus que dans
l'éternité?

Ailleurs, bien loin d'ici! trop tard!
jamais peut-être!
Car j'ignore où tu fuis, tu ne sais où
je vais,
Ô toi que j'eusse aimée, ô toi qui le
savais!

284

L'amour du mensonge

Quand je te vois passer, ô ma chère
indolente,
Au chant des instruments qui se
brise au plafond
Suspendant ton allure harmonieuse
et lente,
Et promenant l'ennui de ton regard
profond;

Quand je contemple, aux feux du
gaz qui le colore,
Ton front pâle, embelli par un
morbide attrait,
Où les torches du soir allument une
aurore,
Et tes yeux attirants comme ceux
d'un portrait,

Je me dis: Qu'elle est belle! et
bizarrement fraîche!
Le souvenir massif, royale et
lourde tour,
La couronne, et son coeur, meurtri
comme une pêche,
Est mûr, comme son corps, pour le
savant amour.

Es-tu le fruit d'automne aux
saveurs souveraines?
Es-tu vase funèbre attendant
quelques pleurs,
Parfum qui fait rêver aux oasis
lointaines,
Oreiller caressant, ou corbeille de
fleurs?

Je sais qu'il est des yeux, des plus
mélancoliques
Qui ne recèlent point de secrets
précieux;
Beaux écrins sans joyaux,
médaillons sans reliques,
Plus vides, plus profonds que vous-
mêmes, ô Cieux!

Mais ne suffit-il pas que tu sois
l'apparence,
Pour réjouir un coeur qui fuit la
vérité?
Qu'importe ta bêtise ou ton
indifférence?
Masque ou décor, salut! J'adore ta
beauté.

Brumes et pluies

Ô fins d'automne, hivers, printemps
trempés de boue,
Endormeuses saisons! je vous aime
et vous loue
D'envelopper ainsi mon coeur et
mon cerveau
D'un linceul vaporeux et d'un
vague tombeau.

Dans cette grande plaine où l'autan
froid se joue,
Où par les longues nuits la
girouette s'enroue,
Mon âme mieux qu'au temps du
tiède renouveau
Ouvrira largement ses ailes de
corbeau.

Rien n'est plus doux au coeur plein
de choses funèbres,
Et sur qui dès longtemps
descendent les frimas,
Ô blafardes saisons, reines de nos
climats,

Que l'aspect permanent de vos
pâles ténèbres,
- Si ce n'est, par un soir sans lune,
deux à deux,
D'endormir la douleur sur un lit
hasardeux.

Les Bijoux
La très chère était nue, et,
connaissant mon coeur,

Elle n'avait gardé que ses bijoux sonores,
Dont le riche attirail lui donnait l'air vainqueur
Qu'ont dans leurs jours heureux les esclaves des Mores.
Quand il jette en dansant son bruit vif et moqueur,
Ce monde rayonnant de métal et de pierre
Me ravit en extase, et j'aime à la fureur
Les choses où le son se mêle à la lumière.
Elle était donc couchée et se laissait aimer,
Et du haut du divan elle souriait d'aise
À mon amour profond et doux comme la mer,
Qui vers elle montait comme vers sa falaise.
Les yeux fixés sur moi, comme un tigre dompté,
D'un air vague et rêveur elle essayait des poses,
Et la candeur unie à la lubricité
Donnait un charme neuf à ses métamorphoses;
Et son bras et sa jambe, et sa cuisse et ses reins,
Polis comme de l'huile, onduleux comme un cygne,
Passaient devant mes yeux clairvoyants et sereins;
Et son ventre et ses seins, ces grappes de ma vigne,
S'avançaient, plus câlins que les Anges du mal,
Pour troubler le repos où mon âme était mise,
Et pour la déranger du rocher de cristal
Où, calme et solitaire, elle s'était assise.
Je croyais voir unis par un nouveau dessin

Les hanches de l'Antiope au buste d'un imberbe,
Tant sa taille faisait ressortir son bassin.
Sur ce teint fauve et brun, le fard était superbe!
— Et la lampe s'étant résignée à mourir,
Comme le foyer seul illuminait la chambre
Chaque fois qu'il poussait un flamboyant soupir,
Il inondait de sang cette peau couleur d'ambre!

Le crépuscule du matin

La diane chantait dans les cours des casernes,
Et le vent du matin soufflait sur les lanternes.

C'était l'heure où l'essaim des rêves malfaisants
Tord sur leurs oreillers les bruns adolescents;
Où, comme un oeil sanglant qui palpite et qui bouge,
La lampe sur le jour fait une tache rouge;
Où l'âme, sous le poids du corps revêche et lourd,
Imite les combats de la lampe et du jour.
Comme un visage en pleurs que les brises essuient,
L'air est plein du frisson des choses qui s'enfuient,
Et l'homme est las d'écrire et la femme d'aimer.

Les maisons çà et là commençaient à fumer.
Les femmes de plaisir, la paupière livide,
Bouche ouverte, dormaient de leur sommeil stupide;

286

Les pauvresses, traînant leurs seins maigres et froids,
Soufflaient sur leurs tisons et soufflaient sur leurs doigts.
C'était l'heure où parmi le froid et la lésine
S'aggravent les douleurs des femmes en gésine;
Comme un sanglot coupé par un sang écumeux
Le chant du coq au loin déchirait l'air brumeux;
Une mer de brouillards baignait les édifices,
Et les agonisants dans le fond des hospices
Poussaient leur dernier râle en hoquets inégaux.
Les débauchés rentraient, brisés par leurs travaux.

L'aurore grelottante en robe rose et verte
S'avançait lentement sur la Seine déserte,
Et le sombre Paris, en se frottant les yeux,
Empoignait ses outils, vieillard laborieux.

Une Martyre
Dessin d'un Maître inconnu

Au milieu des flacons, des étoffes lamées
Et des meubles voluptueux,
Des marbres, des tableaux, des robes parfumées
Qui traînent à plis somptueux,
Dans une chambre tiède où, comme en une serre,
L'air est dangereux et fatal,
Où des bouquets mourants dans leurs cercueils de verre
Exhalent leur soupir final,
Un cadavre sans tête épanche, comme un fleuve,
Sur l'oreiller désaltéré
Un sang rouge et vivant, dont la toile s'abreuve
Avec l'avidité d'un pré.
Semblable aux visions pâles qu'enfante l'ombre
Et qui nous enchaînent les yeux,
La tête, avec l'amas de sa crinière sombre
Et de ses bijoux précieux,
Sur la table de nuit, comme une renoncule,
Repose; et, vide de pensers,
Un regard vague et blanc comme le crépuscule
S'échappe des yeux révulsés.
Sur le lit, le tronc nu sans scrupules étale
Dans le plus complet abandon
La secrète splendeur et la beauté fatale
Dont la nature lui fit don;
Un bas rosâtre, orné de coins d'or, à la jambe,
Comme un souvenir est resté;
La jarretière, ainsi qu'un oeil secret qui flambe,
Darde un regard diamanté.
Le singulier aspect de cette solitude
Et d'un grand portrait langoureux,
Aux yeux provocateurs comme son attitude,
Révèle un amour ténébreux,
Une coupable joie et des fêtes étranges
Pleines de baisers infernaux,
Dont se réjouissait l'essaim des mauvais anges
Nageant dans les plis des rideaux;
Et cependant, à voir la maigreur élégante
De l'épaule au contour heurté,
La hanche un peu pointue et la taille fringante
Ainsi qu'un reptile irrité,
Elle est bien jeune encor! — Son âme exaspérée
Et ses sens par l'ennui mordus

S'étaient-ils entr'ouverts à la meute
altérée
Des désirs errants et perdus?
L'homme vindicatif que tu n'as pu,
vivante,
Malgré tant d'amour, assouvir,
Combla-t-il sur ta chair inerte et
complaisante
L'immensité de son désir?
Réponds, cadavre impur! et par tes
tresses roides
Te soulevant d'un bras fiévreux,
Dis-moi, tête effrayante, a-t-il sur
tes dents froides
Collé les suprêmes adieux?
— Loin du monde railleur, loin de
la foule impure,
Loin des magistrats curieux,
Dors en paix, dors en paix, étrange
créature,
Dans ton tombeau mystérieux;
Ton époux court le monde, et ta
forme immortelle
Veille près de lui quand il dort;
Autant que toi sans doute il te sera
fidèle,
Et constant jusques à la mort.

Un voyage à Cythère

Mon coeur, comme un oiseau,
voltigeait tout joyeux
Et planait librement à l'entour des
cordages;
Le navire roulait sous un ciel sans
nuages,
Comme un ange enivré d'un soleil
radieux.

Quelle est cette île triste et noire? -
C'est Cythère,
Nous dit-on, un pays fameux dans
les chansons,
Eldorado banal de tous les vieux
garçons.
Regardez, après tout, c'est une
pauvre terre.

- Ile des doux secrets et des fêtes du
coeur!
De l'antique Vénus le superbe
fantôme
Au-dessus de tes mers plane
comme un arôme,
Et charge les esprits d'amour et de
langueur.

Belle île aux myrtes verts, pleine de
fleurs écloses,
Vénérée à jamais par toute nation,
Où les soupirs des coeurs en
adoration
Roulent comme l'encens sur un
jardin de roses

Ou le roucoulement éternel d'un
ramier!
- Cythère n'était plus qu'un terrain
des plus maigres,
Un désert rocailleux troublé par des
cris aigres.
J'entrevoyais pourtant un objet
singulier!

Ce n'était pas un temple aux
ombres bocagères,
Où la jeune prêtresse, amoureuse
des fleurs,
Allait, le corps brûlé de secrètes
chaleurs,
Entre-bâillant sa robe aux brises
passagères;

Mais voilà qu'en rasant la côte
d'assez près
Pour troubler les oiseaux avec nos
voiles blanches,
Nous vîmes que c'était un gibet à
trois branches,
Du ciel se détachant en noir,
comme un cyprès.

De féroces oiseaux perchés sur leur
pâture

Détruisaient avec rage un pendu
déjà mûr,
Chacun plantant, comme un outil,
son bec impur
Dans tous les coins saignants de
cette pourriture;

Les yeux étaient deux trous, et du
ventre effondré
Les intestins pesants lui coulaient
sur les cuisses,
Et ses bourreaux, gorgés de
hideuses délices,
L'avaient à coups de bec
absolument châtré.

Sous les pieds, un troupeau de
jaloux quadrupèdes,
Le museau relevé, tournoyait et
rôdait;
Une plus grande bête au milieu
s'agitait
Comme un exécuteur entouré de
ses aides.

Habitant de Cythère, enfant d'un
ciel si beau,
Silencieusement tu souffrais ces
insultes
En expiation de tes infâmes cultes
Et des péchés qui t'ont interdit le
tombeau.

Ridicule pendu, tes douleurs sont
les miennes!
Je sentis, à l'aspect de tes membres
flottants,
Comme un vomissement, remonter
vers mes dents
Le long fleuve de fiel des douleurs
anciennes;

Devant toi, pauvre diable au
souvenir si cher,
J'ai senti tous les becs et toutes les
mâchoires

Des corbeaux lancinants et des
panthères noires
Qui jadis aimaient tant à triturer ma
chair.

- Le ciel était charmant, la mer était
unie;
Pour moi tout était noir et sanglant
désormais,
Hélas! et j'avais, comme en un
suaire épais,
Le coeur enseveli dans cette
allégorie.

Dans ton île, ô Vénus! je n'ai
trouvé debout
Qu'un gibet symbolique où pendait
mon image...
- Ah! Seigneur! donnez-moi la
force et le courage
De contempler mon coeur et mon
corps sans dégoût!

La Mort des Amants

Nous aurons des lits pleins d'odeurs
légères,
Des divans profonds comme des
tombeaux,
Et d'étranges fleurs sur des
étagères,
Ecloses pour nous sous des cieux
plus beaux.
Usant à l'envi leurs chaleurs
dernières,
Nos deux coeurs seront deux vastes
flambeaux,
Qui réfléchiront leurs doubles
lumières
Dans nos deux esprits, ces miroirs
jumeaux.
Un soir fait de rose et de bleu
mystique,
Nous échangerons un éclair unique,
Comme un long sanglot, tout
chargé d'adieux;
Et plus tard un Ange, entr'ouvrant
les portes,

Viendra ranimer, fidèle et joyeux,
Les miroirs ternis et les flammes
mortes.

La mort des pauvres

C'est la Mort qui console, hélas! et
qui fait vivre;
C'est le but de la vie, et c'est le seul
espoir
Qui, comme un élixir, nous monte
et nous enivre,
Et nous donne le coeur de marcher
jusqu'au soir;

A travers la tempête, et la neige, et
le givre,
C'est la clarté vibrante à notre
horizon noir;
C'est l'auberge fameuse inscrite sur
le livre,
Où l'on pourra manger, et dormir,
et s'asseoir;

C'est un Ange qui tient dans ses
doigts magnétiques
Le sommeil et le don des rêves
extatiques,
Et qui refait le lit des gens pauvres
et nus;

C'est la gloire des Dieux, c'est le
grenier mystique,
C'est la bourse du pauvre et sa
patrie antique,
C'est le portique ouvert sur les
Cieux inconnus!

Le voyage
A Maxime Du Camp.
I

Pour l'enfant, amoureux de cartes et
d'estampes,
L'univers est égal à son vaste
appétit.

Ah! que le monde est grand à la
clarté des lampes!
Aux yeux du souvenir que le
monde est petit!

Un matin nous partons, le cerveau
plein de flamme,
Le coeur gros de rancune et de
désirs amers,
Et nous allons, suivant le rythme de
la lame,
Berçant notre infini sur le fini des
mers:

Les uns, joyeux de fuir une patrie
infâme;
D'autres, l'horreur de leurs
berceaux, et quelques-uns,
Astrologues noyés dans les yeux
d'une femme,
La Circé tyrannique aux dangereux
parfums.

Pour n'être pas changés en bêtes, ils
s'enivrent
D'espace et de lumière et de cieux
embrasés;
La glace qui les mord, les soleils
qui les cuivrent,
Effacent lentement la marque des
baisers.

Mais les vrais voyageurs sont ceux-
là seuls qui partent
Pour partir, coeurs légers,
semblables aux ballons,
De leur fatalité jamais ils ne
s'écartent,
Et, sans savoir pourquoi, disent
toujours: Allons!

Ceux-là dont les désirs ont la forme
des nues,
Et qui rêvent, ainsi qu'un conscrit le
canon,
De vastes voluptés, changeantes,
inconnues,

Et dont l'esprit humain n'a jamais
su le nom!

II

Nous imitons, horreur! la toupie et
la boule
Dans leur valse et leurs bonds;
même dans nos sommeils
La Curiosité nous tourmente et
nous roule,
Comme un Ange cruel qui fouette
des soleils.

Singulière fortune où le but se
déplace,
Et, n'étant nulle part, peut être
n'importe où!
Où l'homme, dont jamais
l'espérance n'est lasse,
Pour trouver le repos court toujours
comme un fou!

Notre âme est un trois-mâts
cherchant son Icarie;
Une voix retentit sur le pont: "
Ouvre l'oeil! "
Une voix de la hune, ardente et
folle, crie .
" Amour... gloire... bonheur! "
Enfer! c'est un écueil!

Chaque îlot signalé par l'homme de
vigie
Est un Eldorado promis par le
Destin;
L'Imagination qui dresse son orgie
Ne trouve qu'un récif aux clartés du
matin.

Ô le Pauvre amoureux des pays
chimériques!
Faut-il le mettre aux fers, le jeter à
la mer,
Ce matelot ivrogne, inventeur
d'Amériques

Dont le mirage rend le gouffre plus
amer?

Tel le vieux vagabond, piétinant
dans la boue,
Rêve, le nez en l'air, de brillants
paradis;
Son oeil ensorcelé découvre une
Capoue
Partout où la chandelle illumine un
taudis.

III

Etonnants voyageurs! quelles
nobles histoires
Nous lisons dans vos yeux
profonds comme les mers!
Montrez-nous les écrins de vos
riches mémoires,
Ces bijoux merveilleux, faits
d'astres et d'éthers.

Nous voulons voyager sans vapeur
et sans voile!
Faites, pour égayer l'ennui de nos
prisons,
Passer sur nos esprits, tendus
comme une toile,
Vos souvenirs avec leurs cadres
d'horizons.

Dites, qu'avez-vous vu?

IV

" Nous avons vu des astres
Et des flots; nous avons vu des
sables aussi;
Et, malgré bien des chocs et
d'imprévus désastres,
Nous nous sommes souvent
ennuyés, comme ici.

La gloire du soleil sur la mer
violette,

La gloire des cités dans le soleil
    couchant,
Allumaient dans nos coeurs une
    ardeur inquiète
De plonger dans un ciel au reflet
    alléchant.

Les plus riches cités, les plus
    grands paysages,
Jamais ne contenaient l'attrait
    mystérieux
De ceux que le hasard fait avec les
    nuages.
Et toujours le désir nous rendait
    soucieux!

- La jouissance ajoute au désir de la
    force.
Désir, vieil arbre à qui le plaisir sert
    d'engrais,
Cependant que grossit et durcit ton
    écorce,
Tes branches veulent voir le soleil
    de plus près!

Grandiras-tu toujours, grand arbre
    plus vivace
Que le cyprès? - Pourtant nous
    avons, avec soin,
Cueilli quelques croquis pour votre
    album vorace,
Frères qui trouvez beau tout ce qui
    vient de loin!

Nous avons salué des idoles à
    trompe;
Des trônes constellés de joyaux
    lumineux;
Des palais ouvragés dont la
    féerique pompe
Serait pour vos banquiers un rêve
    ruineux;

" Des costumes qui sont pour les
    yeux une ivresse;
Des femmes dont les dents et les
    ongles sont teints,

Et des jongleurs savants que le
    serpent caresse. "

V

Et puis, et puis encore?

VI

" Ô cerveaux enfantins!
Pour ne pas oublier la chose
    capitale,
Nous avons vu partout, et sans
    l'avoir cherché,
Du haut jusques en bas de l'échelle
    fatale,
Le spectacle ennuyeux de
    l'immortel péché

La femme, esclave vile,
    orgueilleuse et stupide,
Sans rire s'adorant et s'aimant sans
    dégoût;
L'homme, tyran goulu, paillard, dur
    et cupide,
Esclave de l'esclave et ruisseau
    dans l'égout;

Le bourreau qui jouit, le martyr qui
    sanglote;
La fête qu'assaisonne et parfume le
    sang;
Le poison du pouvoir énervant le
    despote,
Et le peuple amoureux du fouet
    abrutissant;

Plusieurs religions semblables à la
    nôtre,
Toutes escaladant le ciel; la
    Sainteté,
Comme en un lit de plume un
    délicat se vautre,
Dans les clous et le crin cherchant
    la volupté;

L'Humanité bavarde, ivre de son
génie,
Et, folle maintenant comme elle
était jadis,
Criant à Dieu, dans sa furibonde
agonie:
" Ô mon semblable, ô mon maître,
je te maudis! "

Et les moins sots, hardis amants de
la Démence,
Fuyant le grand troupeau parqué
par le Destin,
Et se réfugiant dans l'opium
immense!
- Tel est du globe entier l'éternel
bulletin. "

VII

Amer savoir, celui qu'on tire du
voyage!
Le monde, monotone et petit,
aujourd'hui,
Hier, demain, toujours, nous fait
voir notre image
Une oasis d'horreur dans un désert
d'ennui!

Faut-il partir? rester? Si tu peux
rester, reste;
Pars, s'il le faut. L'un court, et
l'autre se tapit
Pour tromper l'ennemi vigilant et
funeste,
Le Temps! Il est, hélas! des
coureurs sans répit,

Comme le Juif errant et comme les
apôtres,
A qui rien ne suffit, ni wagon ni
vaisseau,
Pour fuir ce rétiaire infâme: il en
est d'autres
Qui savent le tuer sans quitter leur
berceau.

Lorsque enfin il mettra le pied sur
notre échine,
Nous pourrons espérer et crier: En
avant!
De même qu'autrefois nous
partions pour la Chine,
Les yeux fixés au large et les
cheveux au vent,

Nous nous embarquerons sur la
mer des Ténèbres
Avec le coeur joyeux d'un jeune
passager.
Entendez-vous ces voix,
charmantes et funèbres,
Qui chantent: " Par ici! vous qui
voulez manger

Le Lotus parfumé! c'est ici qu'on
vendange
Les fruits miraculeux dont votre
coeur a faim;
Venez vous enivrer de la douceur
étrange
De cette après-midi qui n'a jamais
de fin? "

A l'accent familier nous devinons
le spectre;
Nos Pylades là-bas tendent leurs
bras vers nous.
" Pour rafraîchir ton coeur nage
vers ton Electre! "
Dit celle dont jadis nous baisions
les genoux.

VIII

Ô Mort, vieux capitaine, il est
temps! levons l'ancre!
Ce pays nous ennuie, ô Mort!
Appareillons!
Si le ciel et la mer sont noirs
comme de l'encre,
Nos coeurs que tu connais sont
remplis de rayons!

Verse-nous ton poison pour qu'il
nous réconforte!
Nous voulons, tant ce feu nous
brûle le cerveau,
Plonger au fond du gouffre, Enfer
ou Ciel, qu'importe?
Au fond de l'Inconnu pour trouver
du nouveau!

À Celle qui est trop gaie

Ta tête, ton geste, ton air
Sont beaux comme un beau
paysage;
Le rire joue en ton visage
Comme un vent frais dans un ciel
clair.
Le passant chagrin que tu frôles
Est ébloui par la santé
Qui jaillit comme une clarté
De tes bras et de tes épaules.
Les retentissantes couleurs
Dont tu parsèmes tes toilettes
Jettent dans l'esprit des poètes
L'image d'un ballet de fleurs.
Ces robes folles sont l'emblème
De ton esprit bariolé;
Folle dont je suis affolé,
Je te hais autant que je t'aime!
Quelquefois dans un beau jardin
Où je traînais mon atonie,
J'ai senti, comme une ironie,
Le soleil déchirer mon sein,
Et le printemps et la verdure
Ont tant humilié mon coeur,
Que j'ai puni sur une fleur
L'insolence de la Nature.
Ainsi je voudrais, une nuit,
Quand l'heure des voluptés sonne,
Vers les trésors de ta personne,
Comme un lâche, ramper sans
bruit,
Pour châtier ta chair joyeuse,
Pour meurtrir ton sein pardonné,
Et faire à ton flanc étonné
Une blessure large et creuse,
Et, vertigineuse douceur!
À travers ces lèvres nouvelles,

Plus éclatantes et plus belles,
T'infuser mon venin, ma soeur!

Recueillement

Sois sage, ô ma Douleur, et tiens-
toi plus tranquille.
Tu réclamais le Soir; il descend; le
voici:
Une atmosphère obscure enveloppe
la ville,
Aux uns portant la paix, aux autres
le souci.
Pendant que des mortels la
multitude vile,
Sous le fouet du Plaisir, ce
bourreau sans merci,
Va cueillir des remords dans la fête
servile,
Ma Douleur, donne-moi la main;
viens par ici,

Loin d'eux. Vois se pencher les
défuntes Années,
Sur les balcons du ciel, en robes
surannées;
Surgir du fond des eaux le Regret
souriant;

Le Soleil moribond s'endormir sous
une arche,
Et, comme un long linceul traînant
à l'Orient,
Entends, ma chère, entends la
douce Nuit qui marche.

Le coucher du soleil romantique

Que le soleil est beau quand tout
frais il se lève,
Comme une explosion nous lançant
son bonjour!
- Bienheureux celui-là qui peut
avec amour
Saluer son coucher plus glorieux
qu'un rêve!

Je me souviens! J'ai vu tout, fleur, source, sillon,
Se pâmer sous son oeil comme un coeur qui palpite...
- Courons vers l'horizon, il est tard, courons vite,
Pour attraper au moins un oblique rayon!

Mais je poursuis en vain le Dieu qui se retire;
L'irrésistible Nuit établit son empire,
Noire, humide, funeste et pleine de frissons;

Une odeur de tombeau dans les ténèbres nage,
Et mon pied peureux froisse, au bord du marécage,
Des crapauds imprévus et de froids limaçons.

L'imprévu

Harpagon, qui veillait son père agonisant,
Se dit, rêveur, devant ces lèvres déjà blanches:
«Nous avons au grenier un nombre suffisant,
Ce me semble, de vieilles planches?»
Célimène roucoule et dit: «Mon coeur est bon,
Et naturellement, Dieu m'a faite très belle.»
— Son coeur! coeur racorni, fumé comme un jambon,
Recuit à la flamme éternelle!
Un gazetier fumeux, qui se croit un flambeau,
Dit au pauvre, qu'il a noyé dans les ténèbres:
«Où donc l'aperçois-tu, ce créateur du Beau,
Ce Redresseur que tu célèbres?»

Mieux que tous, je connais certain voluptueux
Qui bâille nuit et jour, et se lamente, et pleure,
Répétant, l'impuissant et le fat:
«Oui, je veux
Etre vertueux, dans une heure!»
L'horloge, à son tour, dit à voix basse: «Il est mûr,
Le damné! J'avertis en vain la chair infecte.
L'homme est aveugle, sourd, fragile, comme un mur
Qu'habite et que ronge un insecte!»
Et puis, Quelqu'un paraît, que tous avaient nié,
Et qui leur dit, railleur et fier:
«Dans mon ciboire,
Vous avez, que je crois, assez communié
À la Joyeuse Messe noire?
Chacun de vous m'a fait un temple dans son coeur;
Vous avez, en secret, baisé ma fesse immonde!
Reconnaissez Satan à son rire vainqueur,
Enorme et laid comme le monde!
Avez-vous donc pu croire, hypocrites surpris,
Qu'on se moque du maître, et qu'avec lui l'on triche,
Et qu'il soit naturel de recevoir deux prix,
D'aller au Ciel et d'être riche?
Il faut que le gibier paye le vieux chasseur
Qui se morfond longtemps à l'affût de la proie.
Je vais vous emporter à travers l'épaisseur,
Compagnons de ma triste joie,
À travers l'épaisseur de la terre et du roc,
À travers les amas confus de votre cendre,

Dans un palais aussi grand que
moi, d'un seul bloc,
Et qui n'est pas de pierre tendre;
Car il est fait avec l'universel
Péché,
Et contient mon orgueil, ma
douleur et ma gloire!»
— Cependant, tout en haut de
l'univers juché,
Un ange sonne la victoire
De ceux dont le coeur dit: «Que
béni soit ton fouet,
Seigneur! que la douleur, ô Père,
soit bénie!
Mon âme dans tes mains n'est pas
un vain jouet,
Et ta prudence est infinie.»
Le son de la trompette est si
délicieux,
Dans ces soirs solennels de célestes
vendanges,
Qu'il s'infiltre comme une extase
dans tous ceux
Dont elle chante les louanges.

L'examen de minuit

La pendule, sonnant minuit,
Ironiquement nous engage
A nous rappeler quel usage
Nous fîmes du jour qui s'enfuit:
- Aujourd'hui, date fatidique,
Vendredi, treize, nous avons,
Malgré tout ce que nous savons,
Mené le train d'un hérétique;

Nous avons blasphémé Jésus,
Des Dieux le plus incontestable!
Comme un parasite à la table
De quelque monstrueux Crésus,
Nous avons, pour plaire à la brute,
Digne vassale des Démons,
Insulté ce que nous aimons
Et flatté ce qui nous rebute;

Contristé, servile bourreau
Le faible qu'à tort on méprise;

Salué l'énorme Bêtise,
La Bêtise au front de taureau;
Baisé la stupide Matière
Avec grande dévotion,
Et de la putréfaction
Béni la blafarde lumière;

Enfin, nous avons, pour noyer
Le vertige dans le délire,
Nous, prêtre orgueilleux de la Lyre,
Dont la gloire est de déployer
L'ivresse des choses funèbres,
Bu sans soif et mangé sans faim!...
- Vite soufflons la lampe, afin
De nous cacher dans les ténèbres!

Le Jet d'eau

Tes beaux yeux sont las, pauvre
amante!
Reste longtemps, sans les rouvrir,
Dans cette pose nonchalante
Où t'a surprise le plaisir.
Dans la cour le jet d'eau qui jase,
Et ne se tait ni nuit ni jour,
Entretient doucement l'extase
Où ce soir m'a plongé l'amour.
La gerbe épanouie
En mille fleurs,
Où Phoebé réjouie
Met ses couleurs,
Tombe comme une pluie
De larges pleurs.
Ainsi ton âme qu'incendie
L'éclair brûlant des voluptés
S'élance, rapide et hardie,
Vers les vastes cieux enchantés.
Puis elle s'épanche, mourante,
En un flot de triste langueur,
Qui par une invisible pente
Descend jusqu'au fond de mon
coeur.
La gerbe épanouie
En mille fleurs,
Où Phoebé réjouie
Met ses couleurs,
Tombe comme une pluie
De larges pleurs.

Ô toi, que la nuit rend si belle,
Qu'il m'est doux, penché vers tes
seins,
D'écouter la plainte éternelle
Qui sanglote dans les bassins!
Lune, eau sonore, nuit bénie,
Arbres qui frissonnez autour,
Votre pure mélancolie
Est le miroir de mon amour.
La gerbe épanouie
En mille fleurs,
Où Phoebé réjouie
Met ses couleurs,
Tombe comme une pluie
De larges pleurs.

Théodore de Banville (1823 - 1891)
Le saut du tremplin

Clown admirable, en vérité!
Je crois que la postérité,
Dont sans cesse l'horizon bouge,
Le reverra, sa plaie au flanc.
Il était barbouillé de blanc,
De jaune, de vert et de rouge.

Même jusqu'à Madagascar
Son nom était parvenu, car
C'était selon tous les principes
Qu'après les cercles de papier,
Sans jamais les estropier
Il traversait le rond des pipes.

De la pesanteur affranchi,
Sans y voir clair il eût franchi
Les escaliers de Piranèse.
La lumière qui le frappait
Faisait resplendir son toupet
Comme un brasier dans la
fournaise.

Il s'élevait à des hauteurs
Telles, que les autres sauteurs
Se consumaient en luttes vaines.
Ils le trouvaient décourageant,
Et murmuraient: " Quel vif-argent
Ce démon a-t-il dans les veines? "

Tout le peuple criait: " Bravo! "
Mais lui, par un effort nouveau,
Semblait roidir sa jambe nue,
Et, sans que l'on sût avec qui,
Cet émule de la Saqui
Parlait bas en langue inconnue.

C'était avec son cher tremplin.
Il lui disait: " Théâtre, plein
D'inspiration fantastique,
Tremplin qui tressailles d'émoi
Quand je prends un élan, fais-moi
Bondir plus haut, planche
élastique!

" Frêle machine aux reins
puissants,
Fais-moi bondir, moi qui me sens
Plus agile que les panthères,
Si haut que je ne puisse voir,
Avec leur cruel habit noir
Ces épiciers et ces notaires!

" Par quelque prodige pompeux
Fais-moi monter, si tu le peux,
Jusqu'à ces sommets où, sans
règles,
Embrouillant les cheveux vermeils
Des planètes et des soleils,
Se croisent la foudre et les aigles.

Jusqu'à ces éthers pleins de bruit,
Où, mêlant dans l'affreuse nuit
Leurs haleines exténuées,
Les autans ivres de courroux
Dorment, échevelés et fous,
Sur les seins pâles des nuées.

" Plus haut encor, jusqu'au ciel pur!
Jusqu'à ce lapis dont l'azur
Couvre notre prison mouvante!
Jusqu'à ces rouges Orients
Où marchent des Dieux
flamboyants,
Fous de colère et d'épouvante.

" Plus loin! plus haut! je vois encor
Des boursiers à lunettes d'or,
Des critiques, des demoiselles
Et des réalistes en feu.
Plus haut! plus loin! de l'air! du
bleu!
Des ailes! des ailes! des ailes! "

Enfin, de son vil échafaud,
Le clown sauta si haut, si haut
Qu'il creva le plafond de toiles
Au son du cor et du tambour,
Et, le coeur dévoré d'amour,
Alla rouler dans les étoiles.

Sully Prudhomme (1839 -1907)
Les yeux

Bleus ou noirs, tous aimés, tous
beaux,
Des yeux sans nombre ont vu
l'aurore;
Ils dorment au fond des tombeaux
Et le soleil se lève encore.

Les nuits plus douces que les jours
Ont enchanté des yeux sans
nombre;
Les étoiles brillent toujours
Et les yeux se sont remplis
d'ombre.

Oh! qu'ils aient perdu le regard,
Non, non, cela n'est pas possible!
Ils se sont tournés quelque part
Vers ce qu'on nomme l'invisible;

Et comme les astres penchants,
Nous quittent, mais au ciel
demeurent,
Les prunelles ont leurs couchants,
Mais il n'est pas vrai qu'elles
meurent:

Bleus ou noirs, tous aimés, tous
beaux,
Ouverts à quelque immense aurore,
De l'autre côté des tombeaux
Les yeux qu'on ferme voient
encore.

José María de Hérédia Girard
(1842 – 1905)
La Trebbia

L'aube d'un jour sinistre a blanchi les hauteurs.
Le camp s'éveille. En bas roule et gronde le fleuve
Où l'escadron léger des Numides s'abreuve.
Partout sonne l'appel clair des buccinateurs.

Car malgré Scipion, les augures menteurs,
La Trebbia débordée, et qu'il vente et qu'il pleuve,
Sempronius Consul, fier de sa gloire neuve,
A fait lever la hache et marcher les licteurs.

Rougissant le ciel noir de flamboîments lugubres,
A l'horizon, brûlaient les villages Insubres;
On entendait au loin barrir un éléphant.

Et là-bas, sous le pont, adossé contre une arche,
Hannibal écoutait, pensif et triomphant,
Le piétinement sourd des légions en marche.

Les conquérants

Comme un vol de gerfauts hors du charnier natal,
Fatigués de porter leurs misères hautaines,
De Palos de Moguer, routiers et capitaines
Partaient, ivres d'un rêve héroïque et brutal.

Ils allaient conquérir le fabuleux métal
Que Cipango mûrit dans ses mines lointaines,
Et les vents alizés inclinaient leurs antennes
Aux bords mystérieux du monde Occidental.

Chaque soir, espérant des lendemains épiques,
L'azur phosphorescent de la mer des Tropiques
Enchantait leur sommeil d'un mirage doré;

Ou penchés à l'avant des blanches caravelles,
Ils regardaient monter en un ciel ignoré
Du fond de l'Océan des étoiles nouvelles.

Stéphane Mallarmé (1842 – 1898)
Le guignon

Au-dessus du bétail ahuri des humains
Bondissaient en clartés les sauvages crinières
Des mendieurs d'azur le pied dans nos chemins.

Un noir vent sur leur marche éployé pour bannières
La flagellait de froid tel jusque dans la chair,
Qu'il y creusait aussi d'irritables ornières.

Toujours avec l'espoir de rencontrer la mer,
Ils voyageaient sans pain, sans bâtons et sans urnes,
Mordant au citron d'or de l'idéal amer.

La plupart râla dans les défilés nocturnes,
S'enivrant du bonheur de voir couler son sang,
Ô Mort le seul baiser aux bouches taciturnes!

Leur défaite, c'est par un ange très puissant
Debout à l'horizon dans le nu de son glaive:
Une pourpre se caille au sein reconnaissant.

Ils tètent la douleur comme ils tétaient le rêve
Et quand ils vont rythmant des pleurs voluptueux
Le peuple s'agenouille et leur mère se lève.

Apparition

La lune s'attristait. Des séraphins en pleurs
Rêvant, l'archet aux doigts, dans le calme des fleurs
Vaporeuses, tiraient de mourantes violes
De blancs sanglots glissant sur l'azur des corolles.
- C'était le jour béni de ton premier baiser.
Ma songerie aimant à me martyriser
S'enivrait savamment du parfum de tristesse
Que même sans regret et sans déboire laisse
La cueillaison d'un Rêve au coeur qui l'a cueilli.
J'errais donc, l'oeil rivé sur le pavé vieilli
Quand avec du soleil aux cheveux, dans la rue
Et dans le soir, tu m'es en riant apparue
Et j'ai cru voir la fée au chapeau de clarté
Qui jadis sur mes beaux sommeils d'enfant gâté
Passait, laissant toujours de ses mains mal fermées
Neiger de blancs bouquets d'étoiles parfumées.

Les Fenêtres
Las du triste hôpital, et de l'encens fétide
Qui monte en la blancheur banale des rideaux
Vers le grand crucifix ennuyé du mur vide,
Le moribond sournois y redresse un vieux dos,

Se traîne et va, moins pour chauffer
sa pourriture
Que pour voir du soleil sur les
pierres, coller
Les poils blancs et les os de la
maigre figure
Aux fenêtres qu'un beau rayon
clair veut hâler,

Et la bouche, fiévreuse et d'azur
bleu vorace,
Telle, jeune, elle alla respirer son
trésor,
Une peau virginale et de jadis!
encrasse
D'un long baiser amer les tièdes
carreaux d'or.

Ivre, il vit, oubliant l'horreur des
saintes huiles,
Les tisanes, l'horloge et le lit
infligé,
La toux; et quand le soir saigne
parmi les tuiles,
Son œil, à l'horizon de lumière
gorgé,

Voit des galères d'or, belles
comme des cygnes,
Sur un fleuve de pourpre et de
parfums dormir
En berçant l'éclair fauve et riche de
leurs lignes
Dans un grand nonchaloir chargé
de souvenir!

Ainsi, pris du dégoût de l'homme à
l'âme dure
Vautré dans le bonheur, où ses
seuls appétits
Mangent, et qui s'entête à chercher
cette ordure
Pour l'offrir à la femme allaitant
ses petits,

Je fuis et je m'accroche à toutes les
croisées

D'où l'on tourne l'épaule à la vie,
et, béni,
Dans leur verre, lavé d'éternelles
rosées,
Que dore le matin chaste de l'Infini

Je me mire et me vois ange! et je
meurs, et j'aime
— Que la vitre soit l'art, soit la
mysticité —
À renaître, portant mon rêve en
diadème,
Au ciel antérieur où fleurit la
Beauté!

Mais, hélas! Ici-bas est maître: sa
hantise
Vient m'écœurer parfois jusqu'en
cet abri sûr,
Et le vomissement impur de la
Bêtise
Me force à me boucher le nez
devant l'azur.

Est-il moyen, ô Moi qui connais
l'amertume,
D'enfoncer le cristal par le monstre
insulté
Et de m'enfuir, avec mes deux ailes
sans plume
— Au risque de tomber pendant
l'éternité?
Les Fleurs
Des avalanches d'or du vieil azur,
au jour
Premier et de la neige éternelle des
astres
Jadis tu détachas les grands calices
pour
La terre jeune encore et vierge de
désastres,

Le glaïeul fauve, avec les cygnes
au col fin,
Et ce divin laurier des âmes exilées
Vermeil comme le pur orteil du
séraphin

Que rougit la pudeur des aurores
foulées,

L'hyacinthe, le myrte à l'adorable
éclair
Et, pareille à la chair de la femme,
la rose
Cruelle, Hérodiade en fleur du
jardin clair,
Celle qu'un sang farouche et
radieux arrose!

Et tu fis la blancheur sanglotante
des lys
Qui roulant sur des mers de soupirs
qu'elle effleure
À travers l'encens bleu des
horizons pâlis
Monte rêveusement vers la lune qui
pleure!

Hosannah sur le cistre et dans les
encensoirs,
Notre dame, hosannah du jardin de
nos limbes!
Et finisse l'écho par les célestes
soirs,
Extase des regards, scintillement
des nimbes!

Ô Mère, qui créas en ton sein juste
et fort,
Calices balançant la future fiole,
De grandes fleurs avec la
balsamique Mort
Pour le poëte las que la vie étiole.

Renouveau
Le printemps maladif a chassé
tristement
L'hiver, saison de l'art serein,
l'hiver lucide,
Et dans mon être à qui le sang
morne préside
L'impuissance s'étire en un long
bâillement.

Des crépuscules blancs tiédissent
sous mon crâne
Qu'un cercle de fer serre ainsi
qu'un vieux tombeau,
Et, triste, j'erre après un rêve vague
et beau,
Par les champs où la sève immense
se pavane.

Puis je tombe énervé de parfums
d'arbres, las,
Et creusant de ma face une fosse à
mon rêve,
Mordant la terre chaude où
poussent les lilas,

J'attends, en m'abîmant que mon
ennui s'élève…
— Cependant l'Azur rit sur la haie
et l'éveil
De tant d'oiseaux en fleur
gazouillant au soleil.

Angoisse

Je ne viens pas ce soir vaincre ton
corps, ô bête
En qui vont les péchés d'un peuple,
ni creuser
Dans tes cheveux impurs une triste
tempête
Sous l'incurable ennui que verse
mon baiser:

Je demande à ton lit le lourd
sommeil sans songes
Planant sous les rideaux inconnus
du remords,
Et que tu peux goûter après tes
noirs mensonges,
Toi qui sur le néant en sais plus que
les morts.

Car le Vice, rongeant ma native
noblesse

M'a comme toi marqué de sa
stérilité,
Mais tandis que ton sein de pierre
est habité

Par un coeur que la dent d'aucun
crime ne blesse,
Je fuis, pâle, défait, hanté par mon
linceul,
Ayant peur de mourir lorsque je
couche seul.

Brise Marine

La chair est triste, hélas! et j'ai lu
tous les livres.
Fuir! là-bas fuir! Je sens que des
oiseaux sont ivres
D'être parmi l'écume inconnue et
les cieux!
Rien, ni les vieux jardins reflétés
par les yeux
Ne retiendra ce coeur qui dans la
mer se trempe
O nuits! ni la clarté déserte de ma
lampe
Sur le vide papier que la blancheur
défend
Et ni la jeune femme allaitant son
enfant.
Je partirai! Steamer balançant ta
mâture,
Lève l'ancre pour une exotique
nature!
Un Ennui, désolé par les cruels
espoirs,
Croit encore à l'adieu suprême des
mouchoirs!
Et, peut-être, les mâts, invitant les
orages
Sont-ils de ceux qu'un vent penche
sur les naufrages
Perdus, sans mâts, sans mâts, ni
fertiles îlots...
Mais, ô mon coeur, entends le
chant des matelots!

Soupir

Mon âme vers ton front où rêve, ô
calme soeur,
Un automne jonché de taches de
rousseur,
Et vers le ciel errant de ton oeil
angélique
Monte, comme dans un jardin
mélancolique,
Fidèle, un blanc jet d'eau soupire
vers l'Azur!
- Vers l'Azur attendri d'Octobre
pâle et pur
Qui mire aux grands bassins sa
langueur infinie
Et laisse, sur l'eau morte où la
fauve agonie
Des feuilles erre au vent et creuse
un froid sillon,
Se traîner le soleil jaune d'un long
rayon.

Don du poème

Je t'apporte l'enfant d'une nuit
d'Idumée!
Noire, à l'aile saignante et pâle,
déplumée,
Par le verre brûlé d'aromates et
d'or,
Par les carreaux glacés, hélas!
mornes encor
L'aurore se jeta sur la lampe
angélique,
Palmes! et quand elle a montré
cette relique
A ce père essayant un sourire
ennemi,
La solitude bleue et stérile a frémi.
Ô la berceuse, avec ta fille et
l'innocence
De vos pieds froids, accueille une
horrible naissance

Et ta voix rappelant viole et
clavecin,
Avec le doigt fané presseras-tu le
sein
Par qui coule en blancheur
sibylline la femme
Pour des lèvres que l'air du vierge
azur affame?

Hérodiade

O miroir!
Eau froide par l'ennui dans ton
cadre gelee
Que de fois et pendant les heures,
desolee
Des songes et cherchant mes
souvenirs qui sont
Comme des feuilles sous ta glace
au trou profond,
Je m'apparus en toi comme une
ombre lointaine
Mais, horreur! des soirs, dans ta
severe fontaine,
J'ai de mon reve epars connu la
nudite!
NOURRICE

Triste fleur qui croit seule et n'a pas
d'autre emoi
Que son ombre dans l'eau vue avec
atonie.
HERODIADE

Oui, c'est pour moi, pour moi, que
je fleuris, deserte!
Vous le savez, jardins d'amethyste,
enfouis
Sans fin dans vos savants abimes
eblouis,
Ors ignores, gardant votre antique
lumiere
Sous le sombre sommeil d'une terre
premiere,
Vous, pierres ou mes yeux comme
de purs bijoux

Empruntent leur clarte melodieuse,
et vous
Metaux qui donnez a ma jeune
chevelure
Une splendeur fatale et sa massive
allure!
Quant a toi, femme nee en des
siecles malins
Pour la mechancete des antres
sibyllins,
Qui parles d'un mortel! selon qui,
des calices
De mes robes, arome aux farouches
delices,
Sortirait le frisson blanc de ma
nudite,
Prophetise que si le tiede azur d'ete,
Vers lui nativement la femme se
devoile,
Me voit dans ma pudeur grelottante
d'etoile,
Je meurs!
J'aime l'horreur d'etre vierge et je
veux
Vivre parmi l'effroi que me font
mes cheveux
Pour, le soir, retiree en ma couche,
reptile
Inviole sentir en la chair inutile
Le froid scintillement de ta pale
clarte
Toi qui te meurs, toi qui brules de
chastete
Nuit blanches de glacons et de
neige cruelle!

Et ta soeur solitaire, o ma soeur
eternelle
Mon reve montera vers toi: telle
deja,
Rare limpidite d'un coeur qui le
songea,
Je me crois seule en ma monotone
patrie
Et tout, autour de moi, vit dans
l'idolatrie

D'un miroir qui reflete en son calme dormant
Herodiade au clair regard de diamant...
O charme dernier, oui! je le sens, je suis seule.

NOURRICE

Madame, allez-vous donc mourir?

HERODIADE

Non, pauvre aieule,
Sois calme et, t'eloignant, pardonne a ce coeur dur,
Mais avant, si tu veux, clos les volets, l'azur
Seraphique sourit dans les vitres profondes,
Et je deteste, moi, le bel azur!
Des ondes
Se bercent et, la-bas, sais-tu pas un pays
Ou le sinistre ciel ait les regards hais
De Venus qui, le soir, brule dans le feuillage:
J'y partirais.
Allume encore, enfantillage
Dis-tu, ces flambeaux ou la cire au feu leger
Pleure parmi l'or vain quelque pleur etranger
Et...

NOURRICE

Maintenant?

HERODIADE

Adieu.
Vous mentez, o fleur nue
De mes levres.
J'attends une chose inconnue

Ou peut-etre, ignorant le mystere et vos cris,
Jetez-vous les sanglots supremes et meurtris
D'une enfance sentant parmi les reveries
Se separer enfin ses froides pierreries.

L'après-midi d'un faune

Églogue
LE FAVNE
Ces nymphes, je les veux perpétuer.

Si clair,
Leur incarnat léger qu'il voltige dans l'air
Assoupi de sommeils touffus.

Aimai-je un rêve?

Mon doute, amas de nuit ancienne, s'achève
En maint rameau subtil, qui, demeuré les vrais
Bois mêmes, prouve, hélas! que bien seul je m'offrais
Pour triomphe la faute idéale de roses.
Réfléchissons..

ou si les femmes dont tu gloses
Figurent un souhait de tes sens fabuleux!
Faune, l'illusion s'échappe des yeux bleus
Et froids, comme une source en pleurs, de la plus chaste:
Mais, l'autre tout soupirs, dis-tu qu'elle contraste
Comme brise du jour chaude dans ta toison!
Que non! par l'immobile et lasse pâmoison

Suffoquant de chaleurs le matin
frais s'il lutte,
Ne murmure point d'eau que ne
verse ma flûte
Au bosquet arrosé d'accords; et le
seul vent
Hors des deux tuyaux prompt à
s'exhaler avant
Qu'il disperse le son dans une pluie
aride,
C'est, à l'horizon pas remué d'une
ride,
Le visible et serein souffle artificiel
De l'inspiration, qui regagne le
ciel.

O bords siciliens d'un calme
marécage
Qu'à l'envi des soleils ma vanité
saccage,
Tacite sous les fleurs d'étincelles,
CONTEZ
» Que je coupais ici les creux
roseaux domptés
» Par le talent; quand, sur l'or
glauque de lointaines
» Verdures dédiant leur vigne à des
fontaines,
» Ondoie une blancheur animale au
repos:
» Et qu'au prélude lent où naissent
les pipeaux,
» Ce vol de cygnes, non! de
naïades se sauve
» Ou plonge.. »

Inerte, tout brûle dans l'heure fauve
Sans marquer par quel art ensemble
détala
Trop d'hymen souhaité de qui
cherche le la:
Alors m'éveillerai-je à la ferveur
première,
Droit et seul, sous un flot antique
de lumière,
Lys! et l'un de vous tous pour
l'ingénuité.

Autre que ce doux rien par leur
lèvre ébruité,
Le baiser, qui tout bas des perfides
assure,
Mon sein, vierge de preuve, atteste
une morsure
Mystérieuse, due à quelque auguste
dent;
Mais, bast! arcane tel élut pour
confident
Le jonc vaste et jumeau dont sous
l'azur on joue:
Qui, détournant à soi le trouble de
la joue
Rêve, dans un solo long que nous
amusions
La beauté d'alentour par des
confusions
Fausses entre elle-même et notre
chant crédule;
Et de faire aussi haut que l'amour
se module
Évanouir du songe ordinaire de dos
Ou de flanc pur suivis avec mes
regards clos,
Une sonore, vaine et monotone
ligne.

Tâche donc, instrument des fuites,
ô maligne
Syrinx, de refleurir aux lacs où tu
m'attends!
Moi, de ma rumeur fier, je vais
parler longtemps
Des déesses; et, par d'idolâtres
peintures,
A leur ombre enlever encore des
ceintures:
Ainsi, quand des raisins j'ai sucé la
clarté,
Pour bannir un regret par ma feinte
écarté,

Rieur, j'élève au ciel d'été la
grappe vide
Et, soufflant dans ses peaux
lumineuses, avide
D'ivresse, jusqu'au soir je regarde
au travers.

O nymphes, regonflons des
SOUVENIRS divers.
» Mon œil, trouant les joncs,
dardait chaque encolure
» Immortelle, qui noie en l'onde sa
brûlure
» Avec un cri de rage au ciel de la
forêt;
» Et le splendide bain de cheveux
disparaît
» Dans les clartés et les frissons, ô
pierreries!
» J'accours; quand, à mes pieds,
s'entrejoignent (meurtries
» De la langueur goûtée à ce mal
d'être deux)
» Des dormeuses parmi leurs seuls
bras hasardeux;
» Je les ravis, sans les désenlacer,
et vole
» A ce massif, haï par l'ombrage
frivole,
» De roses tarissant tout parfum au
soleil,
» Où notre ébat au jour consumé
soit pareil.
Je t'adore, courroux des vierges, ô
délice
Farouche du sacré fardeau nu qui
se glisse,
Pour fuir ma lèvre en feu buvant,
comme un éclair
Tressaille! la frayeur secrète de la
chair:
Des pieds de l'inhumaine au cœur
de la timide
Que délaisse à la fois une
innocence, humide

De larmes folles ou de moins tristes
vapeurs.
» Mon crime, c'est d'avoir, gai de
vaincre ces peurs
» Traîtresses, divisé la touffe
échevelée
» De baisers que les dieux
gardaient si bien mêlée;
» Car, à peine j'allais cacher un rire
ardent
» Sous les replis heureux d'une
seule (gardant
» Par un doigt simple, afin que sa
candeur de plume
» Se teignît à l'émoi de sa sœur qui
s'allume,
» La petite, naïve et ne rougissant
pas:)
» Que de mes bras, défaits par de
vagues trépas,
» Cette proie, à jamais ingrate, se
délivre
» Sans pitié du sanglot dont j'étais
encore ivre.
Tant pis! vers le bonheur d'autres
m'entraîneront
Par leur tresse nouée aux cornes de
mon front:
Tu sais, ma passion, que, pourpre
et déjà mûre,
Chaque grenade éclate et d'abeilles
murmure;
Et notre sang, épris de qui le va
saisir,
Coule pour tout l'essaim éternel du
désir.
A l'heure où ce bois d'or et de
cendres se teinte.
Une fête s'exalte en la feuillée
éteinte:
Etna! c'est parmi toi visité de
Vénus
Sur ta lave posant ses talons
ingénus,
Quand tonne un somme triste ou
s'épuise la flamme.
Je tiens la reine!

O sûr châtiment..
Non, mais l'âme
De paroles vacante et ce corps
alourdi
Tard succombent au fier silence de
midi:
Sans plus il faut dormir en l'oubli
du blasphème,
Sur le sable altéré gisant et comme
j'aime
Ouvrir ma bouche à l'astre efficace
des vins!
Couple, adieu; je vais voir l'ombre
que tu devins.

Prose

Hyperbole! de ma mémoire
Triomphalement ne sais-tu
Te lever, aujourd'hui grimoire
Dans un livre de fer vêtu:

Car j'installe, par la science,
L'hymne des coeurs spirituels
En l'oeuvre de ma patience,
Atlas, herbiers et rituels.

Nous promenions notre visage
(Nous fûmes deux, je le maintiens)
Sur maints charmes de paysage,
O soeur, y comparant les tiens.

L'ère d'autorité se trouble
Lorsque, sans nul motif, on dit
De ce midi que notre double
Inconscience approfondit

Que, sol des cent iris, son site
Ils savent s'il a bien été,
Ne porte pas de nom que cite
L'or de la trompette d'Été.

Oui, dans une île que l'air charge
De vue et non de visions
Toute fleur s'étalait plus large
Sans que nous en devisions.

Telles, immenses, que chacune

Ordinairement se para
D'un lucide contour, lacune,
Qui des jardins la sépara.

Gloire du long désir, Idées
Tout en moi s'exaltait de voir
La famille des iridées
Surgir à ce nouveau devoir.

Mais cette soeur sensée et tendre
Ne porta son regard plus loin
Que sourire, et comme à l'entendre
J'occupe mon antique soin.

Oh! sache l'Esprit de litige,
À cette heure où nous nous taisons,
Que de lis multiples la tige
Grandissait trop pour nos raisons

Et non comme pleure la rive
Quand son jeu monotone ment
À vouloir que l'ampleur arrive
Parmi mon jeune étonnement

D'ouïr tout le ciel et la carte
Sans fin attestés sur mes pas
Par le flot même qui s'écarte,
Que ce pays n'exista pas.

L'enfant abdique son extase
Et docte déjà par chemins
Elle dit le mot: Anastase!
Né pour d'éternels parchemins,

Avant qu'un sépulcre ne rie
Sous aucun climat, son aïeul,
De porter ce nom: Pulchérie!
Caché par le trop grand glaïeul.

Sonnets

Le vierge, le vivace et le bel
aujourd'hui
Va-t-il nous déchirer avec un coup
d'aile ivre
Ce lac dur oublié que hante sous le
givre

Le transparent glacier des vols qui
n'ont pas fui!

Un cygne d'autrefois se souvient
que c'est lui
Magnifique mais qui sans espoir se
délivre
Pour n'avoir pas chanté la région où
vivre
Quand du stérile hiver a resplendi
l'ennui.

Tout son col secouera cette blanche
agonie
Par l'espace infligée à l'oiseau qui
le nie,
Mais non l'horreur du sol où le
plumage est pris.

Fantôme qu'à ce lieu son pur éclat
assigne,
Il s'immobilise au songe froid de
mépris
Que vêt parmi l'exil inutile le
Cygne.

δ δ δ δ δ δ δ δ δ δ δ
(Pour votre chère morte, son ami)
2 novembre 1877

— « Sur les bois oubliés quand
passe l'hiver sombre,
Tu te plains, ô captif solitaire du
seuil,
Que ce sépulcre à deux qui fera
notre orgueil
Hélas! du manque seul des lourds
bouquets s'encombre.

Sans écouter Minuit qui jeta son
vain nombre,
Une veille t'exalte à ne pas fermer
l'œil
Avant que dans les bras de l'ancien
fauteuil
Le suprême tison n'ait éclairé mon
Ombre.

Qui veut souvent avoir la Visite ne
doit
Par trop de fleurs charger la pierre
que mon doigt
Soulève avec l'ennui d'une force
défunte.

Âme au si clair foyer tremblante de
m'asseoir,
Pour revivre il suffit qu'à tes lèvres
j'emprunte
Le souffle de mon nom murmuré
tout un soir.

δ δ δ δ δ δ δ δ δ δ δ
Mes bouquins refermés sur le nom
de Paphos,
Il m'amuse d'élire avec le seul
génie
Une ruine, par mille écumes bénie
Sous l'hyacinthe, au loin, de ses
jours triomphaux.

Coure le froid avec ses silences de
faux,
Je n'y hululerai pas de vide nénie
Si ce très blanc ébat au ras du sol
dénie
A tout site l'honneur du paysage
faux.

Ma faim qui d'aucuns fruits ici ne
se régale
Trouve en leur docte manque une
saveur égale:
Qu'un éclate de chair humain et
parfumant!

Le pied sur quelque guivre où notre
amour tisonne
Je pense plus longtemps peut-être
éperdument
A l'autre, au sein brûlé d'une
antique amazone.

Paul Verlaine (1844 – 1896)
Nevermore

Souvenir, souvenir, que me veux-tu? L'automne
Faisait voler la grive à travers l'air atone,
Et le soleil dardait un rayon monotone
Sur le bois jaunissant où la bise détone.

Nous étions seul à seule et marchions en rêvant,
Elle et moi, les cheveux et la pensée au vent.
Soudain, tournant vers moi son regard émouvant
" Quel fut ton plus beau jour? " fit sa voix d'or vivant,

Sa voix douce et sonore, au frais timbre angélique.
Un sourire discret lui donna la réplique,
Et je baisai sa main blanche, dévotement.

- Ah! les premières fleurs, qu'elles sont parfumées!
Et qu'il bruit avec un murmure charmant
Le premier oui qui sort de lèvres bien-aimées!

Voeu
Ah! les oarystis! les premières maîtresses!
L'or des cheveux, l'azur des yeux, la fleur des chairs,
Et puis, parmi l'odeur des corps jeunes et chers,
La spontanéité craintive des caresses!

Sont-elles assez loin toutes ces allégresses

Et toutes ces candeurs! Hélas! toutes devers
Le Printemps des regrets ont fui les noirs hivers
De mes ennuis, de mes dégoûts, de mes détresses!

Si que me voilà seul à présent, morne et seul,
Morne et désespéré, plus glacé qu'un aïeul,
Et tel qu'un orphelin pauvre sans soeur aînée.

O la femme à l'amour câlin et réchauffant,
Douce, pensive et brune, et jamais étonnée,
Et qui parfois vous baise au front, comme un enfant.

Mon rêve familier

Je fais souvent ce rêve étrange et pénétrant
D'une femme inconnue, et que j'aime, et qui m'aime,
Et qui n'est, chaque fois, ni tout à fait la même
Ni tout à fait une autre, et m'aime et me comprend.

Car elle me comprend, et mon coeur transparent
Pour elle seule, hélas! cesse d'être un problème
Pour elle seule, et les moiteurs de mon front blême,
Elle seule les sait rafraîchir, en pleurant.

Est-elle brune, blonde ou rousse? Je l'ignore.
Son nom? Je me souviens qu'il est doux et sonore,
Comme ceux des aimés que la vie exila.

Son regard est pareil au regard des
statues,
Et, pour sa voix, lointaine, et
calme, et grave, elle a
L'inflexion des voix chères qui se
sont tues.

Chanson d'automne

Les sanglots longs
Des violons
De l'automne
Blessent mon coeur
D'une langueur
Monotone.

Tout suffocant
Et blême, quand
Sonne l'heure,
Je me souviens
Des jours anciens
Et je pleure

Et je m'en vais
Au vent mauvais
Qui m'emporte
Deçà, delà,
Pareil à la
Feuille morte.

Clair de lune

Votre âme est un paysage choisi
Que vont charmant masques et
bergamasques
Jouant du luth et dansant et quasi
Tristes sous leurs déguisements
fantasques.
Tout en chantant sur le mode
mineur
L'amour vainqueur et la vie
opportune
Ils n'ont pas l'air de croire à leur
bonheur
Et leur chanson se mêle au clair de
lune,

Au calme clair de lune triste et
beau,
Qui fait rêver les oiseaux dans les
arbres
Et sangloter d'extase les jets d'eau,
Les grands jets d'eau sveltes parmi
les marbres.

Colloque sentimental

Dans le vieux parc solitaire et glacé
Deux formes ont tout à l'heure
passé.
Leurs yeux sont morts et leurs
lèvres sont molles,
Et l'on entend à peine leurs paroles.
Dans le vieux parc solitaire et glacé
Deux spectres ont évoqué le passé.
- Te souvient-il de notre extase
ancienne?
- Pourquoi voulez-vous donc qu'il
m'en souvienne?
- Ton coeur bat-il toujours à mon
seul nom?
Toujours vois-tu mon âme en rêve?
- Non.
Ah! les beaux jours de bonheur
indicible
Où nous joignions nos bouches! -
C'est possible.
- Qu'il était bleu, le ciel, et grand,
l'espoir!
- L'espoir a fui, vaincu, vers le ciel
noir.
Tels ils marchaient dans les
avoines folles,
Et la nuit seule entendit leurs
paroles.

δδδδδδδδδδ
La lune blanche
Luit dans les bois;
De chaque branche
Part une voix
Sous la ramée1...

Ô bien-aimée.

312

L'étang reflète,
Profond miroir,
La silhouette
Du saule noir
Où le vent pleure...

Rêvons, c'est l'heure.

Un vaste et tendre
Apaisement
Semble descendre
Du firmament
Que l'astre irise...

C'est l'heure exquise

δ δ δ δ δ δ δ δ δ δ δ
N'est-ce pas? en dépit des sots et
des méchants
Qui ne manqueront pas d'envier
notre joie,
Nous serons fiers parfois et
toujours indulgents.

N'cst-ce pas? nous irons, gais et
lents, dans la voie
Modeste que nous montre en
souriant l'Espoir,
Peu soucieux qu'on nous ignore ou
qu'on nous voie.

Isolés dans l'amour ainsi qu'en un
bois noir,
Nos deux coeurs, exhalant leur
tendresse paisible,
Seront deux rossignols qui chantent
dans le soir.

Quant au Monde, qu'il soit envers
nous irascible
Ou doux, que nous feront ses
gestes? Il peut bien,
S'il veut, nous caresser ou nous
prendre pour cible.

Unis par le plus fort et le plus cher
lien,
Et d'ailleurs, possédant l'armure
adamantine,
Nous sourirons à tous et n'aurons
peur de rien.

Sans nous préoccuper de ce que
nous destine
Le Sort, nous marcherons pourtant
du même pas,
Et la main dans la main, avec l'âme
enfantine

De ceux qui s'aiment saris
mélange, n'est-ce pas?

δ δ δ δ δ δ δ δ δ δ δ
Donc, ce sera par un clair jour
d'été;
Le grand soleil, complice de ma
joie,
Fera, parmi le satin et la soie,
Plus belle encor votre chère beauté;

Le ciel tout bleu, comme une haute
tente,
Frissonnera somptueux à longs plis
Sur nos deux fronts heureux
qu'auront pâlis
L'émotion du bonheur et l'attente;

Et quand le soir viendra, l'air sera
doux
Qui se jouera, caressant, dans vos
voiles,
Et les regards paisibles des étoiles
Bienveillamment souriront aux
époux.

δ δ δ δ δ δ δ δ δ δ δ
Il pleure dans mon coeur
Comme il pleut sur la ville;
Quelle est cette langueur
Qui pénètre mon coeur?

Ô bruit doux de la pluie
Par terre et sur les toits!
Pour un coeur qui s'ennuie,
Ô le chant de la pluie!

Il pleure sans raison
Dans ce coeur qui s'écoeure.
Quoi! nulle trahison?...
Ce deuil est sans raison....

δ δ δ δ δ δ δ δ δ δ δ
Ô triste, triste était mon âme
A cause, à cause d'une femme.

Je ne me suis pas consolé
Bien que mon coeur s'en soit allé,

Bien que mon coeur, bien que mon
âme
Eussent fui loin de cette femme.

Je ne me suis pas consolé,
Bien que mon coeur s'en soit allé.

Et mon coeur, mon coeur trop
sensible
Dit à mon âme: Est-il possible,

Est-il possible, - le fût-il,
Ce fier exil, ce triste exil?

Mon âme dit à mon coeur: Sais-je,
Moi-même, que nous veut ce piège

D'être présents bien qu'exilés
Encore que loin en allés?

Green

Voici des fruits, des fleurs, des
feuilles et des branches
Et puis voici mon coeur qui ne bat
que pour vous.
Ne le déchirez pas avec vos deux
mains blanches
Et qu'à vos yeux si beaux l'humble
présent soit doux.

J'arrive tout couvert encore de
rosée
Que le vent du matin vient glacer à
mon front.
Souffrez que ma fatigue à vos pieds
reposée
Rêve des chers instants qui la
délasseront.

Sur votre jeune sein laissez rouler
ma tête
Toute sonore encore de vos
derniers baisers;
Laissez-la s'apaiser de la bonne
tempête,
Et que je dorme un peu puisque
vous reposez.

δ δ δ δ δ δ δ δ δ δ δ δ

Beauté des femmes, leur faiblesse,
et ces mains pâles
Qui font souvent le bien et peuvent
tout le mal,
Et ces yeux, où plus rien ne reste
d'animal
Que juste assez pour dire: « assez »
aux fureurs mâles!

Et toujours, maternelle endormeuse
des râles,
Même quand elle ment, cette voix!
Matinal
Appel, ou chant bien doux à vêpre,
ou frais signal,
Ou beau sanglot qui va mourir au
pli des châles!…

Hommes durs! Vie atroce et laide
d'ici-bas!
Ah! que du moins, loin des baisers
et des combats,
Quelque chose demeure un peu sur
la montagne,

Quelque chose du cœur enfantin et
subtil,
Bonté, respect! Car, qu'est-ce qui
nous accompagne,
Et vraiment, quand la mort viendra,
que reste-t-il?

δ δ δ δ δ δ δ δ δ δ δ

Ecoutez la chanson bien douce
Qui ne pleure que pour vous plaire,
Elle est discrète, elle est légère:
Un frisson d'eau sur de la mousse!

La voix vous fut connue (et chère?)
Mais à présent elle est voilée
Comme une veuve désolée,
Pourtant comme elle encore fière,

Et dans les longs plis de son voile,
Qui palpite aux brises d'automne.
Cache et montre au coeur qui
s'étonne
La vérité comme une étoile.

Elle dit, la voix reconnue,
Que la bonté c'est notre vie,
Que de la haine et de l'envie
Rien ne reste, la mort venue.

Elle parle aussi de la gloire
D'être simple sans plus attendre,
Et de noces d'or et du tendre
Bonheur d'une paix sans victoire.

Accueillez la voix qui persiste
Dans son naïf épithalame.
Allez, rien n'est meilleur à l'âme
Que de faire une âme moins triste!

Elle est en peine et de passage,
L'âme qui souffre sans colère,
Et comme sa morale est claire!...
Ecoutez la chanson bien sage.

δ δ δ δ δ δ δ δ δ δ δ
Les chères mains qui furent
miennes,
Toutes petites, toutes belles,
Après ces méprises mortelles
Et toutes ces choses païennes,

Après les rades et les grèves,
Et les pays et les provinces,
Royales mieux qu'au temps des
princes,
Les chères mains m'ouvrent les
rêves.

Mains en songe, mains sur mon
âme,
Sais-je, moi, ce que vous daignâtes,
Parmi ces rumeurs scélérates,
Dire à cette âme qui se pâme?

Ment-elle, ma vision chaste
D'affinité spirituelle,
De complicité maternelle,
D'affection étroite et vaste?

Remords si cher, peine très bonne,
Rêves bénis, mains consacrées,
Ô ces mains, ces mains vénérées,
Faites le geste qui pardonne!

δ δ δ δ δ δ δ δ δ δ δ
Ô mon Dieu, vous m'avez blessé
d'amour
Et la blessure est encore vibrante,
Ô mon Dieu, vous m'avez blessé
d'amour.

Ô mon Dieu, votre crainte m'a
frappé

Et la brûlure est encor là qui tonne,
Ô mon Dieu, votre crainte m'a
frappé.

Ô mon Dieu, j'ai connu que tout est
vil
Et votre gloire en moi s'est
installée,
Ô mon Dieu, j'ai connu que tout est
vil.

Noyez mon âme aux flots de votre
Vin,
Fondez ma vie au Pain de votre
table,
Noyez mon âme aux flots de votre
Vin.

Voici mon sang que je n'ai pas
versé,
Voici ma chair indigne de
souffrance,
Voici mon sang que je n'ai pas
versé.

Voici mon front qui n'a pu que
rougir,
Pour l'escabeau de vos pieds
adorables,
Voici mon front qui n'a pu que
rougir.

Voici mes mains qui n'ont pas
travaillé,
Pour les charbons ardents et
l'encens rare,
Voici mes mains qui n'ont pas
travaillé.

Voici mon coeur qui n'a battu qu'en
vain,
Pour palpiter aux ronces du
Calvaire,
Voici mon coeur qui n'a battu qu'en
vain.

Voici mes pieds, frivoles
voyageurs,
Pour accourir au cri de votre grâce,
Voici mes pieds, frivoles
voyageurs.

Voici ma voix, bruit maussade et
menteur,
Pour les reproches de la Pénitence,
Voici ma voix, bruit maussade et
menteur.

Voici mes yeux, luminaires
d'erreur,
Pour être éteints aux pleurs de la
prière,
Voici mes yeux, luminaires
d'erreur.

Hélas! Vous, Dieu d'offrande et de
pardon,
Quel est le puits de mon
ingratitude,
Hélas! Vous, Dieu d'offrande et de
pardon,

Dieu de terreur et Dieu de sainteté,
Hélas! ce noir abîme de mon crime,
Dieu de terreur et Dieu de sainteté,

Vous, Dieu de paix, de joie et de
bonheur,
Toutes mes peurs, toutes mes
ignorances,
Vous, Dieu de paix, de joie et de
bonheur,

Vous connaissez tout cela, tout
cela,
Et que je suis plus pauvre que
personne,
Vous connaissez tout cela, tout
cela,

Mais ce que j'ai, mon Dieu, je vous
le donne.

δ δ δ δ δ δ δ δ δ δ δ
Je ne veux plus aimer que ma mère
Marie.
Tous les autres amours sont de
commandement.
Nécessaires qu'ils sont, ma mère
seulement
Pourra les allumer aux coeurs qui
l'ont chérie.

C'est pour Elle qu'il faut chérir mes
ennemis,
C'est par Elle que j'ai voué ce
sacrifice,
Et la douceur de coeur et le zèle au
service,
Comme je la priais, Elle les a
permis ...

C'est par Elle que j'ai voulu de ces
chagrins,
C'est pour Elle que j'ai mon coeur
dans les Cinq Plaies,
Et tous ces bons efforts vers les
croix et les claies,
Comme je l'invoquais, Elle en
ceignit mes reins.

Je ne veux plus penser qu'à ma
mère Marie,
Siège, de la Sagesse et source des
pardons,
Mère de France aussi, de qui nous
attendons
Inébranlablement l'honneur de la
patrie.

Marie Immaculée, amour essentiel,
Logique de la foi cordiale et
vivace,
En vous aimant qu'est-il de bon que
je ne fasse,
En vous aimant du seul amour,
Porte du ciel?

δ δ δ δ δ δ δ δ δ δ δ δ
Gaspard Hauser chante:

Je suis venu, calme orphelin,
Riche de mes seuls yeux
tranquilles,
Vers les hommes des grandes
villes:
Ils ne m'ont pas trouvé malin.

A vingt ans un trouble nouveau
Sous le nom d'amoureuses
flammes
M'a fait trouver belles les femmes:
Elles ne m'ont pas trouvé beau.

Bien que sans patrie et sans roi
Et très brave ne l'étant guère,
J'ai voulu mourir à la guerre:
La mort n'a pas voulu de moi.

Suis-je né trop tôt ou trop tard?
Qu'est-ce que je fais en ce monde?
O vous tous, ma peine est
profonde:
Priez pour le pauvre Gaspard!

δ δ δ δ δ δ δ δ δ δ δ δ
Le ciel est, par-dessus le toit,
Si beau, si calme!
Un arbre, par-dessus le toit,
Berce sa palme.
La cloche, dans le ciel qu'on voit,
Doucement tinte,
Un oiseau sur l'arbre qu'on voit,
Chante sa plainte.

Mon Dieu, mon Dieu, la vie est là,
Simple et tranquille.
Cette paisible rumeur-là
Vient de la ville.

-Qu'as-tu fait, ô toi que voilà
Pleurant sans cesse,

Dis, qu'as-tu fait, toi que voilà,
De ta jeunesse?

Art poétique
De la musique avant toute chose,
Et pour cela préfère l'Impair
Plus vague et plus soluble dans
l'air,
Sans rien en lui qui pèse ou qui
pose.

Il faut aussi que tu n'ailles point
Choisir tes mots sans quelque
méprise:
Rien de plus cher que la chanson
grise
Où l'Indécis au Précis se joint.

C'est des beaux yeux derrière des
voiles,
C'est le grand jour tremblant de
midi,
C'est, par un ciel d'automne attiédi,
Le bleu fouillis des claires étoiles!

Car nous voulons la Nuance encor,
Pas la Couleur, rien que la nuance!
Oh! la nuance seule fiance
Le rêve au rêve et la flûte au cor!

Fuis du plus loin la Pointe
assassine,
L'Esprit cruel et le Rire impur,
Qui font pleurer les yeux de l'Azur,
Et tout cet ail de basse cuisine!

Prends l'éloquence et tords-lui son
cou!
Tu feras bien, en train d'énergie,
De rendre un peu la Rime assagie.
Si l'on n'y veille, elle ira jusqu'où?

O qui dira les torts de la Rime?
Quel enfant sourd ou quel nègre
fou
Nous a forgé ce bijou d'un sou

Qui sonne creux et faux sous la
lime?

De la musique encore et toujours!
Que ton vers soit la chose envolée
Qu'on sent qui fuit d'une âme en
allée
Vers d'autres cieux à d'autres
amours.

Que ton vers soit la bonne aventure
Eparse au vent crispé du matin
Qui va fleurant la menthe et le
thym...
Et tout le reste est littérature.

A Madame X...

En lui envoyant une pensé

Au temps où vous m'aimiez (bien
sûr?),
Vous m'envoyâtes, fraîche éclose,
Une chère petite rose,
Frais emblème, message pur.

Elle disait en son langage
Les " serments du premier amour ",
Votre coeur à moi pour toujours
Et toutes les choses d'usage.

Trois ans sont passés. Nous voilà!
Mais moi j'ai gardé la mémoire
De votre rose, et c'est ma gloire
De penser encore à cela.

Hélas! si j'ai la souvenance,
Je n'ai plus la fleur, ni le coeur!
Elle est aux quatre vents, la fleur.
Le coeur? mais, voici que j'y pense,

Fut-il mien jamais? entre nous?
Moi, le mien bat toujours de même,
Il est toujours simple. Un emblème
A mon tour. Dites, voulez-vous

Que, tout pesé, je vous envoie,

Triste sélam, mais c'est ainsi,
Cette pauvre négresse-ci?
Elle n'est pas couleur de joie,

Mais elle est couleur de mon coeur;
Je l'ai cueillie à quelque fente
Du pavé captif que j'arpente
En ce lieu de juste douleur.

A-t-elle besoin d'autres preuves?
Acceptez-la pour le plaisir.
J'ai tant fait que de la cueillir,
Et c'est presque une fleur-des-
veuves.

δ δ δ δ δ δ δ δ δ δ δ
La cathédrale est majestueuse
Que j'imagine en pleine campagne
Sur quelque affluent de quelque
Meuse
Non loin de l'Océan qu'il regagne,

L'Océan pas vu que je devine
Par l'air chargé de sels et d'arômes.
La croix est d'or dans la nuit divine
D'entre l'envol des tours et des
dômes.

Des angélus font aux campaniles
Une couronne d'argent qui chante.
De blancs hiboux, aux longs cris
graciles,
Tournent sans fin de sorte
charmante.

Des processions jeunes et claires
Vont et viennent de porches sans
nombre,
Soie et perles de vivants rosaires,
Rogations pour de chers fruits
d'ombre.

Ce n'est pas un rêve ni la vie,
C'est ma belle et ma chaste pensée,
Si vous voulez, ma philosophie,
Ma mort bien mienne ainsi
déguisée.

Tristan Corbière (1845 – 1875)
La Rapsode foraine et le Pardon
de Sainte-Anne

Bénite est l'infertile plage
Où, comme la mer, tout est nud.
Sainte est la chapelle sauvage
De Sainte-Anne-de-la-Palud…

De la Bonne Femme Sainte Anne
Grand'tante du petit Jésus,
En bois pourri dans sa soutane
Riche… plus riche que Crésus!

Contre elle la petite Vierge,
Fuseau frêle, attend l'Angelus;
Au coin, Joseph tenant son cierge,
Niche, en saint qu'on ne fête
plus…

. . . .

C'est le Pardon. – Liesse et
mystères –
Déjà l'herbe rase a des poux…
– Sainte Anne, Onguent des belles-
mères!
Consolation des époux!…

Des paroisses environnantes:
De Plougastel et Loc-Tudy,
Ils viennent tous planter leurs
tentes,
Trois nuits, trois jours – jusqu'au
lundi.
Trois jours, trois nuits, la palud
grogne,
Selon l'antique rituel,
– Choeur séraphique et chant
d'ivrogne –
Le CANTIQUE SPIRITUEL.

*

* *

Mère taillée à coups de hache,
Tout coeur de chêne dur et bon;
Sous l'or de ta robe se cache

L'âme en pièce d'un franc-Breton!

*

– Vieille verte à face usée
Comme la pierre du torrent,

Par des larmes d'amour creusée,
Séchée avec des pleurs de sang…

*

– Toi dont la mamelle tarie
S'est refait, pour avoir porté
La Virginité de Marie,
Une mâle virginité!

*

– Servante-maîtresse altière,
Très-haute devant le Très-Haut:
Au pauvre monde, pas fière,
Dame pleine de comme-il-faut!

*

– Bâton des aveugles! Béquille
Des vieilles! Bras des nouveau-nés!
Mère de madame ta fille!
Parente des abandonnés!

*

– Ô Fleur de la pucelle neuve!
Fruit de l'épouse au sein grossi!

Reposoir de la femme veuve…
Et du veuf Dame-de-merci!

*

– Arche de Joachim! Aïeule!
Médaille de cuivre effacé!
Gui sacré! Trèfle-quatre-feuille!
Mont d'Horeb! Souche de Jessé!

*

– Ô toi qui recouvrais la cendre,
Qui filais comme on fait chez nous,
Quand le soir venait à descendre,
Tenant l'ENFANT sur tes genoux;

*

– Toi qui fus là, seule, pour faire
Son maillot neuf à Bethléem,
Et là, pour coudre son suaire
Douloureux, à Jérusalem!…

*

Des croix profondes sont tes rides,
Tes cheveux sont blancs comme
fils…

– Préserve des regards arides
Le berceau de nos petits-fils!

*

Fais venir et conserve en joie
Ceux à naître et ceux qui sont nés.
Et verse, sans que Dieu te voie,
L'eau de tes yeux sur les damnés!

*

Reprends dans leur chemise
blanche
Les petits qui sont en langueur…
Rappelle à l'éternel Dimanche
Les vieux qui traînent en longueur.

*

– Dragon-gardien de la Vierge,
Garde la crèche sous ton oeil.
Que, près de toi, Joseph-concierge
Garde la propreté du seuil!

*

Prends pitié de la fille-mère,
Du petit au bord du chemin…

Si quelqu'un leur jette la pierre,
Que la pierre se change en pain!

*

– Dame bonne en mer et sur terre,
Montre-nous le ciel et le port,
Dans la tempête ou dans la
guerre…
Ô Fanal de la bonne mort!

*

Humble: à tes pieds n'as point
d'étoile,
Humble… et brave pour protéger!
Dans la nue apparaît ton voile,
Pâle auréole du danger.

*

– Aux perdus dont la vue est grise,
(– Sauf respect – perdus de
boisson)
Montre le clocher de l'église
Et le chemin de la maison.

*

Prête ta douce et chaste flamme
Aux chrétiens qui sont ici…

Ton remède de bonne femme
Pour les bêtes-à-corne aussi!

*

Montre à nos femmes et servantes
L'ouvrage et la fécondité…
– Le bonjour aux âmes parentes
Qui sont bien dans l'éternité!

*

– Nous mettrons un cordon de cire,
De cire-vierge jaune, autour
De ta chapelle; et ferons dire
Ta messe basse au point du jour.

*

– Préserve notre cheminée
Des sorts et du monde-malin…
À Pâques te sera donnée
Une quenouille avec du lin.

*

Si nos corps sont puants sur terre,
Ta grâce est un bain de santé;

Répands sur nous, au cimetière,
Ta bonne odeur-de-sainteté.

*

– À l'an prochain! – Voici ton
cierge:
(C'est deux livres qu'il a coûté)
… Respects à Madame la Vierge,
Sans oublier la Trinité.

*
* *

… Et les fidèles, en chemise,
– Sainte Anne, ayez pitié de nous!
–
Font trois fois le tour de l'église
En se traînant sur leurs genoux;

Et boivent l'eau miraculeuse
Où les Job teigneux ont lavé
Leur nudité contagieuse…
– Allez: la Foi vous a sauvé! –

C'est là que tiennent leurs cénacles
Les pauvres, frères de Jésus.

– Ce n'est pas la cour des miracles,
Les trous sont vrais: Vide latus!

Sont-ils pas divins sur leurs claies,
Qu'auréole un nimbe vermeil,
Ces propriétaires de plaies,
Rubis vivants sous le soleil!…

En aboyant, un rachitique
Secoue un moignon désossé,
Coudoyant un épileptique
Qui travaille dans un fossé.

Là, ce tronc d'homme où croît
l'ulcère,
Contre un tronc d'arbre où croît le
gui;
Ici, c'est la fille et la mère
Dansant la danse de Saint-Guy.

Cet autre pare le cautère
De son petit enfant malsain:
– L'enfant se doit à son vieux
père…
– Et le chancre est un gagne-pain!

Là, c'est l'idiot de naissance,

Un visité par Gabriel,
Dans l'extase de l'innocence…
– L'innocent est près du ciel! –

– Tiens, passant, regarde: tout
passe…
L'oeil de l'idiot est resté,
Car il est en état-de-grâce…
– Et la Grâce est l'Éternité! –

Parmi les autres, après vêpre,
Qui sont d'eau bénite arrosés,
Un cadavre, vivant de lèpre,
Fleurit – souvenir des croisés…

Puis tous ceux que les Rois de
France
Guérissaient d'un toucher de
doigts…
– Mais la France n'a plus de rois,
Et leur dieu suspend sa clémence.

– Charité dans leurs écuelles!…
Nos aïeux ensemble ont porté
Ces fleurs de lis en écrouelles
Dont ces choisis ont hérité.

– Miserere pour les ripailles
Des Ankokrignets et Kakous!…
Ces moignons-là sont des tenailles,
Ces béquilles donnent des coups.
Risquez-vous donc là, gens
ingambes,
Mais gare pour votre toison:
Gare aux bras crochus! gare aux
jambes
En kyriè-éleison!

… Et détourne-toi, jeune fille,
Qui viens là voir, et prendre l'air…
Peut-être, sous l'autre guenille,
Percerait la guenille en chair…

C'est qu'ils chassent là sur leurs
terres!
Leurs peaux sont leurs blasons
béants:
– Le droit-du-seigneur à leurs
serres!…
Le droit du Seigneur de céans! –

Tas d'ex-voto de carne impure,
Charnier d'élus pour les cieux,
Chez le Seigneur ils sont chez eux!
– Ne sont-ils pas sa créature…

Ils grouillent dans le cimetière
On dirait les morts déroutés
N'ayant tiré de sous la pierre
Que des membres mal reboutés.
– Nous, taisons-nous!… Ils sont
sacrés.
C'est la faute d'Adam punie
Le doigt d'En-haut les a marqués:
– La Droite d'En-haut soit bénie!

Du grand troupeau, boucs
émissaires

Chargés des forfaits d'ici-bas,
Sur eux Dieu purge ses colères!…
– Le pasteur de Sainte-Anne est
gras. –

. . . .

Mais une note pantelante,
Écho grelottant dans le vent
Vient battre la rumeur bêlante
De ce purgatoire ambulant.

Une forme humaine qui beugle
Contre le calvaire se tient;

C'est comme une moitié d'aveugle:
Elle est borgne, et n'a pas de
chien…

C'est une rapsode foraine
Qui donne aux gens pour un liard
L'Istoyre de la Magdalayne,
Du Jvif-Errant ou d'Abaylar.

Elle hâle comme une plainte,
Comme une plainte de la faim,
Et, longue comme un jour sans
pain,
Lamentablement, sa complainte…

– Ça chante comme ça respire,
Triste oiseau sans plume et sans nid
Vaguant où son instinct l'attire:
Autour des Bon-Dieu de granit…

Ça peut parler aussi, sans doute.
Ça peut penser comme ça voit:
Toujours devant soi la
grand'route…
– Et, quand ç'a deux sous… ça les
boit.

– Femme: on dirait hélas – sa nippe

Lui pend, ficelée en jupon;
Sa dent noire serre une pipe
Éteinte… – Oh, la vie a du bon! –

Son nom… ça se nomme Misère.
Ça s'est trouvé né par hasard.
Ça sera trouvé mort par terre…
La même chose – quelque part.

– Si tu la rencontres, Poète,
Avec son vieux sac de soldat:
C'est notre soeur… donne – c'est
fête
Pour sa pipe, un peu de tabac!…

Tu verras dans sa face creuse
Se creuser, comme dans du bois,
Un sourire; et sa main galeuse
Te faire un vrai signe de croix.

Rondel

Il fait noir, enfant, voleur
d'étincelles!
Il n'est plus de nuits, il n'est plus de
jours;
Dors… en attendant venir toutes
celles
Qui disaient: Jamais! Qui disaient:
Toujours!

Entends-tu leurs pas?... Ils ne sont
pas lourds:
Oh! les pieds légers! - l'Amour a
des ailes...
Il fait noir, enfant, voleur
d'étincelles!
Entends-tu leurs voix?... Les
caveaux sont sourds.

Dors: il pèse peu, ton faix
d'immortelles;
Ils ne viendront pas, tes amis les
ours,
Jeter leur pavé sur tes
demoiselles...
Il fait noir, enfant, voleur
d'étincelles!

Arthur Rimbaud (1854 – 1891)
Ophélie
I

Sur l'onde calme et noire où
dorment les étoiles
La blanche Ophélia flotte comme
un grand lys,
Flotte très lentement, couchée en
ses longs voiles...
- On entend dans les bois lointains
des hallalis.

Voici plus de mille ans que la triste
Ophélie
Passe, fantôme blanc, sur le long
fleuve noir
Voici plus de mille ans que sa
douce folie
Murmure sa romance à la brise du
soir

Le vent baise ses seins et déploie
en corolle
Ses grands voiles bercés mollement
par les eaux;
Les saules frissonnants pleurent sur
son épaule,
Sur son grand front rêveur
s'inclinent les roseaux.

Les nénuphars froissés soupirent
autour d'elle;
Elle éveille parfois, dans un aune
qui dort,
Quelque nid, d'où s'échappe un
petit frisson d'aile:
- Un chant mystérieux tombe des
astres d'or

II

O pâle Ophélia! belle comme la
neige!
Oui tu mourus, enfant, par un
fleuve emporté!

C'est que les vents tombant des
grand monts de Norwège
T'avaient parlé tout bas de l'âpre
liberté;

C'est qu'un souffle, tordant ta
grande chevelure,
À ton esprit rêveur portait
d'étranges bruits,
Que ton coeur écoutait le chant de
la Nature
Dans les plaintes de l'arbre et les
soupirs des nuits;

C'est que la voix des mers folles,
immense râle,
Brisait ton sein d'enfant, trop
humain et trop doux;
C'est qu'un matin d'avril, un beau
cavalier pâle,
Un pauvre fou, s'assit muet à tes
genoux!

Ciel! Amour! Liberté! Quel rêve, ô
pauvre Folle!
Tu te fondais à lui comme une
neige au feu:
Tes grandes visions étranglaient ta
parole
- Et l'Infini terrible éffara ton oeil
bleu!

III

- Et le Poète dit qu'aux rayons des
étoiles
Tu viens chercher, la nuit, les fleurs
que tu cueillis;
Et qu'il a vu sur l'eau, couchée en
ses longs voiles,
La blanche Ophélia flotter, comme
un grand lys.

Les Chercheuses de poux
Quand le front de l'enfant, plein de
rouges tourmentes,

Implore l'essaim blanc des rêves
indistincts,
Il vient près de son lit deux grandes
sœurs charmantes
Avec de frêles doigts aux ongles
argentins.

Elles assoient l'enfant auprès d'une
croisée
Grande ouverte où l'air bleu baigne
un fouillis de fleurs
Et, dans ses lourds cheveux où
tombe la rosée,
Promène leurs doigts fins, terribles
et charmeurs.

Il écoute chanter leurs haleines
craintives
Qui fleurent de longs miels
végétaux et rosés
Et qu'interrompt parfois un
sifflement, salives
Reprises sur la lèvre ou désirs de
baisers.

Il entend leurs cils noirs battant
sous les silences
Parfumés; et leurs doigts
électriques et doux
Font crépiter, parmi ses grises
indolences,
Sous leurs ongles royaux, la mort
des petits poux.

Voilà que monte en lui le vin de la
Paresse,
Soupir d'harmonica qui pourrait
délirer:
L'enfant se sent , selon la lenteur
des caresses,
Sourdre et mourir sans cesse un
désir de pleurer.

Le dormeur du val

C'est un trou de verdure où chante
une rivière,

Accrochant follement aux herbes
des haillons
D'argent; où le soleil, de la
montagne fière,
Luit: c'est un petit val qui mousse
de rayons.

Un soldat jeune, bouche ouverte,
tête nue,
Et la nuque baignant dans le frais
cresson bleu,
Dort; il est étendu dans l'herbe,
sous la nue,
Pâle dans son lit vert où la lumière
pleut.

Les pieds dans les glaïeuls, il dort.
Souriant comme
Sourirait un enfant malade, il fait
un somme:
Nature, berce-le chaudement: il a
froid.

Les parfums ne font pas frissonner
sa narine;
Il dort dans le soleil, la main sur sa
poitrine,
Tranquille. Il a deux trous rouges
au côté droit.

Le bateau ivre

Comme je descendais des Fleuves
impassibles,
Je ne me sentis plus guidé par les
haleurs:
Des Peaux-Rouges criards les
avaient pris pour cibles,
Les ayant cloués nus aux poteaux
de couleurs.

J'étais insoucieux de tous les
équipages,
Porteur de blés flamands ou de
cotons anglais.
Quand avec mes haleurs ont fini
ces tapages,

Les Fleuves m'ont laissé descendre
où je voulais.

Dans les clapotements furieux des
marées,
Moi, l'autre hiver, plus sourd que
les cerveaux d'enfants,
Je courus! Et les Péninsules
démarrées
N'ont pas subi tohu-bohus plus
triomphants.

La tempête a béni mes éveils
maritimes.
Plus léger qu'un bouchon j'ai dansé
sur les flots
Qu'on appelle rouleurs éternels de
victimes,
Dix nuits, sans regretter l'oeil niais
des falots!

Plus douce qu'aux enfants la chair
des pommes sûres,
L'eau verte pénétra ma coque de
sapin
Et des taches de vins bleus et des
vomissures
Me lava, dispersant gouvernail et
grappin.

Et dès lors, je me suis baigné dans
le Poème
De la Mer, infusé d'astres, et
lactescent,
Dévorant les azurs verts; où,
flottaison blême
Et ravie, un noyé pensif parfois
descend;

Où, teignant tout à coup les
bleuités, délires
Et rhythmes lents sous les
rutilements du jour,
Plus fortes que l'alcool, plus vastes
que nos lyres,
Fermentent les rousseurs amères de
l'amour!

Je sais les cieux crevant en éclairs,
et les trombes
Et les ressacs et les courants: je sais
le soir,
L'Aube exaltée ainsi qu'un peuple
de colombes,
Et j'ai vu quelquefois ce que
l'homme a cru voir!

J'ai vu le soleil bas, taché d'horreurs
mystiques,
Illuminant de longs figements
violets,
Pareils à des acteurs de drames très
antiques
Les flots roulant au loin leurs
frissons de volets!

J'ai rêvé la nuit verte aux neiges
éblouies,
Baiser montant aux yeux des mers
avec lenteurs,
La circulation des sèves inouïes,
Et l'éveil jaune et bleu des
phosphores chanteurs!

J'ai suivi, des mois pleins, pareille
aux vacheries
Hystériques, la houle à l'assaut des
récifs,
Sans songer que les pieds lumineux
des Maries
Pussent forcer le mufle aux Océans
poussifs!

J'ai heurté, savez-vous,
d'incroyables Florides
Mêlant aux fleurs des yeux de
panthères à peaux
D'hommes! Des arcs-en-ciel tendus
comme des brides
Sous l'horizon des mers, à de
glauques troupeaux!

J'ai vu fermenter les marais
énormes, nasses

Où pourrit dans les joncs tout un
Léviathan!
Des écroulements d'eaux au milieu
des bonaces,
Et les lointains vers les gouffres
cataractant!

Glaciers, soleils d'argent, flots
nacreux, cieux de braises!
Échouages hideux au fond des
golfes bruns
Où les serpents géants dévorés des
punaises
Choient, des arbres tordus, avec de
noirs parfums!

J'aurais voulu montrer aux enfants
ces dorades
Du flot bleu, ces poissons d'or, ces
poissons chantants.
- Des écumes de fleurs ont bercé
mes dérades
Et d'ineffables vents m'ont ailé par
instants.

Parfois, martyr lassé des pôles et
des zones,
La mer dont le sanglot faisait mon
roulis doux
Montait vers moi ses fleurs
d'ombre aux ventouses jaunes
Et je restais, ainsi qu'une femme à
genoux...

Presque île, ballottant sur mes
bords les querelles
Et les fientes d'oiseaux clabaudeurs
aux yeux blonds.
Et je voguais, lorsqu'à travers mes
liens frêles
Des noyés descendaient dormir, à
reculons!

Or moi, bateau perdu sous les
cheveux des anses,
Jeté par l'ouragan dans l'éther sans
oiseau,

Moi dont les Monitors et les
voiliers des Hanses
N'auraient pas repêché la carcasse
ivre d'eau;

Libre, fumant, monté de brumes
violettes,
Moi qui trouais le ciel rougeoyant
comme un mur
Qui porte, confiture exquise aux
bons poètes,
Des lichens de soleil et des morves
d'azur;

Qui courais, taché de lunules
électriques,
Planche folle, escorté des
hippocampes noirs,
Quand les juillets faisaient crouler
à coups de triques
Les cieux ultramarins aux ardents
entonnoirs;

Moi qui tremblais, sentant geindre
à cinquante lieues
Le rut des Béhémots et les
Maelstroms épais,
Fileur éternel des immobilités
bleues,
Je regrette l'Europe aux anciens
parapets!

J'ai vu des archipels sidéraux! et
des îles
Dont les cieux délirants sont
ouverts au vogueur:
- Est-ce en ces nuits sans fonds que
tu dors et t'exiles,
Million d'oiseaux d'or, ô future
Vigueur?

Mais, vrai, j'ai trop pleuré! Les
Aubes sont navrantes.
Toute lune est atroce et tout soleil
amer:
L'âcre amour m'a gonflé de
torpeurs enivrantes.

Ô que ma quille éclate! Ô que
j'aille à la mer!

Si je désire une eau d'Europe, c'est
la flache
Noire et froide où vers le
crépuscule embaumé
Un enfant accroupi plein de
tristesse, lâche
Un bateau frêle comme un papillon
de mai.

Je ne puis plus, baigné de vos
langueurs, ô lames,
Enlever leur sillage aux porteurs de
cotons,
Ni traverser l'orgueil des drapeaux
et des flammes,
Ni nager sous les yeux horribles
des pontons.

Voyelles

A noir, E blanc, I rouge, U vert, O
bleu: voyelles,
Je dirai quelque jour vos naissances
latentes:
A, noir corset velu des mouches
éclatantes
Qui bombinent autour des
puanteurs cruelles,

Golfes d'ombre; E, candeurs des
vapeurs et des tentes,
Lances des glaciers fiers, rois
blancs, frissons d'ombelles;
I, pourpres, sang craché, rire des
lèvres belles
Dans la colère ou les ivresses
pénitentes;

U, cycles, vibrements divins des
mers virides,
Paix des pâtis semés d'animaux,
paix des rides
Que l'alchimie imprime aux grands
fronts studieux;

O, suprême Clairon plein des
strideurs étranges,
Silences traversés des Mondes et
des Anges;
- O l'Oméga, rayon violet de Ses
Yeux!

Chanson de la
plus haute tour

Oisive jeunesse
A tout asservie,
Par délicatesse
J'ai perdu ma vie.
Ah! Que le temps vienne
Où les coeurs s'éprennent.

Je me suis dit: laisse,
Et qu'on ne te voie:
Et sans la promesse
De plus hautes joies.
Que rien ne t'arrête,
Auguste retraite.

J'ai tant fait patience
Qu'à jamais j'oublie;
Craintes et souffrances
Aux cieux sont parties.
Et la soif malsaine
Obscurcit mes veines.

Ainsi la prairie
A l'oubli livrée,
Grandie, et fleurie
D'encens et d'ivraies
Au bourdon farouche
De cent sales mouches.

Ah! Mille veuvages
De la si pauvre âme
Qui n'a que l'image
De la Notre-Dame!
Est-ce que l'on prie
La Vierge Marie?

Oisive jeunesse

A tout asservie,
Par délicatesse
J'ai perdu ma vie.
Ah! Que le temps vienne
Où les coeurs s'éprennent!

δ δ δ δ δ δ δ δ δ δ δ
Ô Saisons, ô châteaux...

Ô saisons, ô châteaux,
Quelle âme est sans défaut?

Ô saisons, ô châteaux,
J'ai fait la magique étude
Du bonheur,que nul n'élude.

Ô vivre lui, chaque fois
Que chante son coq gaulois.

Mais! je n'aurais plus d'envie,
Il s'est chargé de ma vie.

Ce charme! il prit âme et corps,
et dispersa tous efforts.

Que comprendre à ma parole?
Il fait qu'elle fuit et vole!

Ô saisons, ô châteaux!
[Et, si le malheur m'entraîne,
Sa disgrâce m'est certaine.

Il faut que son dédain, las!
Me livre au plus prompt trépas!

- Ô Saisons, ô Châteaux!

Émile Verhaeren (1855 - 1916)
Les Horloges

La nuit, dans le silence en noir de
nos demeures,
Béquilles et bâtons qui se cognent,
là-bas;
Montant et dévalant les escaliers
des heures,
Les horloges, avec leurs pas;
Émaux naïfs derrière un verre,
emblèmes
Et fleurs d'antan, chiffres maigres
et vieux;
Lunes des corridors vides et
blêmes,
Les horloges, avec leurs yeux;
Sons morts, notes de plomb,
marteaux et limes,
Boutique en bois de mots sournois,
Et le babil des secondes minimes,
Les horloges, avec leurs voix;
Gaines de chêne et bornes
d'ombre,
Cercueils scellés dans le mur froid,
Vieux os du temps que grignote le
nombre,
Les horloges et leur effroi;
Les horloges
Volontaires et vigilantes,
Pareilles aux vieilles servantes
Boitant de leurs sabots ou glissant
sur leurs bas.
Les horloges que j'interroge
Serrent ma peur en leur compas.

Jean Moréas (1856 - 1910)
Stances

Ne dites pas: la vie est un joyeux
festin;
Ou c'est d'un esprit sot ou c'est
d'une âme basse.
Surtout ne dites point: elle est
malheur sans fin;
C'est d'un mauvais courage et qui
trop tôt se lasse.

Riez comme au printemps s'agitent
les rameaux,
Pleurez comme la bise ou le flot
sur la grève,
Goûtez tous les plaisirs et souffrez
tous les maux;
Et dites: c'est beaucoup et c'est
l'ombre d'un rêve.

Le coq chante là-bas; un faible jour
tranquille
Blanchit autour de moi;
Une dernière flamme aux portes de
la ville
Brille au mur de l'octroi.

Ô mon second berceau, Paris, tu
dors encore
Quand je suis éveillé
Et que j'entends le pouls de mon
grand coeur sonore
Sombre et dépareillé.

Que veut-il, que veut-il, ce coeur?
malgré la cendre
Du temps, malgré les maux,
Pense-t-il reverdir, comme la tige
tendre
Se couvre de rameaux?

Adieu, la vapeur siffle, on active le
feu;
Dans la nuit le train passe ou c'est
l'ancre qu'on lève;

Qu'importe! on vient, on part; le
flot soupire: adieu!
Qu'il arrive du large ou qu'il quitte
la grève.

Les roses vont éclore, et nous les
cueillerons;
Les feuilles du jardin vont tomber
une à une.
Adieu! quand nous naissons, adieu!
quand nous mourons
Et comme le bonheur s'envole
l'infortune.

Lieux où mes lentes nuits aiment à
s'écouler,
Ô chère porte
De mon Paris, déjà le vent a fait
rouler
La feuille morte.

Bientôt sous la lueur de la lampe,
aux reflets
Du brasier sombre,
Pensif, j'écouterai heurter à mes
volets
L'aile du Nombre.

Et moi, que l'amitié, l'amour et la
douceur,
Tout abandonne,
Je veux goûter, avec le tabac, le
berceur
Extrême automne.

Quand reviendra l'automne avec les
feuilles mortes
Qui couvriront l'étang du moulin
ruiné,
Quand le vent remplira le trou
béant des portes
Et l'inutile espace où la meule a
tourné,

Je veux aller encor m'asseoir sur
cette borne,

Contre le mur tissé d'un vieux lierre
vermeil,
Et regarder longtemps dans l'eau
glacée et morne
S'éteindre mon image et le pâle
soleil.

Jules Laforgue (1860 – 1887)
Complainte de la Lune en province

Ah! La belle pleine Lune,
Grosse comme une fortune!

La retraite sonne au loin,
Un passant, monsieur l'adjoint;
Un clavecin joue en face,
Un chat traverse la place:
La province qui s'endort!
Plaquant un dernier accord,
Le piano clôt sa fenêtre.
Quelle heure peut-il bien être?
Calme lune, quel exil!
Faut-il dire: ainsi soit-il?
Lune, ô dilettante lune,
A tous les climats commune,
Tu vis hier le Missouri,
Et les remparts de Paris,
Les fiords bleus de la Norwège,
Les pôles, les mers, que sais-je?
Lune heureuse! Ainsi tu vois,
A cette heure, le convoi
De son voyage de noce!
Ils sont partis pour l'Écosse.
Quel panneau, si, cet hiver,
Elle eût pris au mot mes vers!
Lune, vagabonde lune,
Faisons cause et mœurs
communes?
Ô riches nuits! Je me meurs,
La province dans le cœur!
Et la lune a, bonne vieille,
Du coton dans les oreilles.

Complainte sur certains ennuis

Un couchant des Cosmogonies!
Ah! que la Vie est quotidienne...
Et, du plus vrai qu'on se souvienne,
Comme on fut piètre et sans
génie...

On voudrait s'avouer des choses,
Dont on s'étonnerait en route,
Qui feraient une fois pour toutes!
Qu'on s'entendrait à travers poses.

On voudrait saigner le Silence,
Secouer l'exil des causeries;
Et non! ces dames sont aigries
Par des questions de préséance.

Elles boudent là, l'air capable.
Et, sous le ciel, plus d'un
s'explique,
Par quel gâchis suresthétique
Ces êtres-là sont adorables.

Justement, une nous appelle,
Pour l'aider à chercher sa bague,
Perdue (où dans ce terrain vague?)
Un souvenir d'AMOUR, dit-elle!

Ces êtres-là sont adorables!

δ δ δ δ δ δ δ δ δ δ δ δ
Je ne suis qu'un viveur lunaire...

Je ne suis qu'un viveur lunaire
Qui fait des ronds dans les bassins,
Et cela, sans autre dessein
Que devenir un légendaire.

Retroussant d'un air de défi
Mes manches de mandarin pâle,
J'arrondis ma bouche et - j'exhale
Des conseils doux de Crucifix.

Ah! oui, devenir légendaire,
Au seuil des siècles charlatans!
Mais où sont les Lunes d'antan?
Et que Dieu n'est-il à refaire?

Paul-Jean Toulet (1867 - 1920)
Dans le lit vaste et dévasté
J'ouvre les yeux près d'elle;
Je l'effleure: un songe infidèle
L'embrasse à mon côté.

Une lueur tranchante et mince
Echancre mon plafond.
Très loin, sur le pavé profond,
J'entends un seau qui grince…

δ δ δ δ δ δ δ δ δ δ δ
Dans le silencieux automne

Dans le silencieux automne
D'un jour mol et soyeux,
Je t'écoute en fermant les yeux,
Voisine monotone.

Ces gammes de tes doigts hardis,
C'était déjà des gammes
Quand n'étaient pas encor des
dames
Mes cousines, jadis;

Et qu'aux toits noirs de la Rafette,
Où grince un fer changeant,
Les abeilles d'or et d'argent
Mettaient l'aurore en fête.

Nocturne

Ô mer, toi que je sens frémir
A travers la nuit creuse,
Comme le sein d'une amoureuse
Qui ne peut pas dormir;

Le vent lourd frappe la falaise…
Quoi! si le chant moqueur
D'une sirène est dans mon coeur -
Ô coeur, divin malaise.

Quoi, plus de larmes, ni d'avoir
Personne qui vous plaigne…

Tout bas, comme d'un flanc qui
saigne,
Il s'est mis à pleuvoir.

Princes de la Chine
Sous les pampres de pourpre et
d'or,
Dans l'ombre parfumée,
Ivre de songe et de fumée,
Le prince Lou s'endort.

Tandis que l'opium efface
Badoure à son côté,
Il rêve à la jeune beauté
Qui brilla sur sa face.

Ainsi se meurt, d'un beau
semblant,
Lou, l'ivoire à la bouche.
Badoure en crispant sa babouche
Pense à son deuil en blanc.

La Cigale

Quand nous fûmes hors des
chemins
Où la poussière est rose,
Aline, qui riait sans cause
En me touchant les mains; -

L'Écho du bois riait. La terre
Sonna creux au talon.
Aline se tut: le vallon
Etait plein de mystère...

Mais toi, sans lymphe ni sommeil,
Cigale en haut posée,
Tu jetais, ivre de rosée,
Ton cri triste et vermeil.

δ δ δ δ δ δ δ δ δ δ δ
Vous qui retournez du Cathai
Par les Messageries,
Quand vous berçaient à leurs
féeries
L'opium ou le thé,

Dans un palais d'aventurine
Où se mourait le jour,
Avez-vous vu Boudroulboudour,
Princesse de la Chine,

Plus blanche en son pantalon noir
Que nacre sous l'écaille?
Au clair de lune, Jean Chicaille,
Vous est-il venu voir,

En pleurant comme l'asphodèle
Aux îles d'Ouac-Wac,
Et jurer de coudre en un sac
Son épouse infidèle,

Mais telle qu'à travers le vent
Des mers sur le rivage
S'envole et brille un paon sauvage
Dans le soleil levant?

δ δ δ δ δ δ δ δ δ δ δ δ
Douce plage où naquit mon âme;
Et toi, savane en fleurs
Que l'Océan trempe de pleurs
Et le soleil de flamme;

Douce aux ramiers, douce aux
amants,
Toi de qui la ramure
Nous charmait d'ombre, et de
murmure,
Et de roucoulements;

Où j'écoute frémir encore
Un aveu tendre et fier -
Tandis qu'au loin riait la mer
Sur le corail sonore.

δ δ δ δ δ δ δ δ δ δ δ δ
C'était sur un chemin crayeux
Trois châtes de Provence
Qui s'en allaient d'un pas qui danse
Le soleil dans les yeux.

Une enseigne, au bord de la route,
- Azur et jaune d'oeuf, -
Annonçait: Vin de Châteauneuf,

Tonnelles, Casse-croûte.

Et, tandis que les suit trois fois
Leur ombre violette,
Noir pastou, sous la gloriette,
Toi, tu t'en fous: tu bois...

C'était trois châtes de Provence,
Des oliviers poudreux,
Et le mistral brûlant aux yeux
Dans un azur immense.

δ δ δ δ δ δ δ δ δ δ δ δ
Quand l'ombre est rouge, sous les
roses,
Et clair le temps,

Prends garde à la douceur des
choses.
Lorsque tu sens battre sans cause
Ton coeur trop lourd;

Et que se taisent les colombes:
Parle tout bas, si c'est d'amour,
Au bord des tombes.

δ δ δ δ δ δ δ δ δ δ δ δ
Puisque tes jours ne t'ont laissé
Qu'un peu de cendre dans la
bouche,
Avant qu'on ne tende la couche
Où ton coeur dorme, enfin glacé,
Retourne, comme au temps passé,
Cueillir, près de la dune instable,
Le lys qu'y courbe un souffle amer,
- Et grave ces mots sur le sable:
Le rêve de l'homme est semblable
Aux illusions de la mer.

Charles Péguy (1873 -1914)
Quatrains

Coeur dur comme une tour,
Ô coeur de pierre,
Donjon de jour en jour
Vêtu de lierre.

De tous liens lié
A cette terre,
Ô coeur humilié,
Coeur solitaire.

Coeur qui as tant crevé
De pleurs secrets,
Buveur inabreuvé,
Cendre et regrets.

Coeur tant de fois baigné
Dans la lumière,
Et tant de fois noyé
Source première.

Ô coeur laissé pour mort
Dans le fossé,
Coeur tu battais encore,
Ô trépassé.

Ô coeur inexploré,
Vaste univers,
Idole décorée,
Jardin d'hiver.

Ô vase de regret
Plein jusqu'aux bords
Du venin d'un remords
Inespéré...

Ô vieil arbre écorcé,
Rongé des vers,
Vieux sanglier forcé,
Ô coeur pervers...

Coeur qui as tant saigné
D'amour, de haine,
Ô coeur mal résigné
De tant de peine.

Coeur tant de fois flétri
Au dur labeur,
Coeur tant de fois fleuri
Aux soirs de mai...

Coeur tant de fois forgé
Sous le marteau,
Coeur tant de fois crevé
Sous le couteau...

Coeur qui a tant rêvé,
Ô coeur charnel,
Ô coeur inachevé
Coeur éternel.

Coeur qui a tant battu,
D'amour, d'espoir,
Ô coeur trouveras-tu
La paix du soir...

Coeur tant de fois pétri,
Ô pain du jour,
Coeur tant de fois meurtri,
Levain d'amour.

Coeur qui a tant battu,
D'amour, de haine,
Coeur tu ne battras plus
De tant de peine.

Coeur dévoré d'amour,
Te tairas-tu,
Ô coeur de jour en jour
Inentendu...

Coeur plein d'un seul regret
Poignant et bref,
Comme un unique fret
Charge une nef.

Coeur plein d'un seul regret
Poignant et sourd,
Comme un fardeau trop lourd
Charge une nef.

Coeur vaisseau démarré

A charge pleine,
Vaisseau désemparé
De sa misaine.

Coeur plein d'un seul amour,
Désaccordé,
Ô coeur de jour en jour
Plus hasardé...

Dans ce noble séjour,
Coeur attardé,
Plein d'un secret si lourd,
Mur lézardé...

Ô coeur exténué,
Péri d'amour,
Ô coeur de jour en jour
Destitué...

Ô peine aux longs cheveux
Couchée au lit
De l'homme que tu veux
Enseveli.

Ô peine aux longs cheveux
Couchée au long
De l'homme juste et bon
Au même lit.

Enseveli sois-tu
Dans cet amour
Et dans cette vertu
Et cette tour.

Loué sois-tu, coeur frêle,
Pour ta rudesse,
Loué sois-tu, coeur grêle,
Pour ta tristesse.

Pour tes renoncements,
Ô dépouillé,
Pour tes abaissements,
Ô coeur souillé.

Coeur tant de fois cloué
Au dur gibet,
Tant de fois bafoué

De quolibets.

Et pardonné sois-tu,
Notre coeur, vil,
Au nom des Trois Vertus,
Ainsi soit-il.

Tu avais tout pourvu,
Ô confident,
Tu avais tout prévu,
Ô provident.

Tu avais tout pourvu,
Fors d'une fièvre,
Tu avais tout prévu,
Fors que deux lèvres...

Tu avais tout pourvu,
Fors une flamme,
Tu avais tout prévu,
Fors une autre âme.

Tu avais fait ton compte,
Ô prévoyant,
Tu n'avais oublié
Qu'un coeur battant...

**La tapisserie de sainte Geneviève
et de Jeanne d'Arc**
Comme elle avait gardé les
moutons à Nanterre,
On la mit à garder un bien autre
troupeau,
La plus énorme horde où le loup et
l'agneau
Aient jamais confondu leur
commune misère.

Et comme elle veillait tous les soirs
solitaire
Dans la cour de la ferme ou sur le
bord de l'eau,
Du pied du même saule et du
même bouleau
Elle veille aujourd'hui sur ce
monstre de pierre.

Et quand le soir viendra qui
fermera le jour,
C'est elle la caduque et l'antique
bergère,
Qui ramassant Paris et tout son
alentour

Conduira d'un pas ferme et d'une
main légère
Pour la dernière fois dans la
dernière cour
Le troupeau le plus vaste à la droite
du père.

La tapisserie de Notre Dame

Étoile de la mer voici la lourde
nappe
Et la profonde houle et l'océan des
blés
Et la mouvante écume et nos
greniers comblés,
Voici votre regard sur cette
immense chape
Et voici votre voix sur cette lourde
plaine
Et nos amis absents et nos cœurs
dépeuplés,
Voici le long de nous nos poings
désassemblés
Et notre lassitude et notre force
pleine.
Étoile du matin, inaccessible reine,
Voici que nous marchons vers
votre illustre cour,
Et voici le plateau de notre pauvre
amour,
Et voici l'océan de notre immense
peine.
Un sanglot rôde et court par-delà
l'horizon.
À peine quelques toits font comme
un archipel.
Du vieux clocher retombe une sorte
d'appel.
L'épaisse église semble une basse
maison.

Ainsi nous naviguons vers votre
cathédrale.
De loin en loin surnage un chapelet
de meules,
Rondes comme des tours,
opulentes et seules
Comme un rang de châteaux sur la
barque amirale.
Deux mille ans de labeur ont fait de
cette terre
Un réservoir sans fin pour les âges
nouveaux.
Mille ans de votre grâce on fait de
ces travaux
Un reposoir sans fin pour l'âme
solitaire.
Vous nous voyez marcher sur cette
route droite,
Tout poudreux, tout crottés, la pluie
entre les dents.
Sur ce large éventail ouvert à tous
les vents
La route nationale est notre porte
étroite.
Nous allons devant nous, les mains
le long des poches,
Sans aucun appareil, sans fatras,
sans discours,
D'un pas toujours égal, sans hâte ni
recours,
Des champs les plus présents vers
les champs les plus proches.
Vous nous voyez marcher, nous
sommes la piétaille.
Nous n'avançons jamais que d'un
pas à la fois.
Mais vingt siècles de peuple et
vingt siècles de rois,
Et toute leur séquelle et toute leur
volaille
Et leurs chapeaux à plume avec
leur valetaille
Ont appris ce que c'est que d'être
familiers,
Et comme on peut marcher, les
pieds dans ses souliers,

Vers un dernier carré le soir d'une
bataille.
Nous sommes nés pour vous au
bord de ce plateau,
Dans le recourbement de notre
blonde Loire,
Et ce fleuve de sable et ce fleuve de
gloire
N'est là que pour baiser votre
auguste manteau.
Nous sommes nés au bord de ce
vaste plateau,
Dans l'antique Orléans sévère et
sérieuse,
Et la Loire coulante et souvent
limoneuse
N'est là que pour laver les pieds de
ce coteau.
Nous sommes nés au bord de votre
plate Beauce
Et nous avons connu dès nos plus
jeunes ans
Le portail de la ferme et les durs
paysans
Et l'enclos dans le bourg et la
bêche et la fosse.
Nous sommes nés au bord de votre
Beauce plate
Et nous avons connu dès nos
premiers regrets
Ce que peut receler de désespoirs
secrets
Un soleil qui descend dans un ciel
écarlate
Et qui se couche au ras d'un sol
inévitable
Dur comme une justice, égal
comme une barre,
Juste comme une loi, fermé comme
une mare,
Ouvert comme un beau socle et
plan comme une table.
Un homme de chez nous, de la
glèbe féconde
A fait jaillir ici d'un seul
enlèvement,

Et d'une seule source et d'un seul
portement,
Vers votre assomption la flèche
unique au monde.
Tour de David voici votre tour
beauceronne.
C'est l'épi le plus dur qui soit
jamais monté
Vers un ciel de clémence et de
sérénité,
Et le plus beau fleuron dedans
votre couronne.
Un homme de chez nous a fait ici
jaillir,
Depuis le ras du sol jusqu'au pied
de la croix,
Plus haut que tous les saints, plus
haut que tous les rois,
La flèche irréprochable et qui ne
peut faillir.

Jésus parle

O mère ensevelie hors du premier
jardin,
Vous n'avez plus connu ce climat
de la grâce,
Et la vasque et la source et la haute
terrasse,
Et le premier soleil sur le premier
matin.

Et les bondissements de la biche et
du daim
Nouant et dénouant leur course
fraternelle
Et courant et sautant et s'arrêtant
soudain
Pour mieux commémorer leur
vigueur éternelle, '

Et pour bien mesurer leur force
originelle
Et pour poser leurs pas sur ces
moelleux tapis.
Et ces deux beaux coureurs sur soi-
même tapis

Afin de saluer leur lenteur
solennelle.

Et les ravissements de la jeune
gazelle
Laçant et délaçant sa course
vagabonde,
Galopant et trottant et suspendant
sa ronde
Afin de saluer sa race intemporelle.

Et les dépassements du bouc et du
chevreuil
Mêlant et démêlant leur course
audacieuse
Et dressés tout à coup sur quelque
immense seuil
Afin de saluer la terre spacieuse.

Et tous ces filateurs et toutes ces
fileuses

Mêlant et démêlant l'écheveau de
leur course,

Et dans le sable d'or des vagues
nébuleuses

Sept clous articulés découpaient la
Grande
Ourse...

———

Heureux ceux qui sont morts pour
la terre char-Mais
pourvu que ce fût dans une juste
guerre, [nelle,
Heureux ceux qui sont morts pour
quatre coins de [terre.

Heureux ceux qui sont morts d'une
mort solennelle.

Heureux ceux qui sont morts dans
les grandes batailles,
Couchés dessus le sol à la face de
Dieu.

Heureux ceux qui sont morts sur un
dernier haut lieu,
Parmi tout l'appareil des grandes
funérailles.

Heureux ceux qui sont morts pour
des cités charnelles,
Car elles sont le corps de la cité de
Dieu.
Heureux ceux qui sont morts pour
leur âtre et leur
Et les pauvres honneurs des
maisons paternelles, [feu,

Car elles sont l'image et le
commencement
Et le corps et l'essai de la maison
de Dieu.
Heureux ceux qui sont morts dans
cet embrassement,
Dans l'étreinte d'honneur et le
terrestre aveu.

Car cet aveu d'honneur est le
commencement
Et le premier essai d'un éternel
aveu.
Heureux ceux qui sont morts dans
cet écrasement,
Dans l'accomplissement de ce
terrestre vœu.
Car ce vœu de la terre est le
commencement
Et le premier essai d'une fidélité.
Heureux ceux qui sont morts dans
ce couronnement
Et cette obéissance et cette
humilité.
Heureux ceux qui sont morts, car
ils sont retournés
Dans la première argile et la
première terre.
Heureux ceux qui sont morts dans
une juste guerre.
Heureux les épis mûrs et les blés
moissonnés...

Mère voici vos fils qui se sont tant
battus.
Qu'ils ne soient pas pesés comme
Dieu pèse un ange.
Que Dieu mette avec eux un peu de
cette fange
Qu'ils étaient en principe et sont
redevenus.
Mère voici vos fils qui se sont tant
battus.
Qu'ils ne soient pas pesés comme
on pèse un démon.
Que Dieu mette avec eux un peu de
ce limon
Qu'ils étaient en principe et sont
redevenus.
Mère voici vos fils qui se sont tant
battus.
Qu'ils ne soient pas pesés comme
on pèse un esprit.
Qu'ils soient plutôt jugés comme
on juge un proscrit
Qui rentre en se cachant par des
chemins perdus.
Mère voici vos fils et leur immense
armée.
Qu'ils ne soient pas jugés sur leur
seule misère.
Que Dieu mette avec eux un peu de
cette terre
Qui les a tant perdus et qu'ils ont
tant aimée.
Mère voici vos fils qui se sont tant
perdus.
Qu'ils ne soient pas jugés sur une
basse intrigue.
Qu'ils soient réintégrés comme
l'enfant prodigue.
Qu'ils viennent s'écrouler entre
deux bfas tendus.

Guillaume Apollinaire (1880 – 1918)
Le pont Mirabeau

Sous le pont Mirabeau coule la
Seine
Et nos amours
Faut-il qu'il m'en souvienne
La joie venait toujours après la peine.
Vienne la nuit sonne l'heure
Les jours s'en vont je demeure
Les mains dans les mains restons
face à face
Tandis que sous
Le pont de nos bras passe
Des éternels regards l'onde si lasse
Vienne la nuit sonne l'heure
Les jours s'en vont je demeure
L'amour s'en va comme cette eau
courante
L'amour s'en va
Comme la vie est lente
Et comme l'Espérance est violente
Vienne la nuit sonne l'heure
Les jours s'en vont je demeure
Passent les jours et passent les
semaines
Ni temps passé
Ni les amours reviennent
Sous le pont Mirabeau coule la Seine
Vienne la nuit sonne l'heure
Les jours s'en vont je demeure.

La Chanson du Mal-aimé

Un soir de demi-brume à Londres
Un voyou qui ressemblait à
Mon amour vint à ma rencontre
Et le regard qu'il me jeta
Me fit baisser les yeux de honte

Je suivis ce mauvais garçon
Qui sifflotait mains dans les poches
Nous semblions entre les maisons
Onde ouverte de la Mer Rouge
Lui les Hébreux moi Pharaon

Oue tombent ces vagues de briques

Si tu ne fus pas bien aimée
Je suis le souverain d'Égypte
Sa soeur-épouse son armée
Si tu n'es pas l'amour unique

Au tournant d'une rue brûlant
De tous les feux de ses façades
Plaies du brouillard sanguinolent
Où se lamentaient les façades
Une femme lui ressemblant

C'était son regard d'inhumaine
La cicatrice à son cou nu
Sortit saoule d'une taverne
Au moment où je reconnus
La fausseté de l'amour même

Lorsqu'il fut de retour enfin
Dans sa patrie le sage Ulysse
Son vieux chien de lui se souvint
Près d'un tapis de haute lisse
Sa femme attendait qu'il revînt

L'époux royal de Sacontale
Las de vaincre se réjouit
Quand il la retrouva plus pâle
D'attente et d'amour yeux pâlis
Caressant sa gazelle mâle

J'ai pensé à ces rois heureux
Lorsque le faux amour et celle
Dont je suis encore amoureux
Heurtant leurs ombres infidèles
Me rendirent si malheureux

Regrets sur quoi l'enfer se fonde
Qu'un ciel d'oubli s'ouvre à mes
voeux
Pour son baiser les rois du monde
Seraient morts les pauvres fameux
Pour elle eussent vendu leur ombre

J'ai hiverné dans mon passé
Revienne le soleil de Pâques
Pour chauffer un coeur plus glacé
Que les quarante de Sébaste
Moins que ma vie martyrisés

343

Mon beau navire ô ma mémoire
Avons-nous assez navigué
Dans une onde mauvaise à boire
Avons-nous assez divagué
De la belle aube au triste soir

Adieu faux amour confondu
Avec la femme qui s'éloigne
Avec celle que j'ai perdue
L'année dernière en Allemagne
Et que je ne reverrai plus

Voie lactée ô soeur lumineuse
Des blancs ruisseaux de Chanaan
Et des corps blancs des amoureuses
Nageurs morts suivrons-nous
d'ahan
Ton cours vers d'autres nébuleuses

Je me souviens d'une autre année
C'était l'aube d'un jour d'avril
J'ai chanté ma joie bien-aimée
Chanté l'amour à voix virile
Au moment d'amour de l'année.

Aubade chantée à Lætare un an passé
C'est le printemps viens-t'en Pâquette
Te promener au bois joli
Les poules dans la cour caquètent
L'aube au ciel fait de roses plis
L'amour chemine à ta conquête
Mars et Vénus sont revenus
Ils s'embrassent à bouches folles
Devant des sites ingénus
Où sous les roses qui feuillolent
De beaux dieux roses dansent nus
Viens ma tendresse est la régente
De la floraison qui paraît
La nature est belle et touchante
Pan sifflote dans la forêt
Les grenouilles humides chantent.

δ δ δ δ δ δ δ δ δ δ δ δ
Beaucoup de ces dieux ont péri

C'est sur eux que pleurent les
saules
Le grand Pan l'amour Jésus-Christ
Sont bien morts et les chats
miaulent
Dans la cour je pleure à Paris

Moi qui sais des lais pour les reines
Les complaintes de mes années
Des hymnes d'esclave aux murènes
La romance du mal aimé
Et des chansons pour les sirènes

L'amour est mort j'en suis
tremblant
J'adore de belles idoles
Les souvenirs lui ressemblant
Comme la femme de Mausole
Je reste fidèle et dolent.

δ δ δ δ δ δ δ δ δ δ δ
Mais en vérité je l'attends
Avec mon coeur avec mon âme
Et sur le pont des Reviens-t'en
Si jamais reviens cette femme
Je lui dirai Je suis content

Mon coeur et ma tête se vident
Tout le ciel s'écoule par eux
O mes tonneaux des Danaïdes
Comment faire pour être heureux
Comme un petit enfant candide

Je ne veux jamais l'oublier
Ma colombe ma blanche rade
O marguerite exfoliée
Mon île au loin ma Désirade
Ma rose mon giroflier.

δ δ δ δ δ δ δ δ δ δ δ
Malheur dieu pâle aux yeux
d'ivoire
Tes prêtres fous t'ont-ils paré
Tes victimes en robe noire
Ont-elles vainement pleuré
Malheur dieu qu'il ne faut pas
croire

Et toi qui me suis en rampant
Dieu de mes dieux morts en
automne
Tu mesures combien d'empans
J'ai droit que la terre me donne
O mon ombre ô mon vieux serpent

Au soleil parce que tu l'aimes
Je t'ai mené souviens-t'en bien
Ténébreuse épouse que j'aime
Tu es à moi en n'étant rien
O mon ombre en deuil de moi-
même

L'hiver est mort tout enneigé
On a brûlé les ruches blanches
Dans les jardins et les vergers
Les oiseaux chantent sur les
branches
Le printemps clair l'Avril léger.

δ δ δ δ δ δ δ δ δ δ δ
Voie lactée ô soeur lumineuse
Des blancs ruisseaux de Chanaan
Et des corps blancs des amoureuses
Nageurs morts suivrons-nous
d'ahan
Ton cours vers d'autres nébuleuses

Les démons du hasard selon
Le chant du firmament nous
mènent
A sons perdus leurs violons
Font danser notre race humaine
Sur la descente à reculons

Destins destins impénétrables
Rois secoués par la folie
Et ces grelottantes étoiles
De fausses femmes dans vos lits
Aux déserts que l'histoire accable

Luitpold le vieux prince régent
Tuteur de deux royautés folles
Sanglote-t-il en y songeant
Quand vacillent les lucioles

Mouches dorées de la Saint-Jean

Près d'un château sans châtelaine
La barque aux barcarols chantants
Sur un lac blanc et sous l'haleine
Des vents qui tremblent au
printemps
Voguait cygne mourant sirène

Un jour le roi dans l'eau d'argent
Se noya puis la bouche ouverte
Il s'en revint en surnageant
Sur la rive dormir inerte
Face tournée au ciel changeant

Juin ton soleil ardente lyre
Brûle mes doigts endoloris
Triste et mélodieux délire
J'erre à travers mon beau Paris
Sans avoir le coeur d'y mourir

Les dimanches s'y éternisent
Et les orgues de Barbarie
Y sanglotent dans les cours grises
Les fleurs aux balcons de Paris
Penchent comme la tour de Pise

Soirs de Paris ivres du gin
Flambant de l'électricité
Les tramways feux verts sur
l'échine
Musiquent au long des portées
De rails leur folie de machines

Les cafés gonflés de fumée
Crient tout l'amour de leurs
tziganes
De tous leurs siphons enrhumés
De leurs garçons vêtus d'un pagne
Vers toi toi que j'ai tant aimée

Moi qui sais des lais pour les reines
Les complaintes de mes années
Des hymnes d'esclave aux murènes
La romance du mal aimé
Et des chansons pour les sirènes.

Crépuscule

A Mademoiselle Marie Laurencin

Frôlée par les ombres des morts
Sur l'herbe où le jour s'exténue
L'arlequine s'est mise nue
Et dans l'étang mire son corps

Un charlatan crépusculaire
Vante les tours que l'on va faire
Le ciel sans teinte est constellé
D'astres pâles comme du lait

Sur les trétaux l'arlequin blême
Salue d'abord les spectateurs
Des sorciers venus de Bohême
Quelques fées et les enchanteurs

Ayant décroché une étoile
Il la manie à bras tendu
Tandis que des pieds un pendu
Sonne en mesure les cymbales

L'aveugle berce un bel enfant
La biche passe avec ses faons
Le nain regarde d'un air triste
Grandir l'arlequin trismégiste.

Marie

Vous y dansiez petite fille
Y danserez-vous mère-grand
C'est la maclotte qui sautille
Toute les cloches sonneront
Quand donc reviendrez-vous Marie
Les masques sont silencieux
Et la musique est si lointaine
Qu'elle semble venir des cieux
Oui je veux vous aimer mais vous
aimer à peine
Et mon mal est délicieux
Les brebis s'en vont dans la neige
Flocons de laine et ceux d'argent
Des soldats passent et que n'ai-je
Un cœur à moi ce cœur changeant
Changeant et puis encor que sais-je

Sais-je où s'en iront tes cheveux
Crépus comme mer qui moutonne
Sais-je où s'en iront tes cheveux
Et tes mains feuilles de l'automne
Que jonchent aussi nos aveux

Je passais au bord de la Seine
Un livre ancien sous le bras
Le fleuve est pareil à ma peine
Il s'écoule et ne tarit pas
Quand donc finira la semaine.

Les saltimbanques

Dans la plaine les baladins
S'éloignent au long des jardins
Devant l'huis des auberges grises
Par les villages sans églises.

Et les enfants s'en vont devant
Les autres suivent en rêvant
Chaque arbre fruitier se résigne
Quand de très loin ils lui font signe.

Ils ont des poids ronds ou carrés
Des tambours, des cerceaux dorés
L'ours et le singe, animaux sages
Quêtent des sous sur leur passage.

Automne

Dans le brouillard s'en vont un
paysan cagneux
Et son boeuf lentement dans le
brouillard d'automne
Qui cache les hameaux pauvres et
vergogneux.
Et s'en allant là-bas le paysan
chantonne
Une chanson d'amour et
d'infidélité
Qui parle d'une bague et d'un
coeur que l'on brise.
Oh! l'automne l'automne a fait
mourir l'été
Dans le brouillard s'en vont deux
silhouettes grises.

Hôtels

La chambre est veuve
Chacun pour soi
Présence neuve
On paye au mois
Le patron doute
Payera-t-on
Je tourne en route
Comme un toton
Le bruit des fiacres
Mon voisin laid
Qui fume un âcre
Tabac anglais
Ô La Vallière
Qui boite et rit
De mes prières
Table de nuit
Et tous ensemble
Dans cet hôtel
Savons la langue
Comme à Babel
Fermons nos Portes
À double tour
Chacun apporte
Son seul amour

La boucle retrouvée

Il retrouve dans sa mémoire
La boucle de cheveux châtain
T'en souvient il, à n'y point croire
De nos deux étranges destins

Du boulevard de la Chapelle
Du joli Montmartre et d'Auteuil
Je me souviens murmure t elle
Du jour ou j'ai franchi ton seuil

Il y tomba comme un automne
La boucle de mon souvenir
Et notre destin qui t'étonne
Se joint au jour qui va finir.

La jolie Rousse

Me voici devant tous un homme
plein de sens
Connaissant la vie et de la mort ce
qu'un vivant peut connaître
Ayant éprouvé les douleurs et les
joies de l'amour
Ayant su quelquefois imposer ses
idées
Connaissant plusieurs langages
Ayant pas mal voyagé
Ayant vu la guerre dans l'Artillerie
et l'Infanterie
Blessé à la tête trépané sous le
chloroforme
Ayant perdu ses meilleurs amis
dans l'effroyable lutte
Je sais d'ancien et de nouveau
autant qu'un homme seul
pourrait des deux savoir
Et sans m'inquiéter aujourd'hui de
cette guerre
Entre nous et pour nous mes amis
Je juge cette longue querelle de la
tradition et de l'invention
De l'Ordre de l'Aventure
Vous dont la bouche est faite à
l'image de celle de Dieu
Bouche qui est l'ordre même
Soyez indulgents quand vous nous
comparez
A ceux qui furent la perfection de
l'ordre
Nous qui quêtons partout l'aventure
Nous ne sommes pas vos ennemis
Nous voulons nous donner de
vastes et d'étranges domaines
Où le mystère en fleurs s'offre à qui
veut le cueillir
Il y a là des feux nouveaux des
couleurs jamais vues
Mille phantasmes impondérables
Auxquels il faut donner de la
réalité
Nous voulons explorer la bonté
contrée énorme où tout se tait
Il y a aussi le temps qu'on peut
chasser ou faire revenir
Pitié pour nous qui combattons
toujours aux frontières

De l'illimité et de l'avenir
Pitié pour nos erreurs pitié pour nos
péchés
Voici que vient l'été la saison
violente
Et ma jeunesse est morte ainsi que
le printemps
O Soleil c'est le temps de la raison
ardente
Et j'attends
Pour la suivre toujours la forme
noble et douce
Qu'elle prend afin que je l'aime
seulement
Elle vient et m'attire ainsi qu'un fer
l'aimant
Elle a l'aspect charmant
D'une adorable rousse
Ses cheveux sont d'or on dirait
Un bel éclair qui durerait
Ou ces flammes qui se pavanent
Dans les roses-thé qui se fanent
Mais riez de moi
Hommes de partout surtout gens
d'ici
Car il y a tant de choses que je
n'ose vous dire
Tant de choses que vous ne me
laisseriez pas dire
Ayez pitié de moi

Si je mourais là-bas...
Si je mourais là-bas sur le front de
l'armée
Tu pleurerais un jour ô Lou ma
bien-aimée
Et puis mon souvenir s'éteindrait
comme meurt
Un obus éclatant sur le front de
l'armée
Un bel obus semblable aux
mimosas en fleur
Et puis ce souvenir éclaté dans
l'espace
Couvrirait de mon sang le monde
tout entier

La mer les monts les vals et l'étoile
qui passe
Les soleils merveilleux mûrissant
dans l'espace
Comme font les fruits d'or autour
de Baratier
Souvenir oublié vivant dans toutes
choses
Je rougirais le bout de tes jolis
seins roses
Je rougirais ta bouche et tes
cheveux sanglants
Tu ne vieillirais point toutes ces
belles choses
Rajeuniraient toujours pour leurs
destins galants
Le fatal giclement de mon sang sur
le monde
Donnerait au soleil plus de vive
clarté
Aux fleurs plus de couleur plus de
vitesse à l'onde
Un amour inouï descendrait sur le
monde
L'amant serait plus fort dans ton
corps écarté
Lou si je meurs là-bas souvenir
qu'on oublie
- Souviens-t'en quelquefois aux
instants de folie
De jeunesse et d'amour et
d'éclatante ardeur -
Mon sang c'est la fontaine ardente
du bonheur
Et sois la plus heureuse étant la
plus jolie
Ô mon unique amour et ma grande
folie.

Made in the USA
Las Vegas, NV
26 August 2021